新版
世界各国史
27

オセアニア史

山本真鳥 編

山川出版社

ラピタ土器　ニューカレドニアで最近出土したラピタ土器。細かい刺突の連続で、幾何学紋様やデフォルメされた人面が描かれている。復原すると、直径が45cmになり、ほかにも直径65cmの大きなラピタ土器もみつかった。

イースター島のモアイ像　1786年4月9日、ラ・ペルーズの船のふたりの士官が、イースター島のモアイを計測しているところ。ドゥシェ・ド・ヴァンシーの絵によって1820年頃制作された版画。

オーストラリア大陸の中央、赤褐色の平原にそびえ立つエアーズ・ロック
比高335m、周囲10kmの残丘で、アボリジナルの聖地。後方に見えるのがオルガ山。

マオリ女性のダンス　ラタナ教の本拠地であるラタナ・パでマオリ担当大臣を迎える歓迎式典での女性のダンス。

パプアニューギニアの「ヒリ・モアレ」の祭　貿易風を利用しておこなわれていた交易(ヒリ)を記念して、毎年、祭がおこなわれる。交易用の伝統的な船(ラカトイ船)がつくられ、現在では観光の目玉の一つとなっている。

サモア・アピア市にあったバーンズ・フィルプ社のデパート　同社はオーストラリアに本社のある商社で、広く南太平洋の貿易に従事した。現在ではアピア市の同社支店は閉鎖され、中国系の現地法人のスーパーとなっている。

パラオの天理教の殉教碑　ミクロネシアにおける仏教の布教は、大谷派によって1919年サイパン、1926年パラオで開始された。仏教についで、パラオでは天理教の布教が1929年から始められた。

2000年4月に宮崎でおこなわれた第2回日本―南太平洋フォーラム首脳会議（太平洋・島サミット）　南太平洋各国から首脳が集まった。日本をはじめアジアとの関係強化も、今後より一層重要性を増すことになろう。

まえがき

太平洋諸島というと、かつては南洋や南海(英語でもサウス・シー)と呼ばれたこともあったくらい、なんとなくハッピーな島々を思い浮かべてしまう。食べるものには困らず、海に潜って魚をとったり貝を拾ったり、幸せそうに歌ったり踊ったり、争いごともなく平和なのだろうな、という具合である。また、ハワイやタヒチなどの観光地でも、パラダイスを求める外の世界の人々の目を意識し、それに沿った演出がなされる。

しかし、最近(二〇〇〇年五〜六月)、この太平洋諸島で起きた「似つかわしくない」事件があいついで新聞に載り、若干の注目を集めている。これらの問題は、東チモールの政争やインドネシア各地の暴動のように、CNNやBBCではその進行状況が毎日のように報道されているのに、日本のニュースに出るのは最初と最後だけ、といった程度ではあるが、まあそれでもまったく出なかった以前よりはましであろう。

まず今年(二〇〇〇年)五月十九日に、フィジーで武装勢力が首相をはじめとする閣僚などを人質にとり、憲法改正を訴えるというクーデタが起きた。今回は、一九八七年に二回にわたって生じた軍人によるクーデタから数えると三回目にあたる。フィジーはイギリス統治下にあった前世紀に、サトウキビ・プランテーションの開発がおこなわれたが、そこで労働者不足を補うために、同じイギリスの植民地であるインドからインド人労働者を入れるようになった。年季契約で、契約終了後に帰国した者も多かったが、残ってここに暮らす者も少なからずいて、今では人口はほぼ半分ずつ、さらに五%ほどがその他白人や中国系住民である。

かつてここは、人種間の宥和《ゆうわ》政策がもっとも成功している例としてあげられていたから、一九八七年のクーデタには欧米諸国も大変に驚いた。フィジー系フィジー人にかんしては土地政策で優遇措置があったが、ビジネスの世界ではインド系フィジー人の成功が目立つ。政治の世界においては、ずっとフィジー系が首相を務めていたが、フィジー労働党が勝利して、首相はフィジー系ながらインド系閣僚を多く含んだ政権ができると、たちまちクーデタとなった。人種別選挙でフィジー系がさらに有利になり、首相はフィジー系でなければならないという規定を含んだ一九九〇年憲法が誕生した。しかし、そのためにインド系の企業家やエリート層が多く国外へ移住したし、先進諸国には民主的でないというレッテルをはられたために、苦境に立たされた。結局、かなり民主的な内容となった新憲法が一九九七年に誕生し、その結果一九九九年の選挙でこの国でははじめてのインド系首相が誕生したのである。しかし、フィジーに民主主義が戻ったと思ったのも束の間、また揺り戻しともいうべきクーデタが起こった。七月八日には、一応クーデタ派と臨時政府である軍部とのあいだに協約ができて、解決に向かっているというニュースが流れたが、このクーデタがもたらした波紋はあまりにも大きい。

つぎに六月三日には、二五〇の部族を代表する二五〇〇人の議員からなる西イリアン議会で、この地域は西パプアという名称での国家として三七年前から独立していたという宣言がなされた。一九六三年にインドネシアがここを併合し、一九六九年におこなわれた国連管理下の住民投票の結果、併合が国連によっても認められていた。ここの住民たちは、人種的にも言語的にも他のインドネシア地域の人々とは異なっていたが、かつてのオランダ支配下の植民地であったという共通性で併合の対象となった。しかし、さまざまな人権侵害についての噂が絶えず、また独立運動家たちがしばしば騒動を起こし、インドネシア軍が鎮圧するといった事態が繰り返されていた。議員たちは、国連の監視下での投票がインチキであったとして、併合そのものの無効を国際社会に訴えたのである。これは事実上の独立宣言である。

さらに六月五日には、今度はソロモン諸島の首都ホニアラで、武装勢力のマライタ・イーグルスが首相を人質にとり、首相の辞任と賠償を求めて立てこもった。ソロモン諸島では、急速な近代化とともに、首都と首都のあるガダルカナル島に別な島の異なるエスニック集団出身者が多数集中し、ガダルカナル島の人々とのあいだに大きな摩擦が生じていた。一昨年来暴動が生じ、ガダルカナル島民とマライタ島民(ガダルカナル島在住の他島民ではもっとも大きい勢力)のあいだで戦闘が続き、マライタ島民が故郷に帰還するということで和平交渉が成立していたが、その賠償問題でこじれているのである。

特に異常なのではない。太平洋諸島も、パラダイスというイメージとは裏腹に、よその世界と同様に、民族紛争、脱植民地主義、急激な近代化による社会の歪《ひず》みといったさまざまな問題を抱えているということなのだ。

二〇〇〇年のオセアニアの明るい話題といえば、何といってもシドニー・オリンピックであろう。一九五六年のメルボルン大会以来の南半球での開催である。この数字からして、南北問題の存在証拠ともいえよう。その聖火リレーのコースを太平洋諸島を経由するようにつくったので、島々の人々も聖火を目の当たりにする機会を得たという。昨年サモアを訪れた折りには、今回は近いので旅費も出るかもしれない、と選手たちが参加を楽しみにしていると聞いた。島嶼国の財政では、なかなか思うように選手団を送ることもできない。

これを機会に、オセアニアをもっと理解しようという人々が増えて欲しいと執筆者一同願っている。

地名や現地語のカタカナ表記について、本書ではできるだけ慣用となっている表記を用いた。例えばハワイも英語表記はもともとは Hawaii であったし、現地では現在できるだけハワイ語の綴りを尊重する傾向があり、Hawai'i という綴りが一般化しているが、ここでは「ハワイ」はすでに日本語化していると考えてそのまま用いた。またオーストロネシア語では、g の発音を鼻濁音のように発するのが普通で、これを綴るときに現地語ではしばしば ng とする。語頭以外ではこれに「ング」を当てたが、語頭の場合、あまり日本語らしくないので原則として「ン」は省略した。

また、オーストラリア本土の先住民を総称して、日本では一般的にアボリジニと呼ぶことが多いが、ここではアボリジナルという名称を用いている。アボリジニという語は、英語の単数形として用いる場合には、差別的なニュアンスがきわめて強い言葉であるので、名詞としては幾分差別的ニュアンスが弱く、形容詞としては中立的な、アボリジナルという語をこれにあてた。

本書を編集するにあたり、年表を作成する作業を田所聖志氏にお手伝いいただいた。また、山川出版社には本当にお世話になった。この本を期日に間に合わせて上梓できたのは、公私にわたって忙しい時期にあった編者を終始励ましてくださった意欲的な編集者のおかげである。またいつも協力的だった執筆分担者にも記して感謝したい。

二〇〇〇年七月

山本真鳥

目次

オセアニア史

序章　オセアニア世界

オセアニアの自然と風土

オセアニアはユーラシア大陸の東側と、アメリカ大陸とのあいだに広がる海域と、その南側のオーストラリア大陸とを含む地域である。これらは、基層的な共通性をもって区切られたというよりは、アジアとアメリカを区切ったあとの残余の地域を構成してきたと考えたほうがよい。

大陸としてのオーストラリアは、オセアニアの陸地総面積の八六％までを占めている。少なくとも自然環境という視点からすれば、大陸であるオーストラリアとその他の海域に点在する島世界とはそれぞれにかけ離れた特徴をもっている。

オーストラリア大陸は、六大陸のなかではもっとも小さく、また低平で、起伏の少ない地形であることに特徴がある。海岸線も変化に乏しく、その総延長は、タスマニア島をあわせても日本の一・一倍にしかならないのである。気候からみると、東に温帯湿潤気候や、西岸海洋性気候が若干存在するものの、国土の五七％が乾燥気候(砂漠ないしはステップ)で、六大陸中もっとも乾燥が著しい。

一方島々は、その成り立ちからして、陸島と洋島に分かれる。マリアナ諸島、ニュージーランド、およびメラネシアの島々は陸島である。陸島は第三紀の太平洋造山活動によって生成したもので、鉱物資源の種類も豊富である。それにたいし洋島は火山島、環礁《かんしょう》、隆起珊瑚《さんご》礁の三種類に分かれる。火山島は海底から溶岩として押し出された火山岩質の島である。それほど高い山ではないことが普通だが、急斜面が多く平地は少ない。サモア諸島、ハワイ諸島、ソサエティ諸島などは火山島である。

珊瑚は海面近くで育つ性質をもつ。環礁は、もともと火山島の縁《へり》に珊瑚が育っているところに、海進現象が起こり、それとともに島そのものは徐々に水没するが、珊瑚はしだいに上へ上へと海面に向かい成長し、結果的に、ドーナツ状の環礁が残ったと考えられている。環礁はそもそもの成り立ちゆえに、標高は比較的低く、五メートルを超えることはまれである。環礁の内側は、礁湖《しょうこ》(ラグーン)と呼ばれる。礁湖はおおむね外洋に比べて波が静かであり、漁場としても重要であるが、船舶にとってはまさに理想の避難所である。チューク諸島は戦前に日本海軍が基地として用いていた。マーシャル諸島、キリバス、ツアモツ諸島なども環礁に相当する。

隆起珊瑚礁は、環礁が隆起してできたものである。トンガタプ島、ナウル島、オーシャン島などは隆起珊瑚礁である。後二者は、かつて礁湖のあった窪地に海鳥の糞が長いこと積もり積もって堆積してできあがったグアノ燐鉱石《りんこうせき》を産出する。

これらの島々のうち、ニュージーランドとイースター島を除いたすべての島々は、熱帯雨林気候ないしは熱帯海洋性気候に属し、高温多湿であるので、オーストラリアとは相当異なる自然環境のなかにあるといってよい。環礁の場合しばしば高温多湿でありながら、降雨量は年により大きな変動があり、水不足にみまわれることもある。環礁は一般的に植生も貧弱である。一方火山島は多雨であることが多く、植生も豊かである。

オセアニア世界に人が住み始めたのは、今から約六万〜五万年前のことで、オーストラロイドが南下し

オーストラリアの地勢図

フィジーのトレジャー島の渚に発達した裾礁《きょしょう》

てオーストラリアに到達したのが最初である。この人々は、オーストラリアで採集狩猟を営むことをもっぱらにし、さらにメラネシアの一部に拡散していった。

そののち、オーストロネシア人が現在のオセアニア地域にはいってくるのが前一五〇〇年ごろである。これらの人々は比較的急速に東へと動き、すでにオーストラロイドが住んでいた地域を駆け抜けて、小さいコミュニティを残しながら通り抜け、やがてポリネシアへと到達した。さらに、十六世紀になると、欧米人がこの海域を訪れるようになり、しだいに各地で彼らの支配が開始されるのである。

オセアニアは、オーストラリアを除いて、大まかに以下のように区切られている。ハワイ諸島、ニュージーランド、イースター島を結ぶ三角形の内側がポリネシア(たくさんの島の連なりの意)、その西の地域の赤道から南がメラネシア(黒い島の群の意)、北がミクロネシア(小島の群の意)である。これらの区分は、地理上の区分であるが、同時に文化的、人種的な区切りでもある。ポリネシアは古くから、各諸島間の文化の近似性が航海者や宣教師などに指摘されていた。各諸島間の文化は、言語でいえば方言に相当する差異でしかなく、祖先を同じくすることは明らかなのである。一方メラネシアは、言語学的にもその構成は複雑で、文化的にいって基層となるものがないわけではないし、地域的なバリエーションを含んではいるものの、ずっと複雑な相異を含んでいる。ミクロネシアの言語は、地域によってインドネシア系、メラネシア系、ポリネシア系の影響をもち、ミクロネシア地域の文化の構成が相当複雑であることを示唆するものである。

オーストラリアはオセアニアでもっとも古く人が住み始めたところであり、最初にやってきたオーストラロイドがアボリジナルの祖先である。島嶼地域の人々の多くが焼畑農耕を営み、一部では灌漑もおこなっていたのにたいして、食料獲得の技術からいえば、アボリジナルは白人に出会うまで採集狩猟というもっとも初期の方法をずっと維持してきていた。

オセアニア史は可能か

さて、この地域に西欧人の探検家たちがやってくる十六世紀のはじめまで、この地域に文字というものは存在していなかった。史《ふみ》の記録が歴史に欠くべからざるものであるならば、オセアニアの歴史はそのときからしか書くことはできない。しかもオセアニアの様子を伝える航海者、探検者、宣教師の記録は断片

ニュージーランドの地勢図

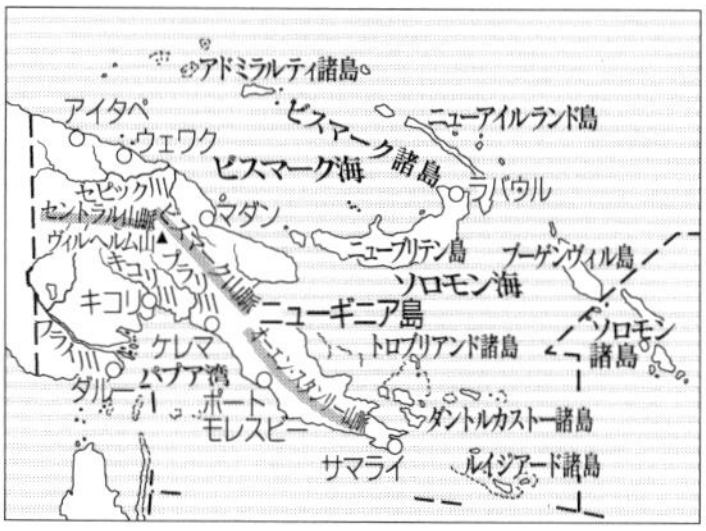

パプアニューギニアの地勢図

的であるとともに、地域的にも限定されており、たとえばニューギニア高地地方のように第一次世界大戦後にはじめてその存在が確認された人々についていえば、歴史はそのときまで存在しなかったことになる。

西欧人がこの地にやってくるようになって、人々の暮らしは大きく変化した。新しい病気、鉄器、銃火器、さまざまな文明世界の利器が導入され、人口動態や権力構造も大きなインパクトを受けた。なによりも社会構造が大きく変化した。最初にこの地域の文化や社会に興味をもったのは、おもに歴史学者ではなく人類学者たちであったが、人類学者たちにとって、すでにそのように変容を受けた社会のもとの姿を知るために、航海者、探検者、宣教師、さらには、商人や植民地行政官の残した記録を調べる手法は、かなり確立されたものとなった。また人類学者のこの手法は、とくに歴史学者の研究の少ないこの地域の歴史研究を補うものとして、一般的にも受け入れられてきた。

人類学者が対象とする人々の暮らしの変化を知る手法は、さらに考古学、言語学、民族学などにもおよぶ。このように史《ふみ》の限界を乗りこえた研究方法を反映して、このオセアニア史の巻では、先史時代の研究にも一章を割いている。

オーストラリア国立大学に太平洋史(Pacific History)の講座ができたのは戦後のことであるが、すでに多くの太平洋研究をおこなう歴史学者を育成してきている。人類学からの歴史学にたいする大きなアプローチがあったと同様に、この分野の歴史学者は人類学の成果も大いに使ったユニークな研究をおこなっている。またこの学科では、この地域の研究専門誌として太平洋史誌(Journal of Pacific History)を発行してきている。ただし近年では、オーストラリアの対アジア転換政策から、アジア研究の重要度が増し、太平洋史学科は近年東洋史学科と融合して、アジア太平洋史学科に再編された。

植民地主義の歴史

この地域の西欧とのコンタクトは域内諸社会への大きなインパクトとなったが、それはたんに優勢な文化をもつ西欧の文物がはいり、社会が変容したという生やさしいことではなく、この地域が具体的に西欧世界の植民地主義の支配下にはいる過程をともなっていたのである。この地域にとって、史《ふみ》の記録ができるようになる過程はつまり、世界システムのなかに取り込まれていく過程だった。

たとえばマルケサス諸島でのメンダーニャのように、出会いからして強奪《ごうだつ》・殺戮《さつりく》といった直接の暴力をしばしばともない、白檀《びゃくだん》に極端に依存した一時期のハワイ経済のように、特別な産品を中心とした徹底した交易はその社会の経済基盤を根元的に揺るがすこととなったし、またニュージーランド、ハワイなどでの土地資源の略取《りゃくしゅ》は、このくにの主人を根本的に変更することとなった。さらに、ポリネシア諸社会やフィジーでのキリスト教布教が、後年の首長勢力のあり方を変え、また人々のメンタリティに大きな変更をもたらしたことはいうまでもない。今日、とりわけポリネシアではキリスト教は「土着的」といいうるまでに人々の生活に深く結びついているのであるが、そのこと自体驚くべきことである。さらに、改宗して二〇〇年になるポリネシアからは、今日でもメラネシア地域に宣教師が派遣されている。

その後プランテーション開発と相前後して、十九世紀の後半には政治制度上の植民地化があちこちで進行する。植民地化は、一般に経済的な進出を支えるという目的に限らず、軍事的な土地利用や、たんに競争相手の進出を阻《はば》むためといったさまざまな目的を含み、また一国のなかでもじつは異なる目的をもった複数の勢力が絡み合った結果として成立するのである。

太平洋諸島では最初にスペインがグアム島を領有する。その後、オランダ人航海者が活躍した時代を過ぎ、ウォーリスやクックによる島々の探検踏査の結果、イギリスが多くの島に利権の足がかりをもつようになっていた。イギリスにとって、アメリカ合衆国を失って以来、オーストラリア植民やニュージーランド植民は重要な政策となったはずだ。

十九世紀の前半には、前世紀からの宿敵同士であるフランスとイギリスが太平洋のあちこちで利権をめぐる争いを生じさせた。一八四〇年、マオリとのあいだに結んだワイタンギ条約を盾にしたイギリスのニュージーランド領有宣言は、フランスに先手を打つためであったといわれる。ソサエティ諸島にかんしては、イギリスはこのころ、あとからやってきたフランスにタヒチ・ライアテア両島の保護領化を許してしまった。一方、一六〇二年のオランダ東インド会社設立以来、植民地としてのインドネシアの体制を整えつつあったオランダは、一八二八年にニューギニア島の西半分を併合した。

十九世紀後半の勢力分布をみてみると、スペインは太平洋の北西部でフィリピンとグアムを握り、やがてマリアナ諸島、カロリン諸島も名目的ではあるが支配下におく。フランスは南東部でソサエティ諸島を中心にフランス領ポリネシアを領有し、ニューカレドニアもこのころまでにはフランス領となっていた。イギリスは、オーストラリア、ニュージーランドのほかに、ニューギニア島南東部、ソロモン諸島、フィジー、ギルバート諸島、エリス諸島など太平洋のあちこちの諸島に利権を握っていた。

アメリカ合衆国は、モンロー主義により海外に帝国主義的進出をおこなってはいなかったし、それはまた、国内にいまだフロンティアを抱えていた時代には、攻めるべきはもっぱら国内の未統合領土であったという事情もある。しかし、国内のフロンティアもほとんど消滅する十九世紀終わりごろには、米西戦争の結果として、カリブ海のプエルト・リコ、アジアのフィリピン、ミクロネシアのグアムを掌中に収めることとなる。この米西戦争の賠償によってモンロー主義を実質的に無効にしたアメリカ合衆国は、その後まもなくハワイを併合し、アメリカ領サモアを海外領土とした。

国内の統一が遅れていたドイツは、それら帝国主義的進出の競争には出遅れ、一八七〇年代以降参加することになる。すでに西半分をオランダに領有されてしまったニューギニアの残りの東半分のうち、南側を一八八四年イギリスが併合すると、まもなく同年残りの北側と合わせビスマーク諸島までをドイツが保護領とした。経済開発を主たる目標とするドイツは、フィリピンとグアムをアメリカに割譲したスペインから、グアムを除くマリアナ諸島、カロリン諸島の売却を受ける。また、アメリカ・イギリスとのあいだの競争の果てに西サモア(現サモア)も手に入れた。しかし、第一次世界大戦が一九一四年に始まると、瞬《また》く間に太平洋のドイツ領は連合国軍側の手に落ちた。戦後はそのまま、ミクロネシアは日本が、西サモアはニュージーランドが、ドイツ領ニューギニアはオーストラリアが、国際連盟により委任統治をまかされることとなった。

ドイツと同様に帝国主義的進出に遅れて参加した日本は、すでに一八九五年に台湾割譲を受け、一九一〇年に日韓併合し、東南アジア、満州へと植民地主義の触手を伸ばしていたが、第一次世界大戦後の一九二一年よりミクロネシアを委任統治領として領有した。しかしこれは第二次世界大戦の日本の敗戦を経て、アメリカへと統治の主体が移されることとなったのである。

植民地から独立国へ

オセアニアの島々は、戦後の第三世界の活発な自立化の歩みのなかではもっとも遅れている地域であろう。一九六二年の西サモア(現サモア独立国)のニュージーランドからの独立は、そのなかでもはじめてであった。一九六八年にはナウルがイギリスから独立し、その後フィジーがイギリスから一九七〇年に独立、自治をおこなってきたトンガ王国が外交権を回復するのも同年である。パプアニューギニアがオーストラリアから独立するのが一九七五年。一九七六年には、それまでギルバート・エリス諸島とまとめてイギリスに統治されていた地域がミクロネシアのキリバスとポリネシアのツバルの二つの地域に分離し、ツバルは七八年、またキリバスは七九年に独立した。ソロモン諸島のイギリスからの独立は一九七八年で、ニューヘブリデス諸島がイギリス・フランス共同統治という世界でも珍しい統治形態を終了して、バヌアツとして独立したのが一九八〇年である。

アメリカ信託統治領太平洋諸島(ミクロネシア)にかんしては、さらにずれ込み、一九八六年にマーシャル諸島とミクロネシア連邦が誕生した。すでに一九八一年以来自治をおこなってきたパラオが、アメリカから独立したのは一九九四年のことである。ただし、これらはすべてアメリカと自由連合の関係にある。

一方、独立が予定されていない地域も多いが、その自治権は拡大してきている。アメリカ領サモアはおもに七〇年代後半ごろから自治権の拡大が生じ、現在では知事は公選制で、投票権のない代表者をアメリカ下院に送っている。一九六八年にはクック諸島が、一九七四年にはニウエがやはりニュージーランドの自治領となっている。いまだ独立が達成できていないのは、フツナ・ウヴェア（フランス領）。トケラウ諸島はあまりに小さいため、将来もニュージーランドから独立の見込みはなさそうだが、自治権は拡大してきている。海外植民地を手放さないことで知られているフランスも、最近では柔軟な姿勢に転じてきた。ニューカレドニアにかんしては自治を一〇年間おこなったあと、国民投票で独立か残留かを決することになっており、一九九九年には自治政府が誕生した。現在、フランス領ポリネシアについても同様の自治が認められようとしている。

これら太平洋諸島の多くは、人口規模も小さく、国家として成り立つ限界点にある。またいくつかの特例を除いては産業もあまり存在せず、育成が遅れている。とりわけポリネシア諸国について、MIRAB経済という用語がしばしば用いられてきているが、これは、これらの国々がMI＝migration（移民）、R＝remmittance（送金）、A＝aid（海外援助）、B＝bureaucracy（官僚制）によって成り立っているという認識に立つ。ポリネシア諸国はとりわけ環太平洋諸国への移民送り出し国となっており、その送金は国家経済にも影響を与えるほどの金額にのぼる。また先進諸国の海外援助は、これらの国々の国家財政の大きな部分を占め、人口に比して著しく多い官僚が国を動かす部分は大きく、また国家公務員の給与が社会の中を循環する経済効果は無視できないほどである。

真の脱植民地は、世界中の第三世界の課題であるが、それは太平洋でも同様である。

移民から建国へ

オーストラリア、ニュージーランドの場合、歴史の流れとしても、歴史学上の記述の流れとしても、すでに書いた太平洋諸島の場合とは大きく異なっている。まず歴史の記述ということでいうならば、これら社会の歴史はしばしば、西洋史の流れを継承してその延長上に記述がおこなわれてきた。そのなかに、アボリジナルやマオリについての記述が織り込まれていても、彼らは先住民として歴史のなかでは客体化されていたのである。また、両国ともイギリスの植民地として発展し、やがて自治領(Dominion)となり、第二次世界大戦後コモンウェルスの構成員としてイギリスと対等にいたる過程まで、歴史の流れとしては、あくまでも実際に欧米から枝分かれした歴史として把握されてきた経緯がある。ついさきごろまで、オーストラリア史やニュージーランド史はイギリス史の一部だった。

そしてそれぞれの国民のアイデンティティも、ごく最近にいたるまでイギリスに回帰するのが普通であった。イギリスのEC(現在のEU)加盟以来、それぞれの国はそれぞれのアイデンティティを形成することに力点を置くようになったし、それは現在でも課題となっているが、人々の意識が完全にイギリスから切り離されているわけではない。その意味では、太平洋諸島の歴史が植民地化された人々の歴史であったのにたいし、オーストラリア、ニュージーランドの歴史は植民地化した人々の歴史であった(ただし両国の名誉のためにつけ加えるならば、両国ともに、植民地主義で疲弊した太平洋諸島を戦後盛り立て、この地域のリーダーシップをとる役割を果たしている)。

同様のことはまた、アメリカ合衆国の歴史についてもいえることであろう。しかしハワイの場合は同様のスタンスをとりえたのにたいし、若干オーストラリア史、ニュージーランド史とは異なっている。それはおそらく、ハワイ州の人口構成において、白人がマジョリティとなることなく(最近では最大多数派となったが、いまだに人口の過半数には達していない)、日系人や中国系、フィリピン系といったさまざまなエスニック集団が虹のごとくに存在している、という事実とも関係があるのだろう。ハワイの歴史は、ハワイ人と白人のせめぎあいの歴史として書かれる場合も多いが、それと同時に、ハワイにつぎつぎとやってきた移民集団の歴史に焦点をあてた、ハワイ多文化社会成立史として書く歴史記述も多い。本書では、ハワイ史にかなりの部分をさいているが、残念ながら前者部分の記述がもっぱらで、後者についてはほとんど書けなかった。これは今後の課題であろう。

本書の構成

このように複雑に錯綜《さくそう》した権力関係、諸島ごとに絡みあったもろもろの事情をすべて書くことは難しい。太平洋諸島地域で起こったことすべてを年代順にただ羅列することは可能だが、それはあまり意味をなさないであろう。また今度は、それを国ごと、あるいは諸島ごとにまとめて書いても、章が無数になるだけで、もろもろの事件の横のつながりはわからないのである。ここでは、そのような全面的歴史記述はあまり意味のないものとして、できるだけ廃し、全体の流れがわかる事象、特徴的な現象をとりあげて、その経緯が理解しやすいように配慮した。そのため植民地化以降は、オーストラリア、ニュージーランドについてはそれぞれの国の歴史として章を設けたが、太平洋諸島については、大まかな文化的区分であるメラネシア、ポリネシア、ミクロネシアの区分ごとに章を設けて、特徴的な歴史事象をとりあげて書く手法を用いたので、すべての事件が国ごとに網羅されているわけではない。しかしこのように小国乱立の地域的特殊事情は読者諸氏にはご理解いただけるはずである。

植民地化より前にかんしては、「先史時代のオセアニア」と「ヨーロッパ人の太平洋探検」の二章をもうけて、各章ともオセアニア全体を扱った。双方とも国境などなかった時代であるし、横断的な記述のほうが全体像をつかむ利点がある。

さらに、最後に「太平洋島嶼国諸国関係と地域協力」の章を設け、太平洋の全体にかかわる記述がなされている。太平洋では小国が団結することが重要であると考えられているし、そうした機関を中心にさまざまな活動が繰り広げられているので、この章では、太平洋全体での協力関係を横断的に扱った。

編者なりに、理解しやすいオセアニア史を記述したつもりであるが、その試みが多少なりとも効果をもち、読者のオセアニア理解に役立つならば幸いである。

第一章　先史時代のオセアニア

1　オーストラロイドの拡散――旧石器文化

海を渡った旧石器集団

オセアニアに人類が進出したのは、今から約六万～五万年前の更新世代である。この当時は最終氷期にあたり、海面が現在よりも八〇メートルも低かった。そのため、東南アジア島嶼部周辺の大陸棚は陸続きになってスンダ陸棚を形成し、ニューギニアとオーストラリア、そしてタスマニア島も陸続きになって、サフルというひとつの大陸を形成していた。

しかし、スンダとサフルのあいだは、海面が二〇〇メートルさがっても陸続きにならない個所が多く、少なくとも八〇キロもの距離の海を渡らなければ、サフルへは到達できなかった。両地域の動物相が大きく異なっているのはそのためである。動物は海をこえる手段をもたなかったのである。

ところが、人類はこの海というバリアをこえ、サフル大陸へと足を踏み入れた。スンダからサフルにか

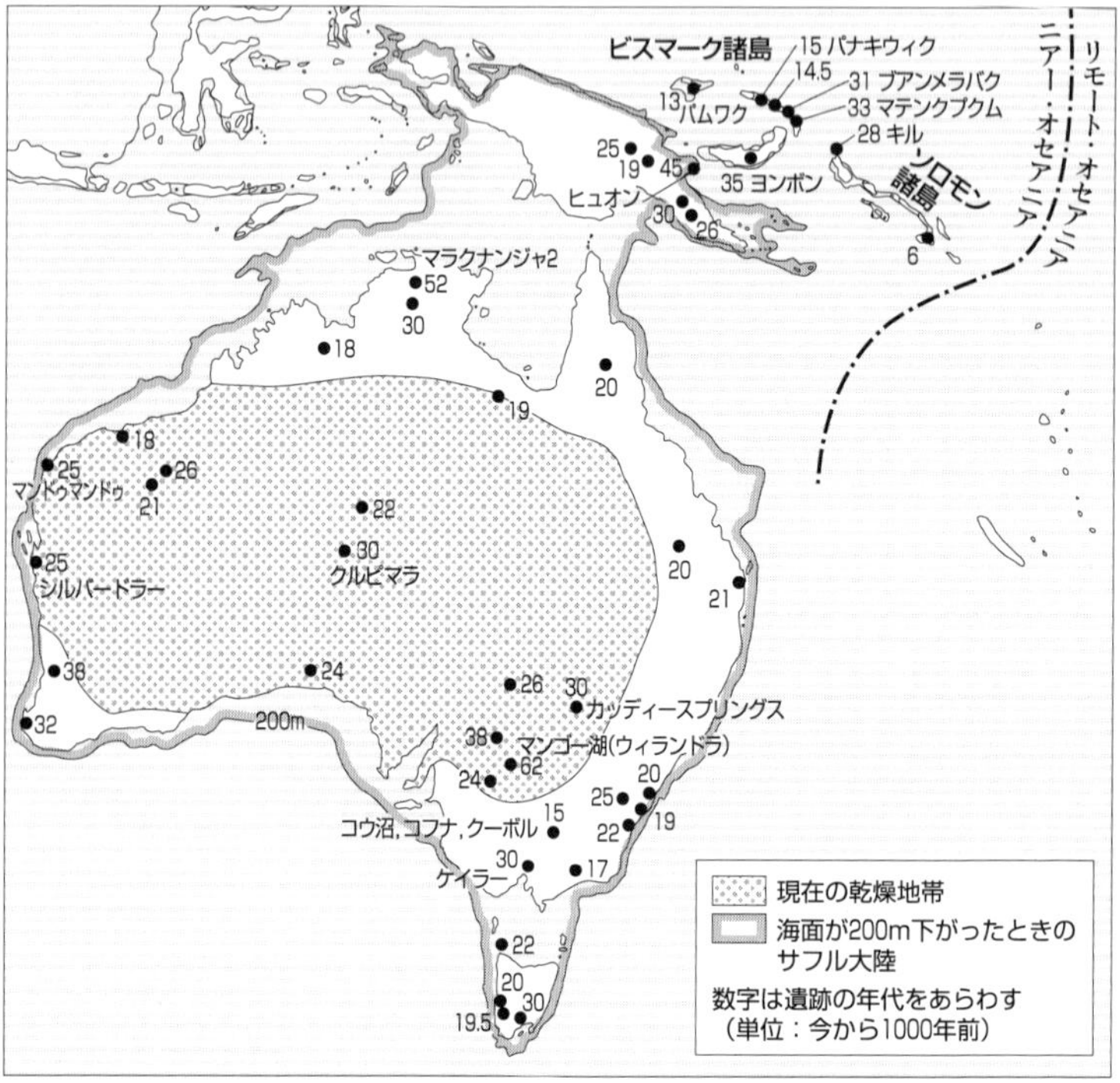

サフルおよびニアー・オセアニアの遺跡分布

けて点在する島々を伝いながら移動したと考えられる。目視できる島をつないでゆくと、セラム島周辺の島々から現在のニューギニア島の西端へとたどり着く。世界でもっとも古い、人類の海をこえた拡散であった。

その渡海技術にかんしては、推定の域をでていない。この時代の人類は、ごく簡単な石器しかつくらなかったので、カヌーなどの本格的な船をつくったとは考えにくく、丸木を組み合わせたものや、竹などでつくった筏《いかだ》など、ごく簡単なものを用いたと考えられる。いずれにせよ、男性のみならず、女性をともなった意図的な渡海であったことはまちがいない。

サフル大陸に渡った人類の痕跡は、石器類の人工遺物と、埋葬された人骨などに代表される。もっとも古い遺跡は、オーストラリア北部や東南部から報告されており、年代は今から約六万年前である。人類がサフル大陸北西部にはじめて足跡をしるしたのが六万年前からそれほどさかのぼらないとすると、かなり速いスピードで、東南端にまで拡散したことになる。オーストラリアの三万年をこす古い遺跡を地図上にプロット(表示)すると、海岸沿いに点在しており、この拡散が沿岸沿いにおこなわれた可能性を示している。

この人間集団がどんな特徴をもっていたかは、オーストラリア東南部を中心に見つかっている一五〇をこえる出土人骨から復原されている。これらは大きく分けて二つのタイプに分類される。一方は、骨が厚く眼窩《がんか》上隆起も発達したごついタイプで、より古い人類化石の特徴を示しており、ウィランドラ湖やコウ沼遺跡、コフナ、クーボル遺跡など、一万五〇〇〇年から五〇〇〇年前にかけての遺跡から出土している。

それにたいして、きゃしゃな、明らかに新人に属す人骨は、マンゴー湖やケイラー遺跡などから出土している。このうち、マンゴー三号という、赤色顔料で覆われた埋葬人骨は、ガンマ線など数種類の測定方法を用いた年代測定が一九九九年におこなわれた結果、六万二〇〇〇年前という非常に古い年代のものであることが報告された。

この新事実により、原人から派生したごついタイプの人類グループがまずサフル大陸に拡散してきて、あとからきゃしゃな新人タイプグループがやってきたという二元説は、否定せざるをえない。サフルへ拡散してきたのはきゃしゃなタイプの新人集団で、ごついタイプの人類は、一万七〇〇〇年前の最大氷期以降にそれから派生した、と考える一元説の可能性が高くなったのである。

ニューギニアでも、五万年前ごろの遺跡が北部ヒュオン半島から見つかっており、石斧《せきふ》が出土しているが、化石人骨は見つかっていない。このサフル大陸へ広く拡散した人類集団こそが、オーストラリア・アボリジナルやメラネシアに分布しているオーストラロイド集団の直接の祖先なのである。

生活形態

サフル大陸へ拡散してきたオーストラロイド集団は、土器をつくらない旧石器文化集団であった。使った道具はごく単純な石器類がほとんどで、狩猟採集を主とする生活を送っていた。

更新世代のオーストラリアには、大型の有袋類や単孔類、とべない鳥などが多く生息しており、拡散集団の格好のターゲットになった。オーストラリア東南部にある、今から三万〜一万年前のカッディースプリングス遺跡からは、石器などとともに、絶滅した大型動物骨や鳥骨が出土した。伴出する剝片《はくへん》石器を電子顕微鏡で観察すると、動物の毛や血液(ヘモグロビンの結晶)などが鑑定できることから、当時の人間が、これら大型動物を捕えて食用にしていたことがわかる。

また、海洋資源の利用も三万～二万年前ごろにはおこなわれていた。オーストラリア北西のマンドゥマンドゥ岩陰遺跡(二万五〇〇〇年前)からは、二枚貝やカニ、数種類の魚骨などが出土する。また、シャーク湾のシルバードラー遺跡(二万五〇〇〇～一万八〇〇〇年前)からは、当時の海岸線から一〇〇キロも内陸にあったにもかかわらず、海産の貝殻が多量のエミューの卵の殻とともに発掘された。

このように旧石器集団の行動半径は、かなり広かったようである。とくに、前述のマンゴー三号人骨を覆っていた顔料は、遺跡から二〇〇キロも離れた地点から持ち込んでおり、石器の素材も、数カ所から集めてきて使っていた。

オーストラリア中央部の乾燥地域への拡散居住は、今から三万年前ごろにはおこなわれていた。その証拠がクルマピラ岩陰遺跡から見つかっている。ただし、当時の気候は、冷涼・湿潤であり、今のようには乾燥しておらず、ずっと暮しやすい環境だった。その後、二万二〇〇〇～一万六〇〇〇年前の最大氷期には、広範な乾燥地域が出現したため、同遺跡はいったん廃棄される。つまり、内陸部における居住は継続したものではなかった。そして、今から一万二〇〇〇年前にやや乾燥化がゆるんだころ、ふたたび居住が開始された。これは内陸湖が季節的に水をたたえるようになったころと一致し、水の存在が人間居住の要件であったことがうかがわれる。

オーストラリアの更新世代の石器組成は、スクレイパー(剝片石器)と馬蹄形石核、刃部磨製石器とからなっている。もっとも広範に継続利用されたのはスクレイパー類であるが、定形化したものはつくられず、不定形であることがむしろ特徴であった。これらは、動物の解体や植物の加工など、多様に使われた。刃部磨製石斧は、北部オーストラリアで二万年前につくられており、旧石器集団がつくったものとしては世界でも古いもので、その用途や起源についてはよくわかっていない。

オーストラリアでは、狩猟採集を基本とした小人数での移動生活が長く続けられ、アボリジナルへと継承されていった。これにたいして、今から八〇〇〇年前ごろに海水位が現在と同じになったので、ニューギニアはオーストラリアと海で隔てられた。そのため、ニューギニアにおける人間の生活形態は、オーストラリアとはかなり異なるものとなっていった。中央高地のワギ渓谷クック遺跡からは、灌漑のためにほられた深さ二メートルもある溝が発掘され、なんらかの農耕がおこなわれていたようである。両地域に拡散したオーストラロイドが、異なった生活形態を展開した背景には、山がちで雨が多く、熱帯雨林に覆われたニューギニアの自然環境が、平坦で乾燥しがちなオーストラリアのそれと大きく異なっていたことがあげられる。

ニアー・オセアニアへの拡散

サフル大陸へと渡った人々は、さらに海を渡ってニューギニア北東沖の島々へも拡散した。ビスマーク諸島からソロモン諸島北部にかけての島々は、隣の島が目視できる距離にあり、旧石器集団はつぎつぎに拡散していった。ニューギニアにもっとも近いニューブリテン(タラセア)へは三万五〇〇〇年前(ヨンボン遺跡)、ニューアイルランドへは三万五〇〇〇年前(マテンクプクム遺跡)、そしてソロモン諸島のブカ島へも二万九〇〇〇年前(キル遺跡)には拡散していた。しかし、この拡散も、ソロモン諸島が南限で、ここまでをニアー・オセアニアと呼ぶ。これ以南の島々はリモート・オセアニアと呼ばれ、第2節で扱う新石器集団が拡散してくるまでは無人島であった。

遺跡は海岸部の洞窟や岩陰に多いが、ニューブリテンのヨンボン遺跡は、例外的に内陸の高地遺跡である。

出土する石器類のうち、黒曜石製のフレイク(剝片)は特徴的であり、ニューブリテン島にある数カ所の産地からニューアイルランドなどへと継続的に運ばれた。このことから、旧石器集団は単純な拡散シナリオによって、ただ一度海を渡ったのではなく、複数回の往復渡海をおこなっていたことがわかる。また、とくに良質のタラセア産の黒曜石は、ソロモン諸島北部のブカ島へも持ち込まれて使用され、のちの新石器グループによっても好んで利用された。

黒曜石のほかにも、この集団が海をこえて運んだものに野生動物がある。ビスマーク諸島やソロモン諸島の遺跡から、自然分布では存在していなかったハイイロクスクスやワラビーなどの骨が見つかる。ともにニューギニアから海を渡って持ち込んだもので、食用目的であったと考えられる。

サフル大陸と比較すると、面積も小さなこれらの島では、狩猟対象になる動物は貧弱であった。そのため、海洋資源の利用がさかんにおこなわれ、ニューアイルランドのマテンクプクム遺跡やブアン・メラバク遺跡などでは、出土する貝の多さが目立つ。

貝は、食用としてだけではなく、シャコガイのような大きくて硬い貝をわってフレイク状の道具として加工したり、マヌス島のパムワク遺跡からは、一万年も前のシャコガイ製貝斧も見つかっている。このように、道具製作の歴史において、陸上資源から海洋資源への置換えが一部で始まっていた。

また、植物利用も盛んで、とくに滋養に富むカナリウムナッツの殻が多くの遺跡から見つかる。この堅果類は、ニューギニア原産であるが、一万年前ごろにはマヌス島やソロモン諸島北部などへと移植された。現在でもメラネシア地域で広く好んで食用とされ、新石器集団へもこの食用習慣が引き継がれた。

剝片石器などを電子顕微鏡を用いて観察すると、澱粉《でんぷん》粒が付着しているのがわかる。野生のタロイモなどを採集し、食用としていた証拠である。

このようにサフル大陸からさらにニアー・オセアニアへと拡散した人々は、島嶼環境への適応をすでに開始していた。なお、長らくニューカレドニアやバヌアツへも、これら旧石器集団が拡散していた可能性が考えられてきたが、現在では否定され、ソロモン諸島北部がその南限である。

2 オーストロネシア集団の拡散——新石器文化

ラピタ文化

紀元前一五〇〇年ごろに、それまでオセアニアに分布していた旧石器文化集団とはまったく異なった文化をもった集団が、東南アジア島嶼部をへて、南西オセアニア(メラネシア)へと拡散してきた。この集団は、土器をつくり、植物栽培をおこない、家畜飼育をおこなった新石器文化集団である。形質的にはモンゴロイド集団に属し、言語的にはオーストロネシア諸語を話す集団であった。

このオーストロネシア集団の移動の特徴は、それ以前から居住していた旧石器集団を避けるようにして、砂浜のある海岸部や、沖合の小さな島などに居住し、速いスピードで南東へと拡散を続けたことである。

この集団がつくったユニークな文様土器のおかげで、拡散集団の初期の足跡を考古学的にたどることが比較的容易にできる。これは、非常にきゃしゃな印象を与える薄手の土器で、細かい砂(ほとんどの場合、貝や珊瑚の細粒が混入している)を粘土にまぜて整形し、野焼きしたものである。器形は壺(器台や取っ手のついたものを含む)や鉢、皿など、変化に富む。文様は、土器の表面をまるでキャンバスに見たてたかのように、連続した円や弧、三角形、Y字、ジグザグなどの幾何学文様がほどこされている。

文様の特徴は、ほとんどが細かい刺突《しとつ》の連続(鋸歯《きょし》状刻印文)で表象されており、わずかに沈線文や粒状貼付《はりつけ》文もみられる。デザインの構成要素の組合せは自由奔放で、同じデザイン構成で飾られたラピタ土器はほとんど見つかっていない。

緻密に描かれた文様デザインには、具象文様はほとんどないが、例外として人の顔を意識したものがある。目や鼻、口ひげなどが描かれたものや、目だけをデフォルメしたものがあり、この文様土器が実用というよりも特異な用途のためにつくられた可能性を示している。

この文様土器が、オセアニア西部の古い文化層から出土することが注目され始めたのは一九五〇年代で

ラピタ土器（オークランド大学人類学科所蔵レプリカ）　細かい刺突の連続を用いて人間の顔をデフォルメして描いたもの（サンタクルス諸島出土）。

あり、五二年にギフォードとシャトラーによってニューカレドニアで調査された村の名前をとって、ラピタ土器と呼ばれるようになった。

ラピタ土器を出土する遺跡からは、石器、貝製装身具や漁具類のほか、食糧残滓である貝や魚骨、鳥骨、家畜骨なども出土し、豊かな農耕・漁労文化が存在していたことを示している。これらを総合的にとらえたものがラピタ文化複合である。

このラピタ文化複合こそ、のちのポリネシア文化の祖型となったもので、卓越した航海術、東南アジア起源のタロイモやヤムイモなどの焼畑を含む根菜農耕、パンノキやバナナ、ココヤシ、ポリネシアンチェストナッツなどの樹木栽培、イヌ、ブタ、ニワトリの三種類の家畜飼育などの基本的な生業形態のほか、入れ墨習俗や樹皮布の製作など多くの習俗が共通する。

ラピタ集団は金属器はもたず、石器や貝器だけでアウトリガーカヌー（船体の外側にフロート〈浮木〉が平行して突き出たつくりで、パンダナスの葉を編んだ帆も備えていた）をつくり、海岸近くに杭上家屋を建てて住んでいた。

ラピタ文化の特徴のひとつに交易ネットワークがある。ニューギニア北東のニューブリテンにある良質の黒曜石が、島伝いだと二〇〇〇～三〇〇〇キロ離れた、サンタクルス諸島やフィジーなどへ長期にわたって持ち込まれていたことは、島嶼間に遠距離交流が存在したことを示している。そして、母集団とのコンタクトを保つことによって、新しい環境における居住の安定性がえられるまでの保障としたのである。

このように、ラピタ文化複合を構成する多くの文化要素は東南アジア起源であるが、その卓越した海上移動手段を利用した拡散戦略は、オセアニアへ進出した集団ならではのものであった。

ラピタ集団の拡散

ラピタ土器を携えた人々の拡散は、一部では南中国の海岸部付近から始まったのではないかと推定されているが、じつはどこから始まったのかはまだよくわかっていない。しかし、オーストロネシア諸語がどのように分岐したかの研究が進み、紀元前四〇〇〇年前後に台湾から南へ移動を開始し、前三〇〇〇年ごろ、フィリピン南部で中西部インドネシアと東部インドネシアへと分れて拡散したことが明らかになっている。そして、東部インドネシアへやってきた集団は、前二〇〇〇年ごろにさらに二つに分かれ、中央・南部モルッカ、小スンダ諸島へ向かった集団と、ニューギニア北岸にそってビスマーク諸島へと進んだ集団とに分かれ、後者がオセアニアへと拡散した。この初期集団のオセアニアへの拡散を示す考古学的証拠が、ラピタ土器である。

現在までに見つかっているもっとも古いラピタ遺跡は、ビスマーク諸島のムサウである（数片しかラピタ土器が出土していないニューギニアやマヌス島の遺跡などは除外する）。ここからは、前一三〇〇～前一二〇〇年（この年代は、最近、再検討されて採用された、やや新しい年代である）の文化層から典型的なラピタ文様

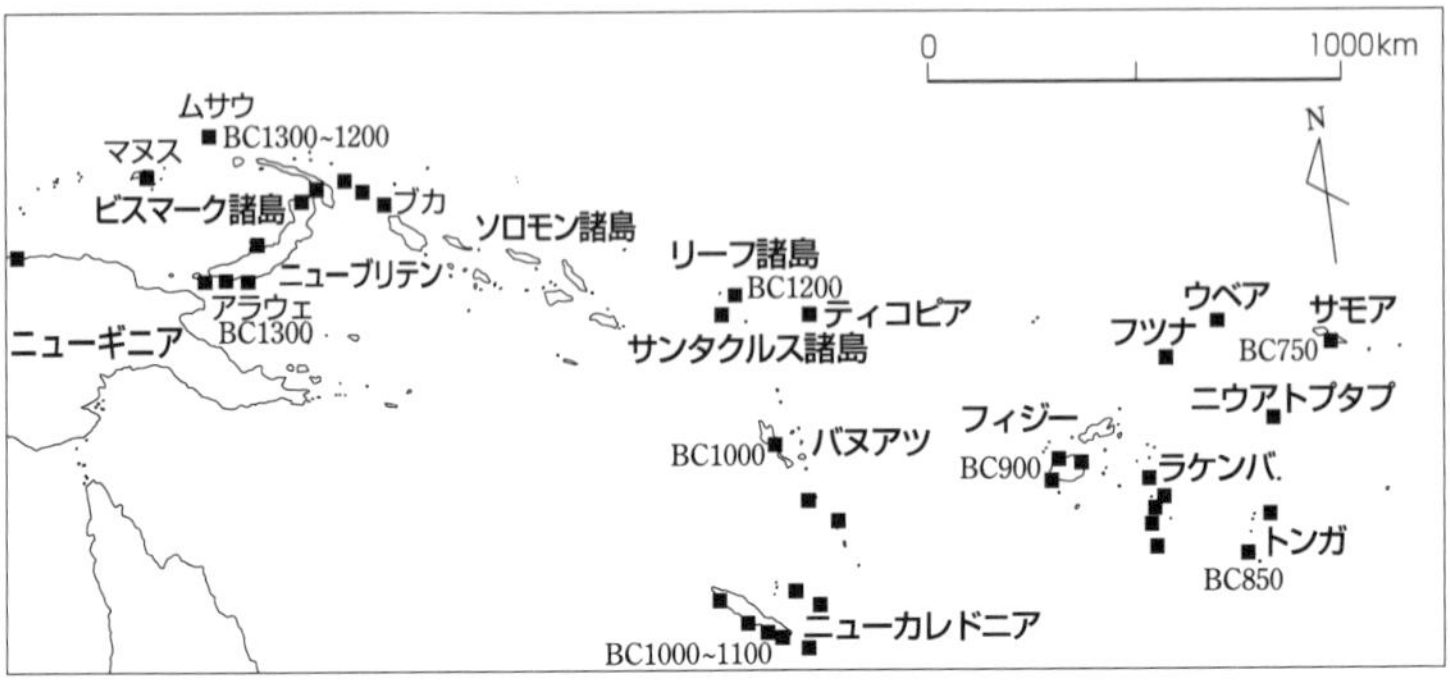

ラピタ遺跡の分布

をほどこした土器が出土し始め、それ以前には人間が居住した形跡がない。このことは、拡散集団がすでに装飾形式を発展させたラピタ土器を携えて拡散してきたことを示唆している。しかし、拡散元とみられるフィリピンやインドネシアのハルマヘラなどでは、やや類似した文様土器は見つかるものの、ラピタ土器のユニークな特徴である、連続した鋸歯状刻印文がほどこされた土器は見つかっていない。そのため、この特徴的な文様システムは、ニューギニア北岸の島周辺で発達した可能性が考えられている。その成立を考える際には、文様をほどこしたラピタ土器がどのような社会的性格をもっていたかを考察することが必要であろう。

さて、これまでに一〇〇をこえるラピタ遺跡が報告されているが、その分布をみてみると、ニューブリテン島南西のアラウェ(前一三〇〇年)からソロモン諸島南東離島のサンタクルス諸島(前一二〇〇年)、ニューカレドニア(前一一〇〇年)、バヌアツ(前一〇〇〇年)、フィジー(前九〇〇年)、トンガ(前八五〇年)、そしてサモア(前七五〇年)にまで広がっている(地図参照)。いずれの島でも、ラピタ土器はもっとも古い文化層から出土しており、ラピタ集団が拡散するまでは、みな無人島であったことを示している。しかし、その拡散年代にかんしては、年代測定上のいくつかの問題点が再検討される度に異なって解釈されている状態で、ここに示した年代は二〇〇〇年四月現在においてもっとも妥当と考えられている年代である。

サモア以東からはラピタ遺跡は見つかっておらず、ラピタ遺跡の分布は、ビスマーク諸島からサモアまで、直線距離にして約四〇〇〇キロの範囲である。ラピタ集団は、これだけの距離をわずか数百年間で拡散移動したことになり、その拡散スピードは世界的にみてもかなり速い。移動の手段が海上交通であったことにもその一因が求められるが、先住集団がいた島を避けたことや、居住地に求めた以下のような選択条件などが、西ポリネシアまでの速い拡散を続けさせたのであろう。

ラピタ遺跡に共通した生活条件をまとめると、

(1)　ラグーン(礁湖)をもつ砂浜沿いである(リーフ〈珊瑚礁〉内漁労など、ラグーンの活用が容易)

(2)　なだらかな後背地が存在する(根菜・果樹類の栽培と家畜飼育に利用)

(3)　風通しがよくてジメジメせず、からっとした環境である(マラリアにかかりにくい)

これらが、メラネシアの大きな島の内陸では、なかなかえられにくい環境条件であることを考えれば、ラピタ集団の変則的な拡散パターンが理解できる。

ラピタ集団の拡散の特徴は、そのスピードの速さとともに、分布パターンが「線」で結ばれた「点」で構成されることである。陸続きではなく、島から島への拡散なので当然ではあるが、その分布をみると、やはり面による拡散ではない。たとえば、メラネシア地域のほとんどでは、初期ラピタ集団は主島の大きな島々には居住せず、沖合の小さな島にのみ定住している。ソロモン諸島は東南離島、ニューカレドニアはおだやかな海岸線の続く南岸沿い、バヌアツはマロというリーフに囲まれた小島、というように、内陸を向かず、海を向いて生活する居住条件へのこだわりを強くもった集団であった。

なお、拡散移動というのは、拡散元の島の住人が全員で新しい島へと移動するのではなく、移動グループが、島に残る母集団から分れて新しい植民活動をおこなうことをいう。この母集団の存在が、ラピタ集団の拡散スピードの速さを可能にした重要な要素のひとつである。すなわち、拡散時にもっとも高くなる生存リスクを緩和するため、資源の補給や自然災害時の救済センターのような役割を担っていた。また、母集団の存在は、これ以後のメラネシアにみられる先住旧石器集団との混血や文化の交流という点でも、重要な役割をはたした(第3節参照)。

ラピタ文化からポリネシア文化へ

メラネシア東部の小さな島々を伝いながら、速いスピードで東進してきたラピタ集団は、前九〇〇年前後にフィジー、トンガ、サモアへ、ほぼ同時期に拡散してきた。それまで無人島であったこれらの島々は、面積も大きく天然資源も豊かで、ラピタ集団が求めた前記三条件を十分に備えていた。ラピタ集団の動きはここで約一〇〇〇年間停滞した。その間にラピタ文化複合の一部は変容し、ポリネシア文化の特徴である文化要素が形成されたのである。

社会的には、母集団とのコンタクトが減少し、遠距離からの資源輸入が減少する。それとともに、新しい環境における資源の積極活用と、自立した経済活動への努力が始まった。

　他方、物質文化は、遺跡や島ごとに多様な変化が起き、ラピタ土器文様の簡素化や無文化が、ほとんどの島で起こった。トンガとサモアでは、土器づくりそのものが一部を除いて紀元前後には終息する。この土器文化の消失の背景には、サモアが安山岩線の東に位置するための粘土資源の劣化や、土器の交換財としての社会的機能の消失などが考えられる。とくに、土器にかわる調理法の石蒸し焼き料理法(ウム)は、それ以後のポリネシア文化の特徴ある文化要素のひとつとなった。

　土器以外の物質文化は、同じ西ポリネシアに位置しているトンガとサモアでも、かなり異なって発達した。トンガでは、土器はつくられなくなったものの、ほかの物質文化は、ラピタ文化期からそれほど変化せずに受け継がれた。すなわち、石斧の型式はほとんど変化せず、豊富な貝製装身具類も継続してつくられた。

　これにたいしてサモアでは、あれほど豊富だった貝製装身具類はつくられなくなり、石斧の形態も変化した。ラピタ文化にともなわれたいくつかの石斧の形態のうち、断面が楕円形の石斧がつくられなくなり、あらたに断面が三角形の石斧が出現した。これは、ラピタ遺跡のうち、サモアのみが安山岩線の東に位置し、島の主要構成岩石が、加工しやすい玄武岩であることと深くかかわっている。同様に玄武岩の豊富なサモア以東のポリネシアの島でも、この断面三角形の石斧がつくられつづけることになる。このように、ポリネシア文化の祖型の多くは、明らかにサモアで形成されたものであった。

　ほぼ同時にラピタ集団によって居住されたトンガとサモアであるが、一〇〇〇年間の文化変化の差異は明らかである。その異なった文化変化の背景にあるのは、利用できる有用資源の相違、ひいては自然環境の相違であり、それらが大きく影響している。

東ポリネシアへの拡散

オーストロネシア集団が西ポリネシアからふたたび東進を開始したのは、今から一七〇〇年ぐらい前であった。移動を開始したのがサモアからであったことは、文化複合の類似性からほぼまちがいない。拡散元が限定されていたため、ポリネシアの島々は、広大な範囲に広がっているにもかかわらず、文化や言語が非常に均質性の高いものになった。このような拡散現象は、ビンの口をとおったように広まったという意味で、ボトルネック現象と呼ばれている。

サモアからの拡散集団が最初に居住したのは、おそらくマルケサスであると考えられている。もっとも古い遺跡はウアフカ島から報告され、年代は紀元後三〇〇〜六〇〇年である。その後、マルケサスから北上してハワイへ到達したのは、従来想定されていた四〇〇年よりも新しい、後七〇〇年ごろで、ソサエティ、クック諸島をへて、南西のニュージーランドへは後一二五〇年ごろに拡散した。

ところが、ポリネシア全体に広まったポリネシア文化複合は、サモアのものとまったく同じではない。タコ釣り用擬餌針や貝斧、貝製ノミ、入れ墨用ノミなどは共通するが、中子《なかご》つき石斧や石製パウンダー(石杵《いしぎね》)、プラットフォーム(石壇)つき神殿(マラエ)、石や木製人物像、鯨歯製リールなどは、サモアにはみられないが、中央および辺境ポリネシアには一様に分布しているものである。また、言語も西ポリネシアと東ポリネシアとは異なって分類される。そのため、サモアのつぎに拡散した島、おそらくマルケサスにおいて文化複合がさらに変化して、ここが真のポリネシア文化揺籃《ようらん》の地となり、そこで変容した文化複合を携えた人々が、ポリネシア全域へと拡散したようである。

ポリネシアのなかでも、もっとも東南のはずれに位置するイースター島への拡散年代は、過去の復原ではやはり後四〇〇年とされてきたが、年代測定に用いられた試料の再検討がおこなわれた結果、後四一〇〜一二七〇年という幅の広い年代しか、現在のところ採用できるものがない。

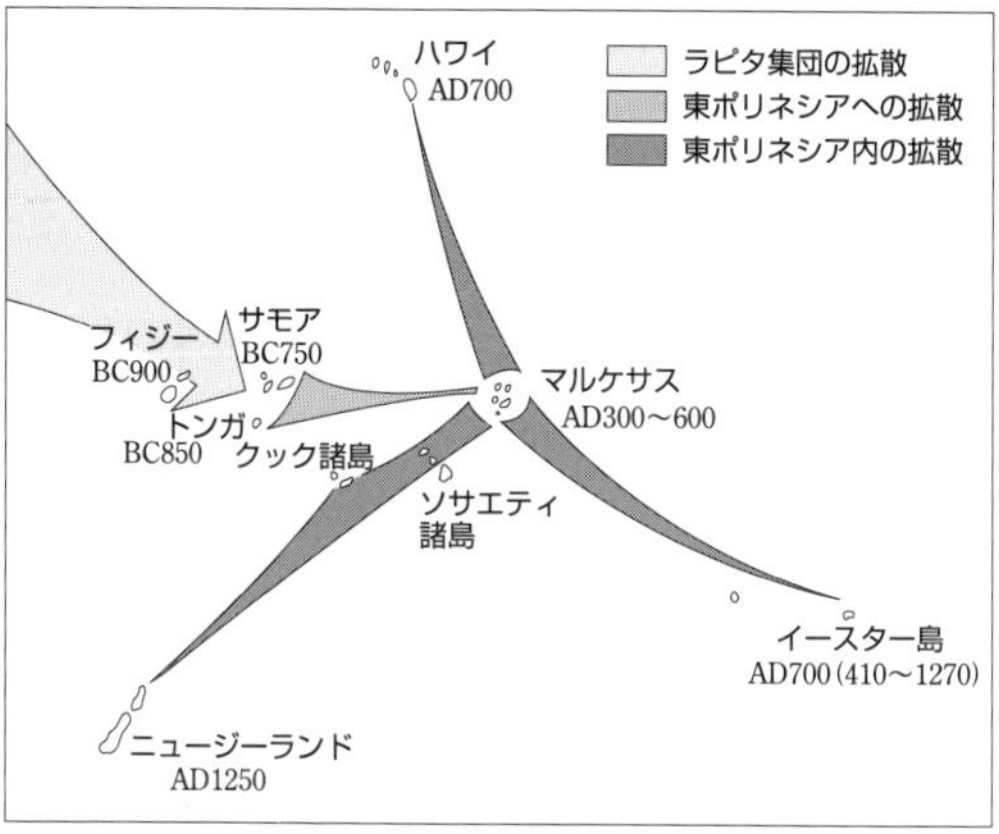

ポリネシアへの拡散

かつてハイエルダールが主張した、南米からポリネシアへの拡散移住がおこなわれたという説は、現在はまったく否定されている。しかし、ポリネシア人自身が東進を続けて南米へ到達した可能性は大きい。南米原産のサツマイモが東ポリネシアで重要な主食となったのは、南米へいったポリネシア人が、同じモンゴロイドである原住の人々からサツマイモを入手し、持ち帰ったからであろう。クック諸島のマンガイア島では、後一〇〇〇年にはサツマイモが存在したことを示す、炭化したサツマイモ片が多数見つかっており、ハワイでも、後一六〇〇年ごろの炭化したサツマイモが見つかっている。

このように、西ポリネシアから移動が始まってから一三〇〇年ほどかかって、ポリネシア全域がオーストロネシア集団によって植民されたのである。

この拡散の過程において、いったん居住された島がふたたび無人島と化した島もあった。ハワイ諸島のニホアとネッカーや、ピトケアン、ヘンダーソン、ファニングなど、わかっているだけでも一九の島々にポリネシア人がかつて居住した痕跡が残されている。ミステリーアイランドと呼ばれるこれらの島は、周辺の島々から遠く孤立し、淡水資源に乏しいため、居住を継続するには自然環境の厳しい島々である。ヘンダーソンを発掘したワイスラーは、近くのより資源にとんだ島から資源を輸入していたあいだは人間が居住していたが、それがとだえるやいなや、島が放棄されたことを明らかにした。オセアニアの資源に乏しい小さな島へ人間が居住を続けるには、外部とのコンタクトを保つことが重要な生存戦略であったことがわかる好例である。

ポリネシア集団は、単純に東へだけ拡散したのではない。サモアからふたたびメラネシアへと西方に引き返し、ソロモン諸島の離島の小さな島々へ拡散した集団があった。この集団は、ポリネシア以外の地域でポリネシア語を話したので、ポリネシアン・アウトライアーと呼ばれる。その移動ルートは言語から復元されており、今から二〇〇〇年前ごろにサモアからバヌアツの南方にある東フツナへと移動し、後一〇〇〇年ごろにここからツバルやティコピアへ、ツバルからはソロモン諸島やミクロネシア南部の環礁などへも拡散していった。

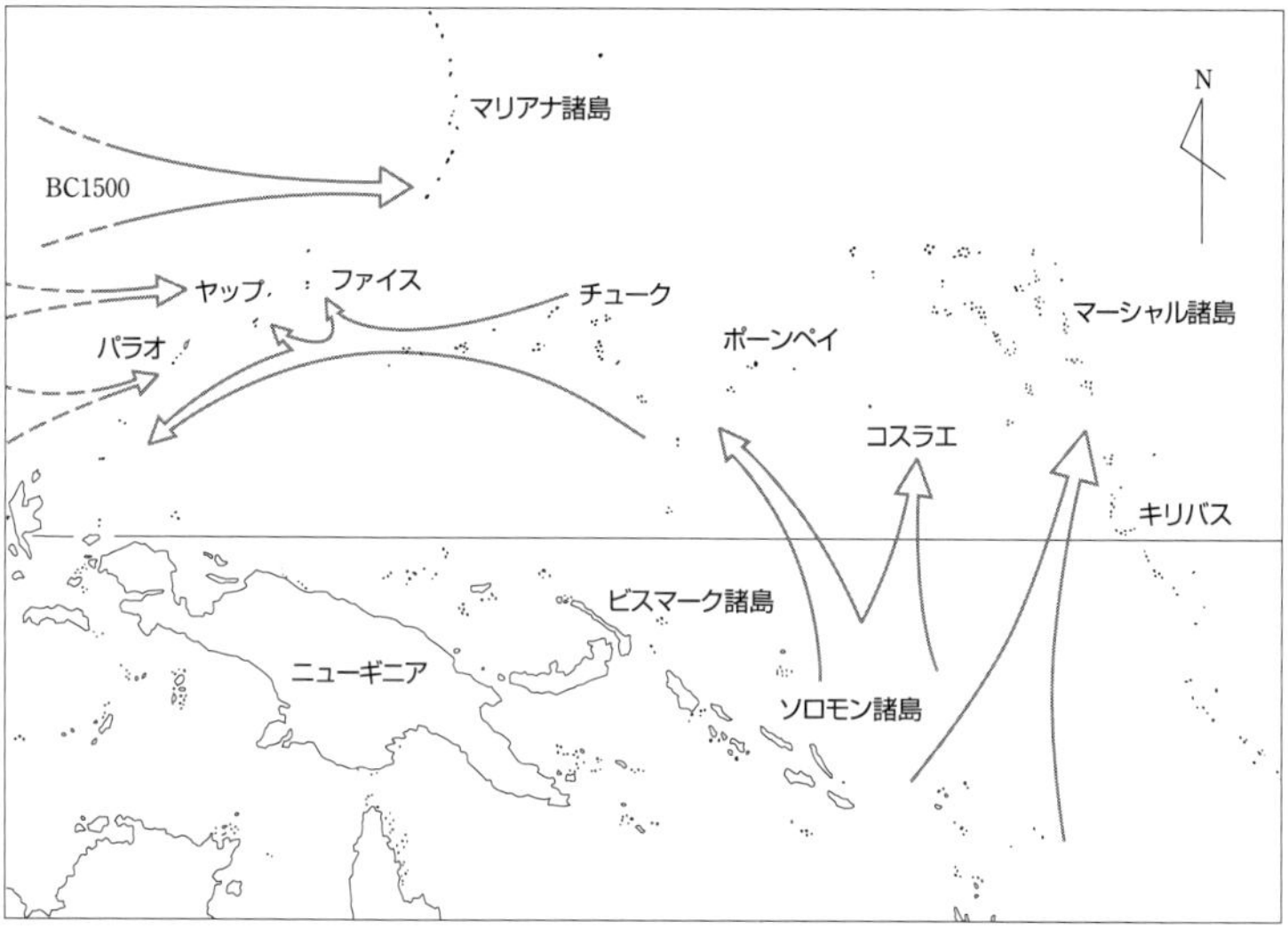

ミクロネシアへの拡散

ミクロネシアへの拡散

ミクロネシアへの人類の拡散の様相は、ポリネシアに比べてかなり複雑である。ポリネシアへの拡散がおおむね西から東へとおこなわれたのにたいし、ミクロネシアへの拡散は西から東、南から北、東から西へ、と異なった時期に異なった方向への移動がおこなわれた。

まず、最初の拡散は前一五〇〇年前後にマリアナ諸島へおこなわれ、南部の火山島(グアム、サイパン、テニアン、ロタ)へ土器文化をもった集団が拡散してきた。インドネシア系言語(ヘスペロネシア語派)や土器の文様が類似していることから、フィリピン周辺から拡散してきたと考えられている。時期的にはメラネシアにラピタ集団が拡散したのとほぼ同じころであり、土器や豊富な貝製装身具類をつくっていた点はよく似ている。しかし、マリアナの土器は、ラピタ土器と同系列の土器文化ではあるが、同じものではない。器形やデザインモチーフ、装飾技法などが異なっている。貝製装身具類も類似してはいるが、その形状は同一ではない。また、根菜農耕をおこなっていたことは推測されるが、ほとんどよくわかっていない。また、三種類の家畜のうち、ニワトリしか存在せず、イヌとブタは欠けていた(その後、パラオからは先史時代にブタが存在していた証拠がみつかっている)。

西ミクロネシアのヤップとパラオにいつから人間が居住し始めたかは、現在判断がむずかしい。これまでの考古学的調査からは、両島とも前四〇〇〇年前をさかのぼる遺跡は見つかっていない。ところが、一九九四年から花粉分析研究が両島でおこなわれた結果、前二〇〇〇~前一五〇〇年ごろ以降、人間による環境破壊(森林花粉の減少や草本植物花粉の増加、および炭化物の出現)が認められた。この年代の古さは、言語研究の結果とはよく一致する。パラオの言語は、南フィリピンか北スラウェシから前二〇〇〇年に分岐した古いオーストロネシア諸語で、同じインドネシア語系のマリアナの言語とも異なっている。また、ヤップの言語は、数層の異なった言語の重なりをもった古く複雑な言語で、もっとも古い層はメラネシアのマヌスの言語との関連性が指摘されている。今後、考古学的にも三五〇〇年にわたる人間居住の証拠が見つけられる可能性はあるが、現在までのところ、どのような物質文化をもった人々が、どのような生活をしていたかについては、ほとんどなにもわかっていない。

中央および東部ミクロネシアの島々は、南方のメラネシアから植民されたことが、言語の親縁関係から指摘されている。東南ソロモンからバヌアツ周辺の人々が北上し、ギルバート諸島からマーシャル諸島を経由してコシャエ(コスラエ)、ポーンペイ(ポナペ)、チューク(トラック)へと拡散移住したというのが言語モデルである。この言語グループは、核ミクロネシア語と呼ばれ、中央および東部ミクロネシアに広く分布していた。しかし、この言語モデルでは、ギルバートからマーシャルへと拡散したのは前一五〇〇年になっており、考古学的証拠と一致しない。マーシャル各地で発掘調査をおこなったワイスラーは、マーシャルに人間が居住を開始したのは、今から二〇〇〇年前であったと指摘している。またこの年代は、これ以西のコシャエ、ポーンペイ、チュークへ人間集団が拡散してきたのと、ほぼ同じである。おそらく、ひとつのルートをとおって北上したのではなく、同時期に複数の拡散集団が北上してきたのであろう。

二〇〇〇年前にチューク、ポーンペイ、コシャエでつくられた土器は、器形や文様がわずかずつ異なっているが、無文化したラピタ土器の系列をくむと考えられている。拡散後、土器づくりは、チュークとコシャエでは数百年内に消滅し、ポーンペイでも後一〇〇〇年までには消滅した。

この核ミクロネシア語を話す集団は、ここからさらに西方へと拡散し、中央カロリン諸島に広がる珊瑚島の島々をとおって、パラオの南西離島のトビにまで到達した。その拡散年代は、後一〇〇〇年ごろで、火山島に定着してからやや時間がたってからとする考えが多かった。しかし、ヤップに近いファイス島で筆者が発掘した結果、後四〇〇年にはすでに居住が始まったことが明らかになった。しかも、西方のヤップの土器やアジア起源のネズミ骨が継続して出土したことから、ファイス島民が一五〇〇年以上にわたって、言語の異なる近隣の火山島と交易をおこなってきたことも明らかになった。

このことは、中央カロリン諸島へ、東から核ミクロネシア語集団が拡散してくる以前に、西から拡散していた集団がいた可能性をも示すもので、今後の調査結果によってはミクロネシア中央部の人類の拡散の歴史は書きかえられるかもしれない。

ミクロネシアには、ポリネシアン・アウトライアーである環礁島が二つある。ポーンペイ島の南のヌクオロとカピンガマランギである。カピンガマランギは後一〇〇〇〜一三〇〇年ごろまでは無人島で、そこへポリネシア集団が拡散してきたのであるが、ヌクオロの場合は、後一三〇〇〜一五〇〇年には、イヌをつれ、貝製の釣り針をつくったミクロネシアの人々が居住を始めたことがわかっている。ポリネシア語を話す人々は、それよりもあとに南方から拡散してきたのである。

3 多様な文化の形成

メラネシア——混血と独自の文化の形成

ラピタ集団が速いスピードで通過していったあと、移動グループから分かれて定住した集団が、それぞれの島での生活を確立していった。これらの定住集団は、明らかに先住の旧石器集団(オーストラロイド)との接触をもち、混血をおこなった。縮れた髪の毛や暗い肌の色などの形質的特徴を受け継ぐとともに、土器づくりをはじめとした、オーストロネシア集団が持ち込んだ栽培植物や航海技術などの文化複合をも継承した。このオーストラロイド集団は、ラピタ集団のあとを追うようにメラネシア内の島々へと拡散したので、メラネシアの人々は、同じラピタ集団を祖先にもつポリネシアの人々とは、形質的に非常に異なっている。そして、多くのローカルグループに分れて抗争の多い社会を築いていった。

このオーストラロイド集団が、どの島へいつごろ拡散したかは明らかではないが、ラピタ集団の拡散後、かなり早い段階であった可能性が土器の変化から見てとれる。ラピタ系統の土器が、文様が簡素化しながらもつくりつづけられた一方で、沈線・貼付文、叩《たた》き目文などの異なったタイプの装飾土器が今から二〇〇〇年前までに主流となった島が多い。ニューカレドニアのポドタネアン土器、バヌアツのマンガアシ土器、フィジーの叩き目文土器などである。これらの、非ラピタ土器文化の系統はあまり明らかになっておらず、たんにラピタ土器から変化したものなのか、ラピタ土器とは異なった系列の土器文化が同じころ、あるいは少しあとに拡散してきたのか、さらには、オセアニアで独自に発達した土器文化があったのか、可能性がいくつか考えられる。ただし、土器以外の貝斧や装身具、貝製釣り針、石斧などの物質文化は、ラピタ期からあまり大きく変化せずに継続してつくられた島が多い。いずれにせよ、ラピタ文化複合の一部を継承しながら、非ラピタ土器が急速にメラネシア内に広まっていった。この現象がオーストラロイド系集団によるメラネシア内の二次拡散にともなうものかどうかは明らかではないが、その可能性は高いであろう。

他方、後一〇〇〇年ごろには、インドネシアやフィリピンからの影響を示す櫛目文土器がメラネシア全域でつくられ始めた。この土器は突然のようにメラネシアに出現したが、西から東へと時間差がみられる。文様の流行ととらえることもできるが、広範な文化接触がおこなわれたと考えるほうが自然である。同じころ、櫛目文土器以外にも、共通した文化要素が、メラネシアからミクロネシアの中央カロリン諸島にかけて、広い範囲に広まった。腰機による織布製作や凧をあげてダツ(硬骨魚)を釣る漁法、タケノコガイ製丸ノミなどである。広域な海上活動が存在したことを示している。

ラピタ集団の拡散戦略のひとつであった島嶼間の交易は、遠距離から徐々に近距離間のものへと変化し、資源に余裕のある島では、外部との接触はほとんどなくなる。しかし、資源の種類や量に制約のある小さな島では、交易ネットワークを保つことが、不足する資源を入手する、生存戦略となっていた。ニューギニア東南沖の島々で、続けられてきたクラ交換は、その典型的な例といえよう。

このように、メラネシア地域では、オセアニアでもっとも複雑な人種の融合がおこなわれ、文化的多様性を生じていった。

ポリネシア――巨石文化と階層社会

ポリネシアでは、拡散定住した島の自然環境に適応したかたちで、さまざまな文化が形成されていった。根菜・樹木栽培と漁労を組み合わせた基本的生業形態はあまり変化しなかったが、火山島のような雨量・資源ともに豊かな島では、谷にそって居住域を増大して農耕テラス(棚田)を築き、人口の増大をはかった。その結果、社会階層の分化や権力の集中が進み、巨石建造物など、特異なかたちによる権力の表象へと発展した島が多かった。

たとえばトンガの場合、紀元後千年紀前半の歴史は暗黒時代と呼ばれてほとんどわかっていないが、キャプテン・クックが一七七七年に来島した時点では、首長を頂点とする身分制階層社会が大変発達していた。トンガの主島トンガタプの北東には、これを象徴するようなドルメン状の巨石建造物、ハアモンガ・

ア・マウイが建てられていた。口碑伝承によると、これは十二世紀ごろにツイ・トンガ十一世によって建築されたもので、首長階層の権力の大きさをよく示している。このほか、珊瑚石灰岩を板状に切り取った大きなブロックを周囲に配した、非常に規模の大きな墳丘墓(ランギ)が建造され、なかには五層にもなった壮大なものも建造された。

これにたいして東ポリネシアでは、マラエと呼ばれる宗教的石造建築が発達した。これは、大きな長方形の区域を石をならべて区切り、アフと呼ばれるプラットフォームを築いたり、立石を建てたものである。ハワイのアフ(ヘイアウ)のなかには、一〇〇〇平方メートルの大きなものも築かれた。

巨石像モアイで有名なイースター島も、ポリネシア集団が拡散してきたあと、異なった集団がやってきた痕跡はない。一番近い島まで二〇〇〇キロもあるような孤立した島に植民したポリネシア集団が、気候が厳しく資源も限られた生活環境において、制作した石造構築物のひとつがユニークな巨石像である。石像の建つアフは、まぎれもなくポリネシア文化と共通し、ハイエルダールの南アメリカ起源説は支持されない。ほかのポリネシアの島と同じように、初期にはアフのみがつくられ、後一一〇〇年ごろからモアイがそのうえに建てられるようになったのである。そして、十六世紀ごろにモアイ制作は中止され、未完成のモアイが一五〇体も、今なおラノラ

トンガタプ島北東に建つハアモンガ・ア・マウイ　12世紀ごろにツイ・トンガ11世によって建てられた巨石遺構。

ラク火山の石切場に残されている。

一九七七年と八三年にフレンリーらが花粉分析をおこなった結果、ポリネシア人が拡散してきた当初のイースター島は、森林に覆われていたことが明らかになった。それが急激に減少してほとんど草原と化したのと、モアイの制作が中断されたのとがほぼ同時期であることから、その因果関係が指摘されている。

ポリネシア人が最後に植民したのは、ニュージーランドであった。ほかのポリネシアとはちがって、温帯気候であるこの大きな島には、熱帯ポリネシアからやってきた人々にはなじみのない動植物が多く、携えてきた植物はよく育たなかった。しかし、とべない巨鳥モアをはじめとする豊富な鳥類や海産資源の存在は、初期のマオリ(ニュージーランドのポリネシア人)の生業形態を狩猟採集中心に変え、とくに南島ではそれが長く続いた。二科計一一種いたモアは、一四〇〇～一五〇〇年に絶滅した。このモアを絶滅させた人々は、かつてはモア・ハンターと呼ばれ、ポリネシア人とは異なる集団であったかのように考えられたことがあった。しかし、モア・ハンターとは、狩猟採集生活に生業がシフトした初期ポリネシア人の姿であり、のちにサツマイモ農耕や漁労へとシフトして、本来の姿に戻ったポリネシア人と同じ人々であった。

十四世紀以降、パと呼ばれる防御構造をもった居住集落が北島の小高い丘などにつくられ、十六世紀には南島北部にも築かれ始めた。パにはサツマイモの貯蔵穴や居住スペースなどが設けられ、外部からの攻撃に備えた柵や溝が備えられた。人口の増加にともなった、部族間抗争に備えて発展した居住形態であるが、サツマイモの貯蔵技術の発展がその背景にあったのはいうまでもない。

テニアン島タガ遺跡のラッテ　高さ5mもある巨大なもので，手前には倒れたシャフトとキャップストーンが横たわっている。

ミクロネシア——火山島と珊瑚島

ミクロネシア地域は、その拡散の様相が複雑であったのと同様に、その後の文化史も多様であった。基本的に、火山島に植民した人々は遠距離航海をやめ、拡散居住した島嶼および近海で活動し、人口が増加するとともに階層社会を発展させた。それにたいして、珊瑚島に植民した人々は、限られた天然資源の補充や、災害時の援助を確保するため、航海活動を通じた火山島との交易活動を継続しておこなった。

マリアナ諸島の先史時代は、ラッテと呼ばれる遺構が出現する後八〇〇年ごろをさかいに、大きく二つに分けられる。前ラッテ期(前一五〇〇～後八〇〇年)とラッテ期(後八〇〇～一五二一年)である。ラッテとは、シャフトと呼ばれる柱石のうえに、半円球状のキャップストーンをのせたもの二本を一対として、それが三～七対平行してならんで建つ遺構である。海岸沿いや川沿いに分布し、埋葬人骨をともなっているため、家屋の床下柱とみられている。

ラッテ期にともなわれる人工遺物には、マリアナ無文土器と呼ばれる少々厚手の大形土器、シャコガイ製貝斧、貝製ビーズ、貝製釣り針があり、大きな石臼や石杵などもある。これらのうち、稲の脱穀用と考えられる石臼の存在は、ラッテと稲作との関連を示唆しており、キャップストーンの形状も、フィリピンの家屋に用いられたネズミ返しによくにている。マリアナ諸島は、オセアニアで唯一、先史時代に稲作がおこなわれた島で、ラッテ期の土器片に残った稲籾の圧痕も報告されている。おそらく稲作はフィリピンから導入されたのであろう。しかし、どのようなかたちでの文化移入であったのかはよくわかっていない。

ヤップでは、タロイモ(キルトスペルマ種)栽培のため、後一〇〇〇年ごろから海岸沿いの低地が埋め立てられ、タロイモ田へと改造された。階層社会が発展したヤップの人口は、十八世紀終わりごろには二万人をこえていたと推測されている。それにともなって、ヤップにはない石材(結晶石灰岩)を求めてパラオやサイパンへいき、中央に穴があいた円形の石貨を製造して筏《いかだ》にのせて持ち帰るということが、首長階層のコントロール下におこなわれ、ヤップ社会における重要な交換財として流通した。石貨の起源は不明であるが、階層社会の存在と深くかかわっていることは明らかである。

ポーンペイとコシャエには、それぞれナンマドールとレレという巨石構築物が十三世紀ごろに建造された。両者はともに玄武岩柱を井桁状に積み上げて、城壁や墓などを浅い礁湖上に築いたものである。大きなものは、高さ八メートルをこえる巨大なものもある。これを建築できた背景には、強力な王による支配体制が存在したことはいうまでもない。

このように、火山島では豊かな食糧資源を背景に、それぞれ独自の文化が形成された。それにたいし、珊瑚島では比較的平等な社会が存続し、厳しい自然環境や限られた資源をほかの島との交易で補う工夫がなされてきた。マーシャル諸島内の交換システムや、中央カロリン諸島とヤップを結んだサウェイ交換システムなどがその例である。

島嶼に生きる

海をこえて新しい島へと足を踏み入れたところから、その島における人間の歴史が始まる。オセアニアの先史時代の主役は、世界で最初に海を渡った旧石器集団と、巧みな航海技術でこの広大な海の世界のすみずみにまで拡散したオーストロネシア集団であった。

彼らは文字をもたなかった。そのため、ヨーロッパ人との接触後に歴史時代が始まるとすれば、オセアニアの人々がはぐくんできた歴史のほとんどは先史時代となる。そのダイナミックな歴史は、考古学のみならず、言語学や花粉考古学、口承文芸などの分野から研究が進められてきている。そこに復原されたのは、海と密接に関わりをもって生きてきた人々の姿である。

彼らはなぜ移動したのだろうか。けっして偶然に、そして気まぐれに移動したのではなかった。とくに、オーストロネシア集団の場合は、栽培植物や家畜などを周到に用意したうえでの計画植民であった。これだけ広い海域に散らばった多様な島々に、同じような文化複合を持ち込み、拡散先の島の生活条件に適応したかたちに文化を変容させることによって、個別の先史文化をつくりあげてきたのである。彼らにとって海の存在は、島を孤立させると同時に、ほかの島とを結ぶ回廊でもあった。

第二章 ヨーロッパ人の太平洋探検

1 太平洋の「発明」

マゼランの航海

オセアニアの本来の住民たちは熟練した航海者であり、発達した造船と航海の技術をもち、地理的な知識にも優れていたことは、なによりもまず彼らの太平洋拡散の歴史が証明しているし、十六世紀以後のヨーロッパ人の観察と報告によっても明らかである。たとえばキャプテン・クックは、その第一回航海でタヒチをおとずれたのち、島の青年ツピアを乗船させてさらに西に向かったが、この青年は「一三〇に近い島々を説明し」、そのうち「七四は海図に示すことができた」、と記録している。そして、そのなかには、マルケサス、トンガ、サモア、フィジーが含まれていた。だから、オセアニアの島々は、ヨーロッパ人がくる遥か以前に発見されていたのである。とはいうものの、太平洋という世界最大の大海の範囲を定め、それを地球上のほかの海域との関連のなかに地理学的に位置づけるのは、ヨーロッパ人の仕事となった。

太平洋は、一五一三年九月二十七日、スペイン人ヌニェス・デ・バルボアによって「発見」されたといわれている。もちろんヨーロッパ人の目から見ての発見であったが、じつはこのときバルボアがダリエンの峰から望見したのは、広大な大海ではなく、パナマ地峡南部のサンミゲル湾にすぎなかった。太平洋の規模と実態をはじめて体験したヨーロッパ人は、やはり一五二〇年にそれを横断したマゼラン(マガリャンエス)の一行だった。彼らは、一五二〇年十一月二十八日、パタゴニア海峡、すなわちのちのマゼラン海峡をでて太平洋にはいり、三カ月二〇日後の一五二一年三月十六日に、フィリピンのサマル島に着いた。途中接触したのは、ツアモツ諸島とライン諸島の無人島およびマリアナ諸島のおそらくグアム島だけだった。

このときマゼランがとった航路には、不可解な点がある。彼は海峡をでてすぐに西または北西に向かわず、まず現在のチリ海岸にそって、バルパライソの少し南まで約二〇〇〇キロ北上し、それからやっと西北西に針路を変えている。なぜこのような航路をとったのだろう。これに答えるためには、当時マゼランおよび彼の同時代人たちの頭にあった太平洋像について検討してみる必要がある。

「シヌス・マグヌス」と太平洋

十六世紀前半当時、太平洋を描いたヨーロッパ人の地図は一枚もなかった。しいていえば、一五〇七年、アメリカ大陸を新大陸としてはじめて描き込んだマルティン・ヴァルトゼーミュラーの世界図に、太平洋の概念はおぼろげに示されているといえるかもしれないが、当時ヨーロッパ人たちは、カリブ海を中心とする限定された範囲の地域しか知らなかったから、自分たちの目の前にある陸塊の向こうになにがあるか、まったく想像できなかった。そこで、当時の地図制作者たちがとったもっとも一般的な方法は、アメリカ大陸の西部と、アジアの東部の限界を示さず、既知の範囲にとどめておくことだった。ヴァルトゼーミュラー自身も、一五一六年の世界図では、後退してその図法に戻っている。

そこで問題になるのは、マゼランが、はたしてどのような世界図の概念によって彼の西回り香料諸島探検航海を企てたかということだが、彼がマルティン・ベーハイム、またはヨハネス・シェーナーの地球儀を参照したことが伝えられているから、おそらく十六世紀初めの伝統的なユーラシア・アフリカ世界図によっていたのであろうと想像される。つまり、アジア大陸の東端に赤道をこえて南に広がる空想的な半島状大陸をアメリカ大陸と同定し、その南端に海峡を見つけて、その彼方の海に達しようとしたのである。その海は、大半島とその西にある別の半島に囲まれた「シヌス・マグヌス」、すなわち大きな湾であり、そのなかに香料諸島があると信じられていた（図1）。したがって海峡さえ見つけてしまえば、香料諸島到達は容易であり、ポルトガル人が喜望峰をはるばるこえ、インド洋を横断するよりずっと近い航路があるはずだ、というのが、マゼランがスペイン国王を説得する有力な根拠になった。そこでマゼランは海峡を発見すると、「シヌス・マグヌス」に一刻も早くはいるために、大陸沿いに一路北上した。ところがいくらいっても香料諸島はあらわれなかった。そこで彼は南緯三四度あたりで針路を西北西に変えてみたが、それでも対岸の半島が見えてこないので、一三日後に思いきって真西に方向を変えた。その結果「シヌス・マグヌス」は存在せず、大西洋より遥かに大きな大海があることが、はじめて認識されたのである。

東アジア大半島としてのアメリカ

マゼランの太平洋の発見は、ヨーロッパの地図制作者たちにとっては衝撃的なニュースであったろうと想像される。しかし、それが十六世紀の世界図に吸収されてゆく過程にはかなりの紆余曲折があった。マ

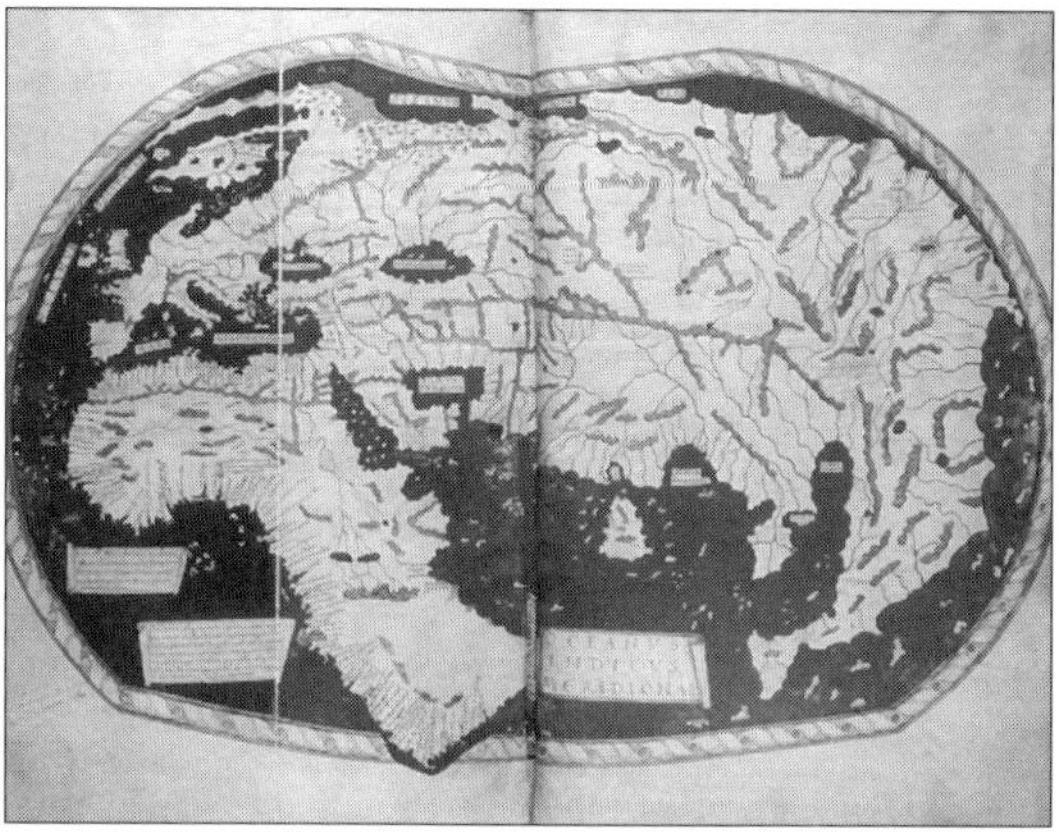

図1　ヘンリクス・マルテルスの世界図(1489年頃)　東アジアに半島状の大陸を描いている。その東に「シヌス・マグヌス」が描かれている。

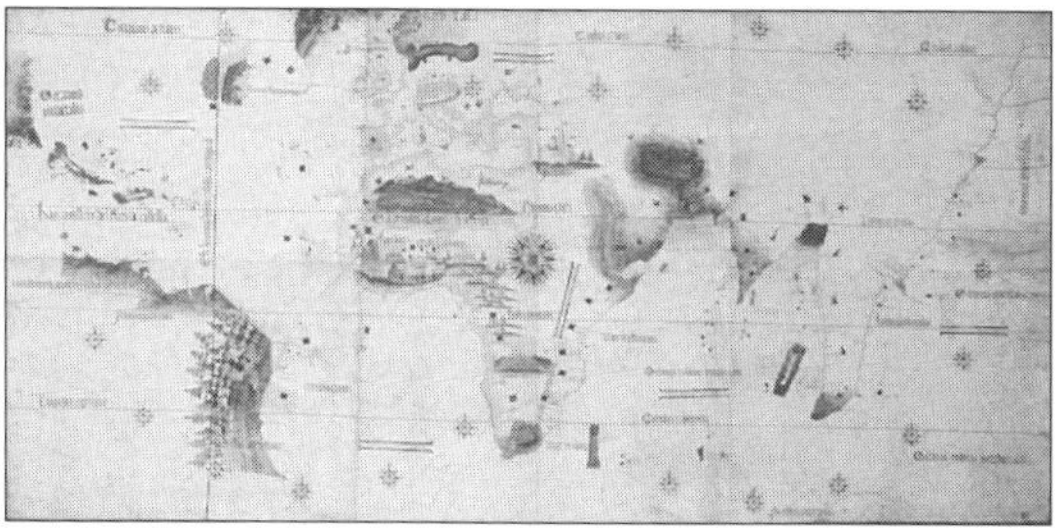

図2　アルベルト・カンティーノの世界図(1502年)　アメリカもアジアもその当時までにわかった範囲しか示しておらず，両者の関係はぼやかしている。この種の地図は，16世紀前半にもっとも多く制作された。

図3　セバスティアン・ミュンスターのアメリカ地図(1546年)　北アメリカのすぐそばに，日本が大きく描かれている。

ゼランの航海以後の世界図では、「シヌス・マグヌス」が消え、そのかわりに大海が描かれるようになったのは当然といえるが、アメリカが独立した大陸と最終的に認められ、アジアとのあいだに太平洋が正しく位置づけられるまでには、まだかなり時間がかかった。(1)まず第一にアメリカ大陸と旧世界の関係をあいまいにしたままに残して、太平洋を描き込む世界図があらわれた（図2）。(2)つぎに、一五〇七年のヴァルトゼーミュラーにならって、アメリカ大陸を独立した新世界として描く者が、ドイツ系の地図制作者からあらわれたが、数的には少数派だった。その場合、太平洋に広いスペースを与えながら、東アジアを極端に東に伸ばしているのが目につく（図3）。(3)つぎにアメリカを旧世界（東アジア）と連結させた世界図があった。これはイタリア系の地図制作者に多く、十六世紀末まで制作しつづけられた。おそらくこれは、マゼラン以前の地図の変形であり、「シヌス・マグヌス」を消去して太平洋におきかえると同時に、東アジア大半島をふくらませて、強引にアメリカ大陸にしてしまったものであろう。その結果、北アメリカ大陸が実際より遥かに西に引き伸ばされている（図4）。(4)この種の世界図から、(2)とは別系統で、東北アジアと北アメリカ大陸北西部とのあいだに海峡を設ける一派が生まれた。これはのちのベーリング海峡にあたるが、もちろん実地に検証されたものではなく、いわゆる北西航路の提唱者たちの影響を受けて、一五三〇年代から推定によって描かれるようになったもので、これがのちにアニアン海峡と呼ばれるようになった。この系統の地図でも、北アメリカ大陸は、西に大きく引き伸ばして描かれている（図5）。

要するに、マゼランの航海の結果、太平洋という世界一の大海の存在は明らかになったが、その形状や、

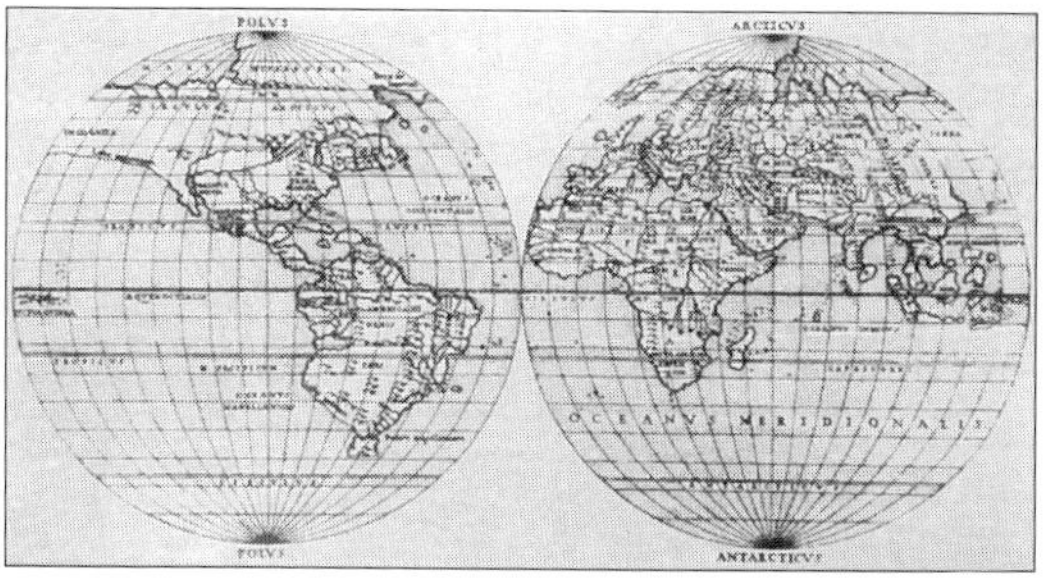

図4　ジャコモ・ガスタルディの世界図(1548年)　アジアとアメリカが連続するかのように描かれている。

図5　1590年ごろ制作された作者不明の世界図　ローマかヴェネツィアでつくられたという。北アメリカが西に引き伸ばされ，その西北端にアニアン海峡の名が書き込まれている。また巨大な南方大陸が描かれている。

散在する島々の住民については、ほとんどまだなにもわからなかった。太平洋にかんする正確な情報がえられるようになるには、十八世紀まで待たねばならなかった。太平洋は、発見されたというよりは、長い時間をかけてヨーロッパによって「発明」されていったというほうがいいかもしれない。

2 スペイン人の海

太平洋航路の探求

スペイン人は、ポルトガル人と世界を二分することを決めた一四九四年のトルデシリャス条約によって、太平洋は自分たちの領域だと確信していた。はじめスペイン人たちは、もっぱら香料(マルク)諸島をめざして太平洋横断航海を試み、オセアニアの島々にはほとんど関心を示さなかった。マゼランの死後、ビクトリア号でセビリャに帰還し、最初の世界周航をなしとげたセバスティアン・デルカーノは、ホフレ・デ・ロアイサのもとに組織された八隻の船隊の航海長として、二度目の香料諸島行きを試みたが、一五二六年五月にマゼラン海峡を通過したあと、激しい嵐のために船隊は四散し、ロアイサもデルカーノも病死した。旗艦のビクトリア号だけが、マリアナ諸島、ミンダナオ島経由で香料諸島に着き、乗組員たちは、ティドーレ島に根拠地をつくってポルトガル人に対抗した。

つぎに、メキシコの征服者フェルナンド・コルテスは、アステカの首都テノチティトラン占領後メキシコ西海岸に進出し、一五二七年十月、アルバロ・デ・サアベドラ指揮の三隻の船隊をシワテネホ港から出航させた。この探検航海も不運続きで二隻を失い、旗艦のフロリダ号だけがミンダナオ島経由でティドーレ島に着いた。そこで七〇キンタル（約三・二トン）のチョウジを購入し、メキシコに帰航しようとしたが、カロリン諸島付近で逆風になやまされ、結局引き返してティドーレ島に戻った。一五二九年五月、サアベドラは再度東航を試みたが、失敗し、航海中病死した。

これらの航海の失敗は、カルロス一世に香料諸島制圧の意欲を失わせたので、王は一五二九年四月、サラゴッサでポルトガル王と条約を締結し、三五万ドゥカードの支払いを受けて、香料諸島にたいする権利を放棄することを約した。そこで、それ以後のスペイン人の太平洋航海は、もっぱらフィリピン諸島を目標にすることになった。しかし、どの航海も難渋し、アメリカとアジアをつなぐ太平洋航路はなかなか確定できなかった。一五三七年、エルナンド・デ・グリハルバが二隻の船でペルーのパイタ港から西に向かったが、強い東風に流され、ギルバート諸島経由で香料諸島に接近しようとしたが、ニューギニア岸で難破した。一五四二年十一月には、ルイ・ロペス・デ・ビリャロボスを指揮者とする六隻の船隊が、フィリピン植民の目的で、メキシコのナビダー港を出帆し、太平洋を横断したが、逆風のため目標としたセブ島にどうしても到達することができず、ミンダナオの南にあるサランガニ島に上陸した。ビリャロボス自身はそこから香料諸島に移り、メキシコに救援を乞うため二回にわたって船を派遣したが、いずれも失敗して出発点に戻った。行きはなんとかなっても、西から東への太平洋横断がどうしてもできなかったのである。一五五五年に、メキシコ発で太平洋を西に向かったファン・ガイターノも、途中でゆくえ不明になった。彼はハワイ諸島に着いたともいわれるが、明らかでない。

フィリピンの本格的植民に成功したのは、ミゲル・ロペス・デ・レガスピである。彼は一五六四年十一月、アカプルコを四隻の船隊で出航し、グアム島経由で、翌年二月十三日フィリピンのサマル島に着き、やがてセブ島に移って五月八日にサンミゲル市を建設した。レガスピは、植民の経過をメキシコ副王に報告するため、部下のフェリーペ・デ・サルセードに命じて船隊のうちのサンパブロ号を派遣することにしたが、実際に航海士としてこの航海の指揮をとったのは、聖アグスティーノ修道会のアンドレス・デ・ウルダネータだった。彼は、過去における東への航海が、赤道近くの低緯度でおこなわれて失敗したことに注目し、一五六五年六月九日、セブ島を出帆してから、思いきって北上してみることにした。その結果西風と黒潮にのって日本近海をとおり、北緯四〇度あたりまで北上してから航路を東に転じ、やがて東南に向かって、一一〇日目にカリフォルニアのメンドシーノ岬に着き、その二〇日後にはアカプルコに到着した。二万キロを一三〇日で走破した大航海だったが、これによって、大圏航路を利用した太平洋の往復が可能になり、レガスピがその後ルソン島に進出してマニラ市を建設してから、マニラ・ガレオンと呼ばれる定期船が、この航路によってマニラとアカプルコを結ぶことになった。

メンダーニャの航海

レガスピ、ウルダネータののちおこなわれた重要な太平洋航海は、一五六七〜六八年のアルバロ・デ・メンダーニャ・デ・ネイラの航海である。これは、当時のペルー総督ガルシア・デ・カストロが派遣した二隻の船隊による探検航海だが、ペドロ・サルミエント・デ・ガンボアがペルー北海岸地方で採集した、トパック・インカ・ユパンキ皇帝の太平洋の宝の島探検の伝説を信じておこなわれたものだった。この伝説は、ガラパゴス諸島にかんするものではないかといわれるが、とにかく正確な位置もわからずにおこなわれた探検なので、はじめからサルミエントと航海長エルナン・ガリェーゴのあいだに紛争がたえなかった。船隊はマルケサス諸島の北をかすめて西進し、一五六八年二月七日、かなり大きな島に到着してこれをサンタイサベルと名づけた。これがソロモン諸島発見の始まりで、グァダルカナル（ガダルカナル）、マライタ、サンクリストバルなどの島々がつぎつぎに発見された。グァダルカナルは、上陸した部隊の長であるペドロ・デ・ガルシアのアンダルシアの郷里の町の名にちなんで命名されたものである。

スペイン人たちは、これらの島々が、聖書にあるソロモン王の宝の産地である「オフルとタルシシ」であると信じ、六カ月間滞在して金銀をさがしたが、密生するジャングルに前進を阻まれて、思うように探検が進行しなかった。八月七日、ペルー帰還が決議され、二隻の船は、おそらくウルダネータの情報をえていたらしく、大きく北に迂回してアメリカ大陸に向かい、メンダーニャの船は十二月十九日にカリフォルニアに着いた。カヤオ到着は翌年九月十一日である。

メンダーニャは、ソロモン諸島に宝があることを確信して、たびたびスペイン国王に請願を繰り返した。一五七四年に許可を受けたが、七九年にイギリスのドレイクが太平洋に侵入してスペイン領の港を攻撃し、スペイン船を略奪して以後、キャベンディッシュ（一五八六年）、リチャード・ホーキンズ（一五九三年）とイギリスの海賊がスペインの領域をおかし始めたので、植民地政府はその対策に追われ、メンダーニャの計画に耳を貸してくれなかった。彼が計画を実行に移すことができたのは、一五九五年、ペルー第七代副王カニェーテ侯ガルシア・ウルタード・デ・メンドーサの時代になってからだった。

メンダーニャは、ソロモン諸島に移住地建設を計画していた。女子供を含む三六八人が、四隻に分乗してパイタ港を出帆したのは、六月十六日だった。メンダーニャ夫人がその男兄弟たちとともに乗り込んで、ことごとに干渉するのが紛糾の種になった。三カ月後一群の島々を発見し、パトロンのカニェーテ侯にちなんでマルケサス諸島と命名した。スペイン人たちが接触したのは、彼らがマグダレーナと呼んだファツヒバおよびサンタクリスティーナと名づけたタワタ島だった。はじめ島民たちは友好的で、果物や水を運んできてくれたが、スペイン人たちは、アメリカ大陸で原住民たちにたいしてとったと同じような粗暴、残忍な態度で応対し、わずか二週間余りの滞在期間中に約二〇〇人が殺された。

八月五日に出帆した船隊は、クック諸島北のプカプカ、エリス諸島(ツバル)のヌラキタをへて、円錐形の火山のある島に到着し、これをサンタクルスと命名した。これは現在のヌデニ島にあたる。スペイン人たちはここで二カ月半を過ごしたが、内紛がたえず、島民との衝突も繰り返されて、とても植民地をつくるどころの騒ぎではなかった。この状態に困惑しはてたメンダーニャは、十月十八日に熱病で死んだ。残った者たちは、十一月十八日サンタクルスを出帆し、ポルトガル生まれの航海長ペロ・フェルナンデス・デ・キロス(ケイロス)の熟練した航海術に導かれて、未知の海域を二カ月間航海し、一五九六年二月十一日、マニラに到着した。

キロスとトレス

キロスは、太平洋航海中に、ひとつの夢に取りつかれるようになっていた。当時、ヨーロッパの地図制作者のあいだで話題になっていた南方大陸《テラ・アウストラリス》を探しだし、そこにキリスト教徒の楽園新イェルサレムを建設しようと考えたのである。彼は、この計画をペルー副王に説いていれられず、一六〇〇年二月にはスペインに帰って国王フェリペ三世を説得しただけでなく、ローマに巡礼団をくんで教皇にも支持を求めた。その結果、国王はペルー副王にたいし、キロスのために船を用意するように命令書を書いた。キロスが三隻の船を与えられてカヤオ港を出帆したのは、一六〇五年十二月二十一日だった。六人のフランシスコ会修道士が同行していた。

航海中に、厳しい宗教的な戒律を求めるキロスの指令がつぎつぎに発せられた。トランプやサイコロは海上に投ぜられた。神の教えに従って敬虔な人間となることを誓い、これから発見される島々の住民を人道的に扱うことが命令された。はじめのうち海は凪《な》いでいたが、年が変わると南から風がふき、うねりも大きくなった。船隊はツアモツ諸島にそって北西に進み、クック諸島北部のラカハンガに上陸し、ティコピアをへて、一六〇六年四月二十七日、バヌアツ(ニューヘブリデス諸島)の大きな島に到着して、これにエスピリツサントという名をつけた。キロスは、この地こそ巨大な南方大陸の北端であり、ここに新イェルサレムを建設しようと決心して、港をベラクルス、そこに流れ込む川をヨルダン川と名づけた。かなり大きな集落があって、ヤムイモ、バナナ、ココヤシなどが豊富であり、ブタやニワトリ、アヒル、シャコなどの動物もいた。海岸の平地は美しく、山の緑も鮮やかだった。島民との接触も始まり、交易がおこなわれた。

はじめのうちは、すべてのことがうまくゆくように思われた。しかし、そのころからキロスの精神状態がおかしくなり、三週間後、彼は突然一隻の船でベラクルス湾を出航し、結局メキシコに帰ってしまった。あとに残された者たちは、ルイス・バエス・デ・トレスの指揮のもとに、しばらくキロスの船をさがしてみたが、結局植民地を放棄してマニラに向かおうということになり、はじめエスピリッサント島の南のマレクラ島に接近し、さらにその南を航海してみたが、キロスのいう南方大陸は一向にあらわれないので、北西に針路を転じた。このときの航海は、地理学的に非常な重要性をもっている。すなわちこれによって、それまで一体をなすと考えられていたニューギニアとオーストラリアが、海峡によって隔てられていることがわかったのである。

ニューギニアに最初に接触したのは、ポルトガル人ジョルジェ・デ・メネゼスである。彼はマルク諸島に航海中、ハルマヘラから風に吹き流されてニューギニア北西部にまで到達している。これが一五二七年であった。その後、十七世紀になって、オランダ人がバタビアに根拠地をつくってからニューギニアに接近したが、いずれも海峡の存在に気がつかなかった。トレスが海峡を通過する二カ月前には、ウイレム・ヤンスゾーンのオランダ船が、ニューギニア南岸を航海してヨーク岬半島に突きあたったが、そこで反転している。トレスは、ニューギニア東部のルイジアード諸島にそって航海し、のち彼の名がつけられたトレス海峡を通過してマニラに向かった。

マニラ–アカプルコ航路の成立

以上述べたように、スペイン人たちは、十七世紀初めまでに、かなりの数のオセアニアの島々に接触したが、結局植民地建設に成功したのは、マリアナ諸島のいくつかの島々にすぎなかった。これは、十六世紀後半に、メキシコのアカプルコとフィリピンのマニラのあいだに商業航路が成立したため、太平洋を西に向かって横断するガレオン船の中継地として、グアム島が基地化されたからである。銀の大産地であるメキシコは、大量の銀をマニラに送って、現地の中国商人から絹、陶磁器、象牙製品、香料などの貴重品を購入した。この交易は、スペインの植民地であるメキシコにとって、不可欠のものになったので、太平洋を往復する宝船が、十六世紀のドレイク以来のイギリス海賊の標的になったのである。

マリアナ諸島のうち、マゼランが接触したのは、グアム、ロタの二島であったが、一六〇一年にはサイパン島が認識された。一六八八年以後、ルイス・デ・モラーレスを先頭とするスペイン人の宣教師たちが、マリアナ諸島のほとんどすべてで布教をおこなった。

スペイン人は、一六八六年、カロリン諸島のなかで一番グアムに近いウーリーシ島にも到達している。ヤップ、ファイスの二島には、ポルトガル人のディオゴ・ダ・ロシャ(一五二五年)、スペイン人のロペス・デ・ビリャロボス(一五四三年)、オランダ人のスパーヘンハム(一六二五年)らが接触した。

3　オランダ人の航海

オランダ人の貢献

長いあいだスペインのハプスブルク家の統治下にあったオランダは、一五八一年に独立したとき、すでに海事国としてさかんに活動していた。北海のニシン漁が重要な産業だったが、同時にリスボアを通じてアジア貿易にも大きな関心をもっていた。スペイン、ポルトガルに独占された海域を避けるために、北極海経由でアジアに到達しようとする、いわゆる北東航路の探検も、一五九四～九六年に三回おこなった。それが失敗して、オランダは、マゼランのとった航路によるアジアへの進出を考え、太平洋に進出し始めた。

オランダ人の最初の太平洋航海は、マヒューの五隻の船隊によっておこなわれた。一五九八年六月にロッテルダムを出帆し、大西洋を南下したが、災難続きで、指揮官は死亡し、船隊は四散して、たった一隻リーフデ号だけが、日本の豊後に漂着したことはよく知られている。つぎに、一五九八～一六〇一年におこなわれたオリヴィール・ファン・ノールトの航海は、それより遥かに順調で、太平洋を横断して、フィリピン、ボルネオ経由でジャワに着き、最後はオランダに帰港した。これは四度目の世界周航であり、オランダ人としては最初の世界周航である。

オランダ人は本質的に商人であり、ジャワ島を中心に南東アジアの香料貿易の支配に事業の重点をおいたから、太平洋には比較的無関心だった。しかし、十七世紀オランダ航海者のなかで、太平洋探検者としての、ル・メールとスホーテン、そしてアベル・タスマンの名を逸するわけにはゆかない。

ル・メールとスホーテンは、一六一六年、ホルン岬を回航して太平洋にはいり、ツアモツ諸島のうちのいくつかの島々を発見してから、五月にトンガ諸島の最北部の島々であるタファヒ、ニウアトブタブ、ニウアフォウを発見した。そしてさらに西航して、六月二十五日には、ニューギニア北東のビスマーク諸島のニューアイルランドを発見して上陸したのち、ひきつづきアドミラルティ諸島の島々を丹念にまわった。ル・メールとスホーテンのおかげで、ニューギニア北東の数多くの島々の様相が明らかになった。彼らは、テルナテ島経由で、十月二十八日、ジャカルタに着いた。一隻の船に八七人をのせての航海だったが、死者が三人しかでなかったことが注目される。

タスマンの航海

タスマンの太平洋航海は、何人かのオランダ人航海者たちの、オーストラリア探検航海の頂点としておこなわれた。オランダ人が、ジャワの基地からアラフラ海に探検船を送り込んでニューギニア沿岸を調査したのは、一六〇五年が最初だった。これについてはすでに述べたが、ウイレム・ヤンスゾーンの指揮するデイフケン号は、オーストラリアを発見しながら、それをニューギニアから分かつトレス海峡の存在に気がつかぬまま、引き返してしまった。

他方オランダ人はインド洋からもオーストラリアに接近していた。一六一六年十月、ディルク・ハルトフゾーンは、南緯一二度でオーストラリアの西海岸に接触し、北に向かってノースウェスト岬まで航海した。オランダ人たちは、この陸塊が、南方大陸であると確信した。そこで、翌年、翌々年にクラースゾーンとヤコブスゾーンの探検船が派遣されたが、一六一九年のフレデリック・ハウトマンの航海で、現在のパース市のあたりまでが明らかにされた。一六二二年、レーウイン(ルーイン)号の航海では、西海岸南端のルーイン岬までが走破された。一六二七年、オーストラリアの南岸にそって、東経一三三度のヌイツ群島まで航海したのは、フランソワ・テイスゾーンだった。

アベル・タスマンは、東インド会社の命令により、一六四二年八月十四日バタビアを出帆し、南緯五〇度近くまで南下して、まっすぐ東進した。その結果タスマニアを発見したが、オーストラリア東部の形状を探ることなく直進を続けた結果、十二月十三日、ニュージーランド南島の南端に到達した。このとき、マオリ人ははじめてヨーロッパ人と接触したわけである。タスマンは、南島と北島のあいだにあるクック海峡に気づくことなく、北東に進んだので、翌年一月には、トンガ諸島に到着した。彼がおとずれた島々は、アタ、エウア、トンガ諸島、ノムカ諸島、コトゥ諸島、トフア、カオであり、このうちトンガとノムカには上陸した。トンガから北西に針路を変えたタスマンは、二月五日から八日のあいだに、フィジー諸島北部のタヴェウニ、バヌアレヴ、シコンビア、リングゴールド諸島をまわったが、これもヨーロッパ人として、最初の接触だった。

その後のタスマンは、オントンジャバ経由で、ビスマーク諸島のニューブリテン島を発見したが、それがニューギニアと一体をなしていると信じた。そして、出港してから一〇カ月後にバタビアに戻った。

タスマンは、オーストラリアの形状を確定しようとして、一六四四年にも、カーペンタリア湾に直航し、そこからオーストラリア北海岸をノースウェスト岬まで探検したが、彼もトレス海峡の存在に気づかなかった。そこで、オーストラリアとニューギニアが一体をなすという地理観は、いぜんとして残った。

ロッヘーヴェンの航海

オランダ人は実益を重んじたから、荒涼とした平地が広がるオーストラリアにはあまり興味をいだかなかった。そして、セントヘレナ島、ケープタウン、モーリシャス島などを確保して、喜望峰回りの航路が安定化すると、太平洋にかんする関心もうすれ、タスマンの後続者は生まれなかった。唯一の例外は、十八世紀になってあらわれた、ヤコブ・ロッヘーフェンだった。

ロッヘーヴェンは元来弁護士であり、しかも六十二歳という高齢だったが、東インド会社に対抗してつくられた西インド会社の委嘱を受け、三隻の船で、一七二一年八月二十一日にテセル港を出帆し、ホルン岬経由で太平洋にはいった。彼の最初の発見はイースター島である。イギリスの航海者エドワード・デイヴィスがこの島に先に接触しているという風説もあるが、疑わしい。とにかく、ロッヘーヴェンは、一七二二年四月五日にこの島に到着し、石の巨像モアイを記述した最初のヨーロッパ人となった。一週間の滞在ののち、西航を開始したロッヘーヴェンは、ツアモツ諸島経由で、六月六日ソサエティ諸島に着き、ボラボラおよびマウピティをまわった。そして、ヨーロッパ人としてはじめてサモア諸島に接触し、マヌア諸島、ツツイラ、ウポルなどを回航した。島民たちは果物を差し出して交易を望んだが、オランダ人たちは上陸しなかった。ジャワに到着したのは、九月末だった。ロッヘーヴェンの航海の目標のひとつは、南方大陸の探求にあったが、それにかんしてはなんの手掛りもえられなかった。

4　十八世紀の太平洋航海者たち

イギリス人の略奪

十七世紀末から十八世紀にかけて、太平洋ではイギリスのバッカニアたちの活動が目立った。バッカニアは、戦時または平時における私掠船船員であり、国の黙認のもとに敵国、準敵国の船舶を攻撃して略奪をおこなった。バッカニアの活動の舞台はカリブ海だったが、ときによるとパナマ地峡をこえ、またマゼラン海峡やホルン岬経由で太平洋にも侵入した。そのなかで、エドワード・デイヴィスやウィリアム・ダンピアは、航海記録を出版して有名になった。ダンピアは、ニューギニアとニューブリテン島をわかつダンピア海峡の発見者であり、またニューブリテン島、ニューアイルランド島、ニューハノーバがニューギニアから独立した島々であることを確かめた。

十八世紀は、スペイン王位継承戦争、ジェンキンズの耳戦争、オーストリア王位継承戦争、七年戦争などと、戦乱のたえない時代だったから、私掠船の活動は活発であり、正規の海軍までが太平洋で略奪をおこなった。ジョージ・アンスンは、一七三九年から始まった「ジェンキンズの耳戦争」のあいだの対スペイン作戦として、太平洋岸のパナマやペルー副王領の攻撃と、イギリスの作戦基地の建設を目標に掲げ、王室海軍の六隻の軍艦を率いて、一七四〇年九月、イギリスを出港した。しかし、準備不足と悪天候が原因で事故が続発し、ホルン岬を回航したときには三隻を失っていた。南アメリカ大陸西海岸の作戦もうまくゆかず、スペイン領の土地にイギリスの基地を築く計画は失敗した。最後に旗艦のセンチュリオン号だけが残って、中国のマカオに入港したが、一七四三年四月にマカオを出港したとき、アンスンの最後の賭けとしてマニラ・ガレオンを待伏せすることを決心し、六月二十日、首尾よくアカプルコからのヌエストラ・セニョーラ・デ・コバドンガ号を捕捉し、四〇万ポンド相当の金銀を奪った。これは現在の金に換算して八〇〇万ポンドにあたる。

この略奪は、アンスンのそれまでの失敗を償って余りある大成果であり、この金がイギリスの戦時負債の支払いに大いに役立った。そのため、十六世紀のドレイクのゴールデン・ハインド号の成功に匹敵する壮挙とされ、アンスンは国民的英雄になった。スペインが新世界で生産した富を奪うというドレイク以来の行動パターンが、二世紀間も持続していたことは注目に価する。しかし、反面で時代は変わりつつあった。

航海記の流行と太平洋探検

タスマンがニュージーランドを発見した一六四二年に、ガリレオが死に、ニュートンが生まれた。この事実はなにか象徴的な意味をもっているように思われる。

タスマンの航海記は、英訳されて一六九四年にロンドンで出版され、一部の読者から注目されたが、その三年後に刊行されたウィリアム・ダンピアの『新世界周航記』は、非常な評判を呼んで版を重ね、当時のベストセラーになった。著者はもともと略奪を事とするバッカニアであり、そういう前歴の人間が詳細な航海記を書くこと自体が異例であったといえるが、興味深いのはその内容である。ダンピアは、バッカニアの航海や攻撃や略奪について述べるだけでなく、ゆく先々の動植物や人文についても詳細に記録した。彼はまた、熱帯の島々から大量の植物標本を集めて輸送し、一六六〇年に設立された「自然にかんする知識の進歩のためのロンドン王立協会」に寄付している。彼の航海記の好評は、当時始まりつつあった科学革命の時代の読者たちの博物誌的興味に支えられていたといっていい。

ダンピアの成功を機に、旅行記の流行が始まった。多くの航海者たちが、記録をつけて帰国後出版することが、イギリス、フランス、オランダなどで盛んになり、しかもそれがどんどん他国語に翻訳された。先述のアンスンの航海記も、一七四八年に刊行されている。イギリスには、ハックルート、パーチャスなどの航海記集編纂の伝統があったが、一七〇四年のチャーチルの旅行記集四巻をはじめとして、十八世紀初めの一〇年間に、八つの航海記集が編纂され、一六六〇年から一八〇〇年までのあいだに、一〇〇以上の旅行・航海記が公刊された。こうして航海記は、イギリス散文のなかに、確固とした地位を占めることになった。このことは、航海自体の性格にも影響を与えることになった。つまり、ダンピア以後は、ただたんに海を渡ることだけでなく、その経過や、途中で接触する注目すべき自然現象や人間体験を記録することが、航海の内容をなす、と考えられるようになったのである。

南方大陸《テラ・アウストラリス》の問題

十八世紀にふたたび頭をもたげてきたのは、南方大陸問題だった。タスマンの航海にもかかわらず、ニューギニアとオーストラリアの関係はいぜんとして不明のままであったし、南緯五〇度以下の南太平洋の状態や北太平洋にかんしては、まったく情報がなかった。十七世紀後半から十八世紀前半までのバッカニアたちの航海は、地理学的にはあまり成果をもたらさなかった。南方大陸にかんしては、シャルル・ド・ブロスが、一七五六年に刊行した『南方大陸《テラ・アウストラリス》への航海の歴史』で、諸航海記を精密に分析して、その存在を予言した。七年戦争(一七五六〜六三年)後、北アメリカ大陸でカナダを失ったフランスは、南太平洋にあるといわれた未知の大陸に、深い関心を示した。となると、当然イギリスも南方大陸にたいして無関心ではいられなかった。ブロスの書の英訳は、一七六六年に第一巻がでた。スコットランド人アレグザンダー・ダルリンプルはブロスに触発され、『一七六七年まで南太平洋においてなされた航海の歴史』(一七六七年)において、東西五三二三マイルにわたって広がり、一五〇〇〇万の人口をもつ大陸がある、という結論を述べた。彼によれば、ファンフェルナンデス諸島とニュージーランドは、南方大陸の東西の端であった。

一七六四年以後、イギリス海軍本部がおこなった一連の決定は、ジョージ三世のもとで、太平洋進出が積極的にはかられていたことを示している。海軍本部は、一七六四年、ジョン・バイロンに二隻の船を与えて、太平洋進出に備えるため、南大西洋に基地を建設するよう命じた。バイロンは、はじめマゼラン海峡で薪水を補給してからフォークランド(マルビナス)諸島に向かい、沿岸を調査してから、ふたたび海峡に戻り、七週間と二日かかってそれを通過した。海軍本部の訓令では、アメリカ大陸沿岸を北上して、一七二八年にベーリングが発見したアラスカと東北アジアのあいだの海峡をぬけ、北極海を航海してイギリスに戻る道をさがすことになっていたが、バイロンはソロモン諸島に興味をもっていたので、太平洋を横断した。しかし、彼の太平洋航海は、ツアモツ諸島の二つの島を見つけ、トケラウ諸島のアタフ島に上陸し、南ギルバート諸島の一島に接触したにとどまり、収穫は少なかった。

バイロンのイギリス帰着は一七六六年五月九日だったが、海軍本部はつぎの太平洋探検を企画していた。サムエル・ウォリスがドルフィン号、フィリップ・カータレットがスワロー号の指揮を命ぜられ、東経一〇〇度と一二〇度のあいだで南方大陸を探索することが航海の主目的とされた。両船がプリマス・サウンドを出帆したのは、一七六六年八月二十二日であり、十二月十七日にはマゼラン海峡にはいったが、悪天候に災いされて、通過に四カ月余りかかった。そしてまもなく別れ別れになり、再会しなかった。

ドルフィン号は、一七六七年六月十一日、ツアモツ諸島のピナキ、ヌクタバケなど五つの島々を発見した。そしてその六日後、メヘティア島に到達し、その翌日タヒチに着いた。これがヨーロッパ人のタヒチ諸島への最初の到着である。ウォリスはタヒチに上陸して島民と接触し、そのほか全部で六つの島を発見した。イギリス人たちは、タヒチに一カ月余り滞在し、女首長の「オボレア」またはプレアと会見している。

カータレットは、悪天候になやまされながら東に航海し、メンダーニャとキロスが到着したサンタクルス島に着いた。しかし、住民と紛争を起こしてそこを立ち去り、ソロモン諸島の三つの島(ヌダイ、キリナイラウ、ブカ)を発見してから、九月十一日、ニューブリテン島とニューアイルランドのあいだの海峡を発見し、セントジョージ海峡と命名した。九月十二日には、ニューアイルランドとニューハノーバ島をわかつバイロン海峡を発見した。

ブーゲンヴィルの航海

同じころ、フランスからも、二隻の船が太平洋探検に向かいつつあった。ルイ・アントワーヌ・ド・ブーゲンヴィルは、一七六八年に、ブードゥーズ、エトワールの二隻を指揮して太平洋を横断し、その途中いくつかの新しい島々に出会った。乗船したのは一一人の士官と約二〇〇名の乗組員、それに博物学者のフィリベール・コメルソンと天文学者のヴェロンがいた。ブーゲンヴィルの探検航海は、科学的な調査も企画していた。一七六八年一月二十六日にマゼラン海峡をでると、ほかの多くの航海者と同じようにツアモツ諸島にそって北西に進み、いくつかの新しい島を発見した。アナア島を見ながら南に進み、やがて北転すると、四月二日、ウォリスがすでに発見した、ソサエティ諸島のメヘチアおよびタヒチにぶつかった。ブーゲンヴィルたちは、タヒチに四月十四日まで滞在し、西に進んでサモア諸島のマヌア、ツツイラ、ニューヘブリデス諸島のエスピリツサントその他を通過してから、それまでどの航海者も試みたことのない航路をとった。新オランダ(オーストラリア)の東岸に接触しようとしたのである。しかし、あまり北によりすぎたので、グレートバリアリーフにぶつかり、危険を感じて針路を北北東に転じた。その結果、ニューギニア東端のルイジアアード諸島のロッセル島を通過し、ソロモン諸島に迫って、六月末ブーゲンヴィル島を発見した。メンダーニャのソロモン諸島発見のときにも、スペイン人はこの島に気がつかなかった。六月十日にはニューギニアを望見し、ニューアイルランドの北岸を航海して、バンダ海経由で九月二十八日バタビアに着いた。その一二日前に、カータレットが出港したばかりだった。

ブーゲンヴィルが、サンマロ港に帰投したのは、一七六九年三月十六日だった。彼の航海は当時のパリの新聞に取り上げられ、二年後に出版された彼の航海記は評判を呼んだ。それより早く、同行したコメルソンがタヒチについて書き、ユートピア的な楽園として紹介したので、それがドニ・ディドロに感動を与えて、ヨーロッパ文明の腐敗と偽善を批判する『ブーゲンヴィル航海記補遺』が書かれたことはあまりにも有名である。

ブーゲンヴィルは、タヒチから、アフトルという青年をフランスにつれて帰った。この、ヨーロッパ最初のポリネシア人は、フランスに心酔し、オペラの愛好者になったというが、帰国途中、マダガスカルで病死した。

5　キャプテン・クックとその後

クックの航海の意義

一七六八年八月二十六日、というとブーゲンヴィルがまだバタビアに着く以前だが、イギリスのプリマスから、ジェイムズ・クックが指揮する三六八トンのエンデバー号が出帆した。この船は、王立協会の要請により、一七六九年六月三日に予定されていた、太陽面の金星通過を観測するために、王室海軍が派遣するものであり、目的地はオタヘイテ島とされていた。しかし、航海の真の目的がそれより遥かに大きなものであったことは、出帆に先立って海軍本部がクックに与えた秘密の訓令をみれば明らかである。そこには、ウォリスおよびほかの航海者たちの報告する南方大陸の探索が命令されている。そのため、クックは、南緯四〇度まで南下し、それでも大陸が発見されない場合には、南緯四〇度と三〇度のあいだを、「タスマンによって発見され、現在ニュージーランドと呼ばれる陸地の東岸に達するまで西進」しなければならなかった。そして、南方大陸が発見された場合になすべきことも、詳細に指令されていた。要するに、その正確な形状を調査し、海図を制作し、港、湾などの景観を写すだけでなく、動植物、鉱物、土壌についても調べ、それらの標本を収集して持ち帰ること、もし住民がいれば、その特質、気質、性向、人口についてあらゆる適切な方法を用いて調査すること、などが求められていた。

しかし、これはたんなる調査旅行ではなかった。最大の目標は、大英帝国の領土を獲得することであった。訓令はつぎのように述べている。

「貴官はまた、原住民の同意のもとに、土地の好都合な個所の領有を、グレートブリテン王の名において宣言せよ。ないしは、土地が無人の場合、国王陛下の御名のもとに領有を宣言し、最初の発見者、ないしは領有者として適当なしるしと銘文を立てられたい。」

ジェイムズ・クックはこの訓令を忠実に履行した。そして、その三回の航海において、太平洋をくまなく探検航海し、はじめてその全貌を明らかにしたのである。

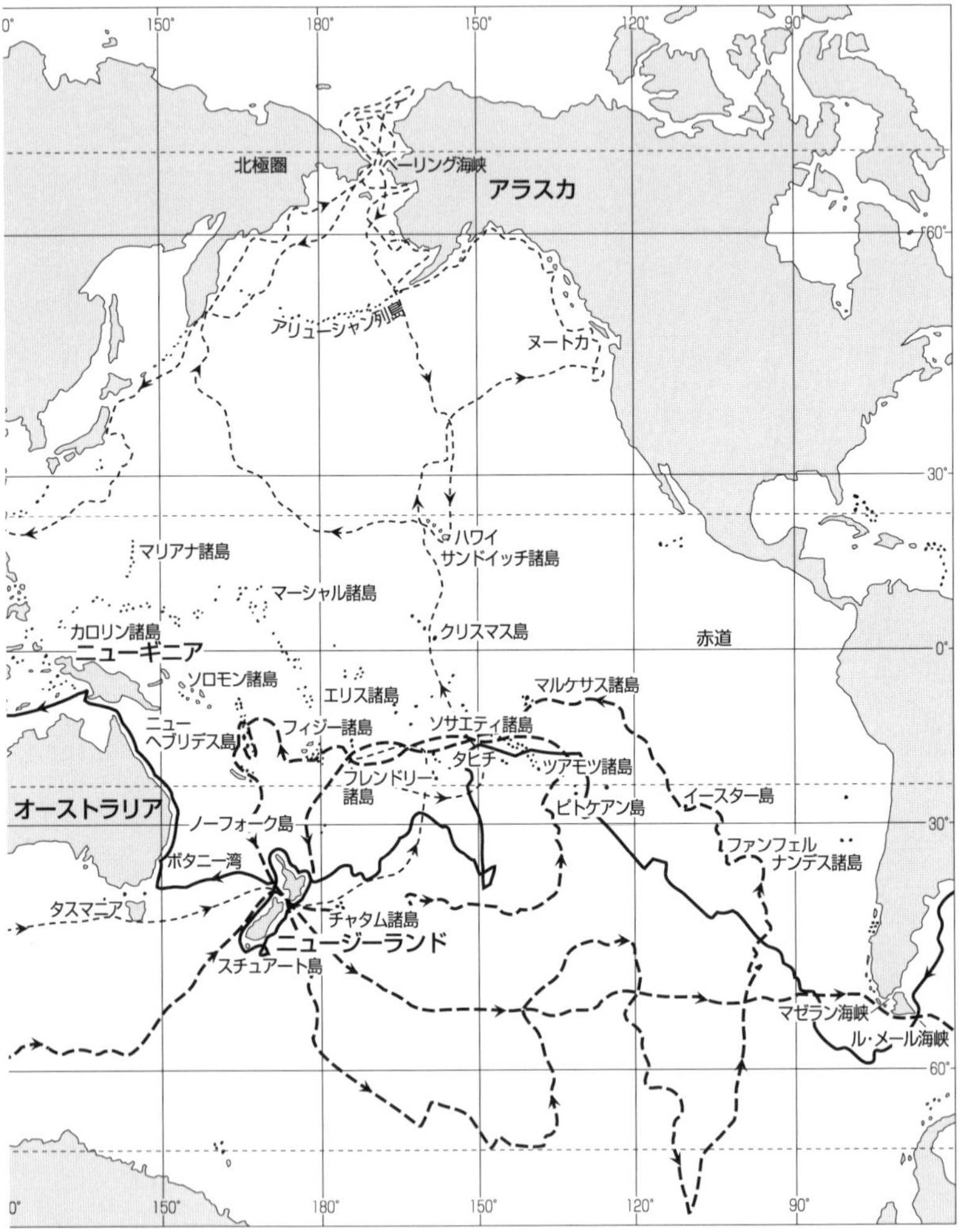
北極圏
ベーリング海峡
アラスカ
アリューシャン列島
ヌートカ
ハワイ
サンドイッチ諸島
マリアナ諸島
マーシャル諸島
カロリン諸島
ニューギニア
クリスマス島
赤道
ソロモン諸島
エリス諸島
マルケサス諸島
ニュー
ヘブリデス島
フィジー諸島
ソサエティ諸島
タヒチ
ツアモツ諸島
フレンドリー
諸島
オーストラリア
イースター島
ピトケアン島
ノーフォーク島
ファンフェル
ナンデス諸島
ボタニー湾
タスマニア
チャタム諸島
ニュージーランド
スチュアート島
マゼラン海峡
ル・メール海峡
150°
180°
120°
90°
60°
30°
0°

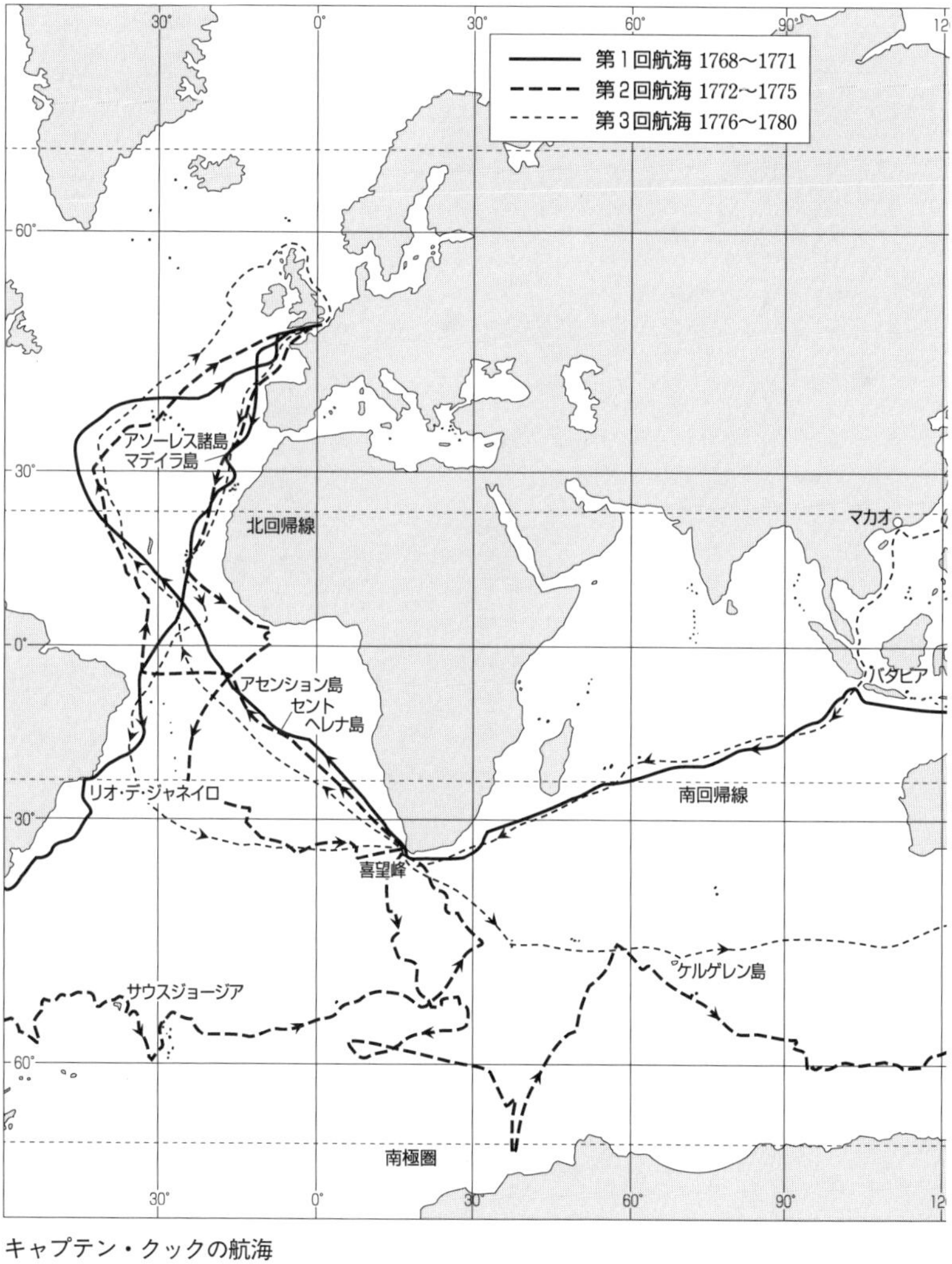
第1回航海 1768~1771
第2回航海 1772~1775
第3回航海 1776~1780
アソーレス諸島
マデイラ島
北回帰線
マカオ
アセンション島
セント
ヘレナ島
バタビア
リオ・デ・ジャネイロ
南回帰線
喜望峰
ケルゲレン島
サウスジョージア
南極圏
30°
0°
60°
90°
120°

キャプテン・クックの航海

クックが最初の航海にでる直前まで、太平洋にはまだ多くの疑問点が残っていた。まず第一に、南方大陸が存在するか否かの問題があった。また、オーストラリアはニューギニアと一体をなすという考え方がまだ支配的だった。ニュージーランドの輪郭もつかめておらず、北島と南島のあいだに海峡があることも知られていなかった。それまでの航海は南太平洋に集中し、北太平洋の様相はほとんどわかっておらず、ハワイ諸島はまったく知られていなかった。一番解明が遅れていたのは、北太平洋からベーリング海峡をへて北極海にいたる海域の実態だった。クックは、前後三回にわたる航海で、これらの疑問点のほとんどすべてに解答を与えることができた。

クックの航跡

クックの航海は、アンスンのような略奪行ではなく、科学的調査を目的としていたので、毎回の航海に、必ず何人かの専門家を同乗させていた。第一回航海では、金星の蝕の観測のために、グリニッジ天文台のチャールズ・グリーンが参加したのは当然だったが、そのほか、王立協会の名誉会員《フェロウ》である博物学者ジョゼフ・バンクスが、リンネの弟子のダニエル・ソランデル、ヘルマン・スペーリングとともに乗り組んで、動植物にかんする膨大な資料を収集した。アレグザンダー・バカン、シドニー・パーキンスンの二人の画家は、航海中一二〇〇点以上の図像資料を制作した。ブーゲンヴィルの航海にも博物学者が同行したが、その活動の規模は比較にならなかった。そこで、クックの航海は、歴史上はじめての科学的探検の航海といえるのである。

第一回航海は、一七六八年七月三十日から七一年七月十二日までおこなわれた。まずホルン岬を回航し、ツアモツ諸島にそって北西に進んでから、一七六九年四月十三日、オタヘイテ(タヒチ)島のマタバイ湾に到着した。住民たちは、すでにウォリス、ブーゲンヴィル船隊の人々と接触していたので、ヨーロッパ人への対応は慣れており、多少の事故はあったが、概して友好的な関係を結ぶことができた。イギリス人たちは、島民の窃盗癖になやまされた。彼らはとくに鉄製品に異常な関心を示し、油断すると船体や索具にも被害がでて、航海に支障が生じかねなかった。またクックは、船員たちのあいだに、性病が蔓延するのを憂慮した。無事に金星の観測をおえて、エンデバー号がタヒチを出帆したのは、三カ月後の七月十三日であり、それからフアヒネ、ライアテア、タハアの島々を発見した。

クックの第2回航海で，タヒチのマタバイ湾に到着したアドベンチャー号とレゾルーション号　同行の画家ウィリアム・ホッジスの作品。

その後クックは、十月七日から翌一七七〇年三月三十一日までかけてニュージーランドを回航し、その海岸線の全貌を明らかにしたうえで、さらに西進して、四月十九日、オーストラリア南東海岸を発見した。そして、ヨーロッパ人としてはじめて、オーストラリア東岸を北に向かって沿岸航海し、一時珊瑚礁に座礁する不運にみまわれたが、なんとか脱出に成功して、一五〇〇年前トレスがはじめて通過した海峡をぬけ、チモール島経由で十月十一日、バタビア沖に着いた。イギリス着は一七七一年七月十三日だった。

クックの第二回航海は、四六二トンのレゾルーション号と、三四〇トンのアドベンチャー号によって、一七七二年七月十三日から七五年七月二十九日まで、三年間にわたっておこなわれた。おとずれた島の数も多く、また南方大陸の問題に決着をつけるため、南緯六七度三一分、および七一度一〇分まで南下して、氷の世界しかないことを確認した。太平洋でおとずれたおもな島々は、ニュージーランド、タヒチ、トンガ諸島、イースター島、マルケサス諸島、ニューヘブリデス諸島(バヌアツ)、ニューカレドニア、ノーフォーク諸島などがあり、またこの航海では、ジョン・ハリスンのクロノメーターのおかげで、経度を正確に測定することができたので、太平洋の正確な海図を制作することが可能になった。

第三回航海は、北太平洋の探検が主目的だった。一七七六年七月十二日に出帆し、七九年二月十四日のハワイ島での悲劇に終わった未完の大航海だったが、ハワイ諸島の発見とアラスカ、ベーリング海域の探検航海がもっとも重要であった。北アメリカ北西部の航海は、ニューアルビヨンにあると噂されていた大西洋につながる海峡がないことを証明した。

クックの三回にわたる航海は、太平洋の全貌をほぼ明らかにしたが、彼の探検がおよばなかった海域が残った。クックの死以後、そのような空白をうめるためにおこなわれた学術的性格の航海としては、フランスのラ・ペルーズ(一七八五~八八年)、ダントルカストー(一七九一~九三年)、スペインのマラスピーナ(一七八九~九四年)、イギリスのバンクーバー(一七九一~九五年)の航海などがある。ラ・ペルーズは、日本列島の北部からカムチャツカ半島にかけてを踏査し、その後メンダーニャの航海以来見失われていたソロモン諸島の位置を確かめようとしてゆくえ不明になった。マラスピーナは、スペイン政府に仕えるイタリア人だったが、二隻の新造船で太平洋の学術調査をおこない、大きな成果をあげた。とくに、南北アメリカ大陸の西海岸の正確な海図を制作した業績が評価されている。バンクーバーは、現アメリカ合衆国北西部からカナダ西海岸、アラスカにかけてを綿密に調査した。ダントルカストーの航海は、ラ・ペルーズ捜索のために派遣されたフランス船隊のひとつ、ルシェルシュ号、エスペランス号によるもので、ニューカレドニアからソロモン諸島をへて、アドミラルティ諸島までを詳細に調査した。ニューギニア南東部であらたにみいだした諸島に彼の名がつけられているが、その近くの諸島が、エスペランス号に乗り組んだ一士官の名をとって、トローブリアン(現トロブリアンド諸島)と名づけられた。

第三章　オーストラリア史

1　先住民アボリジナルの大陸

先住民と移民

オーストラリアは、世界でもっとも古くて、新しい国である。現存する人類最古の文化、先住民アボリジナルの文化のうえに、わずか二百十数年にしかならない若いヨーロッパ移民の文化が、暴力的に移植されて生まれたこの国は、その根源に本質的な矛盾をかかえながら歩んできた。黒いオーストラリアと白いオーストラリアは、現在の多文化主義社会にまでも、その影を落としつづけている。しかし、この二つの文化は、水と油のように、本質的にあいいれなかったのではない。両者の対立は、無数の人間の、たえることのない決断が生み出してきた歴史的な産物である。

アボリジナルは、少なくとも四万年以上前にオーストラリアへ到着し、変化する環境に適応するための試行錯誤を繰り返しながら、地球上最古の大地と安定した関係を築き上げた。最初のヨーロッパ人がこの大陸をおとずれたころには、二〇〇をこえる言語集団が、採集・狩猟に依存した生活を送っていた。アボリジナルは、金属器をもたなかったが、自然を理解し、その恵みを最大限に利用することで、オーストラリア大陸とタスマニアのすみずみまで広がっていたのである。二十世紀の科学文明は、この大陸をアボリジナルほど理解することはできなかったし、アボリジナルが築いた人間の居住圏を、拡大するどころか縮小して終わった。

地球上の多くの文化が相互接触によって変化したのにたいし、オーストラリアは隔絶された島大陸である。ニューギニアとの接触、おそらく十七世紀ころから、オーストラリア北部にきた、マカッサルのナマコ漁師、また十七世紀から、その西部やタスマニアにきたオランダ船を除けば、イギリスが植民するまで、アボリジナルは外部の世界と接触しなかった。マカッサル人やオランダ人は定住しなかったので、アボリジナルは十八世紀の末まで、まったく独自の発展をとげてきたといってよい。

このような状況を一変させたのが、一七八八年に始まるイギリスのオーストラリアの植民である。これまで旧大陸の伝染病と接触したことがなかったアボリジナルは、入植者のもたらした、天然痘に類似した病気、梅毒、インフルエンザ、麻疹《はしか》などによって人口の崩壊を経験する。しかも、生活基盤である土地を入植者に暴力的に奪われ、オーストラリア東南部の多くの言語集団は消滅した。十九世紀のなかばまでに、タスマニア島の先住民はほぼ全滅し、ヴィクトリアとニューサウスウェールズのアボリジナルの人口は、一〇分の一以下になった。さらに、十九世紀の末には、アボリジナルは死にゆく人種のレッテルを貼られるようになる。入植が始まった当初、約五〇万から一〇〇万人いた人口は、一九二〇年ころには約七万人にまで減少した。しかし、先住民は滅亡しなかった。その後、人口は徐々に回復し、一九九六年には総人口の約二%、約三五万人になった。

先住民は、現在小さなマイノリティ集団にすぎないが、その歴史的意味はきわめて大きい。一九七〇年代になるまで、白人国家オーストラリアによって国民とさえ認められなかった先住民は、オーストラリア国民国家のアンチテーゼであり、その潜在的な脅威であった。また、現実においても、厳しい気候が入植の進展を十九世紀末まで遅らせた、西オーストラリアとクィーンズランドの北部では、先住民はきわめて重要なマイノリティの集団でありつづけた。ノーザンテリトリでは、現在でも人口の三〇%弱を先住民が占めている。これらの地域は、一部の都市を除けば、白人オーストラリアとは異なる世界である。

オーストラリアは移民の国である。人口のじつに九八%が一七八八年以降の移民とその子孫である。しかし、オーストラリア人が自国を移民の国だと自覚するようになるのは、ようやく第二次世界大戦後のことである。オーストラリアにきた移民は、イギリス諸島の住民、すなわちイングランド人、アイルランド人、スコットランド人が圧倒的に多かったので、その多くは、別の国に移住するというよりも、オーストラリアに第二のイギリスを生み出しているのだと感じてきたのである。

オーストラリアは地球上でヨーロッパからもっとも遠い位置にあった。それゆえ、十分な資金をもたない移民は、高い渡航費が自弁できず、オーストラリアに移動することは事実上不可能であった。これを可能にしたのが、初期の流刑制度であり、のちの補助移民制度であった。植民地の最初の半世紀の移民労働力は、そのほとんどすべてが囚人によって提供された。また、その後の移民の約三分の二は、渡航費の全額あるいはその多くを政府から援助された、補助移民であった。移民への補助は、基本的にイギリス諸島出身者にたいしてだけおこなわれたので、移民がふえることで、オーストラリアはより均質化した。他方、白豪主義政策は、人為的な補助を必要としない、隣接したアジアからの移民を禁止したので、オーストラリアの社会は自発的な移民によって多様化することもなかった。しかし、第二次世界大戦後のヨーロッパ

年	囚人	自由移民(補助移民を含む)	(補助移民)
1788-1800	6,650	1,100	
1801-1810	4,590	1,400	
1811-1820	17,170	2,000	
1821-1830	32,390	8,525	
1831-1840	50,690	69,042	(43,817)
1841-1850	33,325	114,541	(83,635)
1851-1860	11,460	461,028	(230,452)

イギリスからオーストラリア植民地への移民

年代	純移民数	補助移民数	(補助移民が純移民に占める割合)
1861-1870	166,565	132,476	(79.5%)
1871-1880	191,804	102,024	(53.2%)
1881-1890	382,441	155,817	(40.7%)
1891-1900	24,879	13,140	(52.8%)
1901-1910	40,485	44,791	(110.6%)
1911-1920	334,571	162,226	(48.5%)
1921-1930	312,973	214,851	(68.6%)
1931-1940	41,057	4,609	(11.2%)
1941-1950	363,188	273,195	(75.2%)
1951-1960	804,881	580,758	(72.2%)
1961-1970	875,663	874,601	(99.9%)
1971-1980	622,640	389,849	(62.6%)
1981-1990	1,119,334	——	——
1991-1996	517,400	——	——

オーストラリアへの純移民数の推移

大陸諸国の移民と、一九七〇年以後のアジアからの移民が、本当の意味でオーストラリアを移民の国にしたのである。

ブッシュと都市

入植者としてきたイギリス人は、そこにイギリス社会を再現しようとした。十九世紀後半の多くのオーストラリア都市は、小ロンドン、第二のマンチェスターと描写されるようになる。しかし、すべてのオーストラリア人が第二のイギリスに満足していたわけではなかった。オーストラリアの独自性を追求するナショナリストたちは、「ブッシュ」にオーストラリアの典型、理想像をみいだした。ブッシュとは、直接的には、オーストラリア内陸部の未開拓地域や農牧地域をさすが、実際には、実体というよりも、オーストラリア的世界、非イギリス的世界、非都市的な世界、ないしは非近代的な世界を象徴する概念である。

たとえば、オーストラリアの第二の国歌とも呼べる、十九世紀の詩人バンジョ・パターソンの手になる「ウォルチング・マチルダ」では、ブッシュを放浪するスワッグマンが主人公として登場する。また、権力への抵抗者として称えられた、オーストラリアでもっとも有名な歴史的人物、ギャングの首領ネッド・ケリーは、最大のブッシュレンジャーであった。第一次世界大戦では、オーストラリア・ナショナリズムを体現する兵士は、ディガー(金鉱夫)と呼ばれ、典型的なブッシュマンとして描かれた。最近でも、映画「クロコダイル・ダンディー」の主人公や「マッド・マックス」の主人公もブッシュマンの系譜を引いている。

無数の羊が悠然と草を食《は》み、カンガルーやエミューが闊歩する世界が典型的なオーストラリアであり、そこに住むオーストラリア人が典型的なオーストラリア人である、という考え方は一般に流布し、ブッシュマンはその象徴として、ナショナリズム表象の中核にあった。しかし、本当に典型的な白人オーストラリアは都市であり、ブッシュは世界市場に直結して生まれた、近代的世界である。

白人オーストラリアは植民地として始まったので、最初は沿岸部の小都市に人口が集中していたが、十九世紀前半には、牧畜業の発展とともに地方への人口の拡散が起こった。植民のプロセスとして、これらは驚くべき事実ではない。オーストラリアに特異なことは、都市が、とりわけ植民地の首府が、人口の多くが集中する場所でありつづけたことである。ニューサウスウェールズでは、牧畜業発展の最盛期である一八三〇年代の後半でも、首府シドニーの人口は総人口の約二五%、都市人口は総人口の四割を占めたと推定されている。同様のことがほかの植民地についてもあてはまる。人口拡散に貢献したもうひとつの要因、ゴールドラッシュが終わった一八六一年でも、人口の約五分の一は各植民地の首府に住んでいた。その後、人口の植民地首府への集中はさらに強まっていく。二十世紀

年	総人口	植民地(州)首府の人口	総人口に占める割合
1861	1,151,947	226,765	19.7%
1881	2,250,194	585,067	26.0%
1901	3,773,801	1,186,758	31.4%
1921	5,435,734	2,338,079	43.0%
1947	7,579,358	3,843,959	50.7%
1961	10,508,186	5,897,304	56.1%
1981	14,576,330	8,437,595	57.9%
1996	18,289,142	11,548,000	63.1%

オーストラリアの人口

注1　首府の人口にはキャンベラの人口も含む。
注2　1961年までは人口に先住民を含まない。

の前半に、メルボルンやシドニーはそれぞれの州人口の半数近くの人口を擁するようになる。さらに、一九六一年には、各州の首府と首都キャンベラの人口の合計は、総人口の五六％に達し、いまやその割合は六〇％をこえている。一九九六年のセンサス(国勢調査)によれば、人口の約八六％は都市住民である。オーストラリアでは、先住民の多くも都市の住民である。一九九六年に、先住民の約七三％は都市の住民であった。ただし、全首府に住む先住民は三〇％にすぎない。

人口の植民地(州)の首府への集中は、オーストラリアの特殊な歴史的事情がもたらしたものである。これらの都市は、けっして工業化によって発展したのではない。これらの都市は、世界でもっとも生産性の高い第一次産業と鉱山業に、サービスを提供する商業都市として、政治・貿易・金融を牛耳る中核都市として、あらゆる都市機能を収斂《しゅうれん》することにより、ほかの都市の犠牲のもとに成長してきたのである。たとえば、現在メルボルンの人口は三〇〇万人をこえるが、ヴィクトリア州で、これに続く規模の都市であるジロングやバララットの人口は一〇万人に満たない。

人口の増大は、それ自体が首府への人口の集中を加速した。人口の増加に対応する都市の基盤整備、住宅建設、都市住民を対象とするサービスの拡大は、人口の流入をさらにうながしたのである。オーストラリア連邦は、巨大な各州首府と人口まばらなその後背地からなる、州の連合体のようなものだともいえる。

都市のもうひとつの顕著な特徴は、郊外の発達である。十九世紀の工業都市や二十世紀のアジアの都市では、人口の増大はスラムと呼ばれる人口の密集地を生み出したが、オーストラリアの都市はこれとは異なった発展のコースをたどった。ほかの都市では、人口の増加に対応して、都市の中心に近い宅地の区画は二分割、四分割、八分割と細分化されたが、オーストラリアでは、宅地が分割されずに同規模の宅地の区画が外に拡大した。十九世紀の後半に世界でもっとも高い賃金水準を達成したオーストラリアの勤労者の多くは、都市の郊外に庭つきの一戸建ての住宅を建てることができたのである。その結果、オーストラリアの各首府は、驚異的なスプロール現象を経験し、人口密度の低い低層の住宅地が外へ外へと際限なく拡散した。都市の郊外に、四分の一エーカーの区画の家を所有することは、オーストラリアの勤労者の夢とされ、表象のうえでも、現実においても、その生活に大きく影響するようになった。

帝国と国民国家

現在、オーストラリアの歴史家の多くは、自国がイギリス帝国の一部であったという側面には無関心である。もちろん、これは共和国を志向する若い国民国家の歴史家としては当然のことである。けれども、白人オーストラリアの住民の多くが、その短い歴史のほとんどのあいだ、オーストラリアがイギリス帝国の一部であることを自覚し、そのことに誇りをいだいていた事実を消すことはできない。ホーム Home ということばほど、オーストラリア人の気持ちをあらわす自然な表現はない。オーストラリア生まれが増加し、イギリスからの移民が少数派へと転落しても、イギリスは長くホーム(故郷)でありつづけたのである。

十九世紀が終わるまで、オーストラリアという政治的な領域は存在しなかった。ニューサウスウェールズ植民地が建設されて以来、ヴァンディーメンズランド(タスマニアの旧称)、西オーストラリア、南オーストラリア、ヴィクトリア、クィーンズランドの各植民地は、一八五〇年代に自治権が認められたのちも、母国イギリスと直接結びついていた。地理的な距離を除けば、ニューサウスウェールズ植民地とヴィクトリア植民地の関係は、西オーストラリア植民地と南アフリカのケープ植民地との関係となんら変わらなかった。植民地間には、共通の政治的問題を討議するような特別の機関もなかったのである。

イギリスから移民した人々も、十九世紀末までは、植民地にいってオーストラリア人になるのだとは必ずしも考えなかったように思われる。少なくともイギリス人(ブリティッシュ)であるという意識を失った人々はほとんどいなかったといえよう。そのなかで、アイルランド系カトリックは、支配的なアングロ・サクソン系のオーストラリア人にたいし、オーストラリア・ナショナリズムを主張する傾向があったが、イギリス帝国への忠誠を否定することはなかった。

一九〇一年の連邦の成立もこの状況を変えなかった。現実の政治において、外交政策はイギリスに完全に従属しており、一九一一年に成立した自治領初の本格的な海軍も、イギリス帝国艦隊の一部としてのみ機能するものであった。また、白豪主義を国是として成立したオーストラリア連邦は、国民国家としてのナショナリズムを高揚させるよりも、むしろ本国イギリスとの人種的連帯をより人々に強く意識させた。オーストラリアの人々は、オーストラリア人としてのアイデンティティとイギリス人としてのアイデンティティを同時にもちつづけたのである。

第一次世界大戦への参戦は、ひとつの画期であり、それに続く時代は、オーストラリアのナショナリズムが強固な土台をえた時期とされる。たしかに、アイルランド系を中心とする多くの人々は、オーストラリア人としてのアイデンティティを強く感じるようになったが、二重のアイデンティティが消滅したわけではない。カナダ史が、ナショナリズムの高揚、実質的な独立の獲得として高く評価する、ウェストミンスター憲章を、オーストラリアが第二次世界大戦まで承認しなかったのは、象徴的である。オーストラリア人は、国民国家としての独自性を追求していたが、イギリス帝国の解体も望まなかったのである。

しかし、第二次世界大戦は、オーストラリアに太平洋国家への航路に大きく舵を切らせる。戦争の経験は、外交上の独立、アメリカとの同盟、ヨーロッパからの大量移民というあらたな発展を導いたのである。オーストラリアが完全な独立国へと進むことは誰の目にも明らかになったが、それでも、多くのオーストラリア人は、イギリス人としてのアイデンティティに執着していた。これに決定的なとどめを刺したのが、イギリスのヨーロッパ共同体(EC)加盟である。これによってイギリス連邦を通じたイギリスとの特殊な関係の多くも終わった。また、アジアへの経済的依存は白人国家の象徴である白豪主義を放棄させた。ただし、一九九三年までは、オーストラリアの市民権を取得するには、エリザベス二世とその後継者にたいする忠誠を誓う必要があった。いまやオーストラリア人の多くは、共和国となることで、君主という、イギリスとの最後の公的な絆までも断ち切ることを望んでいる。けれども、オーストラリアからイギリス的なものが消えたのではない。多文化主義のなかにあっても、イギリス的な文化や制度は、まるで空気のようにオーストラリア社会に充満している。

2 流刑植民地

植民地の起源

一七八八年一月十八日午前八時、遥か西方に陸地を発見。サプライ号は、午後二時十五分すぎにボタニー湾へとはいった。午後三時、総督アーサー・フィリップと士官たちは、三隻のボートに分乗し、現在のシドニー空港があるあたりに上陸した。これがイギリスによるニューサウスウェールズ(オーストラリア)植民の始まりである。

先住民との関係もこのとき始まる。水をほしいということを身振りで伝えると、

彼らは、とてもきれいな小川へと導いてくれた。総督は武器をもたずに彼らに近づき、彼らの一人も総督のところへと進んだ。しかし、総督が差し出したビーズの首飾りを受け取れるほどには近づかなかった。けれども、ビーズをどうしてもほしいように見え、土の上におくように身振りで示した。そのようにすると、彼はおそろしそうに震えながら近づき、ビーズを拾い、だんだんと近づいてきて、メガネやいろいろなものを受け取った。彼はわれわれが服を着ているのにとても驚いたようにみえる。完全に裸のこれらの惨めな人間にとって、われわれの姿がきわめてこっけいに見えたのは想像にかたくない。

この日、士官の一人、のちの総督ギドリー・キングはこう記した。

初代総督アーサー・フィリップの肖像画

翌年にはフランス革命が始まるこの年、ヨーロッパの教養ある人々は、征服欲と金銭欲にとりつかれた悪魔のような人々ではなかった。人道主義が広まり、奴隷貿易の廃止や囚人の待遇改善の問題が真剣に議論されるようになっていた。総督フィリップへの政府の指令も、先住民と良好な関係を築くことを命じている。しかし、入植当初の比較的良好な関係は、まもなく終わりを告げることになる。

十九日から二十日にかけて、約一〇〇〇人(約七五〇人は囚人)をのせた、囚人輸送の第一船団のすべての船が無事到着したが、ボタニー湾は入植に不適であったので、二十五日から二十六日にかけて船団は、その北にあるポートジャクソン湾のシドニー入り江に移動した。そして、この二十六日は、現在オーストラリア・デイとして建国を祝う日となっている。

オーストラリア植民の理由は、歴史家たちの論争のまとになってきた。もっとも一般的な説明は、イギリス政府は、これまで流刑囚をアメリカ植民地へ送っていたが、アメリカが独立し、送るべき流刑囚が監獄にあふれたので、囚人を収容する場所を早急に用意する必要に迫られて、ニューサウスウェールズ植民地を建設したというものである。これにたいし、アジアとの貿易、亜麻やマスト材などの海軍の戦略物資の調達、フランスの進出にたいする牽制などが、植民地建設の理由としてあげられてきた。このなかで、アジアとの交易は問題外であるが、あとの二つには十分な根拠がある。

ニューサウスウェールズは、当時の世界交易路から大きくはずれており、商業上の利益を獲得できる望みはほとんどなかった。また、オーストラリアの全域は、イギリスの東インド会社の貿易独占権のもとにあり、ニューサウスウェールズの産物を他国に自由に売ることも、他国の商品を買うこともできなかったのである。このようななかで、植民地の初期の経済を支えたのは、この独占権から除外された、捕鯨業とアザラシ猟であった。

十八世紀、イギリスのインド洋艦隊の修理基地はボンベイにあったが、マストや帆やロープなど補修に必要な物資は、イギリス本国からの供給に依存していた。その調達地をより近いニューサウスウェールズに求めたとしても不思議ではない。実際、一七八八年二月一日に、フィリップは、松が生いしげり亜麻が自生するノーフォーク島植民をキングに命じている。ただし、松も亜麻も実用には適さず、一八一四年に島は放棄されることになった。

第一船団が到着した直後の一月二十四日に、ラ・ペルーズが指揮する二隻のフランス船がボタニー湾にあらわれた。両者は友好的な関係をもった。イギリス政府は、フランスによるこの太平洋への遠征を知っており、その機先を制して実際の植民をおこなうことが、おそらくニューサウスウェールズ植民の動機のひとつであった。フィリップがノーフォーク島の植民を急いだのも、総督となったキングが一八〇三年に、タスマニアのリズドン入り江に植民したのも、フランスの脅威が直接の原因だったのである。

同年、デヴィッド・コリンズが、あらたな植民地をポートフィリップ、現在のメルボルンのあたりに創設するために送られたが、彼は入植地を一八〇五年にリズドン入り江の向かい、現在のホバートに移した。これがタスマニア植民の本格的な始まりである。「最後の純血の」タスマニアの先住民と呼ばれたトゥルガニニが死ぬのは、その六一年後のことである。一八〇三年には、もうひとつの出来事があった。マシュー・フリンダーズがオーストラリアの回航に成功したのである。彼こそ、オーストラリアという名称を一般化した最初の人物であった。

囚人移民

初期のニューサウスウェールズ植民地は、おもに囚人や解放囚人とそれを監督する役人と兵士によって構成されていた。一八〇五年のセンサスでは、総人口は約七〇〇〇人、そのうちの約三〇%が女性であった。約二〇〇〇人の囚人にたいし、約六〇〇人の役人と兵士がいた。穀物の自給に成功し、羊の数も約二万頭に達したが、植民地の経済は本国政府の流刑地維持のための支出に依存していた。

第一船団の到着に続く飢餓の時期を脱しても、植民地の社会は安定しなかった。一七九一年には最初の囚人船が直接アイルランドから到着した。一八〇四年三月四日、アイルランド人を中心とする三〇〇人以上の囚人が反乱を起こし、ヴィネガーヒルで鎮圧される。これ以後、植民地支配層のアイルランド人とカトリックにたいする不信感はぬきがたいものになった。他方、のちのアイルランド系の移民は、この事件をプロテスタント支配層の抑圧の象徴とみなすようになる。

一八〇八年一月二十六日には、もうひとつの反乱、「ラム酒の反乱」が起こる。植民地の防衛と囚人の監視のために送られていた、ニューサウスウェールズ軍団の将校と指揮官ジョージ・ジョンストンが、総督ウィリアム・ブライを監禁し、その辞任を要求したのである。この反乱によって植民地は、つぎの総督が着任するまで、事実上ニューサウスウェールズ軍団の支配下にはいった。ブライの失敗は、当時の将校や役人が公務と私的な活動を区別せず、慣習として公務を利用して、個人的な利益をえることを当然の権利だと考えていたことを、理解しなかった点にある。彼は強硬に私的な活動に干渉し、植民地のジョン・マッカーサーを代表とする特権階級と衝突し、敗れたのである。

一八一〇年に七〇〇人の兵士とともに着任した総督ラクラン・マクウォーリは、権力を掌握し改革に着手した。ニューサウスウェールズ軍団は本国に帰還し、公的な領域と私的な領域の区分はより厳格になった。ナポレオン戦争が終わると、余剰船舶と余剰労働力をかかえたイギリスは、流刑囚の輸送を本格化し、一八一五年に続く五年間で植民地人口は二倍以上になった。マクウォーリはこの労働力を利用し、多くの公共建築物をつくり、植民地の基盤整備を進めたのである。

一八三〇年までは、植民地の人口の約七〇％が流刑囚として送られた人々であった。彼らこそ、白人オーストラリアの土台を築いた人々である。犯罪者による国づくりは、多くの社会問題の発生や労働の非効率性を想像させる。しかし、イギリスの監獄から送られた囚人たちは、全体としては質の高い労働力であった。

イギリス政府は、若くて健康な囚人をオーストラリアに送った。流刑囚の八〇%は十六歳から三十五歳であり、いかなる移民集団よりも移民として最適とされる年齢に属する割合が高かった。オーストラリアは教育や福祉に必要な社会的コストなしに、労働力を獲得したのである。また女性の割合が約一五%と少なかったことは、初期の労働需要を考えると好都合であった。囚人たちの職業をみると、都市的な傾向を除けば、熟練労働者の割合は、イギリスの一般的な労働者とほぼ同じか、それよりも高く、識字率もイギリスの約五八%にたいし、約四分の三とかなり高かった。流刑囚の犯罪をみると、約八割が窃盗犯であり、約半数は初犯であった。流刑囚は、特殊な犯罪集団というよりはむしろ、一般的なイギリスの労働者と異なることはなかったといえよう。

イギリス政府は、囚人の輸送に細心の注意をはらっていた。第二船団のように例外的に死亡率が高い場合もあったが、当時世界でもっとも長い航海は、世界でもっとも安全な航海でもあった。植民地は壁のない開放監獄であり、囚人たちは必要な労働をすませれば、残る時間は自由に使うことができた。また、その労働時間は、イギリスの平均的な労働者のそれよりも短かった。しかしながら、囚人たちにも制約があった。規律に従わない男性の囚人は毎年、六人に一人が平均三五回の鞭打ちを受けていたのである。多くの囚人は個人の雇い主へと割りあてられたが、その待遇はその雇い主に依存する、くじ引きのようなものであった。植民地でふたたび重い罪をおかすと、彼らは辺境の開拓地に送られ、鎖につながれ、肉体労働に従事させられた。現在のニューカッスル、ポートマクウォーリ、ブリスベン(モートンベイ)への入植は、これらの囚人によって始められたのである。

燃える大陸

オーストラリアは世界でもっとも乾燥した大陸である。中緯度高圧帯に位置するこの大陸は、あらゆる生物にこの乾燥への適応を強いてきた。アボリジナルは、この乾燥した大陸の自然の管理者であった。探検家トマス・ミッチェルはつぎのように記している。

オーストラリアでは、人と草とカンガルーと人間は生きるためにたがいに依存しあっているようにみえる。……先住民は特定の季節がくると草に火をつけ、新しい草の成長をうながす。カンガルーがこれにおびきよせられてきたところを殺したり、網でつかまえたりする。夏に長い草をもやすと、虫や鳥の巣などがあらわれる。先住民の女や子供はこうして食料をえる。この単純な過程がなければ、オーストラリアの森は、見通しのよい森ではなく、アメリカやニュージーランドのように、深い密林になっていただろう。

アボリジナルは、森や草原を焼くことで、植物の生長をうながし、狩猟や移動を容易にした。また、森を焼くことで数千年にわたって生活圏を拡大してきた。アボリジナルは森や草原を決まった季節に焼くだけではなく、特定の場所を、特定の人間の監督のもとに規則的に焼いていたように思われる。アボリジナルのこのような活動を人類学者リース・ジョーンズは「ファイアー・スティック・ファーミング」と呼んだ。ヨーロッパ人がはじめて見たオーストラリア大陸は、原生林に覆われた処女地ではなく、アボリジナルが維持してきた草原と見通しのよい森林であった。入植者たちは、アボリジナルの狩猟場を農地や牧場に転用することで開拓を進めたのである。

最近の研究者は、囚人労働の効率性が初期のオーストラリア経済に貢献したことを強調する傾向がある。たしかに植民地経済は、年約一〇%の驚異的なペースで成長した。しかしながら、十九世紀の前半に、先住民を含むオーストラリアの総人口が、一七八八年の水準を上回ったかどうかはきわめて疑わしい。白人オーストラリアがもっとも早いスピードで発展した時代とは、アボリジナルが長年維持してきた土地を奪い取り、利用する時代であった。伝染病によるアボリジナル人口の激減、アボリジナルが家族を中心とする社会単位で生活し、大規模な武力的抵抗ができなかったことは、入植者の侵略のコストを最小限におさえた。基本的に、この時代は先住民から入植者への交替期であり、それを効率的な経済成長神話で描く歴史家の感覚にはどこか根本的な錯誤がある。

ただしイギリスによる入植の過程は、いつも暴力的であったわけではない。一八二六年のオルバニ入植に続く、一八二九年のスワン川入植により、西オーストラリアの植民は始まる。ここは、東部オーストラリアとは異なり、自由移民だけによる植民地として始まった。この大陸の西南端はアボリジナルの一集団、ニャンガたちの居住地であった。オルバニ入植後一〇年間は、イギリス人とニャンガの交流は平和的であった。入植地のゆっくりとした発展、囚人という安価な強制労働の不在、ニャンガの意識がその要因として考えられる。

一般に、オーストラリア南部のアボリジナルは、白人入植者を死後の世界からよみがえった先祖の霊だと考えた。ニャンガはこの考え方をとりわけ長くもちつづけた人々であり、一八三六年でも、ニャンガは数百人の入植者を生まれ変わった特定のニャンガとして個々見分けることができた。それゆえ、ニャンガはイギリス人の入植を抵抗なく受け入れたのである。他方、総督ジェイムズ・スターリングもアボリジナルはイギリス臣民であると宣言し、その保護を約束した。

しかしながら、ニャンガの伝統的な土地利用は、入植者たちとの衝突をもたらすことになる。ニャンガの野焼きの火は、作物や家畜、首府パースの町まで焼失の危機におとしいれる。さらに個々の入植者とニャンガのあいだの軋轢《あつれき》、入植者の不安感は、一八三四年のピンジャラの虐殺を招いたのである。それでも、一八四二年までニャンガが完全に敵と味方に分かれたのではない。パースで開かれていた入植記念祭では、イギリス人とニャンガがスポーツ大会に参加していた。イギリスにおける人道主義の高まりによって、南オーストラリアやポートフィリップ地区(現在のヴィクトリア)とともに、西オーストラリアでも、アボリジナル保護官が任命された。また、一八四八年には、入植者八人にたいし一人の割合でアボリジナルの労働者が雇われている。

しかし、このころまでに、アボリジナルの人口は伝染病などが原因で激減する。入植者は最初はアボリジナルの先住権を意識していたが、それを無視しても良心の呵責《かしゃく》を感じないようになる。アボリジナルは白人にたいして、裁判で証言する権利を否定され、ロットネスト島が、抵抗するアボリジナル犯罪者の隔離施設として設けられた。一八五〇年に流刑囚が受け入れられるようになると、アボリジナル労働の利用も減少した。

メリノ種の羊

初期の植民地には大規模に輸出する産物がなく、おもな貿易相手は、インドを中心とするアジアであった。十九世紀の初期のアザラシ猟、これに続いて発展した捕鯨は、植民地に重要な輸出品である油などを提供し、一八二〇年代のなかばまでは、海産物がもっとも重要な輸出品となる。オーストラリアが羊の国になるには、少しばかり時間が必要であった。

ナポレオン戦争は、入植地の発展をおくらせたが、その間国土が戦場になったスペインから、良質の羊毛を生産するメリノ種の羊が大量に全世界に流れた。この一部を手に入れたジョン・マッカーサーなどの入植者たちは、これをほかの品種とかけあわせて改良し、オーストラリアの羊毛産業の基礎とした。しかし、オーストラリアをメリノの国に本当に変えたのは、一八二〇年代から大量に輸入されたサクソニアのメリノ種である。一八一九年に、東インド会社の貿易独占権が廃止され、二四年には、イギリスの羊毛法が廃止されて、イギリスからの羊毛と羊の輸出が解禁されたのも、羊毛産業の発展に有利な環境を与えた。

一八一三年、グレゴリー・ブラックスランドらがヨーロッパ人としてはじめてブルーマウンテンズをこえると、そこには牧畜に適した広大な平原が広がっていた。大ディヴァイディング山脈の西の平原は、オーストラリアの歴史の方向を決定づけることになる。これに続いて測量長官ジョン・オクスレイ、ハミルトン・ヒュームやミッチェルなどが探検を進め、入植者がこれに続くのである。入植地の無秩序な拡大は、多くの場合、アボリジナルとの土地をめぐる血なまぐさい争いをともなっていた。イギリスによるアボリジナルの征服は、実際には個々の入植者による小さなアボリジナル集団への攻撃として進められる。政府は、先住民騎馬警官隊などを組織して入植に協力したが、タスマニアのブラック・ラインのような大規模なアボリジナル討伐をおこなうことはまれであった。

一八一九年にイギリス政府が植民地に送ったジョン・ビッグによる報告書は、牧畜を中心とするオーストラリアの発展にとってひとつの分水嶺である。それまで植民地政府は、中小自営農民を中心とする自給自足的な植民地をめざす方針と、大規模経営による牧畜業の成長というもうひとつの流れのあいだに挟まれていた。ビッグ報告書は、政府の規模を縮小し、囚人労働を大規模な雇用者に割りあてることを提案することで、後者への流れを決定づけた。産業革命を経験したイギリスにとって、オーストラリアは、人間のゴミ捨て場ではなく、原材料の供給地として、資本の投資場所として期待されるようになっていた。

イギリス政府は、無秩序な入植地の拡大を望んではおらず、公有地を無許可で占拠する人間を社会秩序の破壊者だと考えていた。一八二九年、総督ダーリングは、シドニーから約一五〇マイル以内にある一九県(カウンティ)を入植地と定め、それ以遠の土地での放牧を禁止する。しかし、このような人工的な境界は、羊や牛の群れをつれ、あらたな草地を求める入植者にはなんの意味もなかった。入植者は境界をこえ、ダーリング川上流域やマレー川流域に進出した。ここに「スクウォッター」が登場する。オーストラリアでは、スクウォッターとは元来、大規模な入植者の近くに無許可で定住し、家畜泥棒など犯罪行為を働く者をさした。ところが、植民地ジェントリ、解放囚人の権利の拡大に反対したことからイクスクルーシヴ

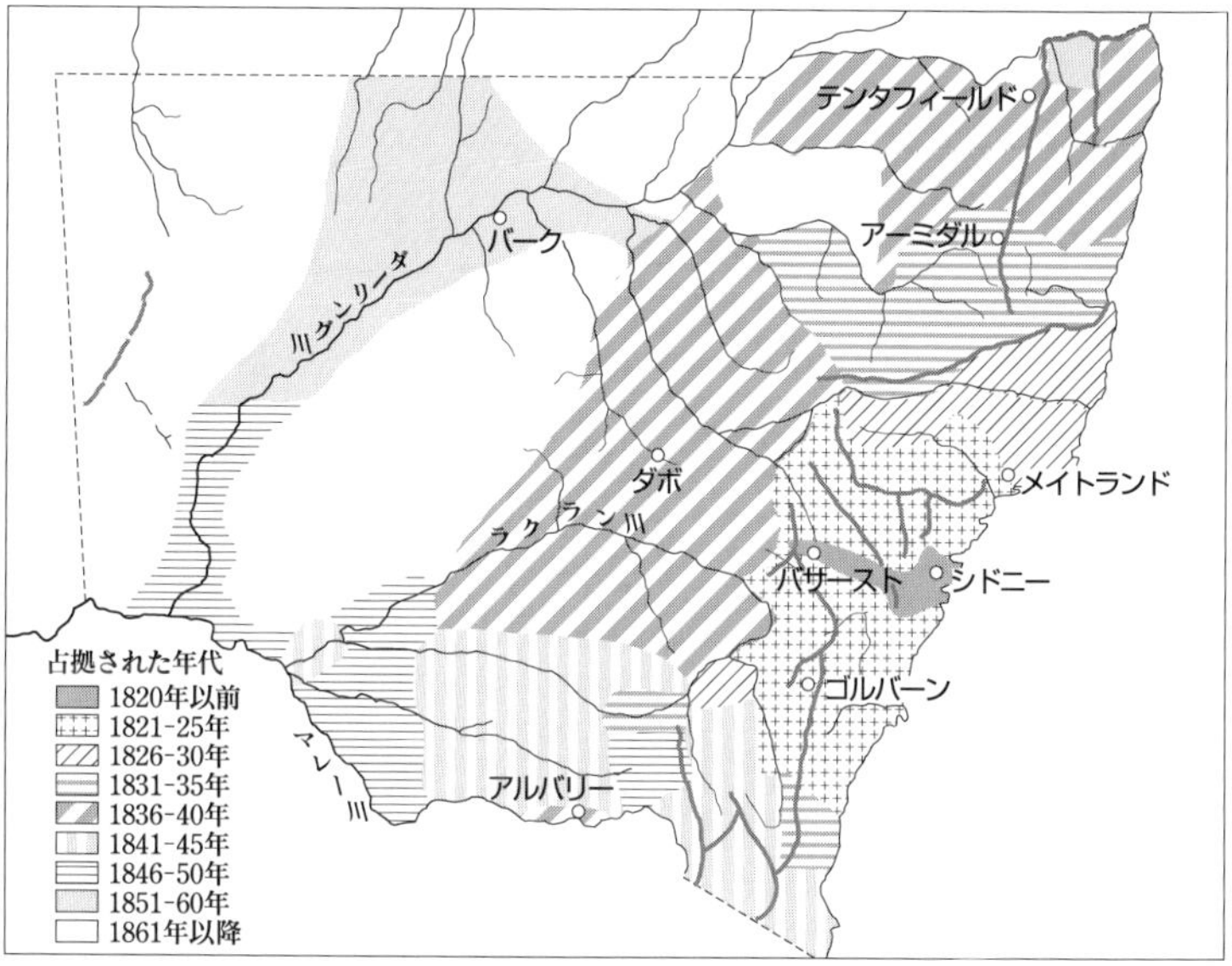

スクウォッターによるニューサウスウェールズの土地の占拠

ズ(独占主義者)と呼ばれた植民地の支配層も、エマンシピスト(自由主義者)と呼ばれる解放囚人やその支持者と同じように、一九県の境界をこえ、違法に公有地を占拠(スクウォッティング)し、牧畜をするようになると、その意味は劇的に変化した。総督バークが、一八三六年に年一〇ポンドの許可料の支払いで公有地での放牧を追認すると、スクウォッターとは、たんに公有地で放牧をする者を意味するようになる。さらに一八四〇年までには、内陸部の大規模な家畜所有者を意味する単語となった。植民地で権力闘争を繰り広げていたイクスクルーシヴズとエマンシピストの指導者は、ここにスクウォッターとして融合し、植民地の保守的支配層を形成するのである。

　羊毛はオーストラリアの主要換金商品として確立する。一八三〇年、オーストラリアがイギリスの羊毛輸入に占めるシェアは、八%にすぎなかったが、五〇年には四七%に達した。また一八四〇年代の後半には、ニューサウスウェールズの輸出の九〇%以上を畜産品が占めるようになる。

スクウォッターはマレー川をもこえ、ポートフィリップに進出した。ここには、タスマニアからも、バス海峡をこえて入植者がすでに流入していた。早くも一八三七年には、メルボルンの町が正式に設置され、四年後には人口二万人に達した。その後、ポートフィリップは、一八五一年ヴィクトリア植民地としてニューサウスウェールズから分離するのである。これに先立って、タスマニアも、一八二五年にはニューサウスウェールズから分離し、独立した植民地となった。

組織的植民

一八二〇年代後半からイギリスは改革の時代にはいる。多くの改革運動が中産階級を主体とする勢力によって推進され、それは植民地政策にもおよんだ。植民を組織的に展開すべきだと主張するグループが形成され、植民地改革運動が展開されるのである。エドワード・ギボン・ウェークフィールドは、そのもっとも重要な理論家の一人であった。

彼の理論では、富裕な人間(資本家)だけが土地を購入できるように、植民地の公有地売却価格を十分に高く設定しなければならない。そうすれば、労働者がすぐに独立した農民になることはなく、資本家はこの労働力を利用することができる。他方、土地売却でえた資金を移民導入に用いれば、より多くの労働力を植民地へ移動させることができる。労働者が資金を貯めて土地を購入すれば、さらに移民がはいってく

南オーストラリア植民地の創立が宣言された瞬間を描いたチャールズ・ヒルの絵
背景に見える湾曲した木は現在も保存されている。

るので、労働力は枯渇することはない。また、高い土地価格は移民の分散を防ぎ、文明の水準を維持することができる。

イギリス政府は、この理論を一八三一年にオーストラリアとニュージーランドの植民地に適用することを決定した。土地の価格を一エーカー当り最低五シリングに設定し、その土地売却収入を移民補助にあてたのである。こののち、土地価格が一ポンドに引き上げられるなど修正はおこなわれるが、公有地の売却収入によって移民を導入するという基本政策がこのときに確立した。一八三一年から五〇年のあいだに、補助移民が囚人にかわって、移民の最大の集団になり、オーストラリアは囚人植民地から普通の植民地に転換する。

組織的植民論者は、この成果だけでは満足せず、まったく新しい植民地をウェークフィールドの理論に基づいて建設することを、イギリス政府に求めた。その結果、南オーストラリア植民地とニュージーランドの植民地が建設されるのである。一八三六年十二月二十八日、総督ジョン・ハインドマーシュが率いる入植者が、現在のグレネラグに到着し、南オーストラリアの植民地の歴史が始まる。しかし、囚人に依存しない植民地建設の試みは、順調には進まなかった。一八四一年までに売却された二九万九〇〇〇エーカーの土地のうち、耕作されたのはわずかに二五〇〇エーカーにすぎず、土地は耕作の対象というよりも、投機の対象となった。植民地財政は破綻し、組織的植民は事実上失敗した。

南オーストラリアにも、入植地の外で公有地を不法占拠するスクウォッターが登場する。彼らが主導する羊毛産業が発展する一方で、地道に努力する農民にも、羊毛生産に特化し穀物を自給できなくなったニューサウスウェールズなどへの穀物輸出の道が開けた。また、バラバラなどでは銅の大規模な生産が始まり、羊毛を運ぶ船の安定のために積む底荷としてイギリスへ輸出された。イギリスからの入植者が圧倒的ななかにあって、かなりの数の入植者がドイツからきたことも、南オーストラリアの特徴である。これらの人々は、ハーンドーフなどに定着し、ドイツ的な農村生活を送った。

ウェークフィールドのもうひとつの貢献は、補助移民における男女数の均衡を要求したことである。女性囚の多くは普通の労働者として植民地社会の発展に貢献したにもかかわらず、十九世紀の前半には、彼女たちは売春婦であり、植民地社会を堕落させている原因だという意識が中産階級のあいだに流布していた。これが「男性が女性よりも極端に多い社会は道徳的に堕落する」という一般的な観念と結びついて、健全な女性の不足が植民地の道徳的退廃を招いているという主張を強めた。ウェークフィールドは、おもに移民人口の極大化に着目して女性移民の増大を考えたのであるが、この道徳的な主張はその実現の大きな力となった。女性の数が約一五％であった囚人移民にたいし、補助移民ではその約半数を女性移民が占めるようになる。

女性移民を、囚人移民と補助移民で比較すると、そこには驚くほどの類似がみられる。識字率においては、補助移民が囚人をいくぶん上回るが、職業分布はきわめてにかよっている。囚人の七五％が農業奉公人あるいは家事奉公人であったのにたいし、補助移民については七八％がそうであった。また、両者ともに工場労働者はまったく含んでいなかった。女性補助移民の実態は、明らかに囚人労働の代替労働力であった。もちろん、これは男性移民についてもあてはまる。女性の補助移民は、中産階級の家内労働力や農場労働力を提供し、男性は農牧業や都市のサービス業に労働力を供給した。

ただし、男性移民とは異なり、女性移民には道徳上の問題がつねについてまわった。女性移民は、イギリスからオーストラリアへの一〇〇日にもおよぶ航海のあいだ、また植民地に到着後も、道徳的な堕落の危険から保護されるべきだという主張が繰り返しおこなわれた。カロライン・チズルムは、このような主張を実現するために努力した女性である。チズルムは、売春や男性の誘惑から移民女性を守り、「神の警察」すなわち善良で徳高き女性によって家族の絆を強め、堕落した男性を救うことを目的に、移民協会を設立したり、政府に働きかけたりしたのである。

一八四〇年、イギリス政府は、国内における監獄改革の進展、オーストラリアの発展を考慮し、ニューサウスウェールズへの流刑制度を廃止する。一八五三年までタスマニアへの流刑は続いたが、東部植民地の流刑の時代は事実上終わった。これは、植民地における政治的自治への動きと連動していた。一八四〇年、アデレードで、オーストラリア最初の公職選挙、市長と市議の選挙が平穏におこなわれた。一八四三年には、ニューサウスウェールズ立法評議会の初の選挙がおこなわれ、総督指名の議員を除く三分の二の議員が、成年男子の三分の一にあたる選挙権をもつ市民によって選ばれた。しかし、選出された議員は、基本的にスクウォッターと貿易商人によって占められており、議会は政治改革の推進者というよりも、富裕な入植者の特権の擁護機関であった。スクウォッターは、これまでたんに占有していただけの土地にたいする七年または一四年の賃借権を獲得し、占有していた土地にたいする所有権を強化した。

3 自治植民地

ゴールドラッシュ

店員、職人、あらゆる種類の労働者が仕事を放り出して、多くの場合、雇い主やその妻子を途方に暮れさせて、金鉱へと向かった。さらに、責任あるはずの商人や農民やあらゆる種類の事務員、上流階級の者も少なからずこれに続いた。……農家はすてさられ、町の家は貸しにだされ、経済活動は停止した。学校さえも閉校になった。郊外の一部では男性が一人もいなくなり、女性たちは身を守るために、日ごろの不仲を忘れて、一緒に集まり家を守った。港では、ほとんどの船から船員がいなくなった。

ニューサウスウェールズから分離したばかりのヴィクトリア植民地の総督ラトローブは、一八五一年のメルボルンの様子を本国へ書き送った。ラトローブの手紙はけっして誇張とはいえない。一八五二年の初めに、となりの南オーストラリアでは、男性の約半数がヴィクトリア植民地に向かい、南オーストラリア経済は崩壊の危機に直面するのである。また、メルボルンの町で治安維持にあたるべき警察官四〇人のうち、職にとどまっていたのは二人にすぎなかった。

十九世紀後半のオーストラリアの歴史は、莫大な量の金の発見によって幕があく。一八四八年のカリフォルニアに続き、五一年にニューサウスウェールズで金が発見されると、オーストラリアでもゴールドラッシュが始まった。しかし、それが本格化したのは、続いてヴィクトリアでも金が発見されてからである。一八五〇年代、ヴィクトリアは、オーストラリアの金の九〇%近くを産出し、文字どおり世界の黄金郷となる。一八五〇年代にオーストラリアが産出した金は、十九世紀前半に全世界で産出した金の量に匹敵した。金は羊毛をしのぎ、最大の輸出品目となり、その地位は一八七〇年代までゆるがなかった。

一八五〇年代、ヴィクトリアの人口は約八万人から五〇万人に増加し、ニューサウスウェールズの人口も、約一九万人から三五万人になる。その多くは、従来と変わらずイギリス諸島からの移民であったが、アメリカやヨーロッパ大陸からの移民も増加し、約四万人の中国人移民も加わった。囚人と元囚人の労働力に依存した経済は過去のものになり、自由移民が完全にこれにとってかわったのである。

イギリス政府は、一八四八年にニューサウスウェールズへの流刑の再開を試み、またいぜんとして囚人をタスマニアに送りつづけた。これに反発する東部植民地は、オーストラリア連盟などを結成し、抵抗の意志を表明する。おそらく、これが最初のオーストラリアの国民感情の芽生えである。しかし、ヴィクトリアでは、オーストラリア連盟への参加者は、ニューサウスウェールズからの分離を、同じように強く要求していた。統一オーストラリアという単一の政治的枠組みをつくるという意識はまだ生まれていなかった。金の発見で、流刑の刑罰としての意味はなくなり、植民地の抵抗をみたイギリス政府は、オーストラリア東部への流刑を完全に廃止する。このころ、イギリスのウリッジでは、流刑囚が暴動を起こし、刑を執行しないイギリス政府の契約違反を非難したという。

オーストラリアでの金の発見は、イギリスの経済を直接刺激し、不況からの回復に貢献する。オーストラリアの金は、アメリカとは異なり、シドニーの造幣局で利用される以外はすべてが輸出されたので、イギリスにとっての影響は遥かに大きかった。造船業、海運業などが活況を呈しただけではなく、オーストラリアで生まれたあらたな需要は、イギリスのほとんどの産業を潤した。一八五一年のイギリスからオーストラリアへの輸出は、三〇〇万ポンドに満たなかったが、五三年には、イギリスの総輸出額の七分の一、一四五〇万ポンドに増加する。ヴィクトリアは、莫大な金を輸出するだけではなく、それを上回る輸入を続けたのであった。

金の発見直後、ヴィクトリア以外の植民地では、人口と富の急激な流出が起こった。これにたいし、南オーストラリアは、試金評価法を制定し、ヴィクトリアの金をより高く買い上げ吸収することで、危機をしのいだ。その後は、ヴィクトリアにおける食料消費の拡大、マレー川の交通路としての開拓による輸送路の確保、ヴィクトリアから戻った鉱夫たちがもたらす資本の流入などにより、経済は順調に成長した。ニューサウスウェールズでも、流出した人口のほぼすべてが戻り、移民による人口の増大や金の経済効果により成長が続いた。ただタスマニアだけは、停滞から抜け出すことはできなかった。

ゴールドラッシュは、たしかに幸運な大金持ちを一部には生み出す一方、全般的な結果は、多くの人々が生活条件を少し、あるいはかなり向上させるというかたちで終わった。オーストラリアでは砂金が長く枯渇せず、一人当りの鉱区が、少し広い座敷ほどしかなかったので、豊かな金は鉱夫たちに比較的平等に分配された。また、急激な物価の上昇は年金生活者などにとっては厳しいものであったが、多くの商人は利益をあげ、土地や家賃の高騰は既存の不動産所有者を潤したのである。

自治政府の成立

ゴールドラッシュは、政治上の変化ももたらした。一八五二年、イギリス政府はオーストラリアの東部諸植民地に自治権を与えることを決定し、植民地の議会に憲法を作成することを命じた。各植民地の憲法草案はほとんど修正なく承認され、一八五六年の末までには、すべての東部植民地で二院制の議会をもつ自治政府が成立した。当初は、内閣を構成する下院は制限選挙であったが、一八五〇年の末までに、下院はほぼ男子普通選挙になり、「オーストラリア式投票」と呼ばれる秘密投票制も世界ではじめて導入された。また、議員の財産資格の撤廃も進み、議席の配分も人口分布をより忠実に反映するように改善された。一八五九年にニューサウスウェールズから分離したクィーンズランドにも、同様の制度が導入された。オーストラリアの植民地は、四人植民地から、世界でもっとも民主的な政治制度をもつ自治植民地に変わったのである。外交・軍事などの権限はイギリス政府に残ったが、そのほかの面では事実上完全な自立性を獲得したといってもよい。

オーストラリアが自治植民地になったのは、本国政府の主導によるところが大きい。しかし、オーストラリア内部にも、民主的なシステムを求める強力な動きが潜在的にあった。それがもっとも顕著なかたちでみられるのが、ヴィクトリア植民地である。植民地政府は、突発したゴールドラッシュに一貫した対応ができず、金鉱夫からの過大な採掘許可料の徴収はその反発を招いていた。

一八五四年六月、新総督チャールズ・ホサムが着任すると、財政の健全化のために採掘許可料の厳格な徴収を命じ、許可状の不保持者の摘発を強化した。金鉱地帯では不満が高まり、金鉱のひとつのバララットでは改革連盟が組織された。十一月三十日、メルボルンから派遣された軍隊と金鉱夫の衝突が起こると、翌日金鉱夫はユレカ砦に集まり、戦いの準備を始めた。しかし、多くの者には武力的な反乱を起こす意志はなく、その準備もなかった。鉱夫の大部分は解散し、十二月一日の夜には、アイルランド系を中心とする約一五〇人が残っただけであった。ここに翌早朝、軍隊が攻撃をおこなったのである。約三〇人の鉱夫が死に、約一〇〇人が逮捕された。

ユレカの知らせがメルボルンに伝わると、富裕な市民たちは特別警官として登録し、議会は満場一致で軍隊の行動を支持する決議をした。しかし、メルボルン市長が総督を支持するために招集した市民集会では、金鉱夫を支持する決議がとおった。それ以降は、民衆の支持がどこにあるかはっきりした。一八五五年、大逆罪に基づく逮捕者の裁判が始まると、植民地でもっとも優秀な弁護士たちが無償で弁護につき、陪審員たちはつぎからつぎへと無罪の評決をくだした。他方、金鉱問題のために設けられた王立調査委員会は、政府を批判し、根本的な政策の転換を要求したのである。これによって、金鉱夫は、許可料の年一

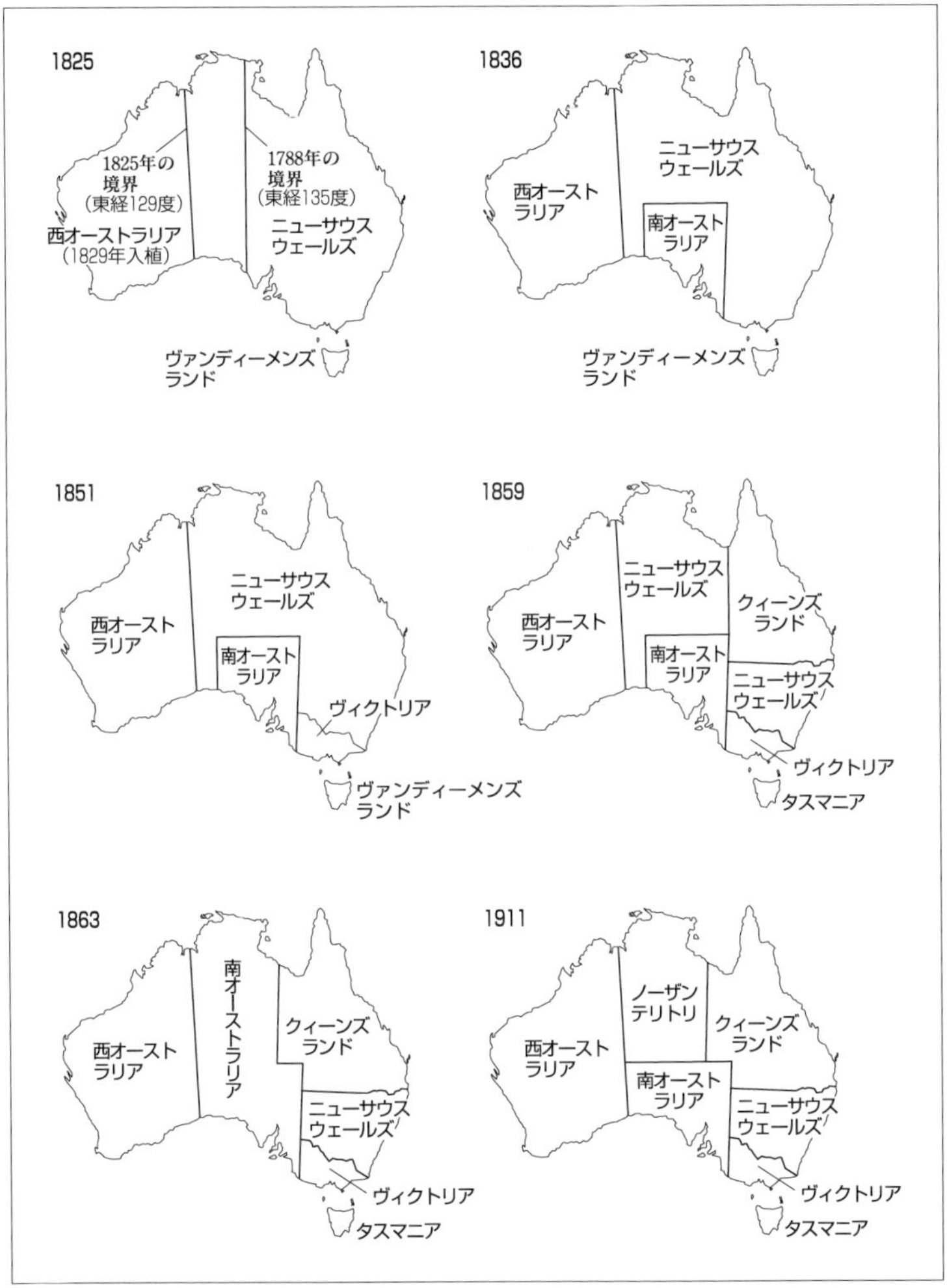

州と地域の境界の変遷　1911年に首都特別区(ACT)がニューサウスウェールズ州から分離。

ポンドへの値下げ、選挙権の獲得などに成功し、金鉱夫の運動は収束した。

金鉱夫の多くは政府に積極的に抵抗したのではない。また、ユレカ暴動が政治改革の直接の原因にもならなかった。しかし、のちの労働運動やアイルランド系カトリックは、これを圧制に抵抗するかがやかしい民主的伝統として伝説化した。

ゴールドラッシュによって豊かになった人々は、政府にたいしてスクウォッターが占有していた公有地の売却を求めた。この土地の解放の要求と、自治政府をより民主的にすべきだという要求を吸収したのは、弱体な急進主義者ではなく、自由主義者たちであった。一八五〇年代の前半には、スクウォッターを中心とする保守主義者が彼らに対抗する勢力として存在したが、男子普通選挙の導入後、下院は自由主義者が独占する。保守党と自由党が対抗するイギリス的政党政治は、オーストラリアでは生まれなかった。

一八五〇年代に多くの民主的な改革を現実のものとし、対抗勢力をもたない自由主義者たちは、数人の強力な指導者のもとで離合集散を繰り返す、派閥政治を展開する。経済発展と社会の進歩を目標に掲げた指導者たちは、「道路と橋の政治」と呼ばれる政治をおこなった。よい政府とは、効率的で、急速な発展を実現する政府であり、政治改革は必要だとは考えられなかった。選挙民は、明確な政策の違いで候補者を選ぶのではなく、それぞれの選挙区の事情が投票を左右した。こののち約三〇年間、オーストラリアは派閥政治のもとで、議会政治の経験を積むのである。

「労働者の天国」

一八五〇年代は、労働運動が活発になった時期でもあった。この時代の労働組合は、失業、疾病、死亡などに備える基金をもち、仕事の斡旋などもおこなっていたが、環境が整えば、労働条件の改善にその努力を集中した。ゴールドラッシュにより、高い賃金を獲得した職人たちは、その賃金を維持しつつ、労働時間の短縮を求めるようになる。一八五五年、シドニーの石工が八時間労働を獲得したのに続き、五六年、メルボルンでは、週四八時間労働を求める建設関係の労働組合の活動が活発化し、労働者たちは八時間労働を実現した。八時間労働は、政府が雇用する肉体労働者などにも広がった。このとき生まれた「八時間労働、八時間余暇、八時間睡眠」というスローガンは、八時間労働実現を祝う祭りとともに労働運動に受け継がれていく。

しかしながら、多くの労働者は八時間労働の恩恵を受けなかった。小売店の店員の労働時間を短くするために、閉店時間繰上げ連盟が結成され、大部分の政治家の支持もえたが、成果はなかった。また、アイルランド系女性の家事奉公人を中心とする、植民地の労働者の最大集団であった家内労働者も、労働時間の短縮には関係がなかった。一八六〇年代以降増加する、女性を含む工場労働者の労働時間も週六〇から七〇時間と長いままであった。この時代、女性労働者の多くは家事奉公人である。一八七一年に、メルボルンでは五七％、アデレードでは六二％の女性労働者が、一九〇一年でも、それぞれ四〇％、四六％の女性労働者が家事奉公人であった。その労働時間は、最低でも週五八時間だったと推定されている。

一八六〇年代から八〇年代は、短期的な調整期を除けば、順調な経済発展の時代であった。労働者の賃金は長期的に上昇する。一八八〇年代、白人オーストラリア人の一人当りの名目収入は、カナダの三倍、イギリスの二倍以上、アメリカの一・五倍に達した。実質的な収入における優位は、高価なサービスや家賃のために、これよりも低かったと思われる。ただし、どのような推計をおこなっても、オーストラリアの生活水準が世界でもっとも高かったと考えられる。労働者にとって、高価なサービスは単純労働にたいする高賃金を意味しており、食料品が安価であったことを考慮すれば、オーストラリアの労働者が当時の水準からすれば、豊かな生活を送っていたことはまちがいない。しかし、すべての労働者が経済発展の恩恵を一様に受けたわけではない。雇用の多くは不安定で、労働者は貧困ととなりあわせの生活をしていた。

十九世紀後半の経済発展を象徴するのが鉄道である。一八六〇年に総延長五〇〇キロ程度であった鉄道は、世紀の末までに一万七〇〇〇キロに達する。オーストラリアの鉄道は公有であり、その資金はおもにロンドン金融市場で調達された。鉄道は各植民地の首府から放射状にしかれ、植民地間の対抗意識のために軌道の幅が統一されなかったので、オーストラリアの経済的統合には役立たなかった。

オーストラリアへの投資の四割は公的部門が占めており、その三分の二は鉄道を中心とする交通整備への投資であった。民間部門の投資は、ニューサウスウェールズではおもに農牧業に向かい、ヴィクトリアではその四分の三が都市建設に使われた。現在、オーストラリアの主要都市にあるタウンホールや郵便局は、ほとんどすべてがこの時代に建設されたものである。このほか、公立図書館、教会、大学、博物館などの多くもこの時代に建てられた。個人の住宅の建設も急速に進み、レンガや石造の住宅が一般化する。住宅の部屋数は、一八六一年の平均三室から一九〇一年には五室になり、総部屋数は総人口を上回った。

ニューサウスウェールズ植民地創設100周年を記念して建てられたシドニーのタウンホール

十九世紀後半には土地改革が進行し、生産の約八割が集中した南オーストラリアとヴィクトリアを中心に、穀物生産が約三倍に拡大した。他方、牧畜のフロンティアは北へ延び、クィーンズランドからノーザンテリトリに羊や牛の群れがはいった。オーストラリア北部では、アボリジナルの抵抗を武力で制圧すると、その労働力を利用するようになる。アボリジナルは、牧場内に家族とともに移り住み、労働力を提供するかわりに、食料や衣類の提供を受けた。仕事のない雨季になると、アボリジナルは牧場を離れ、伝統的な宗教儀式をおこなった。クィーンズランドの沿岸では、サトウキビが栽培されるようになり、カナカと呼ばれたメラネシア人契約労働者が導入された。ケアンズ周辺では、中国人労働者がおもに開拓に従事した。また、乾燥地帯の物資輸送にはラクダが導入され、その乗り手としてアフガンと呼ばれた、イギリス領インド北部からきたムスリムが活躍した。北部オーストラリアの開発は、非ヨーロッパ人労働がきわめて大きな貢献をしていたのである。のちに日本人も、木曜島などの真珠採りやプランテーション労働で、これに加わった。また、日本人売春婦の存在も史料に残っている。

階級社会

十九世紀後半のオーストラリアは、政治的には世界でもっとも平等で、経済的にもきわめて流動性の高い社会であった。しかし、同時にはっきりとした階級意識が存在した。

階級の格差は移民船に乗り込んだときにすでに始まる。補助移民を中心とする労働者が乗り込む三等船室の移民は、プライバシーのない大部屋で航海するのにたいし、一・二等で航海する中産階級以上の乗客は個室で快適な生活を過ごした。移民 emigrant という呼称は、前者にだけ用いられる侮蔑的な表現であり、後者は乗客 passenger と呼ばれ明確に区別されていた。上陸したときに新聞で氏名が公表されるのは、乗客だけであった。すなわち、個人として社会的に意味があるのは、乗客だけだったのである。

上陸後もこの区別は続く。男性は、政治・経済関係においてあらゆる人々と接触をもち、上流のクラブを除けば、はっきりとした社会的境界をつくることはできなかったが、女性がつくりあげた社交のネットワークは、截然《せつぜん》とした境界を設けた。植民地の中・上流層は、女性を中心とするソサエティと呼ばれる人間関係のネットワークに加わっているかどうかで、ほかの人々と自分たちを明確に区別した。たとえば、メルボルンでは、ジェントルマン層に属する数百家族が最上層のソサエティを形成していた。これらの家族は血縁関係、宗教的・社会的活動、職業上の関係などで結びつき、頻繁な社交生活を繰り広げていた。ソサエティを定義する基準は、人によって微妙に食い違っていたが、それが生み出されるプロセスは誰もが知っていた。それは、訪問、ゴシップ、招待リスト、社会的オストラシズムである。

ソサエティの範囲がもっとも目に見えるかたちであらわれるのが、舞踏会やパーティへの招待者のリストに名前がつねに加えられていることである。とりわけ総督が開く舞踏会やパーティへの参加は重視された。総督はイギリス女王の代理として、植民地のソサエティの頂点にあり、総督と総督夫人の営む社交生活は、とりわけ重要な意味をもった。小売商人や新興の成り金は、総督や伝統的なジェントルマン層、ソサエティの最上部と舞踏会という空間を共有することで、自分自身のステイタスにお墨付きをえようとした。一九〇一年に家庭の一〇％に家事奉公人がいたことなどを考えると、おそらく人口の一〇％ほどは、植民地の上流であることを意識し、ソサエティの上層から公的な舞踏会を媒介として広がるネットワークにはいっていた。このようなソサエティが意味を失うのは、家事奉公人が激減する第一次世界大戦後のことである。

オーストラリアへ向かう移民たちが三等船室で食事をとる様子

スポーツも階級の刻印を受けて始まった。ジェントリや上流層が中心となって、クラブを拠点にクリケット、競馬などを組織化する一方で、労働者はパブが提供する賭博と一体化したボクシングや闘鶏、徒競走などに参加した。十九世紀後半には、中・上流層の支持のもとアマチュアリズムが支配的になると、パブを中心とするスポーツは衰退する。スポーツの組織・運営は、特定のイデオロギーをもつ階層に独占されたが、スポーツに競技者あるいは観客として参加する人々は爆発的に増加し、スポーツは大衆的な、国民的な文化として定着する。十九世紀後半、数万人の観客を集めるスポーツは珍しくなくなり、競馬のメルボルン・カップには一〇万人をこえる観客が集まるようになった。

十九世紀末になると、スポーツは、男性としてのアイデンティティ、ナショナル・アイデンティティとしても、きわめて大きな意味をもつようになる。スポーツなどの屋外活動は、メイトシップ(仲間意識)、ブッシュという観念と結びつき、男性的、オーストラリア的なものとみなされ、屋内における文化的な活動、女性的、イギリス的な活動と対比されるようになる。もちろん、ほとんどのスポーツがイギリスに起源をもつことを考えれば、このような分類は意味をもたなかった。しかし、アメリカのような武力による独立戦争のなかったオーストラリアにとって、スポーツの競技場は本国に独自性を主張する象徴的な戦場であった。このようななかで、テストマッチということばは生まれた。現在テストマッチは、ラグビーなどでナショナル・チームの対戦という意味で用いられるが、本来は、オーストラリアのクリケット代表チームがイギリス本国代表にたいしてその能力をためす試合という意味である。

オーストラリア人にとって、文化のなかでスポーツのもつ比重は大きい。現在のイギリス連邦競技会における圧倒的な強さ、ラグビーの世界選手権やテニスのデビス・カップでの活躍をみれば、それはすぐにわかる。これに較べれば、文学や絵画などは低調である。音楽についていえば、中・上流層に広くピアノがゆきわたり、ダンスは一般的なマナーのひとつになったが、独自な音楽は生まれなかった。他方、新聞はイギリスを手本に顕著な発展をとげた。一八〇三年に最初の新聞が発行されて以来、識字率と生活水準の高さもあり、首府だけでなく多くの地方都市も日刊紙をもった。新聞は情報の宝庫であり、また、多くの作家が寄稿する場所でもあった。

変わる時間

入植以来、オーストラリアの人々の生活は太陽の運行にあわせておこなわれていた。人々は入植者の時計と呼ばれたワライカワセミの声で目覚め、日没に仕事を終えた。十九世紀のブッシュは自然の時間が支配する空間であった。時計の時間の侵略は、都市における教会や郵便局などの公的時計の設置で始まる。

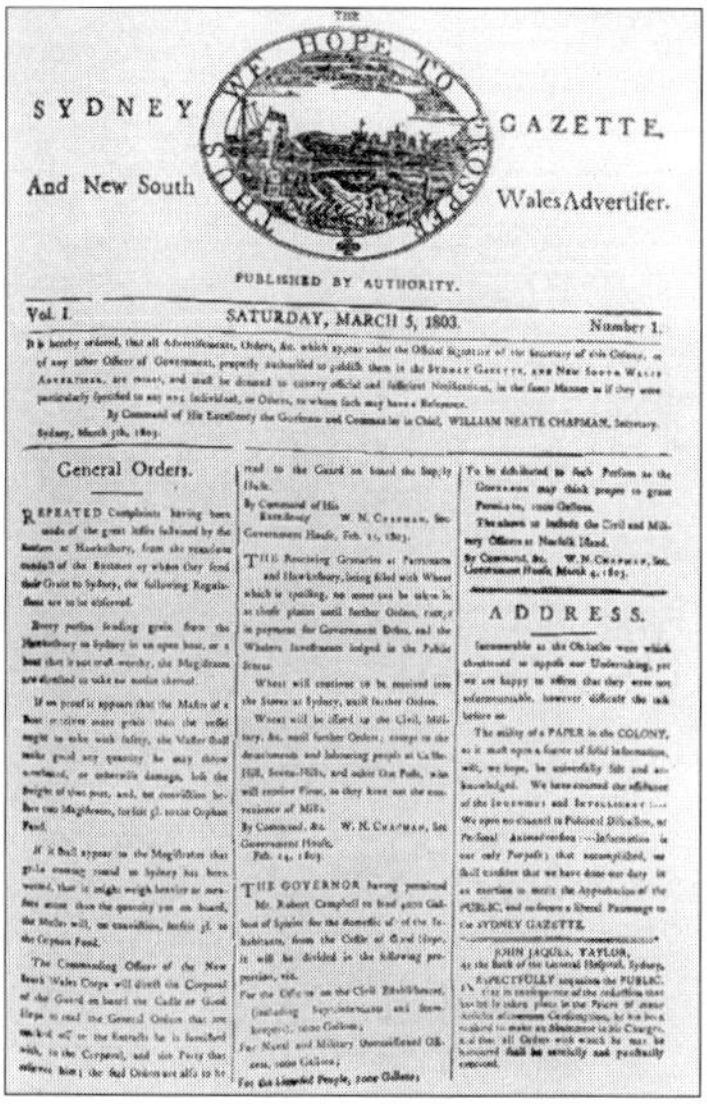
THE SYDNEY GAZETTE, And New South Wales Advertiser.

PUBLISHED BY AUTHORITY.

Vol. I.　SATURDAY, MARCH 5, 1803.　Number 1.

General Orders.

ADDRESS.

オーストラリアで最初に発行された新聞『シドニー・ガゼット』紙の第1号の1面

しかし、複数の公的な時計が同じ時間をきざむとは限らなかった。一八四〇年代のタスマニアのホバートの三つの教会の時計は、四〇分以上違うことはほとんどなかったが、その差が二〇分以下になることもなかった。

一八五四年のメルボルンに始まる電信線の設置が、地域の時間の統一を可能にするのである。電信線の拡大は鉄道の拡大とともに進む。メルボルンの天文台とリンクした時計の時間が毎朝十時にすべての主要な駅に伝えられるようになり、ヴィクトリアの時間の統一は進んだ。また、ニューサウスウェールズでも同様のシステムが採用された。鉄道と電信は距離の征服者でもあった。一八二〇年代、ブルーマウンテンズをこえるのに馬車で四、五日かかったが、鉄道の開通はこれを八時間以下に短縮した。一八七二年、ダーウィンとアデレード間の大陸横断電信線の完成は、ヨーロッパからのニュースの伝達速度を、週単位から時間単位へと激変させた。置き時計と懐中時計の普及は、さらに時計時間の普及を加速した。大都市の主要駅では、時刻表に基づき厳格に列車は運行され、通勤客はそのリズムに従った。いや通勤自体が生まれたのがこの時代であった。鉄道と路面列車が都市中心部と郊外を結び、人々は郊外の住宅から職場への通勤をはじめて大規模におこなうようになったのである。

それでも単一の時間の浸透は容易ではなかった。鉱山の町ブロークンヒルは、ニューサウスウェールズにあったが、鉄道は南オーストラリアのアデレードと結ばれていた。鉱夫たちは、仕事にいくのにはブロークンヒル時間を、鉄道に乗るにはアデレード時間を、郵便をだすにはシドニー時間を参照しなければならなかった。しかし、一八九五年二月一日午前零時、オーストラリアは東部、中央、西部の三つの標準時からなる、グリニッジ標準時に準拠するシステムに移行した。このときからオーストラリアは、単一の時間の支配する世界となった。連邦形成に先立ち、ひとつの共時的な空間となったのである。

一八七〇年代から、無償の初等義務教育が導入され始める。学校では厳格な時間割の徹底がめざされたが、当初は農牧地帯では成功しなかった。農業は自然のリズムに従っており、酪農農家の子供は搾乳を終えてから通学し、穀物を栽培する農家の子供は、収穫期には欠席した。しかし、世紀末には農家の子供たちさえも時計のきざむリズムで生活するようになった。

十九世紀の初めに、総督が本国政府の指示をあおぐのには約一年の時間が必要であった。ゴールドラッシュにおいても、往復六カ月以上の航海が必要であり、本国政府はその対応を総督に一任せざるをえなかった。ところが、世紀末には通信が一日で可能になった。オーストラリア人ほど、世界の縮小を強く感じた人々はいなかったであろう。

4　オーストラリア連邦結成

金融恐慌

一八九〇年代、白人オーストラリアは、はじめての挫折を経験する。シドニー入植以来、不況を経験したとしても、それは一時的であり、一層かがやかしい発展を彩るエピソードにすぎなかった。ところが、一八九〇年代に、オーストラリアは長期にわたる本格的な不況を経験し、経済発展の神話は崩壊する。約一五年間、移民の流入はストップし、資本も海外へ流出した。経済活動は、一九〇六年になってようやく、これまでのピークと同じ水準に達する状況であった。しかし、この一五年間は、けっして失われた一五年間ではない。この時代は、オーストラリアの歴史にとってもっとも躍動的な時代であり、多くの社会改革が実現した時代でもあった。

一八八八年、当時オーストラリアの金融の中心であったメルボルンの株式市場には、二五九もの会社が上場されたが、そのうちの九五は投資会社、一六一は鉱山会社であった。ブームの絶頂期、投機は都市の土地と鉱山の株式に向かい、広く一般の投資家が投機に手をそめた。一八八八年十月、土地価格が急落した。のちに人々はこれがバブルの終焉の始まりであったことに気づくのだが、多くの人々はそれが一時的な調整にすぎないと信じていた。実際、土地価格は低下したが、鉱山会社への投機は続いた。多くの投資会社は、地価の再上昇を願って、あらたに受け入れた資金を借入金の返済にあてるという手段で、即座の清算を逃れたが、それはより多くの投資家に被害をおよぼすことになる。

一八九〇年十一月、アルゼンチン革命に端を発するイギリスのベアリング商会の破綻は、新興国への投資家の信頼を大きくゆるがせた。翌年の前半に、南オーストラリア、ヴィクトリア、クィーンズランドの各植民地政府が、ロンドン市場での起債に続けて失敗し、オーストラリアの金融市場は動揺した。それは、量的にもまた割合からいっても、一八八〇年代にオーストラリアが、投資に必要な資本の調達をイギリスにより大きく依存するようになっていたからである。一八九一年七月から翌年三月にかけて、タスマニアを除くすべての東部植民地では、最大のものを含め土地投資会社の多くが倒産し、最終的にそのほとんどが消滅した。土地投資会社の破綻は、そこに多大な貸付けをして急速に成長しつつあった新興の銀行にもおよぶ。一八九二年三月、発券銀行のひとつであったマーカンタイル銀行が営業を停止すると、銀行からの預金の引出しが加速した。これにたいし、メルボルンの銀行協会が相互支援の合意を発表し、信用の危機はひとまず回避された。

しかし、相互支援の実施というリップサービスは、事態の本質的な改善には役立たなかった。中央銀行のないオーストラリアでは、発券銀行が金融システムの根幹を担っていた。一八九三年には、その発券銀行がドミノ倒しのように閉鎖に追い込まれる。一月二十八日にメルボルンのフェデラル銀行が、四月四日に同じくメルボルンのコマーシャル銀行が営業を停止すると、ナショナル銀行、コロニアル銀行などがこれに続き、一八九三年の初めにあった一八の発券銀行のうち一二が営業を停止した。混乱回避のために、五月一日、メルボルンでは全銀行の営業停止が命じられたが、これは火に油を注ぐ結果となった。この命令を無視して、ユニオン銀行とオーストラレイジア銀行が営業を継続していることがわかると、ようやくパニックは沈静化した。シドニーとブリスベンでは、銀行券を合法的な通貨とすることで、危機を乗りきった。営業を停止した銀行の株と債権は暴落し、預金は一定期間凍結されるか、優先株に転換された。

一八九三年の金融恐慌は、世界的にみても、歴史上もっとも深刻な金融恐慌のひとつであった。国民総生産は一八九一年から九五年にかけて三〇%減少した。オーストラリア全体では熟練労働者の六人に一人が失業し、非熟練労働者では失業率はさらに高かったといわれている。金融の中心であり、もっとも大きな打撃を受けたヴィクトリアでは、一八九三年には失業率が三〇%をこえた。メルボルンでは一八八〇年代に約五万戸の住宅が建築されたが、その後の二〇年間には約一万五〇〇〇戸しか住宅が建築されなかった。メルボルンの建設業はまさしく崩壊したのである。五万人をこえる人間が植民地を去り、その多くはゴールドラッシュにわく西オーストラリアへ向かった。メルボルンはオーストラリア最大の都市としての地位をシドニーにゆずり、二度とこれを凌駕することはなかった。

金融恐慌は、労働者たちには貧困を現実のものとしたが、中産階級の人々にも鮮烈な教訓を残した。中産階級にとって、一八九〇年代の恐慌は大恐慌をしのぐとさえいわれている。実際、中産階級の子供のよう私立の中等学校の登録者数は、大恐慌のときよりも大きく落ち込んでいる。当時メルボルンの不動産業者であったJ・R・バクストンを祖父にもつキャスリーン・フィッツパトリックによれば、「生涯続くことになったがゆえの最悪の影響は、物事は表面だけでは推しはかることはできず、とてもひどい惨事がいつ起こるかもしれないという恐れが生まれたこと」であった。注意深く、堅実な中産階級がこのとき生まれたのである。結婚適齢期をむかえた中産階級の男女は、結婚して中産階級の体面を保つだけの収入をえる望みがなく、多くの場合結婚を延ばした。女性の場合、それはしばしば一生のあいだ独身で過ごすことを意味した。一八九〇年代に出産可能な年齢に達した女性の婚姻率は、史上最低であり、出産数も最低であった。彼女たちの世代は第一波フェミニスト運動を支え、オーストラリア社会のなかに女性のエネルギーを注入した。

大ストライキ

一八九〇年、労働組合は勢力を拡大しつつあり、東部オーストラリアには約一二万人の労働組合員がいた。労働組合は、八時間労働、賃金の引上げ、クローズドショップの導入などを要求し、対決姿勢を強めていた。これにたいし、雇用者たちも雇用者連合を結成し、労働組合員でも非労働組合員でも自由に雇うことができるとする、「契約の自由」の原理を掲げ、労働運動に対抗した。八月、航海士組合がストにはいると、これを支援する海運・港湾労働者もストに突入し、炭鉱夫組合も非労働組合員が運行する船への石炭の供給を拒否して、ストライキを支援した。一方、炭鉱の経営者はロックアウトでこれに応じた。またたくまに、「海運ストライキ」は、ニューサウスウェールズ、ヴィクトリア、南オーストラリアの東部三植民地に拡大し、五万人以上の労働者が参加する、植民地時代最大の労使対決に発展した。

約一カ月が経過すると、労働側の敗北が濃厚となった。とりわけ失業者が増加していたメルボルンでは、非組合員の労働力を容易に調達できた。ストライキの資金は急速に減少し、十月から十一月にかけてストライキは崩壊した。契約の自由をめぐる闘争は雇用者の勝利で終わったのである。労働組合は明らかにその能力を過信していた。一八九一年には、基幹産業である牧畜業の羊毛刈り職人のストライキ、翌年にはブロークンヒルのストライキ、九三年からはふたたび羊毛刈り職人のストライキと大規模な労働争議が起こったが、これらはすべて、不況を背景とした雇用者側の圧力で起こったものであった。空前の不況のもとで労働組合側に勝ち目はなく、労働組合の解散、組合員数の減少、労働条件の低下という、雇用者側の完勝ですべての争議は終わったのである。

これまで労働運動の指導者たちは、国家を労働者と雇用者のあいだに立つ、公平な審判であると考えていた。ところが、大規模なストライキのあいだに、警察力と法が雇用者のために用いられたことで、国家は労働者を抑圧する手段になっていると考えるようになった。ここにいたって労働運動は、議会に代表を送り、社会システムを変革することをめざすようになる。一八九〇年、ニューサウスウェールズの労働組合評議会は、各選挙区に労働者選挙連盟を結成することを決定し、九一年の総選挙では、定数一四一人の議会に三五人の議員を送ることに成功した。ほかの植民地でも同様に、労働者の代表が議会に登場し、植民地の政治は大きく転換するのである。

各植民地の労働党は社会主義者の影響を受けていたが、社会主義政党にはならなかった。不況下で都市の労働組合が弱体化するなかで、その主導権は農牧地域を基盤とするオーストラリア労働者連盟（ＡＷＵ）に移り、労働党は農民や小生産者を含むポピュリズムの影響の強い大衆政党となるのである。また、アイルランド系カトリックの影響も見逃すことはできない。プロテスタント系の支配する保守系の党派と対立するカトリックは、労働党を社会主義政党ではないとみなし、積極的な支援者となるのである。

労働党の形成は、すでに始まっていたほかの議会勢力の政党化をうながした。派閥政治を支配していた自由主義者は、おもに農民や産業資本家を代表する保護貿易派（ヴィクトリアで優勢）と輸出関連産業を背景とする自由貿易派（ニューサウスウェールズで優勢）に収斂《しゅうれん》しつつあったが、両者は政党としての体裁を整えるようになり、派閥政治の時代は終わったのである。一八九〇年代の改革は、これらの政党が労働勢力を取り込みながら実現するのである。とりわけ、保護貿易派は、高関税による産業の保護を労働者への正当な受益の分配と結びつけて、政策実現の表舞台に立つことが多かった。下院議員報酬制の確立、選挙制度の改革、参政権の女性への拡大、工場法の制定、労働仲裁制度の導入などが、そのおもな成果であった。

一八九〇年代なかばから約一〇年間、オーストラリアは記録的な干害を経験する。ヨーロッパから狩猟の目的で導入されたウサギが、爆発的に増加して害獣となったこととあわせ、牧畜業は大打撃を受け、これが経済の回復をさらにおくらせた。羊の頭数は、一八九一年に一億頭をこえていたが、一九〇三年には五四〇〇万頭に半減した。このような状況で一八九〇年にようやく自治植民地となった西オーストラリアにおける金の発見は、オーストラリア経済にとってのカンフル剤となった。また、これまで牧畜に集中していたニューサウスウェールズでの農業の発展も明るい兆候であった。ニューサウスウェールズでは、一八九〇年代に穀物栽培に利用される耕地面積は四倍以上に拡大し、穀物を自給できるようになった。

コモンウェルス

ドイツのニューギニア進出やフランスの太平洋での活動にたいして、オーストラリアの各植民地政府は、連邦形成への動きを示し始める。一八八三年の連邦協議会は、その第一歩となるはずのものであったが、ニューサウスウェールズとヴィクトリアはたがいに競争意識が強く、前者が協議会に参加しなかったので、それはたんなる「討論協会」にとどまった。本格的な連邦運動が始まったのは、一八八九年にニューサウスウェールズの首相、ヘンリー・パークスが、連邦問題を討議する会議の招集を提案したときである。一八九〇年には、オーストラリアの全植民地とニュージーランドの代表が参加する会議がメルボルンで開かれ、九一年には憲法制定会議がシドニーで開催された。クィーンズランド首相、サミュエル・グリフィスがおもに作成し、この場で採択された憲法草案が、基本的に連邦憲法として採用されるのである。

新しい国家の the Commonwealth of Australia という名称は、パークスの提案で、このとき採用された。コモンウェルスという名称は、王制を廃したクロムウェルの共和制を彷彿《ほうふつ》させ、国王に忠誠なオーストラリアにはふさわしくないとの批判があったが、コモンウェルスは共通の利益、国民全体の幸福を意味するという説明がなされた。連邦憲法において、アボリジナルを選挙区分配のための人口として計算しないことが規定されたことは象徴的である。アボリジナルは、国民の福利の対象から除外され、連邦の社会福祉や国民へのサービスを受けることはできなかった。オーストラリアによる先住民問題の無神経な処理が予想されたことが、ニュージーランドが連邦への参加を拒否した主要な理由のひとつであった。

成長しつつあった労働諸政党は、ブルジョワだけの協議に基づく連邦に反対したが、連邦の形成に一貫して強く反対する勢力は存在しなかった。これにたいし、連邦を推進する理由としては、国防の強化、有色人種移民の排除、共通関税の採用、「海運ストライキ」のような社会秩序の混乱への防波堤の構築などがあったが、広範な人々が国民意識を強くいだき、オーストラリア連邦の形成を求めたのではなかった。連邦形成へのおだやかな支持が全般的にあるなかで、連邦形成のもっとも大きな障害は、植民地間の対抗意識であり、とりわけニューサウスウェールズとヴィクトリアのそれが最大の障害であった。

一八六一年には、イギリス諸島の出身者が非先住民人口の半分以上を占めていたが、一九〇一年にはオーストラリア出生者が八〇％以上を占めた。ヴィクトリアで結成されたオーストラリア出生者協会（ANA）は、オーストラリアの国民意識を高揚するために設立された団体で、連邦運動に積極的に参加した。また、ある植民地がほかの植民地に課した関税などにより不利益をこうむってきた、アルバニーやコロワなどの境界都市や地域も、産業資本家とともに連邦運動に参加する。文学や絵画もオーストラリア的なテーマを追求するようになる。シドニーの雑誌『ブレティン』はその代表であり、ヘンリー・ローソンはその寄稿者であった。バンジョ・パターソンが活躍し、エセル・ターナーの『七人の小さなオーストラリア人』、ジョゼフ・ファーフィの『人生はこんなものさ』が出版されたのもこの時代である。このように一八九〇年代は明らかにナショナリズムが高揚した時代であったが、それが反帝国主義、反英意識となり連邦の形成に結びついたのではない。オーストラリア出生者が多数になっても、イギリスはホームでありつづけたのである。

ヘンリー・ローソンの出生地，ニューサウスウェールズのグレンフェル郊外にあるローソン記念碑

一八九八年、第一回の連邦形成の是非を問う国民投票が実施された。しかし、ニューサウスウェールズの投票では、投票数の過半数が連邦支持票であったが、規定の最低必要賛成得票数八万票に満たなかった。伝統的な対抗意識だけではなく、商業や輸出産業に依存し、潤沢な財政収入を頼りに、自由貿易政策をとるニューサウスウェールズと、工業が発達し、保護貿易政策をとるヴィクトリアは、かねてから対立することが多かった。連邦の結成によって予想される保護関税の導入にたいし、その税の負担増を懸念するニューサウスウェールズでは反対派が強く、工業製品の市場の拡大を予想するヴィクトリアでは賛成が圧倒的であった。ニューサウスウェールズの支持を取りつけるために、連邦の首都をシドニーから一〇〇マイル(約一六〇キロ)以上離れた、ニューサウスウェールズ内に建設するという妥協がおこなわれ、一八九九年の再度の投票で五つの植民地が連邦結成に賛成した。この投票に参加しなかった西オーストラリアも、大陸横断鉄道の建設、連邦成立後も五年間は関税課税権を維持することを条件に投票を実施、連邦に参加することになった。支持率は、ヴィクトリアとタスマニアで九〇%をこえたが、ニューサウスウェールズとクィーンズランドでは五〇%台と低迷した。

六植民地が承認した新しい憲法は、一九〇〇年イギリスの上下両院を通過した。連邦は外交、防衛、海上交通、移民、郵便電信、課税、通貨、婚姻、年金、二州以上にわたる労働仲裁などを管轄下におき、州stateと呼ばれることになった旧各植民地には、その他のすべて、公共事業、教育、衛生、警察などの権限が与えられた。議会は二院制をとり、保守的で人口の少ない州の権利を守るために、上院は各州同数の議員から構成されることになった。下院は、人口比に基づいて選出され、下院で多数を制した政党が内閣を構成し、女王とその代理である総督の名のもとに統治することになった。また、憲法を解釈する権限をもつ裁判所として最高裁判所が設けられた。憲法は、連邦の権限をより包括的なものにするというよりもむしろ、州権を最大限に擁護するように意図されており、政界を引退し最高裁判所の判事となった保守的な憲法の起草者たちは、その意図を忠実に守り、連邦権限の拡大を妨げた。連邦は関税と物品税を課す権利をもっていたが、ブラッドン条項によって、一〇年間はその四分の三を州に返還することになっていた。しかし、州の管轄に残った多くの業務が多大な支出を必要とし、それにみあう税収が確保できなかったので、州は法的には連邦から自立していたが、財政的には徐々に従属するようになる。連邦の首都はあらたに建設されることが決まったが、その場所は未定であり、連邦の首都は、新首都が建設されるまで、メルボルンにおかれることになった。

オーストラリアの植民地時代は、十九世紀とともに幕を閉じる。十九世紀は、ほかの諸国と比較すれば、表面的には順調で、平和的な進歩と発展の時代であった。けれども、そこには隠された大きな傷もあった。一八九〇年代の不況はその傷の深さを示している。先住民のはらった多大な犠牲は、社会ダーヴィニズムによって隠蔽され、正当化された。盲目的な利益追求のための森林の伐採と乾燥地帯の開拓は、膨大な数の害獣ウサギの登場という、自然環境の反撃をすでに受けるようになっていた。二十世紀は、その傷を癒すことができずに終わるのである。

5　民主主義と差別の構造化

白豪主義

一九〇一年一月一日、オーストラリア連邦が発足し、初代首相にはニューサウスウェールズの保護貿易派で、連邦運動の指導者であったエドモンド・バートンが就任した。この年おこなわれた第一回の連邦議会選挙では、バートンやヴィクトリア州のアルフレッド・ディーキンが指導する保護貿易派が下院で三二の議席を、保守的傾向を強めた自由貿易派が二七議席、労働党が一六議席を獲得した。その結果、バートンの率いる保護貿易派が、労働党の支持をえて政権を担うことになった。二十世紀の最初の一〇年間は、三つの勢力がどれも過半数を獲得できないなかで、中間的な位置を占める保護貿易派が政治の主導権を握るのである。バートンが最高裁判所判事に就任したあとは、ディーキンがこの派の指導者となった。

最初の連邦議会がもっとも重要な課題のひとつとして取り組んだのが、非ヨーロッパ人の移民制限法の制定である。移民制限法の根幹は、移民にたいしてヨーロッパの言語で五〇語の書取りテストをおこない、合格できない場合には入国を認めないという規定である。ヨーロッパ人はこの規定の適用を免除される一方、非ヨーロッパ人移民にたいしては、その移民が理解できないヨーロッパの言語を選んでテストを実施したので、事実上、非ヨーロッパ人の移民は完全に排除された。これによって一般に白豪主義と呼ばれる政策が確立する。非ヨーロッパ人の移民制限政策は、この時期に、アメリカ合衆国やカナダ、ニュージー

ラミング・フラットの反中国人暴動ののちに，中国人にたいして割りあてられた金鉱の跡

ランド、南アフリカでも採用されたが、オーストラリアが特異であったのは、それが国家形成と同時に採用され、国家のアイデンティティの主柱のひとつだとみなされるようになったことである。一九七〇年代にはいるまで、オーストラリアは、たんなる連邦ではなく、白いオーストラリア連邦でありつづけるのである。

　アジア人の移民制限の歴史は、一八五〇年代に始まる。ゴールドラッシュで流入した中国人にたいする暴動がラミング・フラットなどで起こり、東部三植民地で中国人移民制限法が導入された。これらの法律は、中国人移民の減少とともにいったん廃止されたが、一八七〇年代の末からふたたび移民が増加すると、中国人移民制限法がすべての植民地で制定され、九〇年代にはその対象がすべての非ヨーロッパ人へと拡大されるようになる。けれども、植民地のすべてが移民制限の対象を拡大したのではない。というのは、連邦による包括的な立法のほうが有効であると考えた植民地もあったからである。また、人種差別は移民制限にとどまらず、帰化の禁止、土地所有の制限、差別的工場法の制定、労働組合からの排除など、ほかの分野にも拡大した。

「人種の結合は、オーストラリア統合にとって絶対に必要である。人種的結合は、最後の最後にはほかのいかなる結合よりも重要である。……現在の時点で遥かに意義のあることは、白人のオーストラリアを宣言することである。これこそ、オーストラリア連邦のモンロー主義なのである」とディーキンは述べた。連邦議会では、希望する議員のすべてに移民制限について発言する機会が与えられ、議員たちは自分自身のナショナリズムを国民に強くアピールした。オーストラリアはどのような国家になるべきかという理想がこの場を借りて語られたのである。バートンによれば、「移民制限法の目的は、高貴な人種がより高度な文明をめざして生活し、増加することのできる、世界に残された最後の大陸を防衛すること」であった。純粋な白人が構成する単一民族の国家オーストラリアという理想が人種主義的なことばで語られ、オーストラリアの文明や生活の水準を守るためには、非ヨーロッパ人を排除する必要があるということが繰り返し強調された。移民制限法は、すべての党派の賛成で可決された。

オーストラリアを白人の国家とするには、たんにアジア系移民を排除するだけではなく、すでにオーストラリアにいる非ヨーロッパ人の問題を処理する必要があった。先住民は「死にゆく人種」とみなされたので、理想の実現の障害となるとは考えられなかったが、砂糖産業を支えていたメラネシア人労働者の処理は重大な問題であった。メラネシア人は、二〇年以上オーストラリアに居住していた者などを除き、一九〇九〇六年からすべてが送還されることが決定され、四〇〇〇人以上が強制送還された。ところが、一九〇二年にイギリスから統治を移管されていた東南部ニューギニアが、この年、オーストラリア領パプアとな

ブルームの日本人墓地　真珠貝のダイバーたちは白豪主義成立後も，オーストラリアで労働を続けた。

る。オーストラリアは植民地支配国として、遥かに多くの非白人をかかえ込むのである。

日本政府は「日本人の」差別に一貫して反対し、イギリス政府も、日本との関係や帝国政策を考慮して、あからさまな人種差別に批判的であったので、オーストラリアは言語テストという、間接的な方法を採用したのであるが、その人種差別政策としての実体は誰の目にも明らかであった。ただし、これで日本との交流が断絶したわけではなく、パスポート協定によって、商人・学生・観光客は言語テストを免除された。また、真珠採り潜水夫たちは、危険な作業に就くオーストラリア人が皆無であるとの理由で入国を認められたのである。

女性参政権

一八九四年に、南オーストラリアで女性に選挙権が認められると、一九〇八年までにはすべての州で選挙権が認められた。連邦レベルでは、一九〇二年に、女性にたいして選挙権だけではなく被選挙権も与えられ、フェミニスト、ヴィダ・ゴールドスタインが立候補した。しかし、白人女性が国民として承認される過程は、白人以外の人間が排除される過程と並行しており、その背景には、優生学に影響されつつ、家族を白人国家の基盤として強化しようとする動きがあった。一九一二年に出産助成が制度化されるが、それはこのような動きと深く関係していた。プロテスタンティズムを信じる保守的な女性は、家庭生活に有害な売春や飲酒、賭博などへの反対運動を展開し、その極端な道徳偏重のゆえに、ワウザーと侮蔑的な呼称で呼ばれるようになる。女性は、道徳の守護者としての役割を、社会的な領域にも拡大したのである。しかし、家族と家庭の信奉は、女性の地位の向上に役立つと同時に、その社会的活動に重大な拘束を課すのである。

強制仲裁裁判制度やこれに類似する制度は、一八九〇年に南オーストラリアでその法案が提出されて以来、雇用者と労働者の争議を調停する制度として注目をあびた。一八九〇年代に組織が急激に弱体化するなかで、労働組合は、労働者が公正な待遇を獲得する手段として、これに期待した。他方、進歩的な保護貿易派も、労働者と雇用者の暴力的な対決を防ぎ、労働組合を社会的合意のプロセスの当事者として取り込もうと考えて、積極的にこの制度を推進した。一九〇一年のニューサウスウェールズに続き、〇四年に連邦にも本格的に制度が導入された。

一九〇七年、連邦仲裁裁判所長官ヒギンズは、ハーヴェスター判決において、最低賃金を、労働者とその家族(妻と三人の子供)の生活に必要な費用から算定し、一日七シリングに設定した。ところが翌年、この判決には保守的な最高裁判所が違憲判決をくだした。判決自体は無効になったが、ヒギンズはほかの裁判でも同様の判断をくだし、最低賃金制度は徐々に法制化されることになる。のちに労働党政権のもとで、あらたな判事が最高裁に任命され、進歩的な判事が多数を占めると、連邦仲裁裁判制度は強化され、オーストラリア独自の制度として確立した。仲裁裁判制度の適用には、当事者としての労働組合の登録が必要であったので、労働組合への参加者が増加し、一九二一年には全労働者の半数以上が労働組合員になった。

強制仲裁裁判制度が採用した生活(生存)賃金、家族賃金という概念は、大きな副産物をともなっていた。生活賃金とは、男性労働者が家族と生活するのに必要な賃金という意味で、家庭の護り手であるとされた女性には、扶養している家族がいるいないにかかわらず、彼女の生活に必要な賃金だけが支払われるという原則が確立した。女性の賃金は男性の五〇〜七五%に設定されたのである。法律が規定したこの女性差別の原則は、女性は働かずに家にいて、男性に扶養されるものだという観念を支えるようになる。

社会保障制度の整備もこの時代に始まった。一九〇〇年にニューサウスウェールズ、〇一年にヴィクト

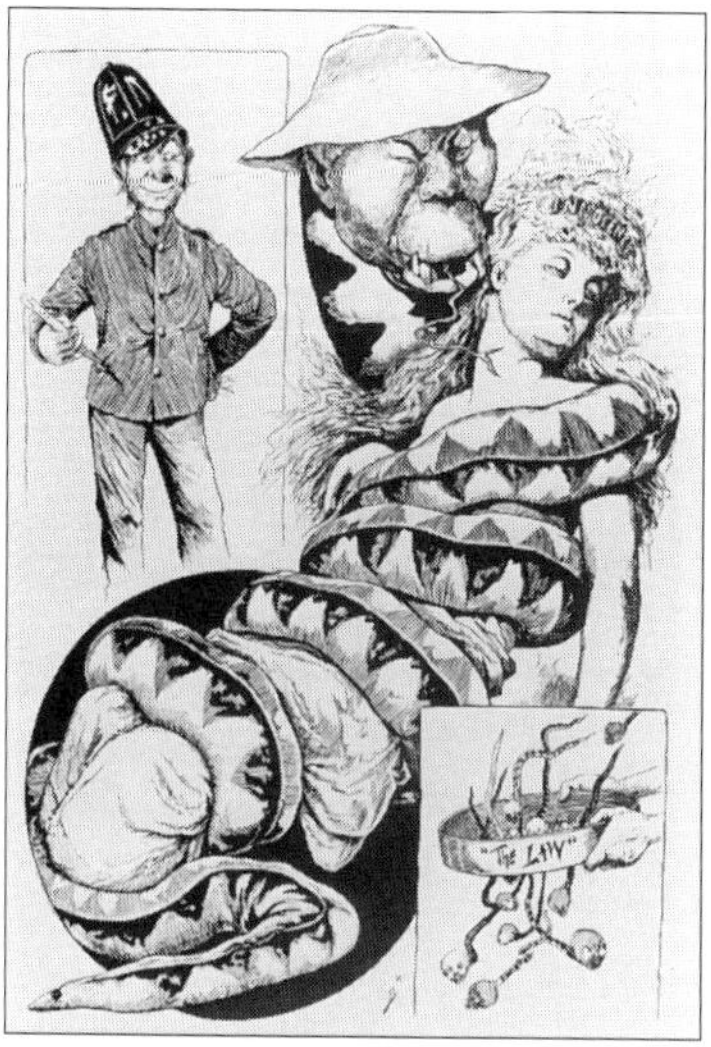

中国人は純真な白人女性をアヘンにより誘惑し，しかも法律の輪をすりぬけていくという風刺画　白人女性はオーストラリア自体を象徴するイメージでもある。

リアで導入されたのを始まりとし、〇八年には連邦によって、一人当り週一〇シリングの老齢年金制度が導入され、一〇年には障害者年金も制度化された。社会的な弱者に最低限のセイフティネットを用意するという保護主義的な考え方がここでも適用されたのである。

保護関税に基づく産業の保護政策とその利益を、最小限の社会保障によって労働者にも分配するという政策は、オーストラリア連邦の永続的な政策となった。白豪政策さえ、有色人種との競争から労働者を保護する政策として正当化されていた。しかし、このような政策実現の主体となった自由党、すなわち改良主義的な保護貿易派は、その実現によって存在意義を失うのである。この間、自由貿易派は反社会主義を掲げて、保守政党としての体裁を整え、支持者を拡大した。また、これ以上の成果を自由党から期待できないと感じた労働党は、支持者の拡大もあり、独自の道を歩むことを選択する。一九〇九年、自由党のディーキンは、自由貿易派との合同を決断した。こうして、オーストラリアの政治は労働党と保守系の政党による二大政党の政治に移行した。保守系政党の合同は、ディーキンらの期待に反して、労働党の政権をもたらした。一九一〇年の総選挙で勝利したフィッシャー労働党は、単独で両院の過半数を獲得し、最初の本格的な労働党政権になったのである。

先住民「保護政策」

オーストラリア連邦憲法には、国民(市民)ということばが書き込まれなかった。それゆえ、誰が国民であるかも、国民の権利や義務も、憲法では規定されなかった。その原因は、各州(植民地)政府が実施していた非白人にたいする差別政策に、連邦が介入することを恐れたからである。一九〇一年憲法のもと、先住民アボリジナルは州政府の管轄下におかれ、各州独自の法律によって「保護」されることになった。

二十世紀前半、先住民保護政策の模範であるといわれたクィーンズランドでは、滅亡しつつある「純血」のアボリジナルを隔離し、保護する一方で、「混血」のアボリジナルを一般社会に拡散・同化して、アボリジナルを消滅させようとした。ところが、アボリジナルを教育し、同化させるために、その「混血」児を家族から引き離し、施設に収容したので、結局社会から隔離された集団を生み出した。アボリジナルの収容施設として、パームアイランドやチャーバーグなどの政府の管理する居留地リザーヴや宣教師の管理する居留地ミッションがつくられた。また、一般社会にいるアボリジナルにたいしても、それを保護するという名目で、労働条件・移動・結婚などを規制した。こうして、保護の名のもとに、実際には二級市民が生み出されたのである。対アボリジナル政策は、暴力による鎮圧から、保護による統制に変化したのである。一九三九年以降は、「混血」が白人社会にもたらす「悪影響」を最小限にとどめるために、生活のあらゆる領域に政府の監視と干渉がおよぶようになった。

アボリジナルは、保護という名の統制を受けただけではなく、低賃金の労働力として搾取された。最初は真珠採取における契約書作成義務と最低賃金の規定を設けただけであったが、一九〇四年には、女性労働者の賃金を、本人ではなく、アボリジナル保護官に支払う制度がつくられた。これは賃金の未払いを防ぐ手段であったが、現実には統制手段になった。労働者本人は週三ペンスほどの小遣いを受け取るだけで、残る二シリング以上の給料は、保護官を後見人とする銀行口座にあずけられ、自由に引き出すことはできなかった。マニー・ケネディは、週に一度家事奉公から解放される日を利用して、預金を引き出そうとしたときの経験をつぎのように述べている。

食事をしにいっているあいだに、もし保護官がでてきたら大変だと思って、私は一日中そこに座っていたものです。それから午後五時になって、保護官がでてきていうのです。「今日はなにもない。明日またこい」……横腹を思いきり蹴りあげられたような痛みを覚えました。自分の預金なのに。

一九〇九年には、男性にも同様の制度が拡大され、賃金の二〇～五〇%が保護官の管理する口座に入金された。さらに一九一五年には、賃金の三分の二が天引きの対象になった。天引きされた賃金は、病気や失業のときの備えだとされたが、引き出されることはほとんどなく、のちに大部分が政府によって没収された。労働条件に不満をもったり、契約期限終了前に仕事を離れたり、契約の更新を拒否したりした場合には、アボリジナルはリザーヴやミッションに強制移動させられた。保護の名目をもつ強制移動にたいしては、アボリジナルに対抗手段がなく、保護官の自由裁量によって現状に不満をもつアボリジナルが移動させられた。それだけではない。奉公先でレイプされ妊娠した場合や、不当な労働条件(賃金の不払い)におかれた場合など、被害者になったときにも、強制移動の対象となった。

リザーヴやミッションは、強制移動者のたんなる受入れ場所ではなかった。そこの寮で育った子供の多くは、労働可能な年齢になると、牧場やプランテーションに低賃金労働者として送り出された。一九六五年には、アボリジナルの牧場労働者の六五%が、リザーヴやミッションの出身者になった。女性の場合は、家事奉公人として白人家庭に送られる場合も多かった。

オーストラリア北部の状況はおおむねクィーンズランドと同じであった。オーストラリアの東南部の諸州では、アボリジナルにたいする保護や統制は厳格には実施されなかったが、子供たちを肉親から引き離し収容することは、一般的におこなわれていた。このような人々はのちに「奪われた世代」と呼ばれ、現在でも大きな問題として残っている。また、白人市民が獲得した権利は、実際上アボリジナルには認められなかった。

アイルランド系移民と帝国主義

白人入植者のなかで最大のマイノリティ集団は、入植以来、白人総人口の約四分の一を占めるアイルランド系のカトリックであった。アイルランド系のカトリックは、イギリス諸島のほかの地域の住民のほとんどがプロテスタントであったので、宗教上異質な集団であるとみなされていた。また、十九世紀前半には、英語を話せないアイルランド人移民も多く、民族的にも異質だと考えられていた。しかしながら、非ヨーロッパ人がコミュニティから排除されたのにたいし、アイルランド系カトリックが受けたのは、同化の圧力であった。イングランド系やスコットランド系のプロテスタントのコミュニティの規範に従い、アイルランド人としての独自性を主張しないことが求められたのである。

アイルランド系移民は、独自性を主張したいという欲求と、イングランド系移民と同化し物質的利益を享受したいという欲望を同時にもっていた。それは、イギリス帝国支配のなかで、アイルランドではイングランドによる搾取を受けながら、帝国のなかではイングランド人とともに非ヨーロッパ人の支配者として君臨するという矛盾した構造を反映していたのである。オーストラリアでは、イギリス本国とは異なり、イギリス国教会が特別の地位をもたず、すべての宗派が同等であったので、カトリックを信じること自体は、社会規範を逸脱する行為ではなかった。アイルランド系移民は、カトリック教会を中心にアイデンティティを保持しながら、政治的・経済的には独自性を主張しなかった。

このような状況の転機となったのは、イギリス本国の情勢の変化である。一八八六年、イギリス自由党党首グラッドストンは、アイルランド自治法案を提出した。グラッドストンは植民地自由主義者のあいだでカリスマ的な存在であったので、アイルランド自治の要求は一目おかれる主張となり、アイルランド系カトリックも、社会秩序への挑戦であるという非難を受けずに、公然とこのような政治的問題を主張できるようになった。

アイルランド系移民は、アイルランド自治の支持という独自のアイデンティティの主張と、イングランド系と共通の社会・経済システムを共有するという矛盾を、帝国主義のレトリックによって克服しようとする。アイルランド系の帝国主義者たちは、多文化主義的な帝国観を強く打ち出すのである。イングランド系の移民の多くが当然のこととみなしていた、アングロ・サクソン的プロテスタント文化が支配する国家・帝国という帝国観にたいし、白人の多民族の連合体としての帝国という理念を主張する。民族性や民族文化の独自性の強調は、社会や国家の分裂や混乱を招くという見解にたいし、民族性の保持とその尊重こそ、植民地や帝国の発展の基盤であるという見解を提示するのである。

白豪主義の採用は、このような見解にとっての追い風となった。白人国家としての国民統合という理想は、白人多文化主義帝国と矛盾なく共存できた。また、ヴィクトリア女王が公式に称賛した、ボーア戦争におけるアイルランド人部隊の活躍は、この見解に実質的な根拠を与えた。オーストラリアは、一八八五年にマフディ討伐のためにスーダンに派兵しており、ボーア戦争にも一万六〇〇〇人の兵士を送り、義和団の鎮圧にも軍艦を派遣している。アイルランド系のカトリックはこれらの派兵を批判することはなく、むしろその積極的な支持者になった。

白人多文化主義帝国観は、アイルランド系の帝国主義者だけのものではなかった。一九〇九年、アイルランド人の祝日である聖パトリックの日の式典に、オーストラリア連邦総督がはじめて出席し、州総督や連邦の首相と内閣の主要な閣僚も同席した。連邦と帝国を代表する総督の出席は、聖パトリックの式典とそれが象徴するアイルランド人のアイデンティティに、もっとも明確な承認を与えたのである。連邦の総督は、アイルランド人の民族主義に反対するグループが権威の頂点とみなしていただけに、一層大きな意味があった。総督ダドリー伯爵は、そのうえ、式典での演説で多文化主義的な帝国観を表明する。

国民の強さの源泉として、われわれはこれらの特徴（民族的相違）を維持し、あらゆる方法でそれをはぐくみ、奨励すべきである。……何人も、立派なアイルランド人だという理由でオーストラリア人として不適格になることはない。……帝国の安泰を切に願うすべての人々はこの種の民族的な祭典を維持しようとつとめるべきである。……オーストラリアに定住しても、カナダに定住しても、また南アフリカに定住しても、イングランド人はイングランド人の、アイルランド人はアイルランド人の、スコットランド人はスコットランド人の感情や習慣や性質を保持しつづけるべきである。

しかし、アイルランド系カトリックは、けっして盲目的な帝国主義者ではなく、支配的イデオロギーであった帝国主義を彼らの都合のよいように流用しようとしたのである。それゆえ、プロテスタントの保守派が推進していた、ヴィクトリア女王の誕生日を帝国記念日にする運動には強く抵抗し、カトリックの学校はその日をオーストラリア記念日として祝ったのである。

6　世界大戦

アンザック

一八七〇年九月、第一八連隊の最後の部隊がオーストラリアを去った。入植以来続いた、イギリス陸軍のオーストラリア駐留は終わったのである。オーストラリアの防衛は各植民地がおこなうことになったが、正規軍はきわめて小規模で、志願兵や民兵がこれを補うことになった。また、装備は不統一で、しかも旧式であった。一九〇一年の連邦の成立によって、植民地の軍隊はすべて連邦に移管された。兵力は約三万人であり、正規軍はその一割を占めるにすぎなかった。連邦結成の動機として軍事的な必要性がよく指摘される。けれども、連邦議会は防衛支出に冷淡であり、帝国への派兵にも積極的ではなかった。一九〇四年の防衛法には、海外派兵は志願兵に限定するという条項が盛り込まれたのである。

転機になったのは、日露戦争における日本の勝利である。一九〇五年、ディーキン首相は防衛問題にたいする無関心を批判する演説をおこない、のちに首相となる労働党のウィリアム・モリス・ヒューズは、国民防衛連盟を結成する。日本は、日英同盟の締結後、オーストラリアにとっても同盟国であった。しかし、連邦結成後のオーストラリアにとり、脅威とはなによりもアジアからの侵略であり、日本は潜在的な敵国であった。従来、イギリス海軍の優位が、オーストラリアの貧弱な陸軍力を補っていた。ところが、日英同盟によって、その海軍力がヨーロッパ方面に移動する可能性が高くなると、オーストラリアは独自の海軍の創設をめざすのである。一九一一年に、オーストラリア独自の、自治領最初の本格的海軍が設立される。けれども、これはイギリスとの妥協の産物であった。オーストラリア海軍は、帝国海軍の一部としてしか機能できない構造になっていた。また、職業軍人が労働運動弾圧に用いられることを恐れていた労働党は、徴兵制度を支持しており、十二歳から十八歳の少年の軍事教練が義務化された。

シドニーのハイド・パークにあるアンザック記念堂　オーストラリア各地にあるアンザック・メモリアルを代表するもの。

一九一四年八月三日、イギリスの第一次世界大戦参戦の前日、自由党のクック首相は、イギリスへ海軍と陸軍の提供を申し出た。すでに七月三十一日、労働党のフィッシャーも、「最後の一兵まで、最後の一シリングまで」、イギリスのために提供することを誓っていた。九月の総選挙で大勝した労働党は、自由党の政策を踏襲し、派兵の準備を進める。志願兵の募集が始まり、彼らはオーストラリア帝国軍と命名された。海軍はニュージーランドと協力して、ドイツ領ニューギニアと赤道以南のドイツ領の島々を占領する。オーストラリアはさらに赤道以北に進出しようとしたが、そこはすでに日本軍が占領していた。国内のドイツ人たちは強制収容所に収容され、帰化した人々もさまざまな差別を受けた。オーストラリア帝国軍はニュージーランド軍と合流し、十一月一日、パースを出発し、カイロで待機した。ここで、地球の裏側からきた志願兵たちは、オーストラリア・ニュージーランド軍団、略してアンザックと呼ばれるようになる。

アンザックは、トルコのダーダネルス海峡を解放する作戦に参加するために、一九一五年四月二十五日、ガリポリ半島に上陸した。上陸したアンザックは浜辺に釘づけにされ、結局のところ作戦は完全な失敗に終わる。アンザックは、年末までに八〇〇〇人以上の死者をだして撤退した。しかし、この作戦ではらわれた犠牲は、国民誕生の苦しみとして神話化され、アンザックの上陸の日は、アンザック・デイとして祝日になった。アンザックの勇気、独立心、ストイックな忍耐力は、国民性を象徴するものとして称揚された。

ガリポリ作戦のあと、アンザックの主力は西部戦線に投入され、遥かに大きな犠牲をはらわなければならなくなる。あまりにも悲惨な戦争は、神話の素材としてはもはや不適当になった。国内でも、ヨーロッパ市場と遮断されたので、物価が賃金を上回って上昇し、失業率も低下しなかった。また、戦費調達のため大量の債権が発行され、連邦の所得税がはじめて導入された。さらに、アイルランドにおけるイースター蜂起の処理の失敗は、アイルランド系住民の帝国主義熱を完全に冷やした。自分たちが帝国のために犠牲をはらう一方で、帝国はアイルランド人を弾圧しているのである。この事件以降、アイルランド系カトリックは、帝国主義に対立するものとして、オーストラリア・ナショナリズムを奉じるようになる。ここにいたって、フィッシャーにかわり、労働党の指導者となった好戦的なヒューズ首相と、労働者の意識には大きな違いが生じる。一九一五年に一六万人以上いた志願兵は、一七年には四万人台へと低下した。

一九一六年十月、ヒューズ首相は徴兵制の是非を問う国民投票を実施する。ほとんどすべてのエスタブリッシュメント、新聞は徴兵制を支持したのにたいし、労働運動や大司教マニックスに代表されるカトリックなどがこれに反対した。結果は、わずかな差ではあったが、徴兵反対派が勝利した。国民投票は労働党の分裂をもたらした。ヒューズは、労働党代表者会議で不信任の決議を受けたあと、支持者を率いて自由党と合流し、国民党を結成、ひきつづき政権を担当した。この分裂により、労働党は一時的に左傾化し、弱体化する。しかし、長期的にはカトリックの影響力が強まり、その穏健な路線に変化はなかった。翌年十二月、第二回の国民投票でもヒューズは敗北した。このとき、労働党が唯一支配するクィーンズランドで卵の洗礼をあびたのを契機に、ヒューズは連邦警察を創設した。

ヴェルサイユ会議

第一次世界大戦中、人口約五〇〇万人のうちの三三万人が海外に派兵され、そのうち六万人が死亡し、一六万人が負傷した。また、三億ポンド以上の戦費の債務が残った。ヴェルサイユ講和会議でヒューズは、オーストラリアがはらった犠牲を根拠に、独自の代表を立てることを承認させた。しかし、ヒューズにとって、オーストラリアの独立性を拡大することが目的ではなく、帝国の安全にイギリスをより強くコミットさせ、帝国運営にオーストラリアの意見が直接反映されるようにすることが重要であった。この点は、イギリス離れを強めていたほかの自治領諸国との違いであった。

会議では、戦争中占領したドイツ領を委任統治領として獲得する。日本人の進出を恐れていたヒューズは、移民制限をこの地域にも適用可能にすることを強く主張し、その目的を達した。また、日本が提案した連盟規約で人種平等を宣言する案に、もっとも激しく反対した。アジア移民を制限していたアメリカ合衆国やほかの自治領も、人種平等の宣言には反対であったが、ヒューズのように人種偏見をあらわにし、反対の意志を表明することはなかった。オーストラリアは、ほかの諸国と比べてより人種主義的ということはなかったが、白豪主義に固執し、それを公然と表明することで、アジア諸国のあいだに人種差別国家としての悪名をとどろかせたのである。

一九二六年の帝国会議は、イギリスと自治領が対等であることを宣言したバルフォア報告書を生み、三一年のウェストミンスター憲章がこれに法的な根拠を与えた。しかし、オーストラリアは、これを無意味なものだと考え、四二年まで承認しなかった。軍事面でも、オーストラリアは帝国への依存を重視し、シンガポールの海軍基地はオーストラリア防衛の要であると考えられていた。

ヒューズは、戦後、雑多な要素からなる国民党の支持層の分裂に苦しむことになる。農民たちは独自の代表を議会に送り、一九二〇年には地方党として議会の第三勢力を形成した。一九二二年の総選挙で、国民党は過半数を失い、ヒューズは辞任し、国民党ブルースと地方党ペイジによる連立内閣が成立した。ブルース－ペイジ政権は、保護関税により産業を保護しつつ開発政策を進めた。イギリスから補助移民を積極的に導入し、農業開発をおこなおうとしたが、移民のほとんどは都市にとどまった。また、首都の建設を推進し、一九二七年には、連邦議会を新首都キャンベラに移した。多くは労働党政権下にあった州政府も、ロンドンでの起債に依存しながら開発政策を進めた。しかし、このような開発政策は二〇年代の後半には行きづまる。一九二六年から、ブルースは労働関係法を改悪し、労働仲裁裁判所に保守的な判事を任命して、労働組合を弱体化し、賃金を引き下げようとした。このような動きは波状的なストライキを引き起こした。一九二九年、ブルースは、連邦強制仲裁裁判所の権限を大幅に縮小しようとしたが、ヒューズなどの造反によって内閣は倒れ、総選挙に突入した。

一九一〇年ころから、ウィークエンドが生まれる。土曜の午後には人々はラグビーや映画を見たり、海水浴を楽しむようになり、ライフ・セイヴィング・クラブも各地に誕生する。一九二九年には、映画の観客数が一億二六〇〇万人になった。オーストラリア人は、世界でもっとも映画を愛する国民になったのである。中産階級の家庭には、ガスオーブンや洗濯機、アイロンなどが普及する一方で、家事奉公人の割合は減少した(〇一年の全女性労働者の三一%から二一年の二一%)。一五年までに軽工業の労働者の半数は女性になった。女性たちはより自由な工場労働を選び、家事奉公は、夫を失った女性やとりわけ貧しい女性などの避難場所となりつつあった。

大恐慌

公式には一九二九年に始まるとされる世界恐慌は、オーストラリア経済にふたたび大きな打撃を与えた。一九三二年、恐慌中最悪の年には、失業率が二七%(推計により二〇~三五%の幅がある)に達し、第二次世界大戦までそれが一〇%以下になることはなかった。一九三三年のセンサスでは、人口の半数から三分の二が、すでに二〇%引き下げられていた基本賃金以下の収入しかえていなかった。今回の恐慌では、金融システムの崩壊をともなわなかった結果、中産階級に比べて、労働者階級の受けた被害のほうが相対的に深刻であった。

メルボルン郊外の労働者階級の町、リッチモンドでは、一九三三年、男性では二九%、女性では一四%の失業率を記録している。しかし、センサスは恐慌の本当の傷痕を覆い隠している。リッチモンドの労働者のなかで、教養があり、子供の世代には中産階級に上昇しためぐまれた集団の調査でも、その五九%が長期の失業を経験しており、さらに一七%の零細自営業者が困窮した。これらの人々のなかで大恐慌を無傷できりぬけたのは、その四分の一だけであった。一般の労働者ではこの割合は、一層高かったことは確かである。一九二七年から三九年のあいだ、労働者にとって、恐慌は圧倒的な生活の現実であった。男性の高失業率と女性の低失業率は、賃金の高い男性の職がより大幅に減少したこと、既婚女性が労働市場を離れる割合が高まったことを示している。

一九二九年のニューヨーク株式市場の暴落に続く経済混乱に直面したのは、あらたに登場した労働党スカリン政権である。輸出の大部分を占める食料・原料価格の急落は、膨張していた対外債務にたいするオ

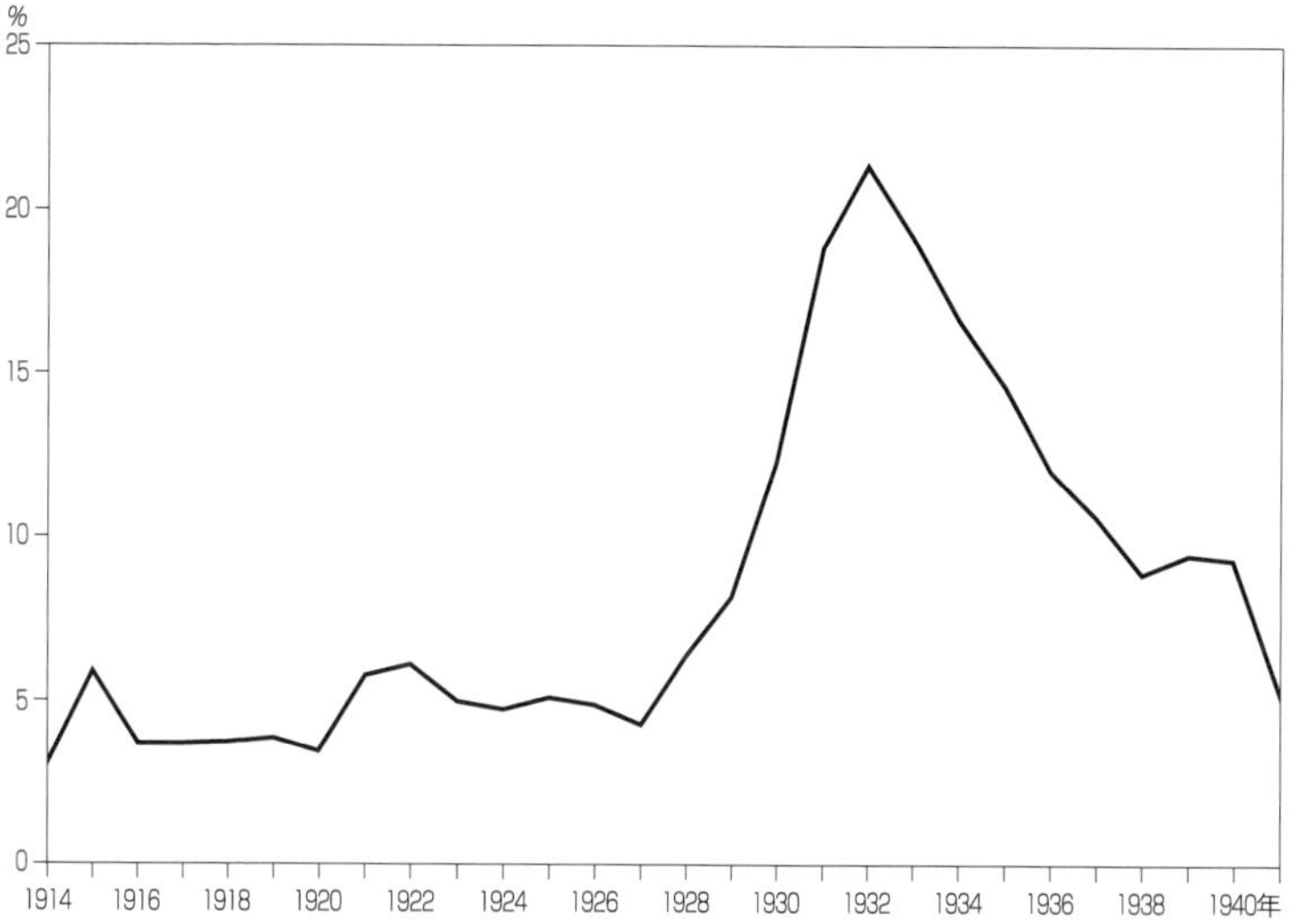

オーストラリアの失業率(1914〜40年)

ーストラリアの支払い能力に疑念を生じさせた。これ以上の経済の混乱を避けるには、労働党政権はどうしても対外的な信用を維持する必要があった。労働党内では、左右両派の意見が対立し、効果的な政策が打ち出せないなか、イングランド銀行を代表して派遣されたオットー・ニーメイヤーは、対外支払い債務の遵守と政府支出の削減、財政の均衡、効率向上のための賃金引下げを要求した。

一九三一年、コモンウェルス銀行総裁の圧力のもと、メルボルン会議で連邦政府と州政府は、ニーメイヤーの要求に従うかたちで、「プレミアーズ・プラン」と呼ばれる合意に達した。この間、連邦上院の抵抗もあり、効果的政策をとれなかった労働党は急速に支持を失った。債務支払いの停止など、より過激な政策を追求するニューサウスウェールズの首相ラングは、党の組織を分裂させ、大蔵大臣であったライオンズは、保守党に鞍替えし、統一オーストラリア党を結成した。一九三一年十二月の総選挙では、労働党が大敗、ライオンズを首班とする統一オーストラリア党政権が成立する。イギリスの債権者への支払いを停止したラングも、州総督によって罷免され、ニューサウスウェールズにも統一オーストラリア党政権が成立した。

オーストラリア経済は一九三三年からゆっくりと回復に向かう。この回復過程でも、物価が低下したなかで、安定した職業をもつ者と、失業者や日雇いの肉体労働者のあいだの格差はかぎりなく大きかった。中産階級の子供たちが新しい文明の進歩の恩恵にあずかる一方で、労働者階級の子供たちは飢えの恐怖と生涯続く食物への渇望を習得した。この時代、オーストラリアのおもな輸出品は羊毛と小麦であるが、工業国の経済の回復にともないこれらの商品の輸出は拡大した。一九三二年のオタワ協定により、帝国特恵関税の恩恵を受けて、酪農製品、果物、砂糖、さらには小麦や肉類のイギリスへの輸出も容易になった。ライオンズ政権は、帝国関係を強化するために、一九三六年、貿易転換政策を実施する。それは、イギリスとオーストラリアの工業のために、日本とアメリカの工業製品を締め出すことをねらったものであった。しかし、これにたいする報復によって、オーストラリアはアメリカの最恵国としての地位を失い、日本との貿易は赤字に陥った。老いた工業国イギリスへの依存は深まったのである。

一九二三年、オーストラリアのラジオ放送が始まり、三二年には公営放送ＡＢＣによる全国放送が始まる。ラジオは、一九二七年のキャンベラの国会落成式における、オーストラリアを代表する世界的オペラ歌手、ネリー・メルバの歌声を生で放送した。また、一九三二年のハーバーブリッジの開通もラジオが中継した。ラジオの所有者はあらゆる所得層に平均的に分布していた。ラジオの受信機は高価であったが、コンサートや観劇に比べれば安価な娯楽を、貧しい人々に提供したのである。放送の半分は音楽が占めていたが、一九三二年に、イングランドとのクリケットのテストマッチが放送されると、クリケットはすべての放送にたいし優先権をもつようになる。ラジオは、スポーツが国民文化においてはたす役割を飛躍的に拡大した。オーストラリアには、「教養のある、洗練された、専門職の話しことばと、粗野な民衆の話しことばという二つのタイプがある」といわれていたが、ABCで認められたのは、前者のイギリス的なアクセントであった。オーストラリア・アクセントが許容されたのは、スポーツ放送とローカルな話題だけであった。実際、アナウンサーの三分の一はイギリス出身者が占めていた。オーストラリアは、このラジオとともに第二次世界大戦に突入する。

1930年，建設中のシドニーのハーバーブリッジ

第二次世界大戦

一九三九年九月三日、東部時間午後八時、イギリスのBBC短波放送はイギリス政府がドイツと開戦したというメッセージを伝えた。午後九時十五分、ライオンズの死後首相となったロバート・メンジーズは、イギリス政府からの公式の連絡を待たずに、オーストラリアも戦争に突入したことをラジオで全国民に告げる。オーストラリアには、

今回の戦争にたいする熱狂はなかった。オーストラリアの兵士は、東部地中海に送られ、枢軸国側と戦った。日本の侵略を危惧していたメンジーズは、シンガポール防衛の強化をイギリスに求めた。一九一四年よりもヨーロッパ市場に依存することがなく、資本流入も大幅に縮小していたので、経済的な対応は今回のほうが容易であった。戦争に必要な志願兵や労働力は、多くの失業者たちを吸収した。

一九四〇年の総選挙は、二人の独立派議員がキャスティングボートを握る結果をもたらす。メンジーズの戦時大連立の呼びかけを労働党が拒否し、メンジーズは辞職、労働党のジョン・カーティンの内閣が成立した。十二月八日の真珠湾とマレー半島のイギリス軍への日本軍攻撃の報を受けたのは、この労働党政権であった。カーティンはイギリスの承認をえずに、翌日日本に宣戦布告する。しかし、イギリス帝国軍は、プリンス・オブ・ウェールズとレパルスの二隻の戦艦が撃沈され、制海権と制空権を失う。さらに、一九四二年二月には、難攻不落であったはずのシンガポールが陥落し、オーストラリア防衛の要はまたたくまに消滅した。さらに、北部オーストラリアのダーウィンやブルームが爆撃された。

カーティンは、イギリスとの伝統的な結びつきにこだわらず、アメリカに協力を求めることを宣言した。ラジオニュースは、海外ニュースよりも国内ニュースを先に放送するようになり、ニュースの始まりを告げる音楽は、シンガポール陥落の翌日から、イギリスのマーチにかわって、「アドヴァンス・オーストラリア・フェア」が用いられるようになる。一九四二年、フィリピンを撤退したマッカーサー将軍がオーストラリアに到着し、カーティンは軍隊の指揮権をマッカーサーに引き渡した。第一次世界大戦のときに、徴兵制反対で投獄されたカーティンは、四三年にはほとんど抵抗を受けることなく、徴兵制を実施した。

第二次世界大戦の犠牲者は、第一次世界大戦よりも少なく、人口七〇〇万人中の三万七〇〇〇人(三万四〇〇〇人の兵士)であった。徴集された兵力は約一〇〇万人で五六万人が海外に派遣された。死亡者のなかでは、日本軍の捕虜となり死亡した者が八〇〇〇人を数え、日本人への憎しみが長く続く原因になった。枢軸国側の市民は、収容所にいれられたが、キャンベラの北に車で二時間ほどのところにあるカウラに収容されていた日本人は、一九四四年八月五日に脱出を試み、その最中に二三四人の収容者と三人の看守が死亡した。

戦時中、連邦権限が拡大した。所得税はすべて連邦に吸収され、事業税や娯楽税などがあらたに課された。キャンベラが徴収する税金は、戦前のGDPの八%から二四%に上昇する。国民福祉基金が設けられ、児童手当や寡婦年金が導入された。戦費調達のために八億ポンドの公債が発行されたが、これらは国内市場で吸収され対外債務の増加にはつながらなかった。実際、戦後のオーストラリアの対外債務は、戦前に比べて実質的に大幅に減少するのである。第二次世界大戦では、オーストラリア軍の主力がアジア太平洋地域にあり、一〇万人に達するアメリカ軍がオーストラリアに駐留していたので、この点でも対外債務は増加しなかった。また、経済統制や公債の順調な消化のために、コモンウェルス銀行の機能が飛躍的に強化され、中央銀行としての機能を完全にはたすようになった。保守主義者たちは、自由経済への介入をきらい、連邦権限が拡大することに懐疑的であった。しかし、戦時公債を購入した富裕層は、利子と元本の支払いを確実にするために、強力な中央政府を黙認せざるをえなくなる。徴兵による労働力不足を補うために、女性の労働力が広範に用いられた。戦時中、女性の労働者は約五割増加した。カーティンは一九四三年の総選挙に大勝し、改革政策を継続したが、四五年七月に死亡し、ベン・チフリーが首相に就任した。

7 多文化主義の時代

新移民の流入

半世紀にわたる停滞の時代を脱したオーストラリアにとって、戦後の二〇年間は高度成長の時代であった。ケインズ経済学が主流になり、政府は経済活動に積極的に関与して、経済発展をはかり、完全雇用を実現しようとした。また、移民の導入による工業化が推進された。しかし、高度成長は世界的な現象であり、すでに長期にわたって世界経済に統合されていたオーストラリアは、たんにその恩恵に浴したのだともいえる。

第二次世界大戦後、チフリー労働党政権が始めた政策のなかでもっとも重要なものは、大規模な移民の導入である。第二次世界大戦の経験は、広大な領土をアジア人の侵略から守るためのマンパワーの重要性を、広くオーストラリア人たちに自覚させた。労働党は移民の導入に伝統的に反対してきたが、「人口増大か、それとも滅亡か」というスローガンのもと、大規模な移民導入計画を立案した。初代の移民大臣に就任したアーサー・コールウェルは、人口の一%、年間七万人の移民導入の目標を設定する。コールウェルは、この目標をイギリス諸島からの移民で満たすことを望んだが、それは不可能であったので、最初に東欧の難民を、さらにイタリアやギリシアから大規模に移民を受け入れたのである。一九五〇年代には移民の三分の二を、非アングロ・ケルト系が占めた。

新移民(非アングロ・ケルト系移民)の大規模な受入れには、国民のコンセンサスが不可欠であり、生活水準の維持や向上が前提であった。一九四八年には、週四〇時間労働制が実現、翌年にはスノーウィー・マウンテンズの総合開発が始まった。オーストラリア国立大学の設立などによる高等教育の整備、国営の航空会社設立による航空路の整備なども進んだ。一九四七~六六年のあいだ、オーストラリアの総労働人口は、二四八万人から三四二万人に増加し、この増加の五九%は移民が占めていた。また、主要な都市の人口増加においても、海外からの移民が占める役割は重要であった。主要都市の郊外には、ライカートのように移民たちが集住する町が生まれた。移民の多くは、最初はブルーカラーの労働者として働いたが、その後、多くは自営業者として自立し、カフェやバー、ホテル、小売店などを経営するようになった。

外交の面では、外相エヴァットによる活発な国連外交が注目される。第一次世界大戦後には、国際連盟の国家主権への干渉にオーストラリアはもっとも批判的な国のひとつであったが、第二次世界大戦後は、大国の干渉から小国の利益を守る組織として、国際連合を重視するようになった。それは、外交におけるイギリスからの完全な独立も意味した。一九四八年には、はじめてオーストラリア国民という独自のステイタスが設けられた。

一九四九年、メンジーズの自由党政権が登場する。メンジーズ政権は、経済面では、急進的な刺《とげ》を除いたうえで、労働党のしいた路線を基本的に踏襲した。政府主導の手厚い保護と規制のもと、産業振興がはかられた。高度成長の持続と冷戦が、こののち四半世紀にわたる自由党の長期政権を支えた。一九五〇年、朝鮮戦争が始まると、オーストラリアもすぐに参戦する。戦後、オーストラリアは、これまでイギリスの戦争に参加したのと同じように、アメリカの戦争に参加するようになる。ベトナム戦争や湾岸戦争にも率先して参加した。一九五一年にはアンザス条約に調印し、五四年には東南アジア条約機構(SEATO)に加盟して、共産主義に対抗する西側の一員となった。

労働党内では、伝統的なアイルランド系カトリックの影響力が強かった。カトリックの一部は、サンタマリアの指導のもと、産業グループを結成し、労働組合の指導権をめぐって共産主義者と対立した。一九五〇年、メンジーズは、共産党を非合法化したが、違憲であるとの判決を受け、翌年、憲法修正の国民投票を実施する。新しく労働党指導者となったエヴァットは、憲法修正に反対し、勝利したが、労働党内の分裂は深まった。一九五四年の総選挙の直前、ソ連の外交官ウラディミール・ペトロフが亡命すると、ソ連の諜報活動にかんする調査委員会が設けられた。一九五五年、労働党内の右派は、反共産主義労働党を結成し、翌年には民主労働党となって分裂、労働党は支持者の約一〇%を失ったのである。このとき、労働党とカトリックの長い蜜月の時代は終わり、自由党政権は長期的な安定をえた。

この時期、都市への人口集中が最終局面をむかえる。都心では再開発が進み、郊外には四分の一エーカーの宅地をもつ住宅が急増した。国民の住宅の保有率は、一九四七年の五三%から六一年には七〇%に増加した。また、国民の五人に一人が自動車を保有するようになり、自動車で通勤し、スーパーマーケットで買い物をするというような、現在のオーストラリア人のライフスタイルが成立した。さらに社会福祉制度の充実は、低所得層を生きるための戦いから解放した。一九五六年のメルボルン・オリンピックの開催と時を同じくして、テレビ放送も始まった。それは、アメリカ文化の氾濫の始まりでもあった。文化活動においては、小説ではパトリック・ホワイトが、絵画ではシドニー・ノランやアーサー・ボイドがオーストラリア的テーマを追求した。他方、新しく生まれた若者文化を中心に、アメリカの文化が急速に浸透していった。

多文化主義社会へ

オーストラリアがイギリス文化を基礎とする均質な社会から、多文化主義社会をめざすようになるには、いくつかの重要な原因があった。移民構成、本国との関係、アジアとの関係、冷戦構造などの変化が主要なものとしてあげられる。

一九五七年の日本との通商条約の締結は、オーストラリアのアジア指向の始まりであった。一九六〇年のオーストラリア・ポンドとドルとの自由な交換の実現は、スターリング・ブロックの解体を意味しており、翌年のイギリスのヨーロッパ経済共同体(EEC)への参加表明は、オーストラリアがあらたな輸出市場を開く必要性を差し迫ったものにした。同年の日本への鉄鉱石輸出の解禁は、鉱物資源ブームの始まりとなる。六〇年代に、鉄鉱石や石炭だけではなく、羊毛においても、日本はオーストラリアの最大のしかも安定した輸出先になった。この間、オーストラリアへの投資においては、アメリカがイギリスを凌駕した。一九六六年には、オーストラリアの通貨がポンドからドルに変更された。

一九六六年、メンジーズ首相が引退する。メンジーズの最後の遺産はベトナム戦争への参加であった。

戦争に反対する労働党にたいし、メンジーズを継いだハロルド・ホルトの自由党は、その年の総選挙で地滑り的大勝をおさめた。しかし、ベトナム戦争は国論を二分し、徴兵制への反対は学生などによる激しい路上デモを引き起こした。さらに、既存の制度を疑問視する人々が戦後のシステムの広範な改革を要求するようになった。

一九七二年の労働党ホイットラム政権の登場は、大きな変化を象徴する出来事であった。ホイットラムは、徴兵制を廃止して、ベトナムから撤兵し、中華人民共和国と国交を樹立した。さらにパプアニューギニアの独立を決定し、人種や性別による差別への反対に強くコミットすることを宣言した。

自由党政権は新移民にたいし、同化政策を推進した。しかし、ホイットラム政権で移民担当大臣に就任したアル・グラスビーは、多文化主義社会への移行の方向を示した。第二次世界大戦後のヨーロッパからの移民の導入は、白豪主義を維持するためのものであった。ところが、この移民の導入によって、政府の政策が転換する前に、現実の社会は多文化的状況を呈するようになる。英語を話せない多数の移民の受入れの成功は、アングロ・オーストラリア人のあいだに、異なった文化にたいする寛容な態度を生んだ。

一九六〇年代になり、自由主義陣営の連帯を強調するアメリカとカナダが、人種に基づく移民制限政策を放棄すると、白豪主義を維持しようとするオーストラリアは、南アフリカとともに国際的に孤立する危険性が生じてきた。他方、国内でも、白豪主義政策を一貫して支持してきた労働運動が、国際的な反戦・反人種主義運動の影響を受けて、白豪主義を放棄するにいたった。またこのころには、移民の大量導入の時代が終わり、オーストラリア政府は、今後一定割合のアジア人の移民を認めても、オーストラリアの人

期間	1945-47	1966-68		1989-90	1997-98
輸入					
イギリス	37.6	22.4	EU	24.8	24.1
EEC	2.9	12.3	日本	19.2	14.0
日本	0.3	10.8	台湾・韓国・香港	7.8	8.4
中国	0.4	0.8	中国	2.4	5.8
南・東南アジア	9.6	7.0	ASEAN	5.8	11.6
ニュージーランド	1.6	1.9	ニュージーランド	4.2	4.1
アメリカ合衆国	21.2	25.6	アメリカ合衆国	24.1	21.9
輸出					
イギリス	34.6	13.3	EU	14.4	11.7
EEC	16.0	12.4	日本	26.0	20.0
日本	0.3	21.8	台湾・韓国・香港	11.9	16.8
中国	1.0	3.4	中国	2.4	4.4
南・東南アジア	15.3	12.8	ASEAN	10.4	13.1
ニュージーランド	3.8	5.2	ニュージーランド	5.3	6.5
アメリカ合衆国	12.7	13.2	アメリカ合衆国	11.1	8.9

オーストラリアの主要な貿易相手の変遷(輸出入に占める割合，単位：%)

期間	1899-1901	1958-1960	1996-1998
農産物	64	70	26
(うち羊毛)	(42)	(41)	(5)
鉱産物	26	6	36
工業製品	1	13	24
その他	9	11	14

オーストラリアの輸出品の変遷(全体に占める割合，単位：%)

口構成に大きな変化は起こらないという認識をもつようになった。このような状況にあって、アジア人にたいする差別的な移民政策が放棄され、ついに白豪政策は終焉をむかえたのである。一九五八年に、言語テストによって非白人移民などを排除してきた移民制限法は、すでに廃止されており、その後の移民制限は担当大臣の裁量に基づいておこなわれていた。連邦結成以来、オーストラリア国家の本質とされてきた政策は、行政による裁量の変更というかたちで、静かに姿を消したのである。しかし、それはのちの移民論争に禍根を残すことになった。

多文化主義社会への移行は、オーストラリア独自のナショナリズムの高揚と表裏一体の関係にある。一九七二年には、イギリスがヨーロッパ共同体(EC)に加盟し、イギリス臣民という記載がオーストラリアのパスポートから消え、七四年には「ゴッド・セイヴ・ザ・クィーン」にかわり、「アドヴァンス・オーストラリア・フェア」があらたに国歌となった。また、オーストラリア独自の叙勲制度も設けられた。

第二次世界大戦後、女性の基本賃金は男性の七五%に引き上げられた。その後、フェミニストによる女性運動の圧力を背景に、男女平等賃金への動きは一九六八年に始まり、七三年から七四年にかけて男女同一賃金の原則が確立した。ホイットラム政権は、さらに保育所の増設をおこない、出産休暇制度の制定を約束した。一九六一年、女性のなかの賃金労働者の割合は三二%であったが、七六年には、これが五〇%に達した。既婚女性の就業率の変化はさらに劇的である。四七年に三%であった就業率は、六六年に一六%になり、八二年には六〇%に達した。パートタイム労働の増加がこれらの既婚女性の多くを吸収した。

一九六〇年代、アボリジナルにも選挙権が与えられるようになり、六五年には、仲裁裁判所がアボリジナルへの平等な賃金の支払いを命じた。一九六七年には、アボリジナルにかんする立法をおこなう権利を連邦に与え、アボリジナルをセンサスでカウントすることを認める(国民の一員であると認める)憲法修正が、圧倒的な支持を集めて可決された。しかし、アボリジナルの土地権の要求には配慮がなされず、その生活条件の改善の努力もおこなわれなかった。一九七二年、アボリジナルは、「テント大使館」を国会議事堂の前に設置し、土地権を要求した。自由党政府は、テント大使館を強制撤去したが、ホイットラム政権は、アボリジナルの自決権と土地権の存在を認め、アファーマティヴ・アクションの実施などに基づく積極的なアボリジナル政策を展開した。

ホイットラム政権は、あらたな政策を実施するために、連邦政府の歳出を二倍に増大した。賃金と物価は上昇しつつあり、保護関税の削減は多くの製造業に被害を与えていた。一九七三年に始まる石油危機は、エネルギーを自給できたオーストラリアにとって直接の影響はなかったが、それがもたらした世界的な不況は、世界市場への輸出と資本の流入に依存するオーストラリア経済に大きなダメージを与えた。高度成長の時代は終わったのである。このとき、政治的な危機にも直面したホイットラムは、ジョン・カー総督に解任され、続く総選挙では野党が大勝し、マルコム・フレイザーの自由党政権が誕生した。

自由党政権は、多少の修正はしたが、労働党が打ち出した多くの新しい政策を踏襲した。アジアとの関係強化、多文化主義への移行、女性や先住民の権利の拡大など、どれも後退させることはできない政策であった。このうち、アボリジナルにたいする予算は削減されたが、多文化主義政策は、自由党政権のもとで実体が与えられた。年率一〇%をこす物価上昇と経済停滞、いわゆるスタグフレーションにたいする自由党の政策は、経済構造の根本的改革ではなく、政府の財政支出の削減であった。しかし、それは高失業率を生むだけで、経済の回復には役立たなかった。鉱物資源ブームは経済を下支えしたが、その終末は政権交代を意味した。

労働党による新自由主義

一九八三年、ボブ・ホークの労働党政権の登場は、戦後の経済政策からの転換を意味した。経済のいわゆる国際化と規制緩和の時代が始まったのである。新自由主義は、イギリスやアメリカでも採用されたが、それらの国では保守政党が主役であったのにたいし、オーストラリアでは、労働党が経済構造改革の担い手となったところに特徴がある。それは、サッチャリズムのような劇薬の処方ではなく、コンセンサスによる漸進的改革であった。自由党が新自由主義の帰依者となれなかったのは、高度成長期を支配したメンジーズ長期政権があったがために、既存の秩序に深くコミットしすぎていたからである。

ホーク政権は、労働組合とアコードと呼ばれる協定を結び、諸改革とひきかえに、賃金抑制の約束を取りつけた。一九八三年の末には、オーストラリア・ドルの防衛が放棄され、翌年、金融の規制緩和が始まった。これらの改革は、蔵相ポール・キーティングの立案によるものであり、オーストラリアはこのままでは三流の「バナナ共和国」になるという彼の発言は、さらなる改革推進の狼煙《のろし》であった。政府歳出の削減がはかられ、八〇年代の末に財政は黒字となった。また、八八年からは、保護関税の削減も本格的に始まった。外国資本の流入や海外への投資もほぼ自由化され、外国の金融機関が国内での活動を認められる

1988年，オーストラリア植民200年目に完成した新国会議事堂　建物の上部から緑の芝生のうえを歩いておりることができる。

ようになった。

これらの政策は、政府の役割の縮小、競争の推進、市場経済の貫徹を、相互に影響しあいながらうながすものであった。その結果、経済成長率は年平均四・二％に回復し、物価上昇率は年平均六・八％に低下、失業率も低下した。しかし、それは高度成長期への回帰ではなかった。勝者と敗者、栄える地域とさびれる地域、興隆する産業と没落する産業が同時に存在するのが、この新しい時代の特徴である。戦後のオーストラリアの拡大を支えた第二次産業の多くは没落し、第三次産業が拡大した。

一九九〇年代の初めに、オーストラリアはほかの先進国と同様に景気後退を経験する。そこからのゆっくりした回復は、経済改革で先行したアメリカやイギリスと歩調をあわせるものであった。自由党は、このころまでに、経済合理主義者であるジョン・ヒューソンを先頭に、徹底した新自由主義を掲げるようになった。他方、労働党では、一九九一年にポール・キーティングが党首となった。キーティングは、共和制を目標に掲げ、社会的な保守派を多くかかえる自由党との差異化をはかった。また、アジアとの協調や先住民との和解などによる、オーストラリア・ナショナリズムの再生をめざした。この間、経済改革はさらに進行した。連邦による国有銀行や航空会社などの民営化、電話や通信事業の独占の廃止が進み、州政府も同様の政策をとった。国際化にコミットしたオーストラリアにとって、世界のブロック化は脅威であり、それへの対抗手段としてのアジア太平洋経済協力会議(APEC)の推進はきわめて重要であった。太平洋自由貿易圏は、オーストラリアの経済安全保障の要であると考えられたのである。

国際化と規制緩和は、伝統的な労働党の支持基盤をほりくずし、新自由主義のさらなる徹底を求める人々は自由党に期待した。国際化のなかで、いわゆる負け組に属する人々は、既成政党に幻滅し、民衆に迎合的な傾向を強くもったポーリン・ハンソンのワンネイション党を支持した。一九九六年の選挙では、ジョン・ハワードの率いる自由党が圧勝し、政権の座に就いた。自由党は、さらなる市場経済化を追求し、医療制度、老人介護制度などの改革、仲裁裁判制度の弱体化、労働組合の権利の制限などをおこなった。ドーキンズ改革のあとを受け、教育制度の改革も進められ、高等教育には学生の増加、政府補助の削減、企業的経営スタイルの導入などが求められた。また、非熟練労働者と熟練労働者の賃金格差が拡大するなか、人々は高等教育機関に個人の能力を向上させ、スキル(技能・資格)を獲得する場を求めた。一九九七年のアジア経済危機がオーストラリアに波及しなかったことは、新しい経済システムへの信頼感を高めた。二〇〇〇年現在、オーストラリアは、高い経済成長、低い失業率、低い物価上昇という最良のパフォーマンスを示している。

ナショナル・アイデンティティを求めて

現在のオーストラリアの知的潮流の特徴は、アイデンティティへの著しい関心にある。それは、郊外的都市生活の普及、多文化主義社会の肯定、国際化の進展を背景に、国民・社会統合の核や共同体の絆が失われ、個人が帰属意識をもてなくなっていることに対応している。圧倒的な経済の時代、赤裸々な自由競争の現実が、非経済的な「本質」を探求する文化の原動力となっている。アイデンティティの喪失感は、サリー・モーガンの『マイ・プレイス』にみられるように、積極的なアイデンティティ探求に向かう場合もあれば、多文化主義や国際化への反発というかたちであらわれることもある。

一九八四年、メルボルン大学教授、ジェフリー・ブレイニーは、ゴールドラッシュ以来の歴史的伝統を強調し、オーストラリアのアジア化の進行に警鐘を鳴らした。それは、アジア人移民の是非をめぐる移民論争に発展した。一九八八年には、現在の首相、当時の自由党党首ハワードがアジア系移民を批判し、あらたな論争が起こった。これらの論争は、白豪主義から多文化主義への移行が、必ずしも反アジア意識の消滅をともなってはいないことを示している。漠然とした非アジア・ナショナリズムが、多文化主義の見えざる枠組みになっている。決定的にアジアに依存しながら、

ニューサウスウェールズのアウトバックの町バークの様子　ほとんどの店は鉄のシャッター, 格子をもつ。アボリジナルの暴力を恐れた結果である。

国民の多くがアジア人に不信感をいだいている状況は、二十一世紀にオーストラリアが克服すべき課題である。

一九九二年、最高裁判所によるマボ判決は、オーストラリア先住民の慣習法上における土地権の存在を史上はじめて確認した。これによって、白人入植までオーストラリアは所有者のいない土地であったという神話は崩壊したのである。一九七〇年代から、白豪主義の廃止や先住民政策は、国民の差別意識を超越した超党派的政策として推進されてきた。しかし、マボ判決によって、人種と民族の問題は、ふたたび政治的な問題として扱われるようになった。一九九三年成立した先住民土地権法は、先住民の土地権を大幅に認めるものであったが、野党の自由党や国民党はこれを強く批判し、九六年にウィック判決が借地権と先住民の土地権の共存を正式に認めると、ハワード政権は通称ウィック法による、先住民の土地権の制限に乗り出した。ここにいたって、キーティングがめざした、先住民との和解に基づく、オーストラリアのあらたなナショナル・アイデンティティの形成という目標は、事実上不可能になったのである。アボリジナルの、四〇%に達する失業率、国民平均の二〇倍に達する投獄率、国民平均より一〇年以上短い平均寿命などからみれば、明らかに社会的に不利な立場におかれていることが容易に理解できるにもかかわらず、アボリジナルが特権を享受しているという批判は、ハンソン率いる人種差別的なワンネイション党が支持率を急拡大する原因になった。その責任の一端は、先住民問題を政権獲得に利用したハワード自由党にもある。

エリザベス女王を元首とする君主国から共和国への移行は、もうひとつのあらたなナショナル・アイデンティティ形成の試みであった。しかも、オーストラリア人の過半数は、国民の直接選挙で選出される大統領を元首とする共和国に賛成していた。ところが、ハワード首相は共和制への移行に反対であり、一九九九年の国民投票にかけられた共和制モデルは、議会が選出した大統領が女王と交替するという、最小限の変化しかもたらさないものであった。選挙の結果は、保守的な選挙民とより急進的な改革を求める国民の反対が五五％を占め、共和制への移行は政治日程からはずれたのである。

現在のナショナル・アイデンティティの不在を補う唯一のシンボルは、スポーツ・ナショナリズムであろう。ラグビーのワールド・カップ優勝は、共和制移行失敗の慰めとなった。また、二〇〇〇年のシドニー・オリンピックは、二十一世紀への政治的方向性の欠如とあらたなアイデンティティの不在を束の間忘却させるであろう。ハワード自由党の、経済的新自由主義と社会的保守主義は、現在のところ微妙なバランスを保っている。しかし、新自由主義は保守主義の土台をきりくずしつづけるであろうし、経済的なゆきづまりは、経済的なパフォーマンスでしかその有効性を主張できない、新自由主義の支配の正当性にたいする不信任につながる。あらたな変化はほどなくおとずれるであろう。

第四章　ニュージーランド史

1　ヨーロッパ人の到来

ニュージーランド独立宣言

ポリネシア大三角形の西南端ニュージーランドに人々が到着したのは、ポリネシア人の壮大な移住物語の最終章にあたる。最初の移住についての正確な年代は今日でも考古学者のあいだで意見の一致をみていないが、少なくとも今から七〇〇年程前には、この地の大部分にモアや海獣の捕獲、および植物採集をおこなう人々が居住し、北部では農耕もおこなわれていたことが明らかとなっている。ニュージーランドのポリネシア人はマオリという名称で知られているが、自らをマオリという語で呼ぶようになったのは、それほど古いことではない。マオリはマオリ語で「普通の」「正常の」を意味する語であり、彼らがヨーロッパ人にたいして自らをそのように定義したのであろう。それまでは部族ごとの、あるいはそれより小さい集団ごとの名称はあっても、全体をさすことばはなかった。

やがてタスマン、クックなど著名な探検家の到来によってマオリ世界の静寂が破られる。探検家のあとにやってきたのは、アザラシやオットセイ狩り、クジラ獲り、それに亜麻や木材の買付けを目的とする商人であった。一八一四年にはオーストラリアからタスマン海峡を渡ってきた英国国教会のサミュエル・マースデン牧師により最初のクリスマス礼拝がおこなわれた。続いて一八二二年にはウェズリー派が、またそれより一六年遅れてジーン・ポンパリエによってカトリック布教が開始された。オーストラリアからの渡来者が多かったこともあって、十九世紀初めにはイギリス人につれられてイギリス本国に渡るマオリもあらわれた。こうした経験からマオリはイギリス人に、ある種の親近感をもつようになっていたようである。当時多くの外国船はニュージーランド北島の風光明媚なアイランズ湾に寄港することが多かった。

アイランズ湾周辺を領域とするンガプヒ族大首長ホンギ・ヒカは、宣教師ケンドールとともにイギリスに旅行し、ジョージ四世に謁見したり、言語学者にマオリ語の文法や発音を伝えた。ニュージーランドへの帰途、彼はイギリスで贈られた品物を売りはらい、銃や金属製の斧、剣にかえてしまった。一八二一年、彼が帰国したときには三〇〇丁の銃が陸揚げされたという。十九世紀早々からアイランズ湾周辺のマオリは銃を手にいれていたが、これほど大量の銃が一度に一人の手に集められたことはなかった。戦争は以前からマオリにとって日常的な行動で、なんらかの機会に受けた恥辱や怨恨は、復讐によってはらされなければならない。そして復讐は正当な攻撃の理由となる。大量の銃や武器を手にして優位を確信したホンギ・ヒカが、さっそくその効力の検証に取りかかったことは疑いない。彼はかつての怨恨を理由にオークランドからワイカトにいたる広い地域の諸族につぎつぎと戦いをしかけ、勝利をおさめた。一八二八年、戦傷がもとで死亡するまで、彼の軍隊は五〇〇〇人を殺し、それ以上の人数を捕虜とした。彼こそは自己の勢力拡大のために西欧文明を用いた最初のマオリといえよう。

一八三一年、フランス軍艦がアイランズ湾に入港した。宣教師やマオリの有力首長のあいだには、フランスがこの地を併合するのではないかとの恐れが高まった。すでにフランスの捕鯨船は南島クライストチャーチ近郊のアカロアを基地としていたが、アイランズ湾のマオリにはフランス船から攻撃を受けた苦い経験がある。フランスによる併合を懸念したイギリス人宣教師や商人は、イギリス国王にこの島の保護者となって守ってほしいという手紙を書くことをマオリに提案した。北部の一三人の首長がこれに署名した。

一八三三年、国王の代理人として駐在事務官に任命されたジェイムズ・バズビーが赴任してきた。これより以前からニュージーランドで建造された船がタスマン海峡を横断していたが、船旗のない船は海賊に襲われやすい。バズビーはニュージーランド旗をつくり、同時に首長連合の政府をつくることを勧めた。首長連合の政府は実現しなかったが、白地を赤の十字で四区分し左上端の区画を青地にそめ、その区画をさらに赤の十字で再区分して、その小区分四カ所に一つずつの白い星を配した旗が最初の「国旗」となった。

さらにフランスが北部ホキアンガ周辺を植民地にしようとしているという噂が流れると、バズビーは首長たちを集めて、イギリス国王にこの国の独立を承認してほしいとの誓願を付した独立宣言に署名するよう説得した。この署名に応じた首長は三四人、国名はニュージーランド部族連合国であった。一八三五年十月二十五日のことである。

ニュージーランド会社

ニュージーランド会社の創設者エドワード・ギボン・ウェークフィールドの考える植民地は、土地と労働と資本の均衡のとれたものでなければならなかった。労働者が少なければ賃金が上昇し、資本家は投資にみあう収益をあげることができない。土地価格が安ければ誰もが土地を買って自作農となり、投資家の経営する農園で働く者がいなくなる。投資家に魅力ある植民地をつくるためには土地の価格を一定額以上に高く定める必要がある。ニュージーランドではマオリが無益な役立たずの土地をもっているにすぎない

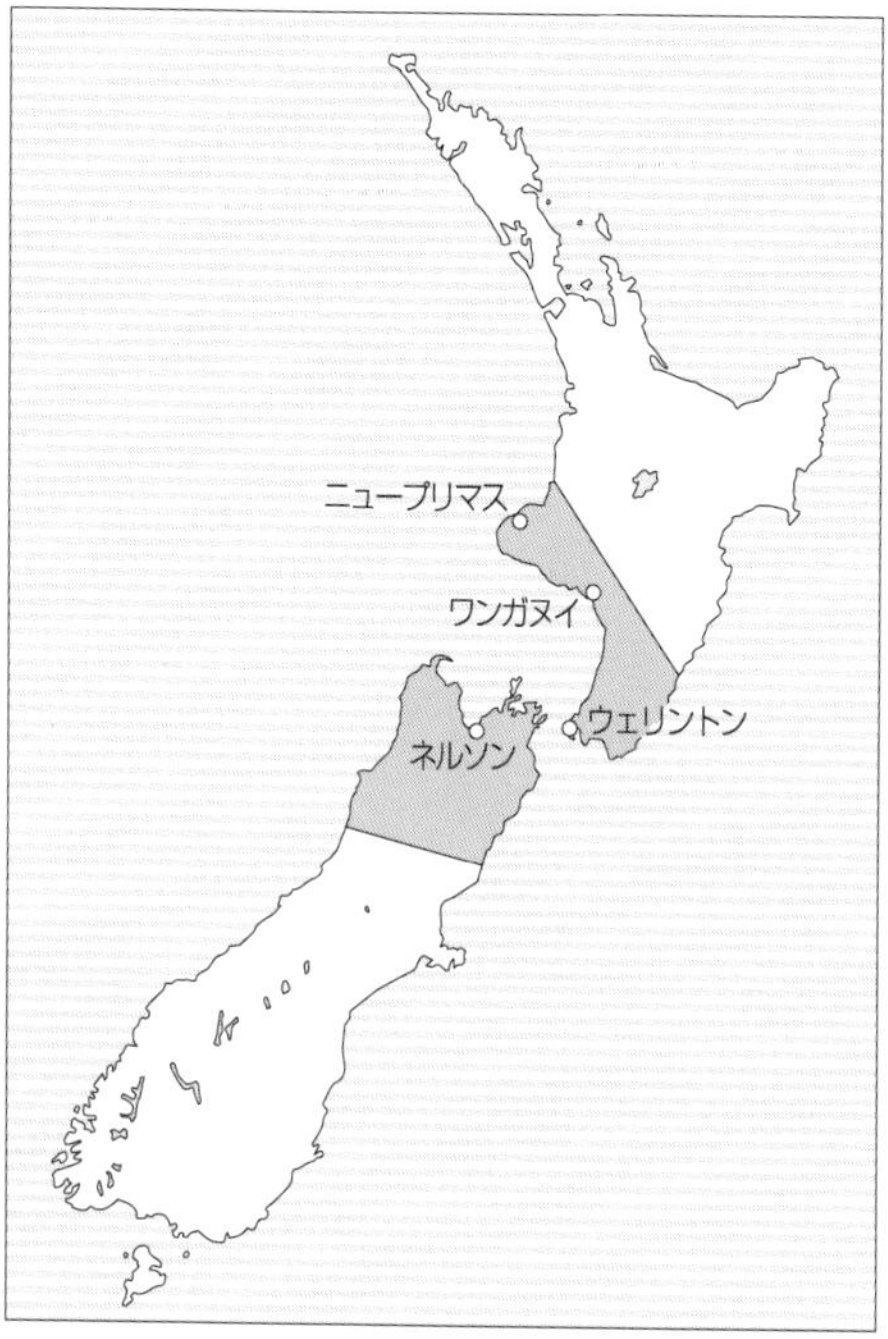

ニュージーランド会社のトーリー号が1839年に購入したとされる土地　クック海峡を挟んだ広大な地域にまたがっている。

のであって、ヨーロッパ人が手を加えてこそ土地は価値がでると考えたウェークフィールドは、ニュージーランドを彼の考える最良の植民地にすることを夢にみた。

彼は一八三八年一〇万ポンドの資金を集めてニュージーランド会社を設立すると、翌年トーリー号を土地買付けのためニュージーランドに送り出した。トーリー号が買付けに成功した土地はクック海峡を挟んで南北にまたがる二〇〇〇万エーカー(一エーカーは四〇四七平方メートル)におよぶ地域で、現在のウェリントン、タラナキ、そして南島のネルソンにまで広がっていた。このために支払った品物は、毛布三〇〇枚、マスケット銃二〇〇丁、単銃身・双銃身の銃あわせて二四丁、火薬八一樽、実弾二樽、鉛板四樽、鉄鍋一四八個、石鹸六箱、タバコ二樽、トマホーク斧六〇本、鉄斧一〇〇本、手斧二〇本、鋤七二本、鍬七二本、釣り針三二〇〇本、シャツ二七六枚、ジャケット九二枚、ズボン九二着、鉛筆六〇〇本、眼鏡二〇四個、小ナイフ二七六本、ハサミ二〇四個、ハンカチ四八〇枚、クシ一八〇個、そのほか各種布、髭剃《ひげそり》用具、靴、帽子、リボンなどなどであった。これに要した費用はおそらく九〇〇〇ポンド以下であったろう。土地売買の習慣のないマオリにとって、この贈り物は一時的に外来者の居住を認めるといった程度の意味であったのかもしれない。

会社はニュージーランドを新しいエデンとして宣伝した。ウェークフィールドが描いたウェリントンの地図には、現実には存在しない川の両側に整然と区画された一エーカーの宅地がならび、四隅には墓地が、川岸には税関や魚市場が、また政府や議会の建物も適当に配置されている。各区画は一律一ポンドでロンドンで売り出され、どの区画を選ぶかは籤引《くじび》きで決められた。宅地には別に一〇〇エーカーの畑地が付属していたので、一ポンドで計一〇一エーカーを購入することになる。誰も自分のかおうとする土地を見たことがないばかりか、会社自身も測量も終わってない土地の地形すらよくわからなかった。最初の移民船オーロラ号が、ポートニコルソン(現在のウェリントン)に到着したのは一八四〇年一月二十二日のことであった。こうしたウェークフィールドの先ばしった行動がイギリス政府に、ニュージーランドの併合を急がせる一因になったことは疑いないであろう。

ワイタンギ条約

イギリス政府はニュージーランドの独立をいったんは承認したものの、フランスの脅威、マオリ部族間

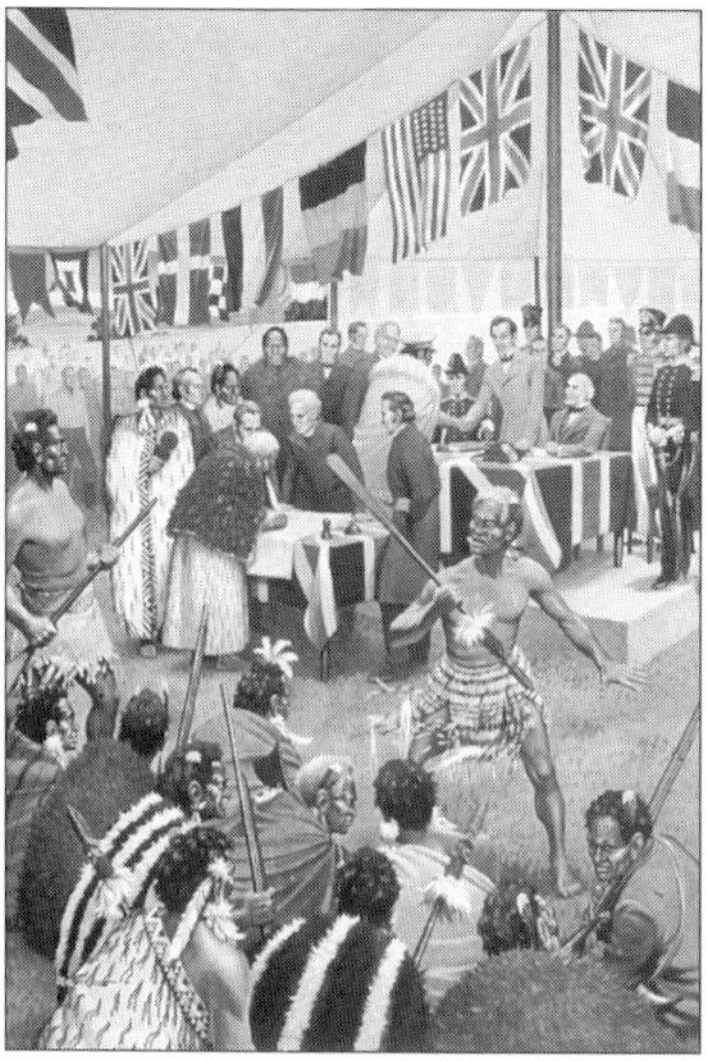

ワイタンギ条約　1840年2月6日，北島アイランズ湾のワイタンギにおいて代理総督ホブソンとマオリ首長らとのあいだで条約が結ばれる場面を再現したもの。

の戦争の激化、太平洋各地から渡ってくる質のよくない流れ者、ニュージーランド会社の独走などさまざまの状況を考慮して、マオリ首長らとなんらかの協定を結ぶ必要があると判断し、ウィリアム・ホブソンを代理総督に任命してニュージーランドに派遣した。彼がアイランズ湾に到着したのは、最初の移民船オーロラ号がポート・ニコルソンに到着した一週間遅れの一八四〇年一月二十九日であった。彼は二月五日、アイランズ湾ワイタンギのバズビー邸前に多くのマオリやヨーロッパ人を招集し、条約の内容を説明した。大部分の首長はこの条約に反対意見を述べたが、キリスト教改宗者であるマオリ首長、とくにンガプヒ族の首長タマティ・ワカ・ネネがその流れを変えた。しかし二月五日には結論がでず、議論は翌六日にもちこされた。結局この日、昨日反対した者も含めて四五人が署名に応じた。署名に応じた首長たちには毛布二枚とタバコが与えられた。

ワイタンギ条約は三条からなる。第一条はマオリの首長たちは彼らのもっているすべての権利をイギリス国王(クラウン)に全面的に譲渡すること、第二条はマオリ所有の土地、森林、水産資源などはイギリス国王によって完全に保障されること、そしてマオリが土地を譲渡したいと希望する場合にはイギリス国王に先買権があること、第三条はマオリにイギリス国民としての特権が与えられることである。マオリがこの内容をどの程度理解していたかは明らかでない。事実当日この場にいた宣教師ウィリアム・コレンソがマオリは条約を理解して署名しているのだろうかといったとき、ホブソンは彼の助言をただちに却下したのであった。条約は宣教師ヘンリー・ウィリアムズによって急遽マオリ語訳がなされたのであるが、英文とマオリ文のあいだには大きな齟齬《そご》がある。たとえばもっとも重要な第一条の主権の譲渡にかんして、マオリ語訳では主権の意味でカワナタンガという単語が用いられている。これは英語のガヴァナーをそのままマオリ語に読み替えたカワナにマオリ語の名詞形タンガをつけたもので、おそらく多くのマオリにとっては意味がわからなかったであろう。一方第二条のマオリ権益保護の部分ではマオリ語のランガティラタンガが用いられている。ランガティラは首長を意味しており、マオリは伝統的資産がマオリ首長の権威のもとで守られると考えたにちがいない。こうした食い違いがワイタンギ条約にかんして今日まで長く論争をもたらす原因となった。

二月六日以後、ホブソンの使者が条約の複製七通をもって各地を回り、同年五月までに五一二人の署名を集めた。このなかには南島の一部マオリの署名も含まれているが、もちろん署名を拒んだ者もあり、また最初から署名を求められなかった遠隔地のマオリも多かった。こうして同年五月二十一日、ホブソンによってニュージーランド全土がイギリス植民地となったことが宣言された。同年この地がオーストラリアのニューサウスウェールズから別れて独立した英領植民地となると、ホブソンは初代の総督に任命された。

移住者の生活

一方、移住地での生活も、新天地に到達するまで四カ月の船旅が必要なことも、よくわからぬままに、ニュージーランド会社の募集に応じて多くの渡航者がやってきた。彼らは客室船客と大部屋船客に分かれる。大部屋は渡航費補助ないしは免除の船客で、当時の会社の規則によれば、免除を受けることのできる職種は肉体労働者、すなわち農家使用人、羊飼い、庭師、農業機械工、職人であって、若年壮年の妻帯者であり、会社が設定した入植地で賃金労働者となることが義務づけられていた。一八四八年の風刺週刊誌『パンチ』には移住前、移住後の二枚の絵があり、前者にはやせ細って街角にたたずむ家族が、後者には楽しげに食卓を囲む健康そうな家族が描かれている。一方客室船客は農民および資本家を対象とするもので、彼らは船室に応じて運賃を支払った。

ウェリントンだけでも一八四〇年に一〇〇〇人、四一年一五〇〇人、四二年一〇〇〇人が到着している。長い航海のはてに最初の移住者が上陸した場所は、深い木立に覆われた沼地で、体を休める場所もなかった。マオリはつぎつぎと大量に上陸してくる移住者に驚いたが、魚、野菜、サツマイモなどと移住者のもってきた衣服や品物との交換に応じた。会社は計画どおり移住者を運び、ウェリントンに続いて一八四〇年にワンガヌイ、四一年にタラナキ、四二年に南島ネルソンに移住地を建設した。ネルソンでは耕作できる土地が少ないことにたいする移住者の不満に突き上げられて、一八四三年に周辺のワイラウであらたな土地の測量を強行しようとした二二人(このなかにウェークフィールドの弟も含まれている)が、それに怒ったマオリたちに殺されるという事件が起きている。こののち会社は、一八四八年にスコットランドの自由教会との連携でオタゴに、五〇年には英国国教会との連携でカンタベリに移住地を設立した。一八五二年、移住者の人口は二万二〇〇〇人を数えたが、そのうち一万二〇〇〇人はこの会社の移住計画によって渡航した人々であった。

ニュージーランド会社はマオリから購入した土地を転売することで利益をあげる予定であったが、ワイタンギ条約によって、国王の先買権が定められたためにそのうまみはなくなり、一八五八年には解散した。

1848年イギリスで出版された『パンチ』に見られる2枚の風刺画　「こちら」と「あちら」の家族を対照することで，ニュージーランドでの生活が豊かであることを示唆している。

ウェークフィールドの意図した資本家とその下で働く小作人という図式は、土地を購入する資本家が少なかったために、ニュージーランドで根をおろすことはなかった。しかしそのために比較的早くから自作農が生まれ、ニュージーランドがイギリスの階級社会を脱することができたのは幸いなことであったかもしれない。

ニュージーランド会社の解散後、移住計画は政府の手によって進められた。政府の定めた補助移民には二種あり、ひとつは植民地の親族ないし雇用者が指名する指名移民で、ほかは募集移民である。募集はイギリス各地で経済的困窮者を対象にして、広告その他の手段でおこなわれた。申し込み者には係官が面接して応募要項に該当しているか否かが確認された。のちにはこれまでの素行や健康状態などについての証明書も必要とされた。このころの補助移民は一〇万人にもおよび、イギリス各地のほか、スカンジナビア半島、ドイツなどからもこれに応じている。

2　植民地時代

地方分権政治

一八四〇年、ニュージーランドがオーストラリアのニューサウスウェールズから分離してイギリス領植民地として独立すると、この地はそれ以前にイギリス本国で制定されていた憲章に基づき三つの州に分割して統治されることになった。すなわちニューアルスター(北島)、ニューマンスター(南島)、およびニューラインスター(スチュアート島)である。一八四六年この三区分は変更され、スチュアート島と北島の南部はニューマンスターに統合されて二区分となり、両州それぞれに副総督と立法院・行政院がおかれた。

一八四五年ジョージ・グレイが第三代総督として赴任してきた。当時力をえてきた移住者たちはグレイに彼らの自治を要求し、各地で集会を開いた。グレイは新植民地はなお本国の財政援助を必要とすること、また移住者の権利拡大はマオリにとって好ましくないことなどの理由から、早急の自治法制定には乗り気ではなかった。しかし一八五二年「基本法」がイギリス本国で可決され、そのニュースは、移住者たちに歓呼の声でむかえられた。

一八五二年「基本法」では以下のようなことが定められている。地域にかんしては先の二州が変更され、オークランド、ニュープリマス(のちのタラナキ)、ウェリントン、ネルソン、カンタベリー、オタゴの六州が定められた。さらにその後、ホークスベイ、マールバラ、サウスランド、ウェストランドが付加された。それぞれの州は独自に測量、土地の登記、公共事業、教育行政などを進めることができる。このような地方分権制度は交通の便が悪く、また各地域の要求が異なる当時の国内の状況に適合したもので、この制度は一八七六年まで継続した。

各州の上部機構として植民地全体を統括する全体議会がつくられた。これは総督、上院、および下院からなる。上院は総督による任命制で、人数は特定されておらず大土地所有者が任命される場合が多かった。当初上院議員は終身制であったが、一八九一年、任期七年に改訂された。下院議員は住民の選挙によって選出される。任期は五年であったが、一八七九年に三年に短縮された。出発時の議員数は三七人、のちに人口の増大につれて一八八一年にはマオリ四議席を含めて九五議席に増大している。選挙権は最低五〇ポンド以上の財産所有者であるか、あるいは一年に一〇ポンド、農村では五ポンド以上の賃貸料をはらっている男性に限られていた。しかしこの制限はイギリスに比較するとゆるやかで、イギリスでは一〇〇人中有資格者は五人であったのにたいし、ここでは当時の移住者の五分の一が有資格者であった。

当時まだマオリは多くの土地を所有していたが、それらは共有の財産で個人所有ではなかったために有資格者とはみなされなかった。議会はマオリにかんする事項には直接関与しなかったが、マオリ関係の費用は議会の承認をえなければならなかった。マオリのための四議席が下院に確保されたのは一八六七年のことである。これはマオリのみに与えられた選挙権で、被選挙権者は、マオリないしはハーフカースト（二分の一混血マオリ）に限定されていた。

一八五四年五月、最初の全体議会がオークランドで開催された。議題は当然行政を担当する内閣をどのように組織するかということであったが、その手続きに手間取り、実際にヘンリー・スーウェルが総督によって首相に任命され、内閣が発足したのはそれから二年後のことであった。

土地購入

ユニオンジャックの旗のもとにあらたな植民地の出発を祝う植民者の目には、マオリはほとんどなきに等しいものであったのかもしれない。このころマオリは麻疹《はしか》、流行性感冒、流行性耳下腺炎、百日咳、結核といったヨーロッパ人の持ち込んできた病気に感染し、死亡者数が出生者数を上回るほどであった。一八四〇年のマオリ人口は八万人と推定されているが、マオリ人口は毎年減りつづけ、五〇年後の一八九一年には約半分の四万二〇〇〇人にまで減少してしまった。移住者たちが彼らをいずれは絶滅する民族と眺めていたのも無理がないほどの激減ぶりであった。

土地購入はワイタンギ条約の規定に基づけば、マオリが土地の売却を希望する場合にのみ可能であり、しかもそこには国王の先買権という条項がはいっていた。これはマオリの土地を買いたたく悪質な商人から彼らを守るものではあったが、移住者にはきわめて不評であった。第三代総督グレイはマオリが耕作していない土地は余剰地であるという一部のイギリス人の考え方に反対していたが、やがて彼自身もそのような考え方にそまっていったようである。一八四八年彼がロンドンに送った手紙には「マオリの耕作していない土地を提供させるには、土地を購入する際に彼らが保留を希望する土地を除外しておくのではなく、すべての土地を購入し、そのあとにいくらかを保留地として返してやるならば、彼らはそれを恩にきてそれ以上土地をほしがることはないであろう」としている。グレイのもとで土地購入に大きな活躍をしたのはケンプであった。「ケンプの購入」として知られる南島全面積の半分にもおよぶ大区画は、一八四八年わずか二〇〇〇ポンドでンガイタフ族から購入したものである。ケンプは二〇〇〇万エーカーの土地をンガイタフ一族の了承のもとに購入したと政府に報告したが、この譲渡の調印が軍艦のうえでなされたこと、四〇人のマオリ首長の名が記されているが、実際に署名したのは一六人で、ほかはケンプ自身か、ほかのマオリの署名であったことなどは沈黙していた。正確な地図がないため売買にあたっては、この海岸から

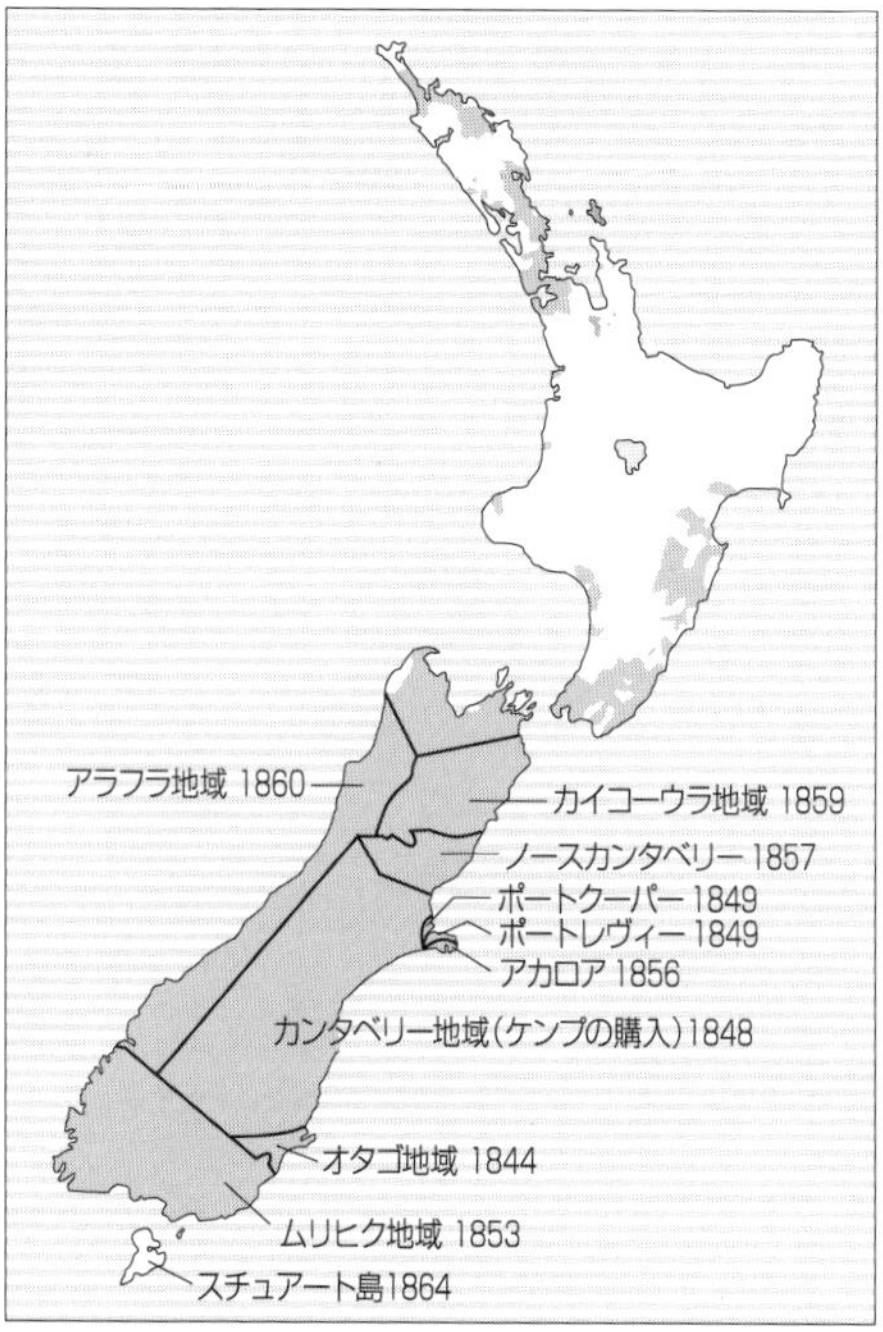

ヨーロッパ人によって購入された土地　ニュージーランド(南北両島)のマオリ人の土地はしだいにヨーロッパ人の手にわたっていった。色のついているところが1860年までに購入された部分。

あの山までの大部分といったごくあいまいな表現が使われていた。ケンプはまた彼らの居住地、食糧をえる場所や聖地を、測量後には返還すると約束していたが、この約束も守られなかった。この広大な土地の代価二〇〇〇ポンドの価値は、当時オーストラリアで六〇〇頭の羊が五〇〇ポンドであったというから、どの程度のものか想像にかたくない。人口の希薄な南島は北島ほどマオリの抵抗が激しくなかったためか、一八四四〜六四年までの二〇年間にほとんどすべての土地がマオリの手を離れ、彼らに残された土地はわずか一％程となってしまった。

北島のオークランド、ワイカト、タラナキといった肥沃な土地は移住者にとってさらに魅惑的であった。マオリにとって土地は彼らの生活であり生命そのものであった。よく引用されるマオリの諺「人は滅びるが土地は永遠である」「男は土地と女のために死ぬ」は彼らがもっている土地にたいする愛着を示している。移住者の執拗な土地要求はマオリの警戒心を生み、土地をめぐる紛争が各地で始まり、土地不売同盟も結成されるようになった。

マオリ王擁立運動

一八五八年ワイカトのマオリ諸族は大集会を開き、ンガティハウア族の非凡な首長であるタミハナの提案に従って、ワイカトの有力首長テフェロフェロをマオリ王に選出した。彼はポタタウ王と名乗り、王国独自の法秩序、旗、軍隊などの制度を整えた。これはこれまでニュージーランド各地で分割し相争っていたマオリが、イギリスにみならって王をいただき、そのもとで一致団結して事にあたろうとしたもので、キンギタンガ(マオリ王擁立運動)と呼ばれている。マオリ王はワイカト地方のみならず、タウポ湖、さらには東海岸、タラナキの一部のマオリからも支持されるにいたった。彼らは「マオリ王のマナ(呪力)がおよんでいる土地はタプ(禁忌)である」とし、これ以上の土地売却を拒否する決定をおこなった。この行動を知った政府は警戒心をいだいたが、キリスト教徒であったポタタウ王は、聖書の教え、愛、法を王国の基本方針としており、移住者たちと戦火を交えるつもりはなかった。

一方、タラナキでは土地売却派と反対派のマオリ間の抗争が続いていた。ンガティ・アワ・テイラがワイタラ川近くの土地を売りたいと申し出たが、首長ウィレム・キンギは彼にはその権利がないと反対した。一八五九年三月、トマス・ブラウン総督は自らタラナキに乗り込み、キンギがその土地の一部を所有しているのでないかぎり、他人が土地を売ることを妨害することは許されないと述べた。彼の目にはキンギが意図的にテイラの土地売却を妨害しているように思われたからである。そして彼はその土地がテイラの所有であることを確認したとして購入を決定した。翌年測量が開始されると、キンギ一族の女性たちがその杭を引きぬいた。これが土地戦争(マオリはこれをテ・リリ・パケハ、白人の怒りと呼んだ)の先駆けであった。当初キンギは三〇〇人ほどの味方を従えているにすぎなかったが、やがて南タラナキ、それにマオリ王の配下であるワイカトのマオリたちが馳せ参じてきた。

最終的にこれはマオリ一五〇〇人とイギリス本国とニュージーランド政府の連合軍三〇〇〇人の戦いとなった。政府軍は兵士の数と武器のうえでは当然まさっていたが、地理に明るく勇敢なマオリ戦士に苦しめられた。一八六一年タミハナの仲介によって休戦が一時的に締結されたが、これで土地戦争は終わったわけではなかった。キンギとその部下はワイカトに避難したが、それはワイカトをつぎの戦場にすることとなった。ブラウン総督はワイカトに攻め入って、マオリ王を攻略する予定であったが、その計画が実行される以前に、いったん職を離れていたグレイがふたたび呼び戻され、第五代総督としてこの困難な土地戦争に介入することになった。彼はこれまでの経験からマオリとの調停が可能であると考えていたが、今回は様子が違っていた。

一八六三年グレイ総督はワイカトに戦いを挑んだ。これには訓練を積み、近代的な装備も整ったイギリス本国とニュージーランド政府の連合軍隊一万二〇〇〇人が投入された。ワイカト侵攻の理由はワイカトのマニアポト族の首長レウィ・マニアポトが、タラナキのマオリに蜂起をうながしたという理由であった。マオリは行く手に大きなパ(砦)をつくり政府軍の侵攻をくいとめようとした。テ・アワムトゥ近くのオラカウ・パにはレウィをはじめ女性や子どもも含む三〇〇人がたてこもり、包囲した二〇〇〇人の軍隊に果敢に立ち向かった。彼らの武器は寄せ集めで、とうてい連合軍に太刀打ちできるものではなかったし、最後には水も食料も弾薬もつきはてて玉砕した。こうしてワイカトが攻略されたのち、連合軍はタウランガに進撃し、さらにタラナキでも抵抗するマオリの討伐にあたった。

グレイは参戦したマオリを反乱者と位置づけ、その罰として彼らの土地を没収した。没収地の広さは三〇〇万エーカーにおよび、ワイカト、タラナキ、オークランド、プレンティ湾に広がっている。没収の意図は反抗的なマオリの芽をつむと同時に、それを農業を営む兵士に分け与えるというものであった。これらの土地はその後返還されたり、また代価の支払いがなされたりしたために、実質的に没収された土地はこの約半分となった。イギリス軍もマオリ王を打倒することはできなかったが、マオリ王の周囲に集まった同盟者は長い戦争の結果四散し、彼の周辺に残るのはタイヌイ・カヌーをともにする限られた仲間だけになってしまった。キングカントリー（テクイティ、タウマルヌイ一帯をさす）に逃避した王が最終的に政府との和解交渉を受け入れたのは、一八八一年のことである。

宗教的抵抗運動

タラナキで戦う政府軍は「ハパ、ハパ、パイ・マリレ、ハウ」というかけ声をかけながら突撃してくるマオリ軍に遭遇した。これはタラナキでテ・ウア・ハウメネによって開始された宗教運動パイ・マリレ（善と平和）を信奉する人々であった。一八六二年テ・ウアは天使ガブリエルの幻影を見て神のお告げを知り、病気治療などで多くの信者を引きつけるようになった。タラナキで土地戦争に加わっている多数のマオリがこれに加わるようになった。パイ・マリレに特徴的な儀礼は、聖なる象徴であるニウと呼ばれる柱を立て、その周囲を回るというものである。パイ・マリレはタラナキからワイカトに、さらにホークスベイ、東海岸地方へと広がっていった。

テ・ウアの説くところによればマオリはユダヤ人と同様に神に選ばれた選民であり、やがてエホバや天使の助けをえてヨーロッパ人を海に追放すると、この世に平和がおとずれる。そのときマオリの死者は復活し、奇跡によってすべての病気や傷害はなくなるという。彼らは攻撃に際して手を高くあげ、手のひらを前方に向けて突撃した。そのようにすることで敵の弾丸を避けることができると信じられていたためである。一八六四年の戦闘で殺したヨーロッパ人の首を持ち歩いたり、オポティキで宣教師フェルクナーを惨殺したことから、彼らは移住者にとっては恐怖の対象となったが、一八六八年テ・ウア・ハウメネが逮捕されたことによってパイ・マリレ集団は離散した。

一方テ・コオティ・リキランギはパイ・マリレの攻撃に参加したとして無実の罪で逮捕され、チャタム島に流された。チャタム島で彼は旧約聖書を熟読し、独自の教えを説くようになった。やがて仲間とともに一八六八年貨物船を奪って逃走し、一六〇人の戦士と女子どもをつれて帰島に成功した。彼は自分をチャタムに島流しにしたポヴァティ湾周辺の移住者に復讐するために、帰島三カ月後三三人のヨーロッパ人と彼らに友好的な三七人のマオリを殺した。彼はまた弾薬を積んだ列車を奪い、武装して奇襲攻撃をかけ近隣の住民に恐怖を与えた。やがてテ・コオティに懸賞金がかけられたが、彼はマオリ王の庇護を受けてキングカントリーに逃亡した。一八八三年に特赦がでるまでの一〇年間、テ・コオティはこの地で彼自身のつくりだしたリンガトゥという宗教に励んだ。リンガは手、トゥは立つの意味で礼拝時手のひらを立てることからきている。リンガトゥは今日でもマオリの宗教として存続している。

土地戦争はマオリとヨーロッパ人のあいだに深い憎悪をもたらし、パイ・マリレやリンガトゥのような宗教に裏づけられた抵抗運動も生み出したのであった。上記のような武力に訴えた闘争のほかに、タラナキのパリハカにみられたような無抵抗不服従の宗教運動もあった。これはテ・フィティの指導のもと一つの自治的な理想郷を実現しようとしたもので、信者は神の教えを守り正直で勤勉な生活が求められた。しかし政府は土地の不法占拠を理由にテ・フィティを逮捕し、運動を抑圧したのであった。

マオリは土地戦争による強制収容によって多くの土地を失ったが、マオリに土地譲渡をうながしたもうひとつの有効な方法が、一八六五年の「先住民土地法」である。これによりワイタンギ条約に記載されていた国王先買権の廃止と先住民土地法廷(のちのマオリ土地法廷)の設置が定められた。法廷は個々のマオリの請求に応じて、それぞれの土地の区画を決定し個人の所有権を確定した。一八六五~七三年には共有地の所有者は一〇人までと限定され、ほかの成員の承諾の有無にかかわらず、信託者と認定されたその一〇人がそれを分割し個人所有として登録することができた。この法の目的はマオリの土地共同所有を個人所有にきりかえて、土地譲渡を容易にするためであった。先買権がなくなったために土地購入者の代理人はマオリに甘いことばで近づき、マオリはわずかな代金とひきかえに自由裁量できるようになった土地を

リンガトゥ　リンガトゥ信者は東海岸のマオリを中心に8000人(1996年国勢調査)を数える。これは現在リンガトゥ教会で用いられている献金用の木製容器。「立てた手」が彫刻されている。

売り渡してしまった。土地法廷はきわめて強力に作用し、一八六五年から九二年までのあいだに、まだマオリの手元に残っていた土地一六〇〇万エーカーの四〇%が売却されてしまった。

産業の発達

視点を変えるならば、土地戦争の開始前の一八五〇年代は、ヨーロッパ人移住者と一部のマオリにとっては比較的平穏な時代であったのかもしれない。グレイ総督はマオリの生活を安定させるために努力し、マオリ学校に寄付をしたり、しばしば農機具や水車の購入資金を貸与した。ワイカトには多くの水車小屋が建ちならび移住者に小麦粉を供給していた。サツマイモ以外に、あらたに導入されたジャガイモ、小麦、トウモロコシ、豚、果物、それに魚類なども交易の対象となった。彼らはまた亜麻を生産加工し、カウリ松の樹脂掘りに従事し、林業にも参加した。一八五八年には五三隻以上の小型船がマオリ所有として登録されていた。ヨーロッパ人の到来は彼らに現金収入の道を開き、少なくともある面では戦闘に明け暮れした昔の生活よりもめぐまれたようにみえた。

ニュージーランドの牧羊はオーストラリアからやってきた。牧羊は入植者にとって不慣れな事業であったにもかかわらず、乾燥の激しいオーストラリアより気候条件が適していたこともあって、急速に拡大した。カンタベリ平原を中心にして南島では、一八五〇年代五〇万頭強であった羊は、その二〇年後には三〇〇〇万頭にも達した。こうして羊毛の輸出はこの後長くニュージーランドの経済を支える基幹産業となったのである。当時土地は政府により一エーカー一ポンドで売却されており、ニュージーランド会社の入植

1880年2月の『ニュージーランド・パンチ』に描かれた風刺画　しばしば移住者はマオリにたいして友情と脅迫という二様な態度で接した。

地ではその二〜三倍であった。グレイは、少額な資本しかもたない移住者には高すぎるとして、カンタベリやオタゴ地域以外では一エーカーを一〇ないし五シリングで購入できるように改めた。しかしこれはじつのところ小農のために役立ったというよりも、投機をねらう大地主を潤した面が多かったようである。五万エーカー以上の広大な羊牧場はほとんど南島に集中し、羊王といわれたキャンベルは一八七〇年代の最盛期に三〇万頭の羊を所有していた。

林業も初期の移住者が従事した仕事であった。移住者の増大にともなって家屋、集会所、教会の建設が始まり、材木の需要は大きかった。とくに巨大なカウリ松は船の建材として高い評価を受けていたために、初期には重要な輸出品であった。一方北島北部ではカウリ松の樹脂掘りが一大ブームとなった。とくに一八七五年から一九二五年までの五〇年間には樹脂掘りで一儲けしようとするヨーロッパ人やマオリ、それにダルマシアンと呼ばれるアドリア海沿岸からの移民たちが、何千人もこの地方を彷徨《ほうこう》していた。樹脂は長いあいだに倒壊し腐食して土にうもれたカウリ松の幹から取り出される。採取された樹脂は大きさ、色、透明度などによって価格に大きな差があった。

南島ネルソンや北島コロマンデル半島のワイヒやテームズで金鉱が発見されたのは、一八四〇年代の初めであったが、五〇年代になると、見込みの少なくなってきたオーストラリアの金山から新しい富を求めて多くの金鉱掘りがやってくるようになった。一八五八年には、一三〇〇人のヨーロッパ人と六〇〇人のマオリが、南島北部のコリングウッド鉱山で働いていたという。やがてゴールドラッシュはオタゴに移り、一八六〇年代前半にオーストラリアからオタゴに渡ってきた鉱夫は六万四〇〇〇人にもおよんだ。その後ウェストランドで金鉱が発見されると、またもやそこでゴールドラッシュが生まれた。金生産の最盛期であった一八六六年には七三万五〇〇〇オンス(一オンスは約三一グラム)を輸出したが、その後生産量は減少し下降線をたどった。

南島の金鉱にはオーストラリアの金山から、またのちには中国本土から多くの中国人労働者がやってきた。彼らはヨーロッパ人と離れて自分たちだけで粗末な小屋に住み、ヨーロッパ人がみすてた山にはいって金を探した。しかし中国人にたいする反感は激しく、やがて黄禍論《こうか》となって政府を動かし、中国人の移民制限につながっていった。

産業は徐々に発達してきたが、当時のニュージーランドはそれぞれの植民地を結ぶ道路がなく交通はきわめて不便であった。この国の国土を開発し大規模ないわゆる基盤整備をおこなったのは第三次フォックス内閣(一八六九~七二)の財務大臣ジュリアス・ヴォーゲルである。彼がイギリス市場から六〇〇万ポンドの借款をおこなって、道路および鉄道を建設するという計画を発表したのは、一八七〇年六月の議会であった。無謀とも思われたこの計画は順調に進み、一八七〇年代の終わりまでには全土に一六〇〇キロにおよぶ鉄道が張りめぐらされ、八五〇〇キロの電信線が敷設され、道路、橋が建設された。これが引き金となってより多くの移民が到来したため、この時期にヨーロッパ人人口がマオリ人口を凌駕《りょうが》するようになる。ヴォーゲルの全国を対象とした公共事業重視の政策は必然的にこれまでの地方分権政治と軋轢《あつれき》を生じた。地方分権を廃止する法案が議会を通過し、実施されたのは一八七六年十一月のことであった。

不況の到来

公共投資によって土地の価格も上がり、人々は好景気にうかれた。一八七〇年代初期のニュージーランドは、すでに国民一人当りの所得において世界の上位を占めるまでになっていた。しかし一八七〇年代後半になると羊毛の価格が下落を始め、金の産出も枯渇した。そして最大の衝撃は、ニュージーランドに多額の投資をおこなっていたオーストラリアのグラスゴー銀行の破産であった。とくに金と羊毛に依存することの多かった南島ではその打撃が著しく、多くの失業者が寝具をかかえて路頭をさ迷った。失業者は各地で「職よこせ大会」を開いて、政府に交渉したが、一八八〇年代後半には国外への流出者が移住者を上回るまでになった。

しかしこのときの不況を救ったのはなんといっても冷凍船の出現であったろう。一八八二年二月、ダニーデン近郊のポートチャーマーズの港を出航したダニーデン号は、マトン三五二一頭、ラム四四九頭、豚肉二一頭分を積んで九八日後にロンドンに到着したが、肉類はまったく新鮮な状態で保存されていた。これまでニュージーランドの農産物輸出はもっぱら羊毛に依存しており、肉は国内消費にあてられていたが、この冷凍肉運搬が成功したことにより、広くヨーロッパ市場を相手とする食肉輸出の道が開けたのである。ヴォーゲルの主導によってすでに鉄道網が完備していたことも国内での輸送に有利であった。

羊毛生産は大規模土地所有者によっておこなわれていたが、食肉や酪農製品はもっと小規模の農場でも生産が可能なものであり、あらたに農業を志向する人々も増加した。大農と小農それに労働者は、それぞれ政府に要求を突きつけた。そのひとつが保護関税の要求であり、ひとつが土地改革であった。

3 新しい国造り

自由党政権の誕生

一八七九年グレイ内閣の手によって普通選挙法が制定された。それは一八五二年に制定された選挙法が投票の要件として課していた一定の財産を所有するという条項を削除し、すべての男子に投票権を認めたものであった。その結果、小農や労働者の代表も議席を占めることが可能となり、スコットランドからの移住者ジョン・マッケンジー、南島の金鉱労働者リチャード・セドン、郵便局員・商人ジョセフ・ウォードらの自由主義者が結束してこの国の社会改革をめざすこととなった。彼らの政策はジョン・スチュアート・ミルの影響を受けたといわれているが、同時に彼ら自身の幼少時の見聞にも基づいている。一八九〇年の選挙で勝利をおさめた自由主義者たちは、翌年一月ワンガヌイ出身のジョン・バランスを首相に選出し内閣を構成した。

これまでニュージーランドの政治を担っていたのは、政党ではなくその折々の有力者であった。したがって、選挙がおこなわれ内閣が交替しても、政策が変更されることはほとんどなかった。歴史家は一般にこのバランス内閣を自由党による最初の政党内閣と位置づけている。バランスはその職にあることわずか二年で死亡したが、自由党内閣はキング・ディックの愛称で知られるセドンに引き継がれ、一九一二年まで継続した。当時ほとんどの土地は私有地となっており、新しくやってきた移民の多くは新天地でも土地を得ることができず、都市に流入した。土地の寡占所有が開発の障害になっていることは立場の異なる政治家のあいだでも共通の認識となっていたが、バランス内閣の閣僚は、大土地所有者と比較的無縁であったために、新しい政策に着手するには有利な立場にあった。土地改革に腕をふるったのは土地長官マッケンジーである。一八九〇年代に制定されたいくつかの土地法案からは、土地を公共物と考えた内閣の姿勢がうかがえる。まず一八九一年の土地・所得税評価法では、未利用地を所有する大地主に重税を課して彼らが土地を手放すように仕向けた。さらに不在地主には、これに加えて二〇%の割高な課税がなされた。

また一八九四年の入植者融資法では、農業希望者は年利五%の低金利で、政府から融資を受けることができることとなった。一連のこうした政策は、広大な土地所有者の土地を再分配するために政府が買いあげ、意欲的な農民に分け与えようとするものである。たとえば南島北カンタベリーの八万四〇〇〇エーカーにおよぶチェヴィオット農園の広大な土地は、政府によって買いあげられ六五〇〇戸の農家に分配された。

自由党の基本理念は土地の国有化であったが、私有権を主張する者とのあいだで意見が対立し、両者の妥協案として九九九年間の借地権を認めることが一八九二年の永続借地法で定められた。

労働者のための法律と婦人参政権

一方、ウィリアム・リーブスは労働省の前身である産業局を設立した。給料は物品ではなく金銭で支払うこと、また雇用者の過失による労働者の傷害にたいしては雇用者が責任をもつことなどいくつかの法律が定められたが、一八九四年に制定された工場法では、女子や十六歳以下の未成年者の労働時間を週四八時間以下とするなどの制限を加え、工場内の換気、衛生、安全などを検査する権限を監督官に与えた。また同年、産業調停仲裁法も可決された。これは各地区ごとに雇用者と労働者の双方から選出された委員会を設立し、労使の紛争の解決にあたるものである。これは世界初のきわめて画期的な法律で、以後しばらくのあいだニュージーランドはストライキのない国との評判をえた。一八九八年には高齢者年金法も定められた。ただし年金受給者は、真面目で評判がよく、家族からみすてられていないこと、あるいは近年刑務所にはいったことがないことといった条件を満たしている者に限定されていた。

女性キリスト教禁酒連合(WCTU)は、主として都市の中産階級の女性たちによって組織された一八九〇年代唯一の全国的な女性団体であった。彼女らは国内各地に支部をつくり、女性たちの日常生活に必要な援助活動をおこなっていた。女性参政権運動のリーダーとなったのはキャサリン・シェパードで、集会や請願をとおして精力的に女性の力を結集することに成功した。彼女たちは戸別訪問して女性たちの署名を集めたり、手紙、新聞への投書、講演会の開催などさまざまな努力によって、女性の参政権についての世間の注意を喚起した。署名活動は五回にわたっておこなわれ、一八九三年の最後の請願では三万一八七二名の署名がよせられた。これは当時の成人女性の三分の一近くに達する。

時の首相バランスは世論の流れに抗することは無益と考えたが、一方で女性の政治参加は自由主義の流れに水を差すのではないかと恐れた。後任のセドン首相も同様の立場をとっていたが、上院がこれを否決することを確信して法案を提出した。しかしセドンの予想に反して、一八九三年法案は僅差で上院を通過してしまった。ただしこのときの女性参政権法案は女性の選挙権のみであって、女性の被選挙権はこれからさらに二六年後の一九一九年まで待たなければならなかったし、また最初の女性議員が選出されたのは、さらにその一四年後の三三年であった。

移民政策

金鉱で精力的に働く中国人にたいする反感は黄禍論となって政府を動かし、一八八一年以後は入国する中国人一人にたいし一〇ポンドの人頭税をかけたり、入港する船のトン数に応じて一〇トンにつき一人の入国を許可するという移民制限が導入された。さらに数年後にはトン数制限は一〇〇トンに、また人頭税は一〇〇ポンドと一〇倍にはね上がった。このころ九人の女性を含め五〇〇〇人を数えた中国人は、やがて金鉱の衰退とともに減少していった。多くの移民を受け入れてきたニュージーランドも、アジア人にたいしては白豪主義のオーストラリアと等しい路線を歩んできた。労働者や高齢者、女性に理解を示した自由党も例外ではなく、むしろセドンは南島の金鉱で働いた経験から、理屈抜きの中国人嫌いに凝《こ》りかたまっていたらしい。

一八九五年、セドンはアジア人すべてを対象とする移民制限法を提出したが、これは上院によって否決された。翌年彼は対象とするアジア人のなかから、すでにイギリス国民であるインド人を除外する法改正をおこなって、ふたたび提出した。しかしこれはイギリス本国の承認をえられなかった。その理由はおそらく当時日英同盟を結んでいたイギリスが、日本を刺激したくなかったためであろうといわれている。一八九七年本国政府との妥協点として識字条件の導入が検討され、その二年後にはイギリス国民以外には識字テストをおこなうという移民制限法が成立した。

一九〇七年以降、中国人には英語一〇〇語を読むテストが課せられ、その翌年には中国人の出入国に際して指紋押捺《おうなつ》を義務づけた。世間一般の反アジア人感情は「ホワイト・ニュージーランド・リーグ」「反アジア団体」といった組織を生み出し、一九〇五年にはウェリントンで中国人がこうした狂信的白人優位論者に射殺されるという事件まで起きた。一九二六年にはいっさいの中国人の永住許可は認められなくなり、二七年の危険薬物法では、阿片《あへん》所持の疑いがあるとされた場合には、警官はいつでも中国人の家庭に踏み込むことが可能となった。のちに労働党の政策により高齢者年金が中国人にも支給されることになったが、日本の中国侵攻にともなって、中国人にたいする制限は緩和され、最終的に人頭税と船のトン数に応じた制限が撤廃されたのは一九四四年のことであった。二〇〇一年二月の中国暦元旦に、クラーク首相は議会に中国人代表を招き、正式に謝罪した。

遠い戦争

初期の大部分の移住者にとって故国はイングランドであり、スコットランド、アイルランドであった。一八六九年エディンバラ公のニュージーランド訪問は大観衆の熱狂的歓迎にむかえられた。彼らにとって七つの海を支配する大英帝国は誇るべき本国であった。一九〇七年ニュージーランドはイギリス自治植民地からドミニオン(イギリス自治領)に格上げされたが、対外関係の一部は本国政府の管掌事項であった。もし本国が援助を必要とするものならば、なにはおいてもかけつけるのが、自治領に住む住民の責務であった。

一八九九年南アフリカで戦争が始まった。イギリス系住民とオランダ系住民(ボーア人)の対立、いわゆるボーア戦争である。ニュージーランドはイギリス本国の出兵に呼応して馳せ参じた最初のイギリス植民地であった。一〇師団、六一七一人の志願兵と六六六二頭の馬が参加し、イギリス軍の指揮下にはいった。このときイギリス政府はマオリ兵の参加を許可しなかった。その理由は白人同士の戦争に「先住民」を巻き込むことはこのましくないというものであった。マオリは「ボーア人を蹴飛ばせ」としてハカ(マオリ戦士の踊り)を披露し、募金活動をおこなった。

ボーア戦争はイギリスの勝利に終わったが、出兵したニュージーランド兵の六〇～七〇人が戦死し、その四倍が事故死ないし病死した。この戦争を契機として軍事訓練を必要とする声が高まり、一九〇九年には「防衛法」が定められ、翌年、十四歳から二十歳までのすべての男子を対象とした国防義勇軍が結成された。

第一次世界大戦

戦争の用意の整わぬうちにヨーロッパが戦火に包まれた。ニュージーランドはふたたび祖国の危機に馳せ参じるために列をなした志願兵であふれた。ある大学生は日記にこう記している。「わが帝国がこの世の正義のために神とともに戦おうとしている。神の下僕らはドイツのような野望と邪悪な影響力をもつ力と戦うために戦列に加わるべきである。私は神がそう呼びかけていると信ずる」。

今回はマオリの志願兵も加わった。ヨーロッパ風の教育を受けたエリートからなる青年マオリ党は、戦闘において祖国に忠誠をつくすことで、ニュージーランドにおける彼らの地位をあげようと、マオリの戦意の高揚につとめた。こうして約五〇〇人のマオリ兵が一九一五年ウェリントンを出航していった。一方、参戦を拒否したのはワイカトとウレウエラ地方のマオリである。前者は激しい土地戦争による疲弊と、それに続く土地没収にたいする不満から参戦に反対した。マオリ王はワイカトの没収地が返還されるまで徴兵に応じることを禁じた。後者は預言者ルア・ケナナの崇拝者たちである。ルアの教えはリンガトゥのそれを引き継ぐものであったが、彼らはウレウエラの山深い森にこもり、独自の社会をつくってヨーロッパ人とは隔絶した生活を送っていた。しかしルアの信奉者が「イギリス王のために戦うつもりはない、ドイツがやがて勝利を占めるであろう」といっているという風評が立ち、政府は彼らを反戦者として取り調べた。

当時現在の西サモアはドイツ領であった。一九一四年八月二十九日軍艦二隻に分乗したニュージーランド軍は西サモアのアピアに上陸し、無血占領した。西サモアは第一次世界大戦で連合国軍が占領した最初のドイツ領である。

ニュージーランドの主力軍、兵八五七四人と約四〇〇〇頭の軍馬は、オーストラリア兵と合流してはるばるエジプトに派遣された。しかし彼らを中東戦線に運ぶための護衛艦はなく、政府はイギリス政府にたいして護衛艦をつけることを強く要求した。その結果、当時日英同盟を結んでいた日本海軍の戦艦伊吹がその任にあたることになったが、これがおそらくニュージーランドと日本の最初の公的な関係の始まりであったろう。

ニュージーランド・オーストラリア連合軍アンザック（ANZAC）がトルコのガリポリ半島に上陸したのは一九一五年四月二十五日であった。その地でドイツに与《くみ》したトルコ軍と戦うためである。通称ガリポリの戦いといわれるこの地での戦闘は、十二月に撤退するまで八カ月続く悲惨をきわめたものであった。ニュージーランド兵の戦死者は二七二一人、戦傷者はその倍を数えた。その他フランス、ベルギーの戦闘での戦死者数を加えると一万七〇〇〇人、戦傷者は四一〇〇〇人におよぶ。第一次世

(NATIONAL ARCHIVES OF NEW ZEALAND)

第一次世界大戦への参戦を呼びかけるポスター　祖国イギリスとともに名誉，自由，人類のためにヨーロッパ戦線に参加し戦うことを呼びかけている。

界大戦における戦死者の総数は戦場となったベルギーを上回り、イギリス本国をも上回った。当時のニュージーランド人口がほぼ一〇〇万人、戦線に派遣された兵士が約一〇万人であったことを考えれば、兵士の五・八人のうち一人が死亡したことになる。

祖国のために戦った戦争は、はかりしれない痛手をこの国に与えたが、一方人々はこの戦争を契機として、祖国イギリスとは異なる国家としてのニュージーランドにアイデンティティをみいだすようにもなっていった。一九一九年、時の首相ウィリアム・マッセイは講和会議に出席し、イギリスとは別個に調印したし、国際連盟にも独立した一員として加入した。労働党の幹部たちは、ヴェルサイユ条約を報復的なものと非難し、また国際連盟を戦勝国の帝国主義的組織と考えたが、小国であるニュージーランドとしては、この組織に希望を託す以外に方法はなかった。いち早く占領したドイツ領サモアは国際連盟の委任統治領としてニュージーランドの管轄下にはいった。一九二八年には日本との貿易協定がロンドンを経由せずに締結された。

4 福祉国家の誕生

改革党の政策

ニュージーランド経済は農業、しかも羊毛、冷凍肉、バター、チーズといった生産品のほとんどを海外に輸出する農業に依存していたが、一八九五年から一九〇七年までの一二年間は好況の時代であった。生産品は飛躍的に増大し、完全雇用と社会的不平等の縮小が達成された。その後この好況にかげりがで始めたころ、第一次世界大戦が始まった。戦時中イギリスがニュージーランド輸出品のすべてを一定の価格で買いあげる政策をとったおかげで農業はもちなおし、戦後は帰還兵にたいする社会復帰のためのプログラムとして、彼らに土地を購入するための政府資金の貸付けがおこなわれた。土地の値段は上がり、好景気はそのまま続くかと思われた。

一八九一年に政権の座に就いた自由党の支持基盤は、小農と都市労働者であったが、やがてより力をえた農民は、農民の利益代表である改革党を支持するようになった。また自由党に不満を感じた都市労働者も、自由党を離れ労働者代表に声援を送るようになっていった。一九一二年の選挙では改革党が勝利をおさめ、アイルランドの農家出身のマッセイが首相となった。マッセイ政権は以後二五年まで継続することになる。マッセイにとって農業がすべてであった。彼は中産農民層の長年の希望に従って、九九九年の借地権を私有権にきりかえる措置をとった。マッセイ政権の経済政策は相変わらずイギリス市場に依存する農業重視、地域振興のための借金財政、土地投機を放任したことなどで、のちに批判がよせられることになる。

マッセイが首相に就任したころ、農民以外の労働者は、その多くが新しくイギリスやオーストラリアからの移住者であったが、自由党によってつくられた産業調停仲裁法が労働者の味方であるというよりも、雇用者よりであると感じ、これに不満をいだくようになっていた。こうして彼らはふたたびストライキに突入するようになったが、マッセイはストライキに断固たる態度で臨んだ。一九一二年コロマンデル半島ワイヒにおける金鉱ストライキには警察が介入し、労働者から死者一名をだすという惨事に発展した。さらに翌一三年にウェリントンの港で起きたストライキには、特別に徴用された騎馬保安官が出動した。この保安官は国防義勇軍、ボーア戦争参加者、そして農民からなるもので「マッセイのコザック」と呼ばれた。

当時のストライキは、組合を支持する檄文《げきぶん》を赤い紙に書いたことで「赤い同盟」と呼ばれる社会主義者たちに指導されていた。「赤い同盟」はさらに多くの労働者からの支持を呼びかけたが、政府の強硬姿勢によってストライキは減少していった。

一九一八年は戦争の終了を告げる歓喜の鐘と、流行性感冒による七〇〇〇人の死者を弔う葬礼の鐘の年であった。とくにマオリの死亡率は高く、あるマオリはこの年の流感の流行を、棺を準備するのが間に合わない程であったと語っている。

世界大恐慌

通常一九三〇年代の大恐慌は二九年のウォール街の株大暴落と、ヨーロッパにおけるオーストリア銀行の破産に端を発しているとされるが、ニュージーランドにかんしていえば、すでにその兆候は二七年ころからあらわれており、欧米の出来事はニュージーランド経済の悪化を加速させただけであった。すでに海外でのバターの価格はこれまでの半額となり、羊毛価格も著しい下落を示した。この不況は三一年から三三年までをどん底として約一〇年間継続した。二九年末に失業者は六〇〇〇人に達したが、一年後にはそれが約二倍になった。さらに三三年には失業者は八万一〇〇〇人におよんだ。政府は道路付近の草刈りや植林など手作業でできるいくつかの失業救済事業をつくり、彼らの窮状を救おうとしたが効果はなかなかあらわれなかった。

トニー・シンプソンは『ズダ袋の時代』のなかでつぎのような体験者の話を記録している。「私の父はホークスベイ付近で鉄道工事にたずさわっていたが、不況が始まると政府はあらゆる新規事業を停止したために解雇され、失業保険と折々の失業救済事業に頼るようになった。工事現場に働いていた人々はそれぞれ新しい仕事探しに散っていった。私たちは非常に貧しかったので、満足な食物も衣服もなかった。雨の日にはズダ袋を頭からかぶって学校にいった。靴下もなく、ズボンは二枚しかなかった。でも坑夫の子供たちは私たちよりももっと貧乏で、毎日三～四マイルの道を寒い日でも裸足《はだし》で歩いて学校にきていた。とくに女の子は体中に吹出ものがたくさんできていたのを覚えている」。

この不況下で各地には失業者の暴動が起きた。最初のそれは一九三二年の一月、南島のダニーディンで空腹をかかえた失業者二〇〇～三〇〇人が、オタゴ病院に集まり救済を求めたが、拒否されたため市内大手の食料品店に押しかけた事件であった。警察がかけつけたために、彼らはガラスをわっただけで店にはいることはなかった。約三カ月後、オークランドでは、繁華街を失業者が行進しているときに、警察の一隊があらわれ両者のもみあいになった。暴徒と化した行進参加者は商店のガラスをたたき壊すなどして暴れ回った。宝石店、タバコ店、酒店などがもっとも大きな被害を受け、クィーン通りの四分の三はこの嵐に呑み込まれた。

労働党の誕生

一九〇八年にウェリントンから最初の労働党を名乗る議員が一名選出され、一一年の選挙では労働党五名が当選した。不況のさなかにおこなわれた三一年の選挙では、労働党は総得票数の三五％を獲得し、二四議席をえて大きく躍進したが政権をえるまでにはいたらなかった。労働党はここで戦術を変えて過激と思われる土地の国有化案を撤回し、資本主義のもとでの改革を唱えるようになった。やがてオーストラリア育ちのマイケル・サヴェージが三三年党首に就くと、彼の直接大衆に訴えかける戦術によって、労働党は人々の広い支持を博するようになった。こうして三五年の選挙では労働党は八〇議席中、五三席を獲得し、政権の座に就いた。

サヴェージ内閣の第一に取り組むべきことは失業対策であり、人々の生活を安定させることであった。都市居住者は急速に増加していたが、その居住状況はけっしてめぐまれたものではなかった。住宅の改善は焦眉の問題であり、一九三七年には住宅省が設置され、四七年までのあいだに毎年平均二五〇〇戸の住宅が、オークランドやウェリントンの近郊に建てられた。また住宅購入のための貸付け制度も始められた。住宅建築は新しい雇用を生み出すことでもあった。

労働党の福祉政策は以下の点にまとめられる。六十五歳以上の高齢者への年金（六十歳以上でも必要な場合は可）、寡婦および放置されている妻への給付金、十六歳までの孤児（就学中の場合は十八歳まで）への給付金、収入にかかわらず子供にたいする給付金、身体傷害などにより労働できない者への給付金などである。同時に保健制度も進められ、一九三八年には病気の治療、医薬品、出産などにかかる費用はすべて無料となった。子供たちのためによりよい教育を目的として教育改革もおこなわれた。経費節減のために閉鎖されていた師範学校は再開され、五歳から六歳に引き上げられていた小学校入学年齢は五歳に戻された。すべての子供に中等教育の機会を与えるために、十五歳までの学校教育の費用は無料となり、三九年までに六五％の子供たちが中等教育を受けるようになった。子供たちの栄養改善のために学校では牛乳の無料支給が開始された。牛乳給食はその後約三〇年間続けられた。

これまでの内閣が不況のなかでひたすら金融引締め政策をとってきたのにたいし、サヴェージ内閣はむしろ積極政策によって景気の浮上をはかった。賃金水準を引き上げて、公共事業を大幅にふやした。これはアメリカのニューディール政策に似たものであるが、ニュージーランドではさらにこの国の特殊事情に応じて、以下のようなことがつけ加えられたという。第一は失業問題解決のためと、農産物の海外市場依存度を減少させるために積極的に工業化を進めたこと、第二に農業部分の保護として農産品の支持価格制度を導入した。すなわち酪農品については公団が一元的に保証価格で買いつけ、海外価格の動向を見ながらそれを販売する。第三は以上の工業化、農産品保護をおこなうために為替管理、輸入管理を国家の手でおこなう。第四にはこれまでのこの国の伝統であった労働者保護、社会福祉の充実を一層推し進めることである。労働者保護法としては一九三六年に工場法、商店事務所法、産業調停仲裁改正法、労働者保護改正法、農業労働者法などがあいついで制定された。「揺りかごから墓場まで」という、われわれが福祉国家ニュージーランドにいだくイメージはこの労働党内閣によって形成されたといえよう。

ラタナと労働党

この労働党内閣のもつもうひとつの側面は、マオリのラタナ教徒との連携である。ウイレム・タフポウティキ・ラタナは一九一八年、ワンガヌイ近郊の自宅で海から神のお告げをきいた。以後彼のもとに病気治療を願う多くの信者が集うようになり、二五年ラタナは彼独自のラタナ教会を設立した。やがて二〇年代の終わりになるとラタナは病気治療よりも、マオリの窮状を救うという目的で政治活動に熱心になる。三二年マオリ四議席のうちラタナ信者は最初の一議席を確保した。三五年の選挙では二議席を確保したが、この選挙で政権に就いた労働党がマオリの窮状改善を約束したため、ラタナ議員は労働党に加入した。

一九三六年四月ラタナはサヴェージをたずね、ジャガイモ、ガラスの欠けた時計、グリーンストーンの斧、フイアの羽を手渡したという話はよく知られている。ラタナはこれらをさしてつぎのように説明した。「フイアはマオリにとってこのうえなく貴重なニュージーランドの固有の鳥であったが、現在ではヨーロッパ産のイタチのために絶滅してしまった。ジャガイモは、サツマイモにかわってマオリの食べ物となっているが、いまや土地は没収され、マオリはジャガイモを耕作する土地もない。グリーンストーンはマオリの豊かさと高貴さをあらわすものであるが、ヨーロッパ的な法のためにマオリの権利は失われてしまった。壊れた時計はグレイ総督やセドン首相を支援した祖父のものである。私は彼の正当な子孫であるが、今労働党を支援しようと考えている。祖父も私も金がなくてこれを修理することはできなかったが、この時計を貴下に委ねようと思う」。最後にピンを取り出して、このピンは四万人を数えるラタナ信者の徽章であると述べたあとに、マオリにたいする責任を忘れないでほしいと語った。これにたいして首相はニュージーランド政府の責任者としてマオリのために全力をつくすことを約束した。マオリ四議席のすべてがラタナ労働党議員によって占められたのは三八年のことで、この後一時期の四年間を除くと四〇年間にわたってラタナ議員による四議席確保は継続した。

第二次世界大戦の勃発

一九三九年ふたたび戦争の影がしのびよってきた。九月ドイツ軍がポーランドに侵攻し、イギリスとフ

ワンガヌイ近郊のラタナ・パにあるラタナ中央寺院　ラタナ教の寺院はワンガヌイ川上流と北島北部にあわせて五つあるが，いずれも左右二つの塔が特徴的である。

世界周遊の途次，日本に立ち寄ったラタナ(1924年)　ホーリネス教会の中田重治牧師を訪れたときのもので，ラタナが紋付を着ている。

ランスがドイツに宣戦布告すると、ニュージーランドも二日遅れで参戦し、病床にあったサヴェージにかわり、副首相のフレイザーによって参戦が国民に告げられた。ニュージーランド軍が直面した最初の大きな戦闘は四一年四月のギリシアとクレタ島におけるもので、あわせて約一〇〇〇人が犠牲となった。同年十一月にはエジプト戦線に参加し、さらに四三年北アフリカでの戦闘が終了すると、イタリアでの戦いに参加した。

国内でも戦時色が覆い、ガソリンが配給制になり、検閲制度がしかれた。政府は当初徴兵制は実施しないと言明していたが、一九四〇年五月にはそれが施行され、子供のない十八歳から四十五歳までの男性は召集を受け国内で待機することとなった。

一九四一年日本の真珠湾攻撃にともなって太平洋での危機が高まると、灯火管制も始められた。日本軍は東南アジア、ニューギニアを占領し、隣国オーストラリアのダーウィンに爆撃を加えてきた。これまでの遠い戦争が急速に身近な戦争に変わったのである。四二年六月にはニュージーランド防衛のためにアメリカ軍の進駐が始まった。一部のニュージーランド軍はアメリカ軍の指揮下にはいり、ガダルカナルの戦闘に参加したが、主力は相変わらず中東・ヨーロッパ戦線にとどまっていた。第二次世界大戦における派兵総数は約一〇万五〇〇〇人、うち戦死者一万一六〇〇人、戦傷者一万五七〇〇人と、第一次世界大戦に比べればその被害はいくぶん軽微であったといえよう。マオリは一万七〇〇〇人以上が志願兵として北アフリカ、イタリアで戦闘に参加し、六〇〇人の戦死者をだした。地位の向上を求めて戦線に参加し帰還したマオリは、国内で就職、住宅などの差別にふたたび直面し、「われわれは分け前以上に各地で働き、血を流してきた」と憤激した。

サヴェージ首相の「イギリスのいくところわれらもいく」という病床からのラジオ演説は有名であるが、今回の戦争にかんするニュージーランド人一般の受取め方は第一次世界大戦のときとやや異なっていた。労働党内閣のなかには、反戦主義者の閣僚もいた。メソジスト教会の牧師バートンはガリポリの英雄であったが、戦争の虚しさを訴え、ウェリントンで反戦行進を組織した。志願を呼びかけるポスターも、祖国のためという熱狂的な参戦の呼びかけは見られない。

イギリス本国経由で到達する情報は時間がかかる。独自の外交路線の必要を感じたニュージーランドは一九四三年外務省を設置し、ワシントン初めいくつかの国に大使館を設置した。とくにオーストラリアとの関係は緊密になっていった。ニュージーランドにとって太平洋を挟んで対峙する日本は長いあいだ不気味な存在であったが、この戦争で対日戦のためにアメリカ軍が駐留したことは、ニュージーランドの対外的関心を、祖国イギリスではなく太平洋のパートナーとしてアメリカに依存する態勢をつくったともいえよう。しかし四三年カイロで日本の戦後処理が検討された会議には、ニュージーランドもオーストラリアも招かれておらず、会談の内容を新聞で知らされた程であった。

国際連合の設立が討議されたとき、ニュージーランドは大国の覇権主義を排し、相互の協力によって世界平和を維持するという理想主義的な立場を主張した。しかし五大国の意のままになる安全保障理事会のような理想とはあいいれない機構が設立されたことは、ニュージーランドのような多くの犠牲をはらって参戦した小国にとって残念なことであったろう。敗戦国の植民地にたいして国際連合による信託統治を主張したのは、ピーター・フレイザー首相であった。

戦中戦後の日本とニュージーランドとの関係は、フェザストン事件とニュージーランド軍の日本駐留の二つにしぼることができよう。フェザストン事件とはウェリントン近くのフェザストンに収容されていた日本兵捕虜が起こした一九四三年二月二十五日の暴動事件である。ここには南太平洋の激戦で傷つき捕虜になった日本兵約八〇〇名が収容されていた。この収容所生活の経験者の談によると、ニュージーランド側の待遇はきわめて好意的なものであったという。しかし「戦陣訓」のもとで教育されてきた日本兵は、故国に帰る道を断たれた捕虜の身分を恥じ、今から考えれば些細なきっかけから暴動事件を起こしてしまった。日本側の死者四八名、負傷者六三名、警備兵側でも死者一名、負傷者一七名の被害がでたこの事件は、双方にとって悲しむべき出来事であった。

一方戦後の日本駐留はイギリス本国の要請により、イギリス連邦軍の一部としてオーストラリア、カナダ、インド軍とともに一九四六年からおこなわれた。イギリス連邦軍の編成はオーストラリア軍三二%、イギリス軍二八%、インド軍二七%、そしてニュージーランド軍は一二%で、ニュージーランド兵四四二五名が広島県各地に駐留した。これが日本・ニュージーランド双方の一般人にとってはじめての身近な触れ合いであったろう。これがきっかけとなって戦後何人かの戦争花嫁がニュージーランドに渡っている。

5 第二次世界大戦以後

財政の再建

一九五〇年代ニュージーランド人一人当りの収入は世界最高であった。戦後労働党にかわった国民党のシドニー・ホランド首相は、この政府がなしとげたこととして「国民は富、年金、羊、牛、電話、車、住宅、トースター、掃除機、洗濯機、ラジオ、海外旅行、大学奨学金、それに農業用飛行機までもつようになった」と五七年に述べている。産業は確実な発展をとげ、とくに農業面での進展は著しかった。なお彼の任期中の五〇年、上院が廃止され、一院制度となった。ホランドの跡を継いだキース・ホリオークはいったん労働党に席をゆずったが六〇年に返り咲き、七二年までの長期政権を支えた。しかし世界最高の福祉国家を誇ったこの国に、暗い影がしのびよってきたのはこのころである。

一九五〇年にはニュージーランド輸出品の六六%がイギリスに輸出され、酪農製品にいたっては九割以上がイギリス向けであった。ところが祖国であるイギリスがEC加盟の意向を明らかにし、これまでのように援助を期待できなくなった七一年には、イギリスへの輸出額は三四%に半減した。さらに石油危機が襲う。石油価格は数カ月で四倍になった。輸出品の価格が暴落する一方で、輸入超過をきたした財政は七五年には多額の赤字をかかえるまでになった。この年インフレのため物価は一六%上昇し、八二年には二〇%にもなった。国民一人当りの収入も、八〇年代には世界の一七位にまで転落してしまった。

経済危機にみまわれたこの時代、ニュージーランド政権を担当したのは、一九七五〜八四年まで長期にわたって首相を務めた国民党のロバート・マルドゥーンである。マルドゥーンは国民党の首相であったにもかかわらず、その政策は自由経済ではなく、計画経済に重きをおいたこれまでの労働党に近いものであった。政府は経済のあらゆる場面に介入した。たとえばラム(子羊)の価格が下落すると政府は最低補助価格制度を導入し、農民を支援した。八二年インフレが激しくなると、賃金と物価の凍結を命じた。家賃、株式配当、管理職給料、利子なども政府の管理のもとに組み込まれた。マルドゥーンはニュージーランド史中最大の介入者と呼ばれている。

一九七九年第二次石油危機が到来すると、国内でのエネルギー開発、たとえば豊富な天然ガスを利用して合成石油を精製したり、尿素、メタノールなどを製造する事業が始められた。「大きいことを考えよう」計画である。しかしこうした事業に要する資金はふえつづけ、八四年までには海外負債は八二億ドルにも達した。失業者は急増し、失業救済金を受ける人々は長蛇の列をなした。この年の選挙で国民党は大敗し、ロンギの率いる第四次労働党の政権が誕生した。デイヴィド・ロンギ内閣でこの破綻した経済の建て直しにあたったのは、ロジャー・ダグラスである。

しばしばレーガノミックスとならべてロジャーノミックスと呼ばれる彼の政策は、一言でいえばこれまでの労働党のそれとは打って変わった市場経済の導入であった。彼の政策は金融の自由化、補助金制度の廃止、税制改革、民営化などにまとめることができよう。金融の面では第一次労働党内閣のときにつくられたものがこれまでの主流となっており、人為的規制が多くありすぎたため、それを撤廃する必要があった。通貨についても労働党内閣の発足直前に二〇%の切下げがおこなわれたが、一九八五年三月からは変動相場制に移行した。手厚い保護が特徴であったこれまでのニュージーランド産業の分野でも、つぎつぎと補助金の廃止が決定された。さまざまな補助金は国家予算にとって多額な負担になるばかりではなく、国際競争力を弱めるものとなっていた。これまで所得税に大きく依存していた税制においても、一〇%の物品サービス税(GST)が取り入れられ、これはのちに一二・五%に改定された。鉄道、郵便、電力などといった国営事業も民間に売却された。その結果、八五年八万八〇〇〇人であった公務員の数は九五年には三万四五〇〇人に削減された。さらにこれまで無料で享受できた教育、医療などの面でも、ある程度の受益者負担が求められるようになった。八五年労働党の農業政策に怒った農民たちは、二五〇〇頭の羊を殺して政府に抗議した。また農家の収入が著しく減少したため、五〇〇〇人の農民が土地を売って廃業した。

こうして手厚い保護のもとにあったニュージーランドの産業は、まったく短期間のうちに世界でもまれにみる程の規制緩和の経済に変身し、合理化、効率化、競争原理の導入、責任の明確化などが経済の基本理念となった。一九九五年には経済の自由度が世界三位を占めるまでになっている。規制緩和は新しい産業を生み出し、社会に活力をもたらした一方で、貧富の格差を増大させているという危惧のあることも事実である。

アンザスと非核政策

第二次世界大戦は終了したが、つぎにやってきたのは超大国米ソ間の冷たい戦争である。中国共産主義国家の樹立をはじめとするアジアにおける共産主義の台頭は、この国にも脅威を与え始めた。一九四九年以降ニュージーランド軍は、イギリス、オーストラリアとともに旧イギリス領植民地マラヤの共産ゲリラに対抗するために出兵し、マラヤ連邦の独立後もしばらく駐留していた。翌五〇年、朝鮮戦争が勃発したとき、ニュージーランドは国連の決定に賛意を示した最初の国となった。また九〇年のイラクによるクウェート侵攻にも、国連の決定にともなって出兵した。

アメリカとの協力の必要性を強く感じた政府は、一九五一年オーストラリアとともにアメリカとの軍事協定アンザス（ANZUS）を締結する。しかしその五年後の五六年に生じたイギリス・フランスによるエジプト攻略は、ニュージーランドにとって祖国への忠誠と新しいパートナーとの友誼《ゆうぎ》関係がためされる最初の事件となった。国連での討議でニュージーランドは当然イギリスの行動に賛意を示したが、アメリカは反対の立場を取ったからである。ベトナム戦争が始まるとアメリカからはジョンソン大統領をはじめ多くの要人が来訪して、ニュージーランドの協力を要請した。結局ホリオーク首相はこれを受け入れて参戦し、最終的に三八九〇人が投入された。しかしベトナム戦争にたいする国内の反戦運動は激化し、とくに六九年ミサイルを搭載したアメリカの駆逐艦がオークランドに入港したとき、デモ隊はアメリカ国旗を燃やして抵抗した。

アメリカとの関係はその後複雑な関係をたどる。それはニュージーランドの反核政策のためであった。

たび重なるフランスのフランス領ポリネシアでの核実験に、ニュージーランドはオーストラリアとともに国際司法裁判所に訴えつづけてきたが、労働党の首相ノーマン・カークは、七三年にはフランスのムルロア環礁核実験に抗議して、駆逐艦オタゴとカンタベリをムルロア水域に派遣した。この際閣僚の一人がオタゴに乗艦して、これが政府による公式の抗議であることを示したほどであった。八三年アメリカの核搭載の駆逐艦テキサスが入港したときは、これに反対する人々が白い花をもって埠頭をうめつくした。八七年にロンギ政権が核兵器搭載、原子力推進の艦船および軍用機の入港を禁ずる法律を成立させると、アメリカとの関係は一層緊張した。アメリカは合同演習の中止、防衛情報の提供中止、武器装備供給面での特恵待遇の廃止などの措置をとり、アンザスは事実上崩壊してしまった。当時の世論調査によれば国民は圧倒的に非核政策を支持したが、その一方でアンザス同盟内にとどまることを望んでいた。

一九八五年七月のある夜、オークランド港に停泊していたグリーンピースの「虹の戦士」号が爆破され乗員一名が死亡するという事件が起きた。「虹の戦士」号はムルロア環礁でのフランス核実験に抗議のために来航していたものである。まもなくフランスの工作員男女二名が逮捕され、懲役刑を宣告された。フランス政府もこの事件が彼らの行為であることは認めたが、彼らの身柄引渡しを要求し、要求が受け入れられないときは経済制裁に訴えるとの強硬手段にでた。貿易立国であるニュージーランドにとってそれは泣きどころであった。工作員二人はフランス政府の手に引き渡され、まもなく帰国して昇進し、ニュージーランドを怒らせた。九五年フランスが何度目かの核実験をおこなったとき、ニュージーランドは国をあげて反対運動に立ち上がり、パリから大使を召還した。

マオリ権利復興運動

ホワイト・ニュージーランドからの脱却も第二次世界大戦後の特徴であろう。すでに中国人移民にたいする差別的な条項は戦時中に撤廃されていたが、イギリスのEC加盟を契機として、改めてニュージーランドの地理的位置を認識し、太平洋国家の一員として生きる道を選択したことがこの国の現在のあり方を決定したといえよう。一九七七年にははじめてベトナムからボート・ピープル四一二人が入国した。アジア系住民は二〇〇六年の国勢調査では三五万五〇〇〇人、全人口の九・二%を占めるまでになっている。

一方ニュージーランドでの教育、医療、就職を求めて移住する太平洋諸島の人々も増加している。ニュージーランド国籍を有するニウエ、クック諸島以外にも、トンガ、サモアからの移住者が訪問ないしは短期就労ビザでやってくる。一九七〇年代には太平洋諸島民の数は、全人口の二%を占めるまでにいたった。彼らの多くは非熟練労働者としてこの地で働いてきたが、景気が下向きになり失業者が増加してくると、こうした移民労働者の存在は不満の種になりやすい。政府は七〇年代不法滞在労働者の取締りに乗り出し、強制的に送還するなどの方法をとったこともあったが、その後も太平洋諸島民の数は年々増加し、二〇〇六年の国勢調査では二六万六〇〇〇人、全人口の六・九%である。最大のエスニック集団はサモア人で、次にクック人、トンガ人が続く。ほとんどが都市居住者でとくにオークランド南部のマヌカウ市には太平洋諸島民が集住している。

こうした新規移住者の増加は先住民マオリにあらたな緊張を生み出した。本来のこの土地の先住者であるマオリにとっては、マオリが多民族のなかの一民族として他の新規移住者と同列に扱われることは納得できない。一九六〇年代アメリカで始まったブラックパワーの波は、世界的潮流となってここニュージーランドにも波及してきた。故郷に土地をもたないマオリの都市居住者は年々増加し、六一年には三八・四%であったものが、八一年には七八・二%と倍増し、彼らの多くは非熟練労働者として都市の貧困階層を形成している。六〇年代後半からオークランドの若者たちは〝ガタマトア（若き戦士たち）という集団を結成し、マオリの要求を社会に訴える活動を始めた。

こうしたなかからかつて失った土地の返還を要求する運動があらわれた。その先駆けとなったのがランド・マーチである。これは一九七五年女性指導者フィナ・クーパーの指揮のもと北島北端から首都のウェリントンまでおこなった行進である。ある参加者は語っている。「この計画に初めはみんな反対だったので、出発したときはクーパーとわずか数人だった。それがしだいに空気が変わってきてどこのマラエ（マオリ集会所）でも歓待してくれた。そして行進に加わる人もどんどんふえ、オークランドの橋を渡るときには、人数が多すぎて橋が揺れた程だった。私はこれまでこんなにたくさんの人が集まったのを見たことがなかった」。

続いて一九七六年にはワイカトのラグラン・ゴルフ場の返還を求めたデモがおこなわれ、さらに七八年には、オークランドの近郊のバスティアン岬が、この土地の所有権を主張する〝ガティ・ファツア族のオラケイ・マオリ実行委員会によって占拠された。裁判所が彼らの占拠は違法であると判決したために、政府は五〇〇人の警官を投入して実力で排除し、一年半にわたる彼らの抵抗は終了した。八四年にはオークランド近くのワイヘケ島でも占拠がおこなわれた。

マオリのこうした行動に困惑を隠せない一般ニュージーランド人も多かった一方で、人種差別を否とする人々の認識はしだいに明確化してきた。そのひとつの現れが南アフリカのラグビーチーム、スプリングボックスとの国際試合である。南アフリカでは有色人であるマオリを含むチームとの試合が禁じられていたために、一九七〇年のオールブラックス遠征について、「ノー・マオリ、ノー・ツアー」の声が高まった。このときは南アフリカがマオリを名誉白人として扱い、白人と同様のホテル、交通機関を使用してよいという条件を示したために遠征がおこなわれた。七三年には労働党カーク首相が南アフリカへの遠征を差しとめたが、次の政権の国民党マルドゥーン首相はスポーツと政治は別であるとしてオールブラックスの遠征を許可し、それが原因でモントリール・オリンピックでニュージーランドはアフリカ諸国の激しい批判をかうこととなってしまった。八一年スプリングボックスが入国したときには、これまでになく激しいデモによって流血事件まで生じ、何回かの試合が中止となった。

ワイタンギ審判所

政府はマオリの復権要求に対処するために労働党政権時代の一九七五年、ワイタンギ審判所を設置した。これはマオリの請求に基づいて調査し、ワイタンギ条約第二条に違反しているか否かを審議し、違反している場合には政府にその是正を勧告するというものである。当初その調査の対象となるのは法律が制定された七五年以降の事件に限られていた。しかしそれでは十九世紀に生じたさまざまの不正は見逃されることになる。労働党が政権に返り咲いた八五年、ワイタンギ条約が締結された一八四〇年までさかのぼり、それ以後に生じたすべての事項にまで拡大して苦情の申立てができるようになった。したがってその申立ては膨大なものとなり、全国各地のマオリからの請求がワイタンギ審判所に山積するようになった。主たる請求としては土地問題であるが、そのほかに水産資源、水質汚染、マオリ語など種々の申立てがある。申立てにたいしてはワイタンギ審判所委員による数回の聴聞がおこなわれ、後日その結果が報告書として提出され、政府に対処が勧告される。

ここ数年のあいだにいくつかの大きな補償が国によっておこなわれた。最初のそれはワイカト諸部族とのもので、これはワイタンギ審判所とは別個に一九九四年、国王(クラウン)とのあいだで合意文書が結ばれた。それによれば国王側の正式な謝罪、九万エーカーの国有地の返還、六五〇〇万ニュージーランド・ドルの補償などである。政府によってもっとも大規模な土地購入がおこなわれた南島のンガイタフにたいしては、九七年ワイタンギ審判所から和解要件の提示がなされた。この内容は大きく分けて、国王による正式な謝罪、金銭的な補償、クック山の返還、文化的な補償の四項目である。国王による正式な謝罪としては、ンガイタフの土地購入にかんして、国王はワイタンギ条約の原則に繰り返し違反してきたこと、また国王はそのことによりンガイタフ成員に苦難を与えてきたことについて、遺憾の意を表明し、すべてのニュージーランド人にかわって過去の過失にたいして補償することを述べている。金銭的補償としては一億七〇〇〇万ドル、文化的補償としては聖地、食物の捕獲採集地などについてマオリの伝統的権利を認めた。ンガイタフは成員の投票によりこの条件を受け入れ、九八年両者がこの条件で正式に和解することが決定した。なおクック山はマオリ名アオラキという名称に変更したうえで、ニュージーランド全体の公共の資産として改めて国に返還された。ワイタンギ審判所には各地からの数多くの請求が山積しているので、マオリにたいする補償が一段落するまでにはまだかなりの年月がかかるに相違ない。

民営化、規制緩和、市場原理の導入といったアメリカ主導型の国際経済の波のなかで、かつてニュージーランドが世界に誇った高福祉、高保障の制度は過去のものとなりつつある。オーストラリアとは異なって、ニュージーランドは地下資源にめぐまれているわけではない。第一次産業に基礎をおく人口四二七万人(二〇〇八年統計速報)の国家が、高い生活水準を維持するのは容易なことではないであろう。かつて世界最高位のグループに属していたニュージーランド人の生活水準は、二〇〇五年には一人当り国民総生産において世界二三位になってしまった。グローバリゼーションの下、一九八〇年代半ばから進められてきた規制緩和や民営化の流れは、この国が十九世紀以来実施してきた政策を異なる方向に押しやるものとなった。行政改革以降、日本と同様貧富の格差が大きな問題となりつつある。ニュージーランドがこれまで進めてきた弱者にたいする配慮を、この厳しい経済状況のなかでどこまで維持していくことができるかが今後の政治の課題であろう。

第五章　メラネシア史

1　ファースト・コンタクト

寄港地交易から恒常的な交易へ

十八世紀後半から太平洋地域とヨーロッパ人は恒常的に接触するようになるが、メラネシア地域ではこのような接触はごく一部の地域に限られていた。接触がおこなわれたのは港として利用されていた地域とその周辺だけであり、そのほかの大部分では、ヨーロッパ人との接触は相変わらずまったくなかったか、あるいはせいぜいその間接的な影響を受けるだけだった。

メラネシア地域で最初にヨーロッパ人との接触が始まったのはフィジーであった。当時、広大な太平洋で長距離を航海するヨーロッパ人にとっては、食糧や水を補給し、休息をとるための寄港地が必要だったが、ポリネシア地域のホノルルやタヒチのパペーテ、サモアのアピアとならんでメラネシア地域でこのような寄港地となったのは、フィジーのレヴカであった。

このような寄港地でヨーロッパ人は島に船をとめ、そこで新鮮な食糧や水を補給し、かわりに住民に装飾品などを与えていたが、その後、恒常的な交易が始まるようになる。十八世紀なかば以降、オーストラリアは中国から多量に茶を輸入していたが、オーストラリア側から中国に輸出するものはほとんどなかった。このためオーストラリアの交易者は、なんとか中国人が望むものをさがす必要があり、その交易品を太平洋地域に求めた。

まず注目されたのは白檀《びゃくだん》であった。白檀は、それがもつ香りから中国では恒常的な需要があった。一八〇四年にフィジーで白檀が発見されてから、多くのオーストラリア人がフィジーに白檀を求めた。フィジーの白檀は一八一〇年代までに切りつくされ、続いてそのブームはハワイへと移った。このあと、交易の対象となったものは、時代によって変遷していく。白檀が切りつくされてからつぎに目をつけられたのがナマコであり、このほかにもクジラやカメが交易の対象となるなど、交易は徐々に恒常的なものとなった。

現地住民とヨーロッパ人との交易がおこなわれるにつれて、現地住民の生活はさまざまな点で影響を受けるようになる。交易によって現地住民の手にはいったものは、初期の段階ではビーズや鏡などの装身具が主であり、これらは現地住民の生活にはそれほど重大な影響を与えるわけではなかった。しかし鉄の斧や金属の釣り針などの新しい交易品がはいるにつれ、現地への影響は徐々に大きくなっていった。これらの金属製品が普及するにつれ、住民の作業は格段に効率化するようになった。そしてこのことは、それまでの伝統的な技術が徐々に失われ、やがてはヨーロッパとの交易なしでは現地住民は生活できないようになってしまうことを意味した。

さらにヨーロッパの商人たちから見れば、交易を継続させるためには現地住民が必要とするものを恒常的につくりだす必要があった。小さい島々では交易で必要とする物品には限りがあった。ビーズや装飾品、鉄製品などは、島内で一定の数が出回ればそれ以上の需要は望めなかった。しかしオーストラリアの茶の需要は恒常的だったので、中国から輸入される茶にたいして、たえず白檀やナマコなどを中国に輸出する必要があった。そしてこの交易を継続させるためには、太平洋地域の現地住民にも、恒常的に必要とされるものを見つけなければならなかった。この結果、現金の概念がなかった太平洋地域で普及し始めたものは、タバコとアルコールであった。

プランテーション

しかし、十九世紀も後半になるにつれ、このような交易は徐々に下火になりつつあった。当時のヨーロッパの商人たちがおこなっていた交易は、太平洋地域で珍しいものを見つけてそれを積み込み、消費地に運んでいくというやり方であった。海からは、クジラ、クジラの歯、真珠、ナマコ、カメなどをとり、島からは白檀、薪、ココナツ、肥料であるグアノなどを商売の対象にしていた。しかしこれらはとりつくしてしまえばなくなってしまう性格のものばかりであり、実際、ある地域でなにかが発見されるとたくさんの商人がこぞってそれを求め、なくなるまでとりつくしてしまうということがよくおこなわれていた。

このような交易にかわって、より恒常的で発展性のある新しい交易のかたちが模索されていた。当時、ハワイでサトウキビのプランテーションが始められていたが、フィジーが綿花栽培に適していることがわかり、何人かのヨーロッパ人がフィジーで綿花のプランテーションを始めた。一八六〇年のことであった。そして翌一八六一年、アメリカに南北戦争が起こってアメリカ南部の綿花供給が激減すると、フィジーの綿花が非常に高額で取引されるようになる。これによりフィジーのプランテーションは新しい商売のかたちとして定着するようになったのである。

その後、アメリカの南北戦争が終結すると綿の価格は暴落したが、プランテーション経営者たちはすぐに別の作物をさがし求めた。つぎにはサトウキビが植えられるようになり、またココナッツもためされた。その後はこのサトウキビとココナッツがプランテーションの典型的な作物となり、同様なプランテーションが、ニューギニア北東のニューブリテン島などでも始められた。

プランテーションが設立された地域は、フィジーやニューブリテン島など、メラネシア地域ではごく一部であったが、このプランテーションの設立はいくつかの点で周辺地域にも大きな影響を与えた。第一に、ヨーロッパ人の土地の利用の仕方がこれまでとは大きく異なるようになった。それまでの白檀やナマコなどの交易では、商人たちは島民から買付けをするだけであり、そのために広大な土地を必要とすることはなかった。しかしプランテーションを維持するためには、作物を栽培するために大規模に土地が必要になった。これによって、太平洋の島々の土地ははじめて大規模にヨーロッパ人の手に渡るようになるのである。

第二に、プランテーションで栽培されるものは、サトウキビにせよ綿花にせよココナッツにせよ、出荷前に加工することにより利益を大きくできるという特徴があった。これまで交易で輸出されていた品物は、白檀などのようにほとんど加工されることなく輸出されており、そのため利益も限られていた。しかし、サトウキビは加工されて糖蜜や砂糖のかたちにされ、またココナツは油やコプラのかたちにされ、さらに大きな利益がえられるようになった。重要なのは、このことによりそれまでよりも大規模な労働力が必要になったことである。現地では十分な労働者がえられない事態が生じ始め、労働力を島の外から獲得する必要が生じた。この結果多くの住民が契約労働者としてほかの島からやってくるようになるのである。

そして第三の重要な点は、第一、第二の点の結果として生じることであるが、産業の経営規模が大きくなったことである。プランテーションの経営では、土地を長期間管理し多数の労働者を管理しなくてはならず、このことから個人による経営はむずかしくなり、企業としての活動が必要になった。オーストラリア、ドイツ、イギリスやニュージーランドを基盤にした資本がプランテーションを手がけるようになり、この結果オーストラリア系のバーンズ・フィルプ社など、このあと、太平洋を活動範囲とする企業が発達するようになるのである。

労働力の確保

これらのプランテーションの発達により不足した労働力は、現地では十分にえられず、島の外に求められた。ほかの島にいって住民をさがし、契約をして一定期間プランテーションで働かせるということがおこなわれた。オーストラリアのクィーンズランド州のプランテーションで始められたこのような契約労働はサモアやフィジーでも始められ、フィジーでは一八六〇年代には労働者をのせた最初の船が到着してい

フィジーのプランテーションにつれてこられた住民たち　なかには奴隷狩り(ブラックバーディング)でつれてこられた者もいた。

る。その際に労働力として対象になったのは、ニューカレドニア、フィジー、ソロモン諸島などのメラネシア地域の住民であった。契約は数年間(たいていの場合は二、三年で、場合によっては五年)であり、定められた賃金と条件で働く、というものであった。

住民のなかには喜んで働きにいく者もいたが、見知らぬ土地にでかける者は最初は多くはなかった。したがって、初期の段階ではほとんど誘拐のようなかたちで住民が集められた事例があった。これがいわゆる「ブラックバーディング」(奴隷狩り)である。

プランテーションの労働力徴集のほとんどがブラックバーディングによるとみなされることがあるが、これにたいして労働を求める現地住民の自発的な意志があったことも見逃せない。たしかに、初期の段階ではブラックバーディングがおこなわれており、そして契約条件は必ずしも守られていなかった。さらにプランテーションにつれてこられた住民たちは、ヨーロッパ人が持ち込んだ病気にたいして免疫性がなかったこともあり、結核、肺炎、気管支炎などの病気になって死亡することも多かった。この結果、太平洋の多くの島々で人口が激減したとされる。しかし誘拐のような形式での労働力の調達は、長期的に継続的におこなうことは困難であった。契約労働は十九世紀後半から二十世紀前半まで数十年間にわたっておこなわれており、初期の段階ではブラックバーディングがおこなわれたとしても、住民の自発的な意志がなければ、大量のしかも継続的な労働力を確保することは無理であった。ブラックバーディングが恒常的に可能だったほど、現地住民は無知で無力ではなかったと考えるほうが適切であろう。

その際に多くの住民を契約労働にかりたてたものは、ヨーロッパ人がもっていた財であった。ヨーロッパの装飾品は、それまでそれを見たことのない者にとっては非常に価値あるものであり、石器を使っていた者にとって、鉄製の斧がもつ価値ははかりしれなかった。

そして契約労働を終えた者が持ち帰るヨーロッパの財は、現地社会に大きな影響を与えた。一般に太平洋社会では財の交換が広くおこなわれるので、ヨーロッパの財はすぐに流通し、高い価値を付与されるようになった。それらの財をもっていることにより、またヨーロッパ人との交渉の仕方を覚えたことにより、契約労働を終えた者は、現地社会で自分の社会的地位を大きく上昇させることができたのである。

ファースト・コンタクト

ヨーロッパ人と太平洋諸島民との最初の接触の様子については、あまり詳細な記述は残っていない。しかし、ニューギニア高地地域の住民との接触は、時代が新しいこともあり、比較的詳しい記録が残ってい

オーストラリア人とニューギニア現地住民との出会い　金を求めてニューギニア内陸部を探検したオーストラリア人は，はじめて「白人」と接する現地住民たちと出会った。

る。これは、太平洋諸島民とヨーロッパ人との最初の接触の様子がどのようなものであったかを推察するひとつの材料とすることができる。

ニューギニア島は、ヨーロッパ人にとって居住条件が悪かったことと、当面の利益が見あたらなかったため、植民地化の動きは十九世紀までほとんどなかった。比較的植民地の経済開発に熱心だったドイツがニューギニア北岸やニューブリテン島などでプランテーションを開いたほかは、二十世紀初頭まではほとんど外部の世界と接触がなかった。とくにニューギニア島の内陸部や高地地域は一九三〇年代までまったく接触がなく、そこには人は住んでいないだろうと考えられていた。海岸部から内陸に進むとすぐに熱帯雨林のジャングルにであい、内陸部は険しい山岳地域になることがわかっていたので、とても人が住んでいるとは考えられなかったのである。

その後、オーストラリア人がニューギニア島の内陸部に関心をもつようになるが、その関心をうながしたものは、「金」の発見であった。一九二六年にニューギニアの北海岸地域で金が発見されると、一獲千金を夢みてたくさんのオーストラリア人がニューギニアにはいりこんだ。そして海岸地域で金がとりつくされると、何人かのオーストラリア人は新しい金鉱を求めて内陸部を探検し始めた。そしてわかったことは、ニューギニア高地にも人が住んでいる、それも非常に多くの人々が住んでいるということであった。そしてそれまで「白人(オーストラリア人)」を見たこともないニューギニア高地の人たちが、突然に「白人」たちと接触するようになるのであった。

この接触については、オーストラリア人が持ち込んだ8ミリカメラによる映像が残されており、のちに当時の様子を語る現地住民の映像も加えられて「ファースト・コンタクト」というドキュメンタリー・ビデオが編集されている。これはきわめて異なる文化がはじめて接触したときの記録として非常に珍しい例であり、メラネシアの現地住民とヨーロッパ人との初期の接触の状況を知るうえで貴重な材料である。

これらの記録からまずわかることは、現地住民たちは、はじめて目にする「白人」にたいして非常な驚きを示したことである。それまで自分たちの民族以外とは、隣接する民族ぐらいしか接触がなかったニューギニア高地人にとって、肌の白い「白人」はまったく見たことのない存在だった。ある住民は、まだ子供だった当時の驚きをこう語っている。「本当におそろしかった。おそろしくて、その姿をまともに見ることさえできなかった。思わず泣き出してしまったくらいだった」と。また、別の地域でやはりオーストラリア人とはじめて接触した住民は、つぎのように述べている。「『白人たち』は向こうの方向からやってきた。今までにはまったく見たことのない人たちだった。地下からやってきたのか、それとも空からふってきたのかわからなかった。われわれは本当にびっくりした」と。

そしてここで興味深いのは、ニューギニア内陸部の各地で、現地住民は「白人」のことを自分たちのの様子をつぎのように語っている。「『白人たち』はこの世の人間ではない。死者の世界からやってきたわれわれの『祖先』に違いない。あの山の向こうに死者の世界があって、死んだ人間はそこへいき肌の色が変わって帰ってくる。われわれはそう教えられていた」。その祖先たちが今、自分たちの村へ帰ってきたのだと現地住民は考えたのである。これは後述するカーゴ・カルトのモチーフとして頻繁にみられる要素であり、現地住民の世界観と深く関連していると考えられる。

また当時のオーストラリア人が持ち込んだ新しい物資も、現地住民に大きな影響を与えた。オーストラリア人たちは鉄の斧を交易の材料のひとつとして持ち込んでいる。現地住民は最初は鉄の斧の価値を十分に理解しなかったが、その有効性がわかると、それを非常にほしがるようになるのだった。

オーストラリア人のもっていった「銃」もまた非常な驚きの対象であった。ある高地人は銃の威力をはじめて見たときのことをつぎのように述べている。「彼らがブタを銃で撃ったとき、われわれは本当に驚いた。その場で座り込んでしまったり、逃げようとしておたがいにぶつかるほどだった」と。また、オーストラリア人たちに戦いを挑み、はじめて銃にであった当時の住民はそのときの驚きをつぎのように述べている。「なにか大きな音がした。雷が落ちたのかと思った。そして仲間の一人が倒れた。別の場所のもう一人も倒れた。そして自分の手には血がでていた」。

さらに大きな影響を与えたのが、オーストラリア人たちが持ち込んだ「貝」であった。貝はブタとともにニューギニア高地では富の象徴、あるいは貨幣のような役割をはたしていたが、当時、貝は高地では交易でしか手にはいらず、となりの部族同士の交易が数珠つなぎになって海岸からの貝が高地にはいってきていた。したがって貝がもともとどのようにしてつくられるか知らなかった高地住民にとって、海岸から大規模に貝を持ち込んだオーストラリア人たちは、途方もない財をもっている、とみえたのである。

このようにヨーロッパ人が持ち込んだ物資は、現地住民の関心をおおいに引きつけたが、これは、後述するカーゴ・カルトの発生と大きく関連する。

2　植民地化

植民地分割競争

十九世紀は太平洋地域が欧米列強によって分割されていく世紀であったが、メラネシア地域もまた、十九世紀の初めから二十世紀の初頭にかけてイギリス、フランス、ドイツ、オーストラリアなどの各国に徐々に植民地化されていった。

まず一八二八年にオランダがニューギニア西半分の領有を宣言する。そしてイギリスは一八四〇年、ワイタンギ条約でニュージーランドの主権をえて太平洋地域への進出の足場とする。その後イギリスは、オーストラリア植民地政府樹立(一八五〇年)、フィジーをイギリス領化(一八七四年)するなど、太平洋での影響力を大きくしていった。これにたいしてフランスは、一八四二年にタヒチを保護下におき、五三年ニューカレドニアを領有宣言した。

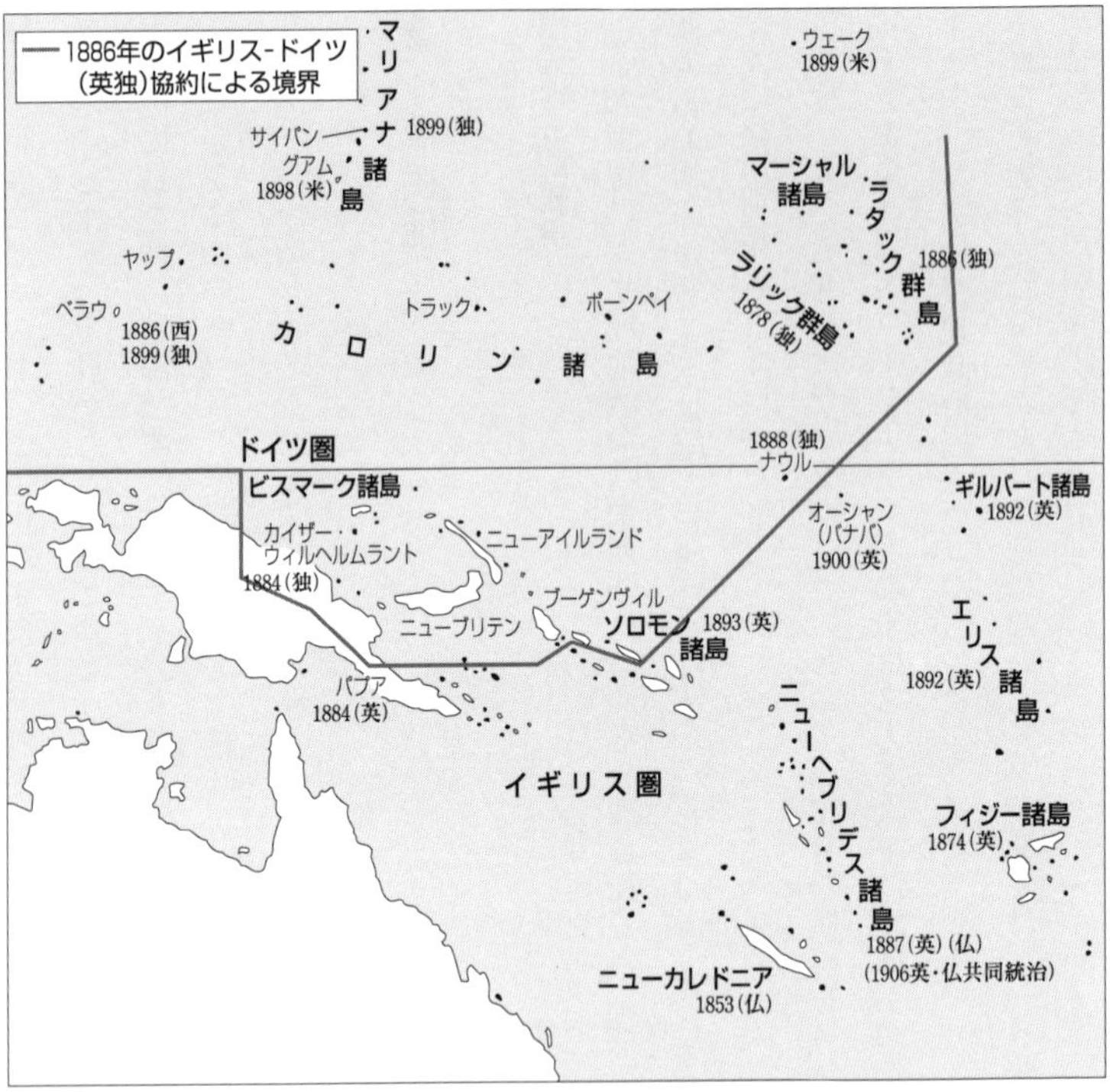

—1886年のイギリス-ドイツ(英独)協約による境界
マリアナ諸島
1899(独)
サイパン
グアム
1898(米)
ウェーク
1899(米)
マーシャル諸島
ラタック群島
1886(独)
ラリック群島
1878(独)
ヤップ
ペラウ
1886(西)
1899(独)
トラック
ポーンペイ
カロリン諸島
ドイツ圏
1888(独)
ナウル
ビスマーク諸島
ギルバート諸島
1892(英)
オーシャン(バナバ)
1900(英)
カイザー・ヴィルヘルムラント
1884(独)
ニューアイルランド
ブーゲンヴィル
ニューブリテン
ソロモン諸島
1893(英)
エリス諸島
1892(英)
パプア
1884(英)
ニューヘブリデス諸島
イギリス圏
フィジー諸島
1874(英)
1887(英)(仏)
(1906英・仏共同統治)
ニューカレドニア
1853(仏)

植民地分割

ニューカレドニアに続いてヨーロッパ諸国の植民地になったのはフィジーであった。十九世紀なかば、フィジーでは有力な首長のあいだで激しい戦闘が起こっていた。有力な首長の一人であったザコンバウはこの戦争に勝利をおさめ、フィジーのかなりの部分を支配して一八七一年に即位した。彼は当時盛んになり始めたプランテーションをみて、税の徴収を企てたが、綿花の価格が暴落したこともあり、住民の不満が大きくなって社会的不安をあおった。結局ザコンバウはイギリスに助けを求め、一八七四年、フィジーはイギリスに主権を譲渡することになった。

一八八〇年以前は、太平洋地域における植民地の支配は限られたものであった。当時、ヨーロッパ列強の力のおよぶ範囲は、ニュージーランドとフランス領ポリネシア、ニューカレドニア、そしてフィジーぐらいであった。

しかし、遅れてきたドイツが一八八〇年代に太平洋に出現するようになってから、状況は変化し始める。ドイツは一八五七年にサモアに交易の拠点をおいていたが、八四年にニューギニア東部を分割する協定をイギリスと結んだ。そして一八八六年にはその境界線は西太平洋地域の分割へと広がった。分割線の北側はドイツ領、南側はイギリス領となった。さらに一八九九年にはドイツ、イギリス、アメリカが協約を結び、イギリスはドイツがサモアの西側を領有することを黙認し、その代償としてそれまでドイツの勢力下であった西部ソロモン諸島(ブーゲンヴィル島を除く)を入手した。最後の協定は、一九〇六年、ニューヘブリデス諸島にたいしておこなわれた。一八八七年にはすでにイギリスとフランスの両軍隊による共同統治が定められていたが、この年、両国による共同統治の協定が正式に締結された。

こうして二十世紀の初頭までに、メラネシア地域のほぼ全域は欧米列強の植民地となった。ニューギニア島西部(西イリアン)がオランダ領、ニューギニア島北東部と周辺島嶼地域がドイツ領(これはその北部のドイツ領ミクロネシアへと続く)、ニューギニア島南東部(パプア地域と呼ばれた)からソロモン諸島にかけての地域がイギリス領、そしてニューカレドニアがフランス領となったのである。また、このあとオーストラリア連邦の成立を経て、一九〇五年にイギリス領ニューギニアがオーストラリア領となった。

一九一四年、第一次世界大戦が始まると、太平洋地域のドイツ領はほかの国々に接収されることになる。ミクロネシアは日本に、西サモアはニュージーランドに接収され、国際連盟の委任統治領となる。そして旧ドイツ領ニューギニアは、一九二〇年、オーストラリアの国際連盟委任統治領となる。

このように二十世紀までに、メラネシア地域も欧米列強の植民地となったが、実質的な統治がおこなわれることはあまりなかった。植民地としての利点をみいだせなかったため、実際に開発がおこなわれたのは海岸地域・島嶼部の一部のみであった。メラネシアの植民地化はまず寄港地の確保、あるいは列強としての威信を示すための勢力地域の確保という性格が強く、植民地の境界も、実際に現地の状況から決定されたものというよりは、地図上で決定されたものが多かった。

わずかにドイツが例外であった。ドイツはニューギニア地域の植民地支配を民間のニューギニア商会に委託する政策をとり、このニューギニア商会がニューギニア本島と周辺の島々でさまざまな開発を試みた。しかしそのなかでいくらか成功したのは、ニューブリテン島のプランテーションくらいであった。

ミッション・ラッシュ

太平洋地域に多くの島が「発見」されてから、キリスト教はあらたなる布教の地を求めて、太平洋に進出を始めた。一七九五年にはロンドンにプロテスタント福音派系の伝道協会(一八一八年にロンドン伝道協会〈LMS〉となる)が創設され、九七年にはタヒチで活動を始めた。一八一七年にはメソジスト伝道協会(WMMS)が創設され、やがてニュージーランドで布教活動を始めている。

メラネシアで布教が始まるのは十九世紀なかばであり、フィジーとニューヘブリデスでは一八四〇年代から、またニューギニアでは七〇年代にロンドン伝道協会が宣教を開始している。こののち、ルター派、メソジスト派、カトリックの各派などが十九世紀末からニューギニア地域で活発に宣教を開始する。一九二〇年代までに、各宗派はヨーロッパ、アメリカ、オーストラリア各地から多くの宣教師たちを現地に送り込んだ。このあと、キリスト教の各宗派はこぞってメラネシア地域に進出するようになり、現在ではどんな奥地へいってもどこかの宗派の教会が存在している、というまでの状態になる。ほかの太平洋地域と同様、メラネシア地域も住民のほとんどがクリスチャンとなり、パプアニューギニアは自ら「クリスチャン・カントリー」と称するほどである。

しかし、初期の宣教師たちはまず現地での生活を確立しなければならなかった。それまでも太平洋地域に住みついていたヨーロッパ人はいたが、滞在は短期の場合が多く、また住民との接触も、交易など特定の目的に限られていた。宣教師たちのように、住民の精神世界を変えようという試みで居住する人たちはいなかった。そして住民と長期に接触しようとすれば、現地の有力者と友好的な関係をつくることが必要であり、時には保護も受けなければならなかった。

一方で、現地の有力者にとって宣教師たちは、伝統的な価値観にたいする挑戦という性格もあったが、同時に現地の勢力争いで覇権を獲得するための手段としてもみなされた。このため、キリスト教への改宗が積極的におこなわれた場合もあった。

フィジーでは、首長たちの争いにキリスト教への改宗が大きくかかわった例がみられる。十九世紀なかば、有力な首長であったザコンバウはトンガのツポウ王から援助を受けて戦争に勝利をおさめたが、その援助にたいする感謝を示すためにザコンバウがおこなったことは、キリスト教に改宗することであった。トンガのツポウ王は、当時すでに熱心なキリスト教徒だったのである。また、その後、ザコンバウのライバルであったツイ・ザカウは、ザコンバウが改宗したメソジスト派ではなく、カトリックを受け入れることでこれに対抗しようとした。

しかし、現地住民がキリスト教へ改宗したからといって、その教義を完全に理解していたかは疑問であった。伝統的な宗教は日常生活と複雑な関係を保っており、宣教師たちもこのことは十分理解していた。改宗を促進するためには、現地の社会全体を変えなければならないと信じていた。住民たちは、その習慣の一部を変えることもあったが、それは必ずしも宗教的なものが原因ではなかった。住民たちにとってキリスト教の神エホバはあくまでも「白人の神」であり、自分たちの超自然的存在とは独立して存在するものであった。

現地住民が宣教師たちにたいして興味をもったのは、むしろ彼らが持ち込んだ物資や富、技術などであった。宣教師たちがヨーロッパの富をどこからともなくもってくるのに、人々は非常に大きな興味をいだいた。キリスト教への改宗のための大きなきっかけとなったのは、ヨーロッパ人の富や技術に接近しようとする動きであった。人類学者のＰ・ローレンスは、ニューギニア島海岸部での調査により、キリスト教にたいする現地住民の理解をつぎのように記録している。

われわれのもっているものはすべて、われわれの神がつくったものだ。ヤムイモも、タロイモも、ブタも、割れ目太鼓も。タロイモを育てるにはタロの女神にたいして儀礼をおこなうのだ。あなたたち白人は積み荷をもってやってきた。それはわれわれのほしいものばかりだ。そこでわれわれは考えた。「あの積み荷の神は誰で、どこにいるのだろう」と。そして宣教師たちがやってきてエホバのことを話し始めた。そこでわれわれはわかったのだ。これをつくっているのはエホバなのだと。

キリスト教にたいする現地住民の理解はこのようにきわめて物質的な性格が強く、このような理解と深く関連するのが、カーゴ・カルトであった。

カーゴ・カルト

一八九三年ニューギニアのミルンベイ地域で、ある男が精霊にとりつかれた、という噂が広まった。この男は精霊からつぎのような啓示を受けたという。やがて収穫期の南東風が吹くと大地が豊穣になり、ヤムイモやタロイモが豊かに実る。それとともに水平線上に一隻の船があらわれる。それは死者の霊をのせた巨大な船である。そのとき、信仰の厚い者はなくなった親族と再会できる。そしてほしいものはすべて

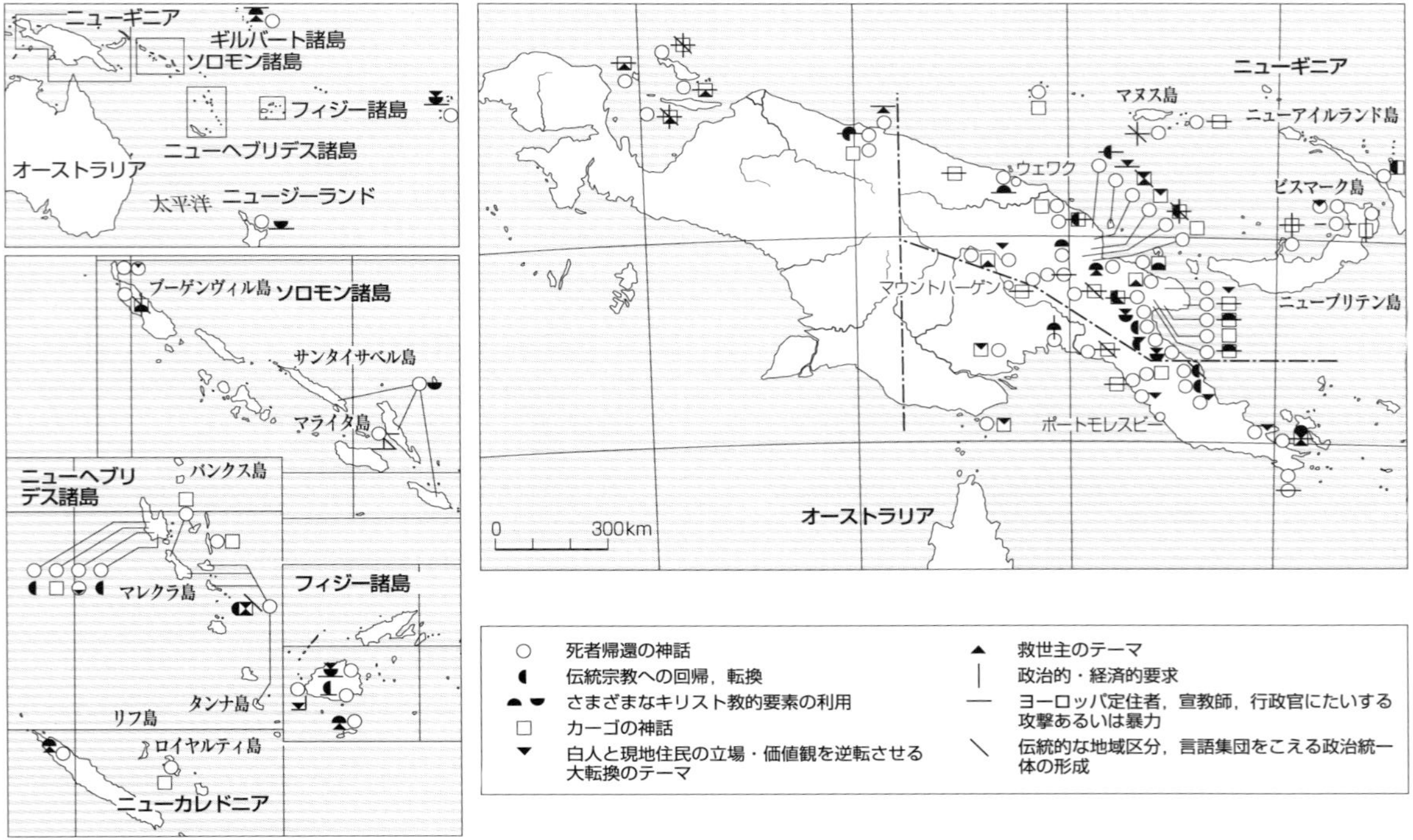
ニューギニア
ギルバート諸島
ソロモン諸島
フィジー諸島
ニューヘブリデス諸島
オーストラリア
太平洋
ニュージーランド
ブーゲンヴィル島
ソロモン諸島
サンタイサベル島
マライタ島
ニューヘブリ
デス諸島
バンクス島
マレクラ島
フィジー諸島
タンナ島
リフ島
ロイヤルティ島
ニューカレドニア
ニューギニア
マヌス島
ニューアイルランド島
ウェワク
ビスマーク島
マウントハーゲン
ニューブリテン島
ポートモレスビー
オーストラリア
0
300km
死者帰還の神話
伝統宗教への回帰，転換
さまざまなキリスト教的要素の利用
カーゴの神話
白人と現地住民の立場・価値観を逆転させる
大転換のテーマ
救世主のテーマ
政治的・経済的要求
ヨーロッパ定住者，宣教師，行政官にたいする
攻撃あるいは暴力
伝統的な地域区分，言語集団をこえる政治統一
体の形成

カーゴ・カルトの発生地

手にはいるので、今まで飼っていたブタをすべて殺して食べてしまってよいし、畑にある食物もすべて食べつくしてよいという。人々はこれを信じて、毎日の仕事をやめてしまい、およそ三、四〇〇頭のブタを殺して食べてしまった。ブタはメラネシア地域では富の象徴とされており、儀礼など特別の機会でないかぎり殺して食べることは少ない。そのブタをこのように一度に三、四〇〇頭も殺してしまったというのは、事の重大さをよく示している。

このあと、メラネシアの各地域で同じような現象が数多く起こり始めた。数十の運動が報告されており、地域的にはニューギニア島西部から東はフィジーまでというメラネシアの大部分の地域に広がり、時期的にも十九世紀末から両大戦間を中心として現在までという広がりをみせている。地理的に近接している地域では運動が伝播したとも考えられるが、遠く離れた地域でも同様な現象が起こっており、なんらかの要素が伝播して同様な運動のきっかけになったとしても、運動の発生には当時の共通な状況を重要視すべきであろう。これらの運動では、ヨーロッパ人のもっている積み荷(カーゴ)を満載した船や飛行機がやってきて、その積み荷が自分たちのものになると信じられ、このことからこれらの運動は「カーゴ・カルト」と呼ばれた。運動にはしばしば啓示を受けた予言者が出現し、この予言者のもとでカーゴをむかえるためにさまざまな行為が組織的におこなわれた。カーゴをむかえるために働くことや、畑の耕作をやめたり、カーゴを運んでくる船のための船着き場や、飛行機のための飛行場を建設するという運動がおこなわれた。

これらの運動にはいくつかの共通の要素がみられる。まず、まもなくこの世に大異変が起こり、自分たちの理想郷がやってくると人々は信じた。これは、圧倒的な富をもったヨーロッパ人との接触による相対的な剝奪感や、キリスト教の「至福千年」あるいは「千年王国」の考えの影響と考えられる。

また、これに加わる要素として、船や飛行機が運んでくる積み荷にはヨーロッパ人の富が満載されている、という信仰がみられる。これには、当時の住民たちがもっていた、ヨーロッパの富への強い欲望が示されている。前述したように、メラネシア地域ではヨーロッパ人の物資にたいする現地住民の関心が非常に高まっていた。

そして、さらに興味深いのは、これらのヨーロッパ人の富をつくっているのが自分たちの祖先であり、その祖先の世界から船や飛行機がやってくると住民が信じた点である。ヨーロッパ人がもたらした富は、自分たちの祖先がもともともっていた、あるいは自分たちの祖先がつくっているものであり、このような富は自分たちにも分配されるはずなのだが、なんらかの原因で自分たちには手にはいらず、ヨーロッパ人のみが入手している、と解釈された。

このように、積み荷をつくっているのが自分たちの祖先であると信じたのは、現地住民たちがヨーロッパ人たちの物資の製造過程を見ていないことを考えれば、ある程度は当然であった。それがヨーロッパ(あるいはオーストラリア)の工場でつくられ、船で運ばれてきたとは予想がつかなかったので、遠くの地にいる自分たちの祖先たちがこれらのカーゴをつくっているに違いない、と現地住民は考えたのである。

そしてカーゴ・カルトでは、カーゴとともに自分たちの祖先が戻ってくるとされたが、その祖先たちはさまざまなイメージでとらえられている。ヨーロッパ人がそのまま自分たちの祖先であると考えられた場合もあるし、旧ドイツ領だった地域では、オーストラリア人の前に住んでいたドイツ人がじつは自分たちの祖先であるとされた場合もある。たとえばソロモン諸島の北端のブカ島では、一九三二年に一度運動が起こり、かつてこの地にいたドイツ人がカーゴと一緒に戻ってくると住民は信じた。そして第二次世界大戦中、日本軍が上陸するという知らせが届くと、今度は日本軍こそ自分たちの祖先であり、日本軍がカーゴを運んでくると信じた。実際に日本軍が「われわれのいうことを聞けば、豊かな生活を送れる」との約束をしたので、一部の地域では住民は日本軍を熱狂的に受け入れたのだった。

第二次世界大戦後はこのような活発な運動はなくなり、その点ではカーゴ・カルトは沈静化したといえる。しかし、熱狂的な運動としてはあらわれなくとも、ヨーロッパの物資を強く望むという要素はその後もさまざまな現象にみられ、このような要素は「カーゴイズム」として、さまざまな現象を説明する概念として現在でも使われることがある。

メラネシア・ピジンの普及

現在、メラネシア地域では、メラネシア・ピジンという言語が広く共通語として使用されている。これは、西洋とメラネシア地域との接触の過程において発生した言語であり、せいぜい二〇〇年ほどの歴史しかもっていない言語である。しかし、この言語は現在、メラネシア地域の住民のコミュニケーションに重要な役割をはたしており、このメラネシア・ピジンが広く普及するに際しては、プランテーションでの契約労働と、キリスト教の布教活動とが大きくかかわっている。

メラネシア・ピジンの発生は十九世紀にさかのぼるとされる。十九世紀の初期から現地住民との交渉の際になんらかの交易用の言語が使われたという記録があり、これらの言語は当時、サンダルウッド(白檀)・イングリッシュ、ビスラマ、ジャーゴン・イングリッシュ、南太平洋ジャーゴン、南太平洋イングリッシュなどと呼ばれていた。おそらくこれらがメラネシア・ピジンの原型であっただろうと考えられる。

やがて太平洋地域のプランテーションで、プランテーションの雇用者であるヨーロッパ人と、被雇用者である太平洋地域の現地住民とのあいだの会話から、独自の言語が発達するようになる。これは前述した交易用の言語がもとになったと考えられる。そして同じ住民がいくつかのプランテーションで働くという経験をするようになってから、プランテーションのあいだにはある程度共通の文化が生じるようになり、一時的に話されていたこの独自の言語も共通性をもつようになっていった。さらに契約期間を終えた労働者が自分の故郷に帰ってそれを広めることにより、この言語がメラネシアの各地域に普及し始めた。メラネシア地域の多言語的状況も、この言語が共通語として普及するのに拍車をかけたと考えられる。このようにして形成されたのが、メラネシア・ピジンである。

その後、ミッションがキリスト教布教のための言語として採用するようになってから、このメラネシア・ピジンは広く普及し始めた。カトリックは一八九二年の段階で布教のために現地語を使用することを決めたが、のちに共通語としてのメラネシア・ピジンの有効性を認め始め、最終的には一九三一年にメラネシア・ピジンを布教のための正規な言語とした。ルター派もやはり初期の段階では海岸部の現地語での布教を試みた。しかしニューギニア高地へ進出するにつれ、海岸部の言語を布教の言語として使用することには困難を感じ始め、一九五六年にメラネシア・ピジンを布教のための言語として公式採用した。ほかの宗派も、住民が好むことから布教のためにメラネシア・ピジンを使用するようになり、このためキリスト教の布教はメラネシア・ピジンでおこなわれるのが一般的になった。

さらに聖書のメラネシア・ピジン版の発行が、この言語の普及に大きな影響を与えた。一九六六年にメラネシア・ピジン表記の聖書が発行され、のちにこの書法がメラネシア・ピジンの公的な書法として一般的になった。標準化することでメラネシア・ピジンはますます普及していった。

現在、メラネシア・ピジンが使われている国は、パプアニューギニア、ソロモン諸島、バヌアツ(ここではメラネシア・ピジンはビスラマと呼ばれる)の三カ国である。公用語としての性格では英語やフランス語にその地位をゆずるが、メラネシア・ピジンは共通語として非常に重要な地位を占めている。一九七一年におこなわれた調査では、パプアニューギニアの都市部の住民の八五%以上がメラネシア・ピジンを話せるとされており、現在ではさらにその使用率は高まっている。とくに一般大衆のコミュニケーションでは、メラネシア・ピジンは圧倒的な地位を保っており、現在のメラネシア地域の住民のアイデンティティ形成に重要な役割をはたしている。

3　第二次世界大戦

戦場となったメラネシア地域

第二次世界大戦が始まるまでは、太平洋地域で世界規模の戦争がおこなわれることはなかった。現地住民にとっては、せいぜい、どこか遠くでおこなわれた戦争の結果、宗主国が変わって別の「白人」たちがやってくるというぐらいの変化しか生じなかった。しかし、第二次世界大戦ではメラネシア地域の多くが戦場となり、日本軍の侵攻とそれにたいするオーストラリア軍を中心とする連合軍の戦闘により、多くの地域が激戦地域となった。とりわけ激しい戦場となったのは、現在のソロモン諸島とパプアニューギニアにあたる地域である。

真珠湾攻撃、マレー侵攻に続いて、日本軍はニューギニア島の北東部、ニューブリテン島北端の町ラバウルに押しよせた。ラバウルは、当時オーストラリアがパプア地域とニューギニア地域を統治するために行政府をおいていた町であった。一九四二年の一月、日本軍の南海支隊は、このラバウルのオーストラリア守備隊をわずか数時間で撃破した。こののち、ラバウルは南太平洋地域における日本軍の重要な拠点となるのである。ラバウルを占領した同じ日、日本軍はニューアイルランド島の北端の町ケイビエンを占領し、すぐに周辺地域のレイ、サラマウア、マヌス、ブーゲンヴィルにも基地を築いた。

当時アメリカ軍はフィジーに結集していたが、日本軍は連合国オーストラリアとの分断をはかり、ソロモン諸島の戦略的位置に目をつけた。一九四二年五月、日本軍はイギリス行政府のあったフロリダ諸島ツラギ島を占領し、ガダルカナル島ルンガ岬に空港建設を始めた。同年八月、アメリカ海兵隊がこの空港を奪取し、その後日米両軍の激しい戦闘がおこなわれた。翌四三年二月初旬まで、このガダルカナル島をめぐる激しい戦闘は続き、結局、日本軍は撤退することになった。

ラバウルを失ったオーストラリア軍は、ニューギニア島の南岸のポートモレスビーを強化し、日本軍に対応しようとしていた。そして日本軍はこのポートモレスビーを海から攻撃しようと企てた。一九四二年の五月に一一隻の日本の輸送船と二〇隻をこえる艦船がラバウルを出発し、ポートモレスビーの攻撃に向かった。しかし、ソロモン諸島の南部をすぎて珊瑚海へさしかかったときにアメリカ軍の戦闘機の攻撃を受け、日本艦隊は引き返さざるをえなかった。

海からのポートモレスビー攻撃に失敗した日本軍は、陸からの攻撃に方針を変えた。ラバウルからニューギニア島北岸のブナに上陸し、そこから山脈をこえてポートモレスビーを攻撃しようというものである。一九四二年の九月、日本軍は三〇〇〇メートル級の山々がならぶオーウェンスタンレー山脈をこえ、ポートモレスビーを見おろす地点まで到着した。しかし結局、そこからポートモレスビーを攻撃することは断念しなければならなかった。すでにニューギニア東部のミルンベイ付近の戦闘で日本軍は打撃を受け、後続の支援部隊を期待することはできなかったし、ニューギニア北岸の基地もすでに攻撃を受けて破壊されていたのだった。食糧の補給がないままに、日本軍は退却をしなければならなかった。これ以降、日本軍は撤退を続け、敗戦となるまでに多くの軍人が病気と飢えで死ぬことになる。ニューギニア地域とソロモン諸島で戦死した日本人の数は約三〇万人といわれているが、純粋に戦闘で死亡した者よりも、病気と飢えで死亡した者の数が遥かに多いとされている。

戦争と現地住民

第二次世界大戦はメラネシアの現地住民に大きな影響を与えたが、戦争の影響は地域によってかなり異

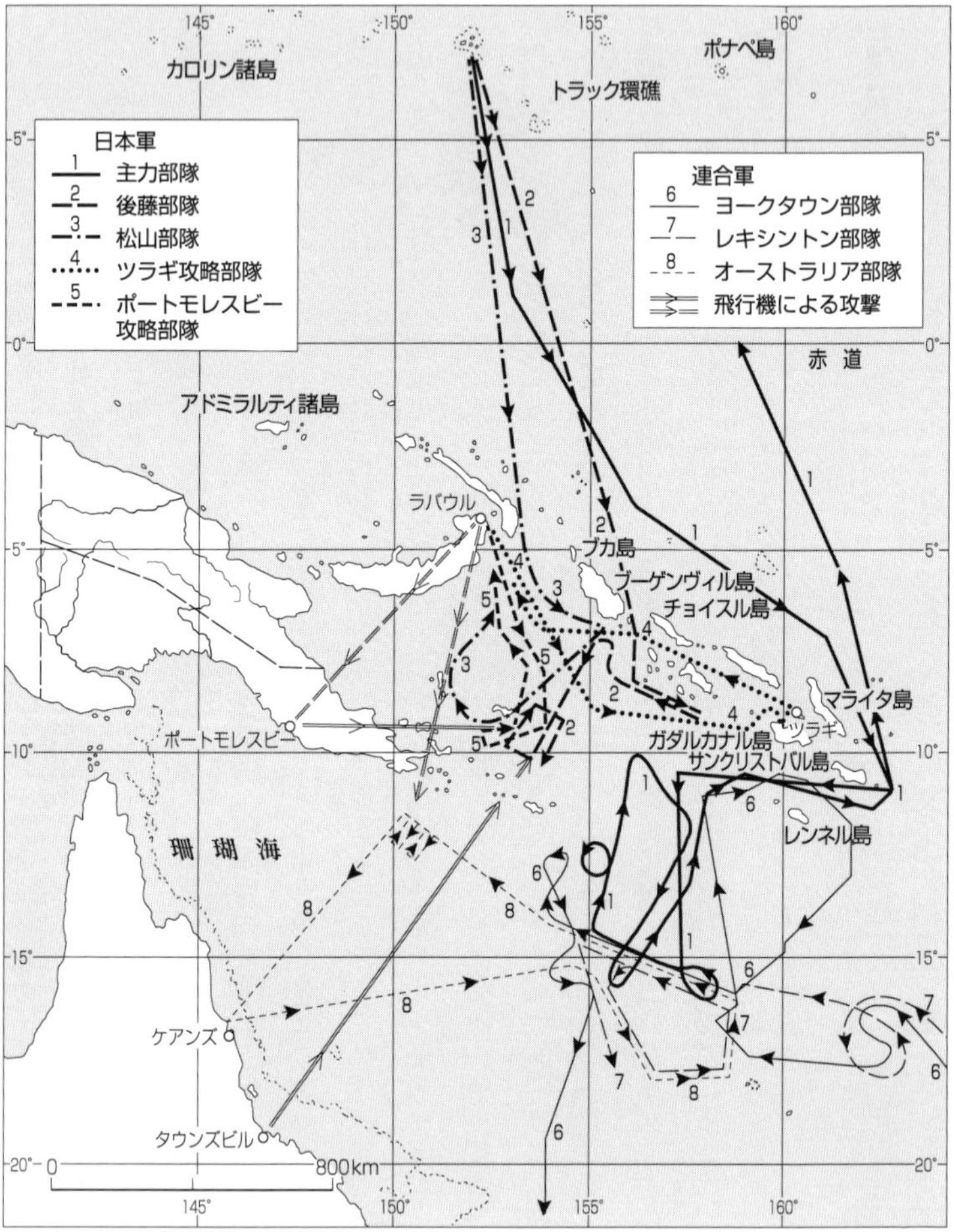

第二次世界大戦，珊瑚海会戦の戦闘

なっていた。激しい戦闘に巻き込まれた地域もあれば、ほとんど戦闘に巻き込まれなかった地域もあった。地域によっては住民は戦争にたいして無関心でいられたし、戦争がおこなわれていたこと自体を知らなかった地域さえあった。ニューギニア地域の場合では、住民の三分の一は戦争の影響をほとんど受けなかったとされている。フライ川やセピック川の上流、そして西部高地や南部高地地域の住民たちは、それまでよりも多くの飛行機が空をとび、多くのパトロールが村をとおりすぎていったのを見ていたが、そのほかにはとくに影響はなかった。他方、軍隊に占領された地域ではその影響は大きかった。たとえば、ソロモン諸島のガダルカナル島、ニューギニア周辺のブーゲンヴィル島、ニューアイルランド島、ガゼル半島などの地域では、連日の空襲により空から見える住居や畑地はほとんど破壊された。また戦争の途中から食糧の補給を受けることができなくなった日本軍は、しばしば住民の食糧を奪うことがあった。そして、連合軍が侵攻し、空からの爆撃が激しくなると、日本軍は現地住民がオーストラリア軍に情報を流しているのではないかと疑うようになり、現地住民を罰することも多かった。

戦争中の現地住民の態度は各地で異なっており、一様なものではなかった。日本軍に協力した地域もあれば、オーストラリア軍など連合軍に協力した地域もあった。しかし住民は基本的には、日本軍を支持していたわけでもなく、連合軍を支持していたわけでもなかった。その地域にやってきた軍が日本軍であればそれに従わなければならず、連合軍であればそれに従わなければならなかった。場合によっては日本軍と連合軍の戦闘に巻き込まれ、村人たちもまた対立せざるをえなくなっていく例もあった。

日本軍と現地住民とのあいだに友好関係がみられた例も報告されている。ニューギニアのセピック川河

負傷したオーストラリア兵を助ける現地住民　目が見えなくなった兵隊を2日2晩，ジャングルと川をこえて基地まで送り届けた。

口のムリック地域に日本軍が滞在したときの様子を、パプアニューギニアの初代首相であるマイケル・ソマレが記述している。

ソマレの村、カラウでは、近くに日本軍がやってきたと聞いたとき、村人ははじめは不安だったという。しかし日本軍はたくさんの食糧や衣服を村人に配り、村人はすぐに日本軍と友好的になった。日本軍は現地に滞在しながら、住民に軍隊の訓練をほどこした。簡単な日本語も教え、この教育を受けた者は現在でもいくつかの日本語の単語を覚えているほどである。日本軍が物資の補給を受けていたときは、村人たちにも食糧が配られたが、物資の補給がなくなると、日本軍は食糧を現地で調達しなければならず、セピック川流域からサゴなどの食糧をえた。やがて戦局が悪化していくと、日本軍はムリックを去ることになる。

「われわれ日本軍は負けている。もうすぐアメリカ軍がやってくる」。こういって日本軍が村を去るとき、村人たちは別れの会を催し、多くの村人たちが悲しみに涙を流したという。

当時、ニューギニア地域の多くの現地住民が連合軍にかりだされた。しかしこれも、彼らが連合軍を支持していたからでは必ずしもなかった。前述したとおり、メラネシア地域の住民は戦争についてどちらの軍を支持するかは判断がつかなかったといってよい。当時、現地住民が軍隊に参加した理由を、人類学者のホグビンが報告している。

一九四四年にニューギニア現地住民の中隊がつくられた。志願する者を集めるのは容易だった。しかし、連合軍が正しいと考えられていたからとするのは早計である。志願した者のなかには、祖先からの戦闘の伝統から参加した者もあったし、冒険を求めて志願した者もいた。また高い給与に引かれた者もいたし、軍服に魅力を感じた者もいた。広い世界を見るために、という者もいたし、また友人が参加したから、という者もいた。さらには村の生活にあきあきしていたからという者までいた。

戦争はまた、現地住民に大きな混乱をもたらした。混乱からカーゴ・カルトが出現した例もある。ニューギニア北岸、マダンの近くのンガインではそれまでくすぶりつづけていたカーゴ・カルト運動が、第二次世界大戦とともにふたたびその活動を活発にした。オーストラリア人の統治にたいして、やがて自分たちの祖先がカーゴをもってあらわれると予言していた運動のリーダーたちは、日本軍がその前触れだとした。オーストラリア軍が日本軍からの危険にさらされていると知ったとき、日本軍こそがカーゴをもたらしてくれると信じたのである。日本軍も住民のこの思い込みを利用した。カーゴは戦闘が続いているためにまだこないが、戦争が終わればマダンも大東亜共栄圏の一部となり、みなよい生活ができるのだとした。日本軍はカーゴの予言者に日本刀を贈与し、軍の役職を与えることまでしている。

ニューギニア地域の復興

第二次世界大戦が終結したとき、戦場となった地域の物質的な荒廃は莫大であった。たとえばニューギニア地域で戦場となったウェワク、マダン、レイ、ラバウルなどには残された建物はほとんどなかった。オーストラリアは信託統治領としてパプア、ニューギニア両地域を引き受け、その復興にあたった。当時、オーストラリアは、戦争中に現地住民がしてくれた協力にたいして、十分に復興にあたるべきだと考えていた。オーストラリアは一九四五年からの五年間で、三六年からの五年間の六〇倍に相当する一三〇〇万ポンドの直接補助金をパプアとニューギニア地域に支給している。

また産業の復興のために、現地住民に換金作物を栽培させようと、農業指導に力がいれられた。農業訓練センターを設置し、数百人の現地住民を受講させた。ブタを飼育するための施設がつくられ、ニワトリの雛《ひな》が多量にオーストラリアから持ち込まれた。高地に羊が持ち込まれ、米作もためされた。しかしこれらの計画の多くは、現地住民にたいする過度の期待もあり、そして商業活動を独占しようとする商人たちの反対もあって、あまり成功することはなかった。それほど簡単に戦後の復興が実現できるわけではなかった。

オーストラリア政府は現地住民にたいする戦争補償にも熱心であった。死亡した住民にたいする補償はもちろん、戦争で殺されたブタまで補償している。しかしその補償額については、住民は必ずしも満足してはいなかった。それは補償として少ないというよりは、戦争中に住民が見たオーストラリア軍、アメリカ軍の豊かさを考えるならば、補償額はけっして多いとは考えられない、という意味で満足していなかった。戦争中に見た軍用トラックや軍の食糧、数週間で軍の基地を構築した豊かさを見ている住民にとって、死んだ子供にたいして二〇ポンド、ブタ一頭が五ポンドというのは少額に感じられた。

オーストラリア政府は現地住民に賠償金を支払う際、その一部でも貯金して産業の振興に役立ててほしいという希望をもっていたが、その希望は十分にはかなえられなかった。補償金をえた住民は、すぐ商店にいってほしいものをかい、その補償金を使ってしまうのだった。住民たちの性癖を知っていた商人のなかには、支払いのその場にいあわせ、すぐに買い物をしてもらうのを待っている者がいたほどだった。したがって多額の補償金を支払ったにもかかわらず、それがすぐに産業の振興に結びついたわけではなかった。

マアシナ・ルール

ニューギニア地域のように戦後すぐに宗主国が復興にあたった場合もあれば、戦争の終結が住民にある種の空白期間を与え、それまでの支配にたいする疑問を生じさせた場合もあった。たとえばソロモン諸島では、戦争中、日本軍の攻撃によりイギリス系入植者は島を去ってしまい、植民地支配は事実上停止した。そしてその後、日本軍の侵攻を阻止するためにアメリカ軍がやってきたが、アメリカ軍は住民にとって、それまでの支配者であるイギリス人とは異なる存在としてみられた。

一九四三年に日本軍が撤退することでソロモン諸島での戦闘は事実上終了し、その後も駐留を続けたアメリカ軍はソロモン諸島の復興にあたった。その際に労働部隊として多くのソロモン諸島民がアメリカ軍と一緒に働いたが、そのアメリカ軍との接触によって現地住民は、「白人」がそれまでのイギリス人のように「支配する者」ばかりではないことを知った。アメリカ軍は膨大な物資によって住民を驚愕させ、しばしば住民に物資を振舞う気前のよさを示した。またアメリカ軍では黒人兵と白人兵が同じ立場で働いていたことも、住民に大きな意識の改革をもたらした。自分たちと同じ肌の色をもつ黒人兵が白人兵と一緒に働くのを目にし、住民たちはそれまでのイギリスによる支配にたいして疑問をもちだしたのであった。

そしてアメリカ軍の帰還以後、一部の住民はイギリスの支配にたいする反抗を強めていく。中心となったリーダーたちはマライタ全島を巡回し、イギリスの支配にたいする反対を説いた。この運動は「マアシナ・ルール」と呼ばれた。「マアシナ」はマライタ島の言語で「兄弟・同胞」を意味し、住民の統一をめざしたものであった。運動は一九四四年から始まり、一時期は五〇〇〇人をこえる人々がマライタ島の行政府に押しかけるなどの大規模な運動になった。イギリス行政府はこの運動に手を焼き、四七年九月、軍艦を派遣してリーダーたちをつぎつぎに逮捕したが、運動はその後も五〇年まで続いた。

マアシナ・ルールはアメリカ軍がふたたび到来することを予言するなど、カーゴ・カルト的な側面もあったが、むしろイギリスの支配に反対し、住民の一定の権利を主張するという民族主義的な政治運動の萌芽としてとらえられる。独立をめざしていたわけではないが、「白人」の支配にたいして住民が疑問をもち、それを政治的な運動として示したという点で大きな意味があった。

4　自立と依存

メラネシア諸国の独立

第二次世界大戦後、アジア・アフリカ諸国がつぎつぎに独立し、一九六〇年に国連総会で植民地独立付与宣言が採択されてから、メラネシア地域でも植民地独立は時代の趨勢であった。植民地を保有していた宗主国にとっても、メラネシア地域の多くは利益のでない地域であり、これらを保有していくのはむしろ経済的に負担であるという側面もあった。この結果、フィジー、ソロモン諸島はイギリスの指導のもとに、そしてパプアニューギニアはオーストラリアの指導のもとに独立をはたすことになる。

パプアニューギニアの場合、宗主国であったオーストラリアは、当初、パプア地域、ニューギニア地域を独立させるには非常に時間がかかるだろうと考えていた。一九四八年、オーストラリアのニューギニア担当大臣であったE・J・ウォードは、こう述べている。

ほとんど裸か腰巻きだけの一五〇万人の人々が文明化された基準になるのには、どれくらいの時間がかかるのだろうか。数年でおこなうにはあまりに大きな課題であり、また一世代でおこなうにも大きな課題である。われわれはパプア地域の腰巻きだけの現地住民を何人か、フィジーの医学校に送って、そこを卒業させようと考えている。はたしてそれが可能であろうか。これまでの経過は満足のいくものだ。しかしもちろん、すでに十分発展しているほかの太平洋地域と比べるとその進み方は緩慢だ。

独立への動きはゆっくりと進められた。一九六四年に、パプアニューギニア地域で普通選挙が実施され、その結果選出された議員により、第一回の住民議会が開かれた。当時は独立にたいしては慎重な主張が圧倒的であったが、パング党のマイケル・ソマレは一刻も早い独立を主張し、人民進歩党との連立により七三年に自治政府の初代首相となった。そして分離独立を主張するいくつかの動きがあったが、七五年九月、パプアニューギニアが正式に独立した。

こうして多くの地域が、独立国として国際社会に登場することになる。一九七〇年にはイギリスからすでにフィジーが独立していた。その後、七八年には同じくイギリスからソロモン諸島が独立し、ついで八〇年、ニューヘブリデス諸島が独立して、国名をバヌアツとした。

これらの国々の独立にかんしてはいくつかの共通する特徴がある。まず、独立のための民族運動により達成されたという性格が弱く、オーストラリアやイギリスなどの旧宗主国が指導して自治政府をつくり、いわば外側から「独立させた」という性格が強い、という点である。つまりメラネシアの各国にとって(これは太平洋地域の多くの国でも同様だが)、独立とは「内から求めた」ものではなく、むしろ「外から与えられた」ものであった。植民地政府の統治に反対して民族運動をおこない、独立を勝ちえたというわけではなく、外からの「指導」のもとに自治政府がつくられ、独立したといえる。

そしてこの特徴と関係するのは、国家として成立しその領土となった地域の住民たちは、独立の際に必ずしも一体感をもっていたわけではないという点である。旧宗主国の領土をそのまま引き継ぐかたちで独立をしたわけであり、もともと多民族の状況において国家というアイデンティティをもたない地域が、外からの圧力あるいは外からの指導によりひとつの国とされたという性格が強かった。

この結果生じるのは、国家にたいするアイデンティティが弱く、国家はたえず分離の危険をかかえているという問題である。たとえばパプアニューギニアの場合、独立にあたってはいくつかの地域が分離独立を主張した。のちに北ソロモン州となるブーゲンヴィル地域や、ニューギニア島南部のパプア地域などである。これらを調停してひとつの国家をつくるために、パプアニューギニアでは独立の際に「州政府」制度が導入された。これは国全体を一九の州に分け、それぞれに州政府を設けて中央政府の権利とは独立した一定の権利を与える、というものである。現在では中央集権化が進められているが、この州制度は分離独立運動をおさえるための、中央集権主義と地方分権主義の妥協の産物であった。

同様の問題は、多数のインド系住民をかかえるフィジーにも該当する。フィジーは一八七四年、イギリスに主権を譲渡したが、その当時イギリスからフィジーにやってきたA・ゴードン卿は、サトウキビ・プランテーションが労働者を必要としていた状況をみて、インドから労働者を送ることを考えた。この計画に従って、インド人をのせた最初の船が一八七九年にフィジーに到着した。契約の内容は、五年間は労働者として働き、その後は労働の場を選択でき、さらに一〇年働いたあとは本国にも帰れるというものであった。そのなかにはインドに帰らずにフィジーで過ごすことを選んだ者もおり、土地を借りて自ら農業を始める者もいた。一九一六年に契約労働者の制度は終了したが、それまでに多くのインド系住民がフィジーに住むようになり、やがてフィジーの人口の半数近くを占めるようになった。

一九七〇年、フィジーが独立する際には、この多数のインド系住民にたいする扱いが問題となった。当時インド系住民は全人口の約五一％を占めていたが、結局、議員数は民族集団ごとに配分され、フィジー系住民に有利になるように決められた。これにより、人口数と経済力の点でまさるインド系住民が政治的権力を握らないように配慮されたのだった。

メラネシア地域の独立の動きでは、バヌアツだけが異なっていた。フランスとイギリスの共同統治となっていたニューヘブリデス諸島は、民族主義的な運動のもとで独立がはたされた、太平洋地域では非常に珍しい例である。一九七〇年に独立をめざす国民党(のちにバヌアアク党と改名)がこの地域でつくられ、その後数多くの政党が生まれて独立の動きが強まった。これらの政党の活動により、七五年には自治政府の選挙がおこなわれた。しかし多数の議席を獲得したにもかかわらず政治的に優位を保てなかったバヌアアク党は政府から離脱し、のちに選挙方法を変更した七七年の選挙もボイコットした。その後の政治的混乱をへて、七八年にバヌアアク党と自治政府のあいだで協定が結ばれ、独立をめざした本格的な動きが始まった。結局七九年にもう一度選挙がおこなわれ、バヌアアク党が多数を占めて翌八〇年、ようやく独立をはたした。バヌアツの独立に際しては、ナグリアメルと呼ばれる団体が分離独立運動を起こしたが、隣国のパプアニューギニアに軍隊の派遣を要請することで、事態は収拾された。

独立がこれからの課題である地域もある。ニューカレドニアである。一八五三年にフランスはこの地域を植民地にしたが、六三年に大規模のニッケル鉱山が発見されてから、フランスは統治に熱心になった。

先住民を強制労働にかりだし、本国そしてアジアからの移住を積極的に奨励し、その居住地として先住民の土地を取り上げた。現在では全人口におけるフランス人の割合は約三七％となっており(先住民が四三％)、先住民の所有している土地はわずかに一〇％弱となっている。

先住民は一八七八年と一九一七年に反乱を起こしているが、七〇年ころから独立をめざした政治的な運動が活発になった。その後八四年には独立派諸政党が結集し、カナク社会主義民族解放戦線(FLNKS)がつくられて、独立の動きはますます強まった。そして九八年には、フランス政府、FLNKS、共和国カレドニア連合(独立反対派)の三者間においてヌメア協定が結ばれた。これは自治権付与の可否を問う住民投票をおこない、賛成が可決された場合は自治権を拡大し、一五～二〇年後に独立可否の住民投票をおこなう、というものであった。九八年十一月の投票の結果、自治権付与は可決され、これによりニューカレドニアも近い将来に独立することが可能となった。

民族の対立

独立の際に問題であった民族の対立は、やがて明確なかたちとなってあらわれる。フィジーでは一九八七年の選挙で、インド系住民を基盤とする連邦党と労働党の連合が、フィジー系の同盟党政権をくつがえした。これにたいして、フィジー系住民の反発や危機感が高まり、五月、S・ランブカ中佐がクーデタを起こし、インド系の閣僚を多数含む政権を倒した。

その後、P・ガニラウ総督を首班として両勢力同数の連合政権ができたが、ランブカはクーデタの目的であるフィジー系住民優先の政治体制が達成されていないとして、九月にふたたびクーデタを起こした。そしてその後の混乱をへて、一九九〇年七月には憲法が改正され、ランブカは自ら首相の座に就いた。憲法改正により、首相や閣僚など国の重要なポストに就くのはフィジー系住民に限定され、また国会議員の数が民族別に配分されて、フィジー系住民の優位がゆらがないような処置がとられた。

クーデタ後は、中核ビジネスや技術職を担っていたインド系住民が多量に国外へ流出し、同時に多くの外資系の資本も流出した。この経済的危機を打開するため、また議員の配分が民族差別であるとの攻撃に対応して、一九九七年に政府はふたたび憲法を改正し、議員数の民族別の指定を改定した。この結果、新憲法下での九九年の選挙ではインド系のフィジー労働党が他の二党との連立で過半数を獲得し、フィジー初のインド系首相が誕生した。

しかし、二〇〇〇年五月、フィジー系住民の武装勢力がクーデタを起こし、インド系勢力が中心の政府にたいして現行憲法の廃棄などを主張した。このあと、クーデタ後の混乱を掌握した軍隊(フィジー系住民が中心)、フィジーの伝統的な組織である首長大評議会と交渉が続けられているが、その政情は安定した状態にはいたっていない。

分離独立の動きはパプアニューギニアでも生じた。ブーゲンヴィル独立運動である。パプアニューギニアの北ソロモン州は、パプアニューギニアが国家として独立する際にも分離独立を主張しているが、この際には、州政府の自治権を大幅に認めることで収拾がついた。その後、北ソロモン州の大部分であるブーゲンヴィル島には、大規模な金・銅の鉱山が存在していることがわかり、外資系の鉱山会社が採掘をおこなっていた。一九八八年、このパングナ鉱山の地主グループが、鉱山の開発にたいする不満から鉱山施設を爆破する行為にでた。

事件にはいくつかの背景があった。ひとつは、北ソロモン州の住民が民族的にはパプアニューギニアよりもむしろソロモン諸島の住民に近いという問題である。これにはイギリスとドイツのあいだでおこなわれた植民地分割の際の線引きが影響している。植民地化の過程で、地理的・民族的な同質性とは一致しない線引きがおこなわれ、それがその後の独立の際の国境にまで継続されていた。このため北ソロモン州の住民はパプアニューギニアのほかの地域の住民にたいして必ずしも一体感をもっていなかった。もうひとつは、この島のパングナ鉱山からえられる利益は莫大であったが、それが現地に十分還元されていないと現地住民が認識していたことである。パングナ鉱山の銅鉱石の輸出だけで、パプアニューギニアにおける総輸出額の半分近くを占めるほどの年もあり、北ソロモン州の住民たちには、自分たちの島によりパプアニューギニア全体が潤っているとの認識があった。

事件は一九八八年、鉱山開発用の火薬が大量に盗まれて、鉱山施設の一部が爆破されることから始まった。一時は収拾がつく兆しをみせたが、その後、島民の一人が殺されたことから、事態は異なる方向に発展した。島民が他州出身の住民によって殺されたとの噂が流れ、その結果、同島の住民が他州の住民にたいして銃を使って襲撃を加える事件が続いた。そして中央政府からの軍隊にたいして現地住民は武器で応戦を始め、事態は島全体を巻き込み、さながら内戦の様相を呈するようになった。

初期の段階では、事件は一部の地主グループによる採掘会社への抗議という性格であったが、しだいに

パプアニューギニアのパングナ鉱山　紛争で閉鎖されるまでこの鉱山からの収入がパプアニューギニアの国家収入の30%以上を占めていた。

ブーゲンヴィル島民全体の、他州出身者への襲撃という性格に変わっていった。地主グループの要求は、鉱山会社の撤退と補償金支払いから、ブーゲンヴィル島のパプアニューギニアからの独立へとエスカレートした。運動は約一〇年続き、一九九八年に一定の和平交渉がなされたが、二〇〇〇年現在でも完全に解決しているとはいえない状況である。

自立への模索

メラネシア地域がかかえるもうひとつの問題は、政治的には独立をはたしても、それがそのまま経済的に独立したことにはならないという点である。これは太平洋地域全体にもいえることだが、たとえばソロモン諸島の場合では、一九七八年に独立した際に、その後八〇年までのあいだ、国庫支出の約半分の額をイギリスから財政支援を受けることが決まっていた。また、パプアニューギニアの場合でも、国家予算のなかに占めるオーストラリアの財政援助の割合は、独立直後でほぼ半分、その後の一〇年間でも三〇%以上を維持していた。

メラネシア諸国にとって、経済的発展の可能性はけっして大きくない。人口も国土もパプアニューギニアを除けば非常に小さい(極小性)ため、国内市場規模が小さく、労働力供給が十分におこなえない。また、しばしば国土は多数の島々に分れており、広大な島をもつパプアニューギニアでも、険しい地形により主要な都市間の交通は隔絶されている(分断性)。このため、輸送コスト、通信コストの高騰を招き、インフラ整備に多額の経費が必要になる。また世界の主要市場から離れていること(辺境性)は、輸送コストが高くなり、輸出・輸入のうえで不利な要因となっている。

そして、ポリネシアの太平洋島嶼国家ではMIRAB経済(序章参照)がその特徴とされているが、そのなかの要素である海外からの援助への依存と公的部門依存の性質は、メラネシア地域の国家群でもほぼ該当する。この点では国土が広大なパプアニューギニアも同様である。ここでもオーストラリアからの補助が大きく、また国内の主要企業のほとんどは外国資本であり、民間資本は十分に育っていない。

さらに問題なのは、パプアニューギニアの地下資源(金、銅、石油など)も含めて、輸出品目が一次産品に依存していることである。木材やパームオイル、魚介類、カカオ、コーヒーなどが主要な輸出品となっており、さらには、これら一次産品のなかでも、少品目に依存している。このことから、輸出の対価は国際価格の変動に左右されて不安定となる。とくに農産物は気候に左右されるなどの理由から収量も不安定である。また、木材、魚介類などは資源収奪型産業であり、枯渇の危険性をもっている。一九九〇年代になってからパプアニューギニア、ソロモン諸島で木材の輸出が急増したが、これは、マレーシア材の産地サバ、サラワク両州で丸太輸出規制が実施されたことに起因する。国土が広大なパプアニューギニアは別としても、ソロモン諸島、バヌアツでは、伐採を続けていくと、資源枯渇、環境破壊の危険性がある。

以上のように、経済的に自立を求めるメラネシア諸国の動きはけっして楽観視できない。海外からの援助が持続的におこなわれることは必ずしも期待できないし、現在のところ、パプアニューギニアの地下資源以外には、恒常的に依存できる経済的体制は整っていないという状況である。

メラネシア諸国にとって、自立への道は政治的にも経済的にもけっして平坦なものではないのである。

第六章　ポリネシア史

1　ハワイ──王朝の成立

西欧人の来島と歴史の生成

ポリネシア人の移住史のなかで、ハワイ移住は末端に位置する。おそらくはマルケサス諸島から、七〇〇年ころに移住がおこなわれたが、もっと大きな移住の波が、その後九世紀ころにタヒチから生じていると考えられている。ハワイの宗教のなかでカヒキ(ハワイ語のタヒチ)はすべてのものの源泉であり、すべてのもののいきつくところでもあり、特権的な地位を占めている。

ハワイにやってきた最初の西欧人は、キャプテン・クックおよびその配下のイギリス人たちであった。一七七八年一月にハワイにやってきたクックは、ここを重要なスポンサーであるサンドイッチ伯の名にちなんでサンドイッチ諸島と名づけた。そののち北太平洋をアラスカまで踏査してのち、同年十二月初めにハワイ島ケアラケクア湾にたどり着くと、クック一行は一万人ものハワイ人たちに大変な歓迎を受けた。

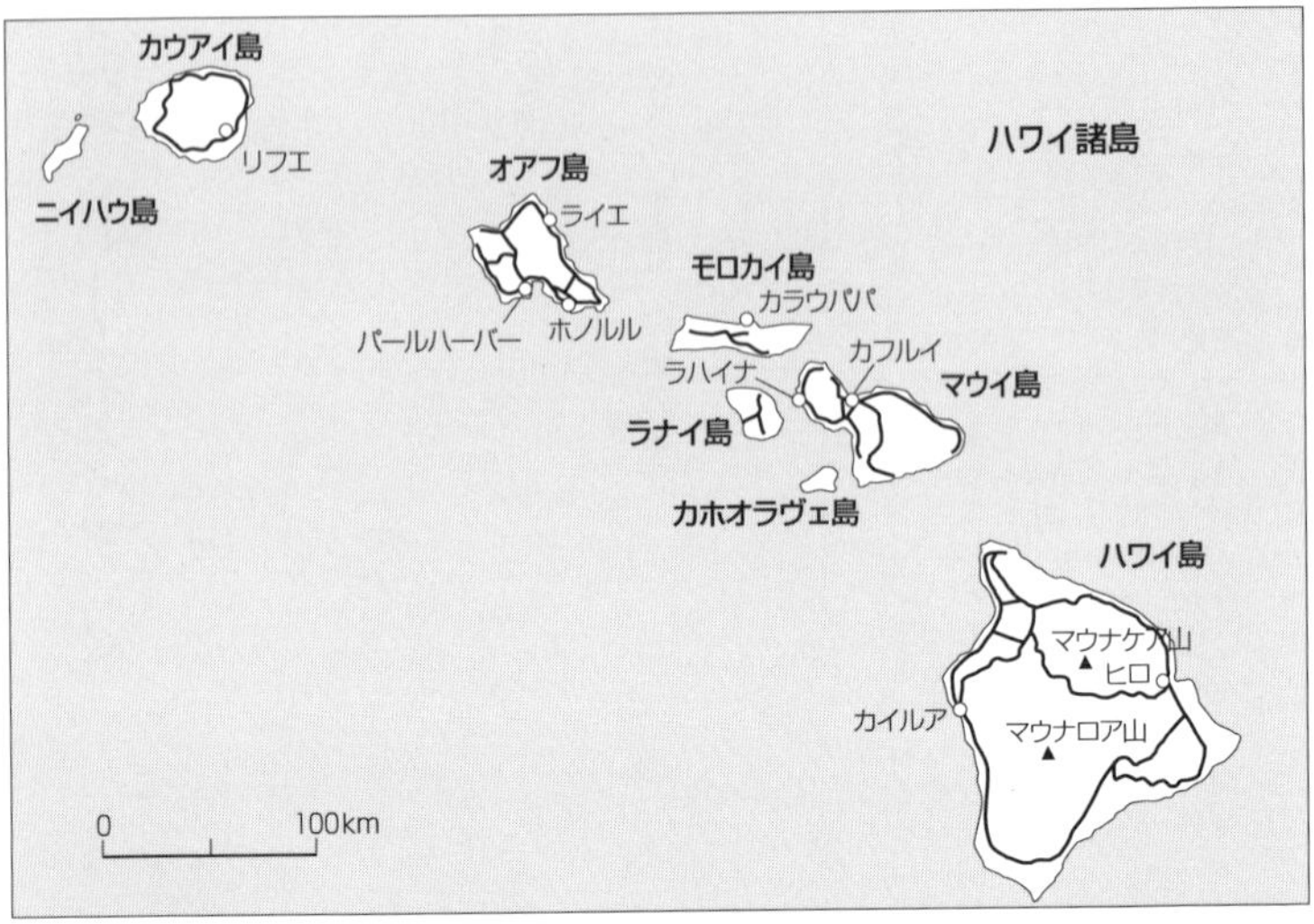

ハワイ諸島地図

ヒキアウ社でロノ神の儀礼に参加させられたキャプテン・クック

クックはちょうど、一年をしめくくる大きな儀礼にいあわせたのである。そして、ハワイの王族、とりわけ当時ハワイ島でもっとも勢力をもっていたカラニオプウ王や、ケアラケクア湾にあるヒキアウ社の司祭たちとの交際のあと、いったんこの諸島をあとにしたクックは運悪く嵐に遭遇し、船の修理のために湾に舞い戻ってくる。しかし、ハワイ人たちの態度は、以前とはうって変わって冷淡なものとなっていて、彼はちょっとした小ぜりあいから命を落とすことになる。ハワイ人たちはクックをロノ神の化身と考えていた節があり、彼の死はハワイ人のあいだでも伝承として語り継がれた。

当時のハワイは、ポリネシアに共通する社会的特徴ともいえる首長制に基づく社会であった。全諸島に権力のおよぶ主権者はいまだ存在してはいなかったが、各島を勢力範囲とする王国が誕生し、そのあいだで権力闘争が続いていた。社会は、王族層ないし貴族層、それを支える家来層（王族層から家来層まで総じてアリイと称される）、生産をなす平民層（マカアイナナ）および少数の奴隷層（カウア――戦争での捕虜から生じた）からなっていた。王族は神につながる家系である一方、平民とのあいだでの結婚は原則として禁じられていた。

平民の住むコミュニティの土地は、アフプアアと呼ばれる単位に区切られ、そこでコミュニティの自給自足経済が営まれた。アフプアアの典型は、海岸から山の中腹まで細長く区切られた土地である。ひとつのアフプアアで、必要な資源がほとんど採取できる仕組みとなっていた。それぞれのアフプアアの原理的所有者は首長となっていた。しかし王族の権力闘争により土地が再分割されても、その土地に住んで農作物をつくる平民たちはそこに住んで作物をつくりつづけ、交代した君主に税として作物を貢納した。家来層(下層の首長たち)は、地方に派遣されて、土地管理をおこない税を取り立てる役人となったり、王国間の戦いに戦士として参加したりした。

司祭はまた、ハワイの宗教を支える重要な存在であった。神の社であるヘイアウを司祭は取りしきり、人身供犠を含むさまざまな儀礼をおこなっていた。首長と神とは連続していると考えられており、宗教は社会制度を支えるものとして重要な存在であった。

西欧人がこの社会に出現してからまたたくまに、この社会は大きな社会変容にさらされるようになる。クックの航海をきっかけとして、北米北西海岸のアザラシ猟が始まり、その毛皮をおもな輸出品とする中国との貿易が開始された。北米と中国のあいだを往復する船はしばしばハワイ諸島に立ち寄った。

西欧人との接触は、ハワイ人たちにさまざまなものをもたらした。それまで知らなかった西欧人の病気、とりわけ淋病・梅毒などの性病が、性的に活発なハワイ人たちに蔓延した。また、インフルエンザ、結核などもこの社会にもたらされた。さらに、酒の導入によるアルコール中毒や、あらたな武器として導入された火器により、奪われた命も数多い。クックのころの諸島全体の人口は二〇万~二五万人程度と推計できるが、それから五〇年もたっていない一八二〇年の人口は一三万五〇〇〇人であった。以後も漸次人口減少は続き、一八九〇年には四万人となってしまう。

カメハメハの統一王朝

クックの訪問のころ、ハワイは、東のハワイ島、ラナイ島、カホーラウェ島をおさめマウイ島の東部分にも勢力を伸ばすカラニオプウ、中部にあるオアフ島とモロカイ島をおさめるペレイオホラニ、西のカウアイ島とニイハウ島に君臨するカネオネオというふうに、それぞれの王を中心にほぼ三つの王国に分割されていた。しかし、それら王権もたがいに間断ない勢力争いにさらされており、首長層のあいだではたえず戦いが続いていた。たとえばペレイオホラニの勢力圏から分れたカヘキリは、旧勢力を西に追い込み、しだいに中部に勢力を広げていった。

クック以後、ハワイ王族のなかで、西欧人たちとの交際をとりわけ好み、またそれを自らの勢力伸長の一策に位置づけていたのは、カラニオプウ王の甥のカメハメハである。また、西欧人たちもこの若い貴族の実力を認め、リーダーとして重視するようになっていった。若きカメハメハと親交のあったイギリス人のなかに、クックの第三回航海に同行し、のちに自らも船長となったバンクーバーがいた。カメハメハは、西欧人との親交を通じて銃器や大砲などの火器をいち早く入手したり、またハワイに住みついた西欧人に西欧式帆船をつくらせ、軍事訓練をおこなって西欧式海軍を編成し、その威力を示して競争者に打ち勝つ力を蓄積していった。

カメハメハはまたの名をパイエアといい、ハワイ島の高位首長ケオウアと先のハワイ王アラパイの娘ケクイアポイワのあいだに、一七五八年に生まれたと推定されている。クックの一行がハワイ島をおとずれたおりにも、カメハメハはすでに優れた若いリーダーとして注目されている。一七八二年にカラニオプウがなくなると、その後継はカラニオプウの息子のキワラオと甥のカメハメハのあいだで争われることとなった。初めは静かなにらみ合いが続いたが、やがて戦いが始まり、モクオハイの戦いでキワラオが戦死す

カメハメハ１世

る。そのあともキワラオの弟や叔父のケアウェマウヒリとの勢力争いが続くが、カメハメハは最後には勝利し、ハワイ島の覇権を掌中に握ることとなった。

カメハメハはその間も休みなく他島への遠征を続けていたが、オアフ島で一七九五年には、ライバルのカラニクプレをヌウアヌ・パリの断崖に追いつめて勝利をえて、カウアイ島とニイハウ島を除く全諸島の覇権を握ることとなり、ほぼハワイを統一した征服者としてここに君臨することになった。一八一〇年までには残りのカウアイ島とニイハウ島も彼のもとにくだり、名実ともにカメハメハは王朝の創始者となった。カメハメハにいたりハワイ全土は平和な状態をえることができたのである。カメハメハ王朝は一八九三年に「革命」により崩壊するまでじつにほぼ一〇〇年間続いた。

カメハメハの政権は、独裁をある程度維持してはいたものの、各島に知事をおき、そのうえに君臨する形態をとっており、勲功のある首長や彼の助力者である外国人を登用しておさめるという近代性ももっていた。同時に、入港し、交易する外国船から港湾税を取り立て、新しい財＝白檀の交易を独占するなど、経済重視の新しい立場をとっていた。しかし、キリスト教の宣教が始まる前の一八一九年に没したということもあり、既存の伝統的宗教(カプー制度)に基づく社会制度を維持するという保守性もあわせもっていたのである。

白檀交易

白檀交易が始まると、ハワイの伝統的な経済システムは大きな変化をよぎなくされた。白檀は中国人の好む香木であったが、中国人が好むがゆえに西欧人にとって重要な財となっていた。もともと中国の特産品である絹織物、茶、陶磁器がほしくて貿易を求めていた西欧であったが、中国の側に西欧からほしいものがないために、その貿易願望は片思いが続いていた。中国人が好む外来の品のなかには、中華料理の材料となる煎りナマコやフカノヒレなどのほかに白檀も含まれていたので、ハワイの山に自生する白檀は中国人との交易に格好の品となったのである。西欧の船はここハワイまで、ハワイ人の好むものならなんでも運んできて白檀と交換し、その後バタビアやマニラまででかけて中国船とのあいだで好みの中国の財と交換する三角貿易をおこなった。

西欧人が白檀を好むことを知ったカメハメハはまず白檀交易を一手に独占した。首長の名のもとに所有する山林すべて、あるいは白檀そのものをカプー(立入り禁止または採取禁止)として、彼だけが貴重財を独占した。カプーは次項で詳述するが、ポリネシア文化に共通する宗教観念で、ものともの、人と人のあいだの秩序をつくりだす世界観の源であった。さらにこの観念を実践的に用いて、祭のあとに消費しすぎた食物生産システムを回復させるため、または、近い将来の儀礼に必要な食物を確保するために、一時的に特定の食物の摂取を禁じたり、特定の場所への立入りを禁じたりすることもあった。そうすることで植物系食物の消費をコントロールすることができたのである。このカプー制度を乱用することで、カメハメハは白檀交易を自らの掌中に集めた。

やがてカメハメハ以外の首長たちも白檀交易のもうけの大きさに気づいて、カメハメハ一世の没後、これを実施するようになる。白檀の対価として首長が西欧人からえた財は、首長の地位のしるしとなるあらゆる贅沢品であった。みごとなビーズ、絹織物、姿見、磁器の食器セット、銀器類、そのほかなんでも目新しい奢侈品と白檀を交換した。首長たちはできるだけ西欧人のように暮そうとした。

しかし一方で、白檀交易そのものをカプーとされた平民たちは、西欧人たちのもってくる交易品を入手することはできない。たんに首長層が手にいれたような贅沢品の品々が入手できないのみならず、生活に必要な大工道具やナイフ、釘などの鉄器も同じだった。西欧人の便利な道具類は、マナのしるしとして首長の家や倉庫に使われずにしまっておかれ、平民が同様の道具を利用して生産活動に従事できるようになったのは、ずっとあとのことであった。

白檀は森に自生していた。最初はいくらでも森からとってくることが可能であったが、やがて乱獲からしだいに再生産が危うくなる。初めは森にはいっていけばすぐ見つかり、それを西欧人との交易にあてたのだが、やがて白檀をさがすのはなみたいていの仕事ではなくなった。すぐに首長たちは将来の白檀の収穫を担保として、贅沢品の前借りを重ねるようになってしまった。またこの取引のなかには酒も含まれていた。やがて、なかなか見つからない白檀を、何日も森のなかを歩き回ってさがさねばならなくなり、平民たちがこの仕事に動員されるようになると、通常の食糧生産の仕事、自給自足の作業はできなくなり、多くのタロイモ田や畑は放棄された。白檀はしだいに枯渇して、一八三〇年までには採取可能な原木が消滅したという。

タブー解放と布教の開始

ハワイの宗教は多神教であったが、その宗教観念の中心にはカプーという観念があった。これはほかのポリネシア地域にも共通するもので、ほかの地域ではタプーと呼ばれることが多く、西欧世界にはタブーという宗教観念としてもっぱら紹介されてきたものである。カプーの概念によれば、万物は異なる聖性をもっており、その差違が大きい場合接触することは危険であった。首長身分の者のなかには、出自により神と同じくらい聖なる身体をもつ首長がいるが、この身体はカプーとして、平民のみならずほかの首長にとっても接触が禁じられたり、接触に際してさまざまな儀礼をおこなう必要があった。このようにしてハワイでは、個々人のあいだにカプー制度を通じて自然と序列ができていたわけである。カプーは宗教制度でもあり、また社会秩序を維持する制度でもあった。カプー制度によって隔てられているのは首長と平民だけではなく、男性と女性も同様であった。男女がともに食事をすることは禁じられていたし、女性は、バナナ、ココナツ、ブタ肉などの摂取、神の社(ヘイアウ)にはいることも禁止であった。また同様にイヌ肉の摂取や女性の儀礼小屋(ハレパパ)にはいることなど、男性に禁じられていることもあった。

しかし、クック以来この地をおとずれるようになった西欧人との一連の交際により、ハワイ社会内部に生じたさまざまなひずみは、このカプー制度の存在自体にたいする疑問を人々の心のなかにはぐくんでいた。タブーを破って旧来の神々が無力であることを示す実験は、ほかの諸島ではしばしば宣教師たちが演出して首長がおこなうことがあったが、ハワイではそのような宣教師たちが来島する以前、王族自身によりカプー破りが人々の目前でおこなわれたということは興味深い。カメハメハ一世の葬儀の一部としておこなわれるカプー破りの儀礼からそれは始まったが、やがてハワイ島カイルアを拠点としてカプーを無視する勢力がしだいに力をえていった。まずは、カメハメハ一世の妻であり、高度のカプーにより守られていた聖性の高い女性首長ケオプラニが、女性に禁じられているものを食べ、また親族の男性とともに食事をとった。そして周囲の人々に同じ行動をともにとることをうながしたのである。カメハメハ二世は、初め半信半疑であったが、やがて母親の側に加わってともにこの運動に荷担した。

このカプー破りの演出者は、カメハメハ一世の最愛の妻で、彼の死後摂政の地位にのぼり、実権を握ろうとしたカアフマヌであるといわれる。彼女にとっては、女性を政治から排除するものとして、カプー制度はじつに不自由きわまりないものであったはずだ。このののちカアフマヌは摂政としてカメハメハ二世とともに権力を分け合い、不安定だった諸島の西側の勢力者と結婚して平和を保ち、実質的にハワイ諸島に君臨したのである。

その後まもない一八二〇年、宗教的には真空地帯となったハワイに、ニューイングランドからカルヴァン派宣教師の一団がやってきた。家族連れではいってきた宣教師らのうち、夫たちは医療につとめ、妻たちは針仕事を教えて首長層に食い込んだ。ハワイ特有の植物をデザインした刺し子のベッドカバーは、宣教師の妻たちから伝えられた技術をハワイ風にいかしたものとなり、ハワイアン・キルトとして現代にも続いている。また彼らは印刷機をすえつけ、ハワイ語をアルファベット化して、いち早く聖書をハワイ語で出版した。

これらニューイングランド出身の宣教師たちは、プロテスタントのなかでも当時もっとも厳しい戒律をもつ宗派であったから、ハワイ人の行動を見て、その「非道徳性」をうれい、この矯正が急務であると考えた。裸体に近い服装や一夫多妻制度に彼らは眼を覆いたくなった。また、とりわけその性行動の放縦さ、あけっぴろげさは宣教師にとって理解しがたいものだった。さまざまなチャント(詠歌)や歌、ダンス、詩のなかの解放された性表現も、当時の宣教師たちには理解不能であった。たとえば、王の性器をほめる歌がある。これは、王の生殖能力を賞賛するとともに、さまざまなメタファーを通じて王国の活力を祈願するものでもあった。しかしそのような、社会の存在様式としての性哲学は、禁欲的な宣教師たちの理解をこえるものであったし、彼らにとっては野蛮な唾棄すべきものに思えた。裸体を覆い隠すものとしてマザー・ハバード(ダブダブのワンピース)が用いられた。現在ハワイの女性の正装となっているムームーは、これを継承しており、ハイネック、長袖カフスつきで、裾《すそ》はくるぶしまでくるもので、体全体を覆い隠すのを旨としている。

カアフマヌ

宣教師は学校を設立し、読み書きと並行して、お祈りの仕方を教え、一夫一婦制度を説き、売春や姦淫、盗みや殺人の禁止を説諭した。とくに首長層は熱心な生徒であり、読み書きはまたたくまに浸透していった。もっとも早い時期に改宗したのは、ケオプラニであったが、摂政カアフマヌや宰相カラニモクもやがて改宗し、邪神崇拝の禁止と改宗を説いたため、キリスト教はまたたくまに浸透していった。

憲法の制定と土地制度の改革

一八二三年に、イギリスへと親善訪問にでかけたカメハメハ二世と首長たちの多くは、翌年麻疹《はしか》にかかり、王と王妃はロンドンで客死する。その知らせを受けて、弟のカウイケアオウリがわずか九歳にして王位を継いでカメハメハ三世となった。当初はカアフマヌが摂政を務め、彼女の没後の一八三二年には、王

カメハメハ1世の娘キナウ　中央を歩くのがキナウ。彼女はカアフマヌから摂政の地位を受け継いだが，同様に宣教師の教えにも忠実だった。背景に見えるのはカワイアハオ教会。

の義姉のキナウが摂政となった。

カアフマヌもキナウも、敬虔なキリスト教徒となっていたので、キリスト教に基づく政治が志向された。一方で、多くの首長はアルコールにおぼれて快楽にひたる生活にはまっており、その両極のバランスをとりながら、キナウとカメハメハ三世は妥協点をみいだしていった。カメハメハ三世の治世は、海外との交渉も増し、近代化が急務であり、さまざまな問題をかかえていたが、総じて、なんとかそれらの問題に対処しつつうまく乗りきることができたといえる。

独立した王国として西欧諸国に認知されるためには、西欧なみの政治組織、法律、社会制度を備えなければならない。そのために、王国は宣教師をはじめとする西欧人をつぎつぎに王国の重臣としてむかえ、そのアドバイスを求めて制度を整えていった。それらのなかには、宣教師として来島したウィリアム・リチャーズ、ハイラム・ビンガム、ジェリット・ジュッドなどがいた。

カメハメハ三世は一時父王の政治にならい、キリスト教によらない復古主義を夢みることもあったが、やがて時代がそれを許さぬことを悟る。王と摂政と首長会議に権力が分けられている現実を確認し、宣教師に西欧の諸制度を学んだ。一八三〇年代には、ハワイのあちこちに学校がつくられた。一八三九年になると、民法が施行され、四〇年には憲法が制定される。選挙による代議員制度をしいたハワイ王国は、文字どおり立憲君主制に移行したのである。これで、首長や平民が政治に参加することが可能となったのであった。しかし、カメハメハ三世がそのような制度を導入したのは、たんに王の権限を制限するという意味よりも、平民に直接接する首長の権限を制限する意味が強かった。当時は平民は文字どおり直接従う首長の専制にたいして無防備だったのである。

一八四八年になると、王は土地問題の解決を試みる。これはマヘレまたはグレート・マヘレと呼ばれているが、マヘレとは分配を意味する語であり、この土地改革により、土地所有が個人をベースとしたものとなった。

元来首長制のもとでの土地所有は、王または最高位首長が全体の土地を所有し、それを配下の首長に分配する封建的な形式となっていた。実際に土地を使用するのは平民であるが、平民は小作として貢納をおこない、それを土地管理者である家来の首長が受け取って王におさめるのである。また、王がなくなるとその土地の分配があらたにおこなわれ、また配下の首長がなくなるとその土地はふたたび王に返還されるというかたちをとっていた。

憲法により権力の分配がおこなわれたように、マヘレでも土地権、つまり財産の分配がおこなわれた。平民も土地所有が可能となることで、疲弊したハワイ人の暮しが少しでも向上するようになるはずだ、という考えが一方にあり、他方、しだいにふえていく西欧人のプランテーション経営者たちが安定してプランテーションを経営できるようにする、という要請もそこに含まれていた。

白檀貿易がとうの昔に終了し、そのあとしばらくは捕鯨船の水・食糧供給地として成り立ってきたハワイ経済であるが、その恒常的な産業としてプランテーション経営は重要であった。しかし、そのような農地経営のノウハウをハワイ人がもっていないというのもまた事実で、プランテーション建設をもっぱらおこなっていたのはその当時続々入植してくる白人たちであった。一方で、外国人は土地所有ができない制度になっていたから、彼らの経営は安定した基盤を欠いていたのである。

マヘレはまず、王の土地と首長の土地に分けることから始まり、王の土地をさらに王家の土地と国有地に分けるという分配がおこなわれた。また実際の使用に基づき平民も土地の分配を受けることが可能となっていた。マヘレの結果として、約一〇〇万エーカーが王領となり、約一五〇万エーカーが二四五人の首長に分配され、一五〇万エーカーが国有地となり、さらに三万エーカーが一万の区画に区分され、その他平民に与えられた。平民にも実際の占有に基づき土地所有が認められることになったが、その手続きは複雑なものであり、権利を行使する平民はごく限られた人々だけであった。さらに、王や王国に仕えたことを理由に数千エーカーの土地が白人に与えられた。また、土地の売買がマヘレで可能となった結果、白人はそれを購入したり、実際の使用に基づき権利を主張したりしたので、ハワイ王国が滅亡する十九世紀の終わりごろには、白人の所有地がハワイ人全員の所有する土地の四倍になっていたのである。

2　合衆国併合への道

サトウキビ栽培と移民

白檀の枯渇による白檀交易が終了したあと、当分のあいだは捕鯨船の食糧や水を供給することで、ハワイは活路をみいだしていた。マウイ島のラハイナやオアフ島のホノルルなどの港がそうして栄えた。しかし、それも一八五〇年代には急速に衰えてしまう。石油の発見が灯油としての鯨油の採取の意義を小さなものとしてしまったし、鯨も乱獲で減少が著しかった。

それまでの、資源をただ享受するタイプの産業にたいして、生産をおこなうプランテーション事業がやがて重要になってくる。一八三五年になると、サトウキビを商品作物として植える事業が、アメリカ人やイギリス人プランターによってあちこちで始まる。ハワイ人首長や王族もこれを試みたがあまりうまくはいかなかった。またプランテーションで労働するハワイ人もほとんどいなかった。

サトウキビ・プランテーションは、たんに作物をつくる畑だけでなく、収穫したサトウキビの茎を粉砕してしぼる絞り機や、そのジュースを煮つめて黒砂糖をつくる釜などの工場設備を備える大がかりなものであるし、サトウキビはすぐに育たないので育つまで待つ必要がある。また、ハワイの多くの土地では、日光は十分だが水は灌漑しなくてはえられなかった。サトウキビ・プランテーションは、農業といっても多分に資本主義的な経営法が必要な事業であったのだ。また、ハワイに自生するサトウキビは病害虫には強かったが、あまり繁殖しないし甘くないタイプだった。そのためタヒチから栽培に適したサトウキビが持ち込まれた。

さて、マヘレによって白人にも土地所有が可能になると、プランテーション経営には一層弾みがついた。多くの白人が土地を購入したが、またハワイ王族や首長家族との婚姻を通じて土地を手にいれた白人もいた。土地はこのようにして使用が可能となったが、一方で労働者がいないことが問題だった。

太平洋の多くの島々で生じた現象がここでも例外なく生じていた。到来する火器による戦闘、また淋病や梅毒、結核、インフルエンザなどの病気、アルコール中毒、急激な社会変化などが原因で、ハワイ人の人口の減少は著しいものがあった。クックの接触当時二〇万〜二五万ほどであった人口が、五〇年後には半減し、一八五三年には七万人となっていた。そのなかでプランテーションで働こうというのはわずか数千人にすぎない。

そのようにして、ハワイに年季契約の移民労働者が導入されたのである。最初はギルバート諸島(現在のキリバス)から約二五〇〇人がつれてこられたが、彼らもあまりプランテーションの労働には向いていないことが判明した。その後一八五二年以後、おもに広東あたりの中国人を導入した。ハワイが合衆国に併合されて一八九八年に排斥法が適用されるまで、四万六〇〇〇人の中国人がやってきた。

一八七八〜一九一三年までのあいだには一万七五〇〇人のポルトガル人がやってきた。彼らは、もっぱらプランテーションの現場監督となった。これよりもっと大がかりだったのは日本人で、一八八五年に始まり一〇年間続いた官約移民では二万九〇〇〇人が、さらにその後の一八九四〜一九三九年のあいだには

	1853	1878	1900	1930	1960	1990
総人口	73,137	57,985	154,001	368,336	632,772	1,108,229
ハワイ人	70,036	44,088	29,799	22,636	11,294	138,742
混血ハワイ人	983	3,420	9,857	28,224	91,109	—[1]
白人系	1,687	3,748	26,819	80,373	202,230	369,616
プエルトリコ系	—	—	—	6,671		—[2]
ポルトガル系	87	486	18,272	27,588		—[2]
スペイン系	—	—	—	1,219		—[2]
その他白人	1,600	3,262	8,547	44,895		—[2]
中国系	364	6,045	25,767	27,179	38,197	68,804
フィリピン系	—	—		63,052	69,070	168,682
日系	—	—	61,111	139,631	203,455	247,486
コレア系	—	—		6,461	—[3]	24,454
黒人	—	—	233	563	4,943	27,195
その他	67	684	415	217	12,474	63,250

1）1990年データでは，ハワイ人に融合。
2）1960年以降は白人系の再分割はなし。
3）データなし。

ハワイ諸島のエスニック別人口

出典：Robert C. Schmitt, *Historical Statistics of Hawaii,* University Press of Hawaii, 1977.

一八万人がこの地を踏んだ。年季が切れたあと帰国した者もいたし、合衆国本土まで到達した者もいたが、ハワイに残った者も少なからずいた。その後、一九〇六年以後、フィリピン人移民が総計一二万人やってきた。コレア人(韓国人・朝鮮人双方を含む)、プエルトリコ人、スペイン人、北欧人、ロシア人までもが、この地に惹きつけられてきたが、一九三九年にくることができたのはフィリピン人だけであった。

ハワイ州の人口構成が一風変わっているのは、このような歴史的背景による。現在でこそ、日系人より も白人が多くなったが、戦後しばらくのあいだマジョリティは日系人であった。とはいえ、日系人も白人も半数以上を占めたことはない。どの人口も絶対多数を占めることなく、さまざまなエスニック・グループが比較的調和的に共存している珍しい例である。

愉快な王様

カメハメハ三世は一八五四年暮れに四十一歳でなくなった。子どもがいなかったために、彼は異母姉であり摂政であったキナウの二番目の息子のアレクサンダー・リホリホを養子とし、後継者として指名していた。翌年早々に二十一歳のリホリホはカメハメハ四世として即位する。彼は翌年、カメハメハ一世のアドバイザーを務めたイギリス人ジョン・ヤングの孫であり、ハワイ貴族の血を引くエマ・ルックと結婚した。二人のあいだには王子が生まれ、順風満帆のようにみえた王国であったが、やがて王子がなくなりそのあとを追うように三十歳の王がなくなってしまった。

王が若かったために、後継者の指名はなかったが、人々は自然に王の兄のロット・カメハメハを後継者と考えていた。ロットはカメハメハ五世として即位した。彼はそれまで弟のために政府の役職に就いた経験があった。しかし彼もやはり在位一〇年を待たずに一八七二年、四十二歳でなくなってしまった。カメハメハ五世は独身で、カメハメハ大王の最後の直系子孫であったので、以後の王は、遠縁の傍系王族のうちから、議会で非公式の投票により選ばれることとなった。

こうして五人の候補者のうち、ウィリアム・ルナリロが選ばれて一八七三年に即位した。ルナリロは、カメハメハ大王の異母兄弟の子孫で、すでに結核をわずらい、アルコールの誘惑に弱く、在位一年余りでなくなってしまった。

ふたたび後継者について取決めがなかったので、王位は、カメハメハ四世の未亡人のエマとカメハメハ大王の助言者であった首長の子孫であるカラカウアとのあいだで争われ、これは大きな争点となった。結局、この選挙で勝利をおさめたカラカウアが王位に就く。エマは祖父がイギリス人であり、またイギリスの寄宿学校で勉学した経験をもっていたために親英派であり、当時勢力を増しつつあったアメリカ人のサトウキビ・プランテーション経営者たちは、彼女の反米的な言動を危険なものと考えたのである。一八七六年には、米布(アメリカ—ハワイ)互恵条約が締結され、ほとんどすべての生産物を非関税で合衆国に輸出することができるようになった。

カラカウアはエマに比べれば合衆国に近かったが、しかし彼自身は王権の強化を模索していた。カラカウアは、華麗な宮廷制度をしいたことで知られ、また、宮廷にはダンシング・グループをおいて、ハワイの伝統芸能の保護者を自ら任じ、諸外国からの客人を接待して華麗なパーティを催すのをつねとした。それゆえ人々には愉快な王様《メリー・モナーク》と呼ばれていた。今日、ハワイ島のヒロでは一九六三年以来フラの競技会、メリー・モナーク・フェスティバルが開催されているが、このメリー・モナークとは彼を記念した命名である。

カラカウア王は、アルコール中毒や新しい病気にかかり、人口減少の続くハワイ民族の行く末を案じており、「ハワイ人のためのハワイ」を念頭においていたが、同時にポリネシア世界の連帯により、太平洋諸島連合をつくるといった途方もなく大きなテーマも視野にいれていた。サモアで当時勢力をもっていた首長マリエトアに親書を送って太平洋諸島連邦を形成しようと考えたが、残念ながらすでに列強の三つ巴の植民地化闘争に突入していたサモアは、ハワイの求める同盟の相手とはなりえなかった。

カラカウア王はまた、はじめて世界を一周した国家元首として知られる。一八八一年一月に出発してサンフランシスコを経由し、太平洋航路でまずは東京に向かった。太平洋の西側で、西欧に征服されることなく君主制を維持して、当時新興国家であった日本にカラカウア王が期待していたことは二つあった。まず第一にハワイ人と「同種族」の日本人移民をハワイに送ってもらうこと。第二に、将来の後継者となっている姪のカイウラニ王女と日本の天皇家とのあいだに縁組をおこなうこと、の二つである。第一の希望は、ハワイ側の再三のアプローチが功を奏して、一八八五年に官約移民が開始され(正式な条約締結は翌年)、多くの日本人移民がハワイに送り込まれるようになり実現した。しかし、第二の希望は諸般の事情があり実を結ばなかった。

ハワイ王国の構造

カメハメハ一世は王朝を築くに際し、西欧人の協力者をもち、そのアドバイスを受けながら戦略を立てているが、さらに彼の没後、宣教師やプランテーション経営者が来島するにいたり、王朝政治を動かすにあたって彼らのアドバイスはますます欠くべからざるものとなっていった。ハワイの王朝政治にはいつも白人が参加していたといってよい。

カメハメハ一世に仕えたアイザック・デイヴィスやジョン・ヤングはイギリス出身で、もともと商船の船員であったが、捕虜として捕えられ、そのまま現地の暮しが気にいってやがてハワイ女性をめとって王の助言者として暮した。このように太平洋、とくにポリネシア地域では船員がそのまま現地人のあいだにいついてしまう現象がしばしば見受けられるが、これらの人々を総称してビーチコーマーという。ビーチコーマーには、王朝のアドバイザーから海賊まで、欧米社会の善良な庶民からならず者までが含まれていた。

一八二〇年に宣教師が来島する。宣教師は家族でこの地に滞在して、神の教えを広める目的であったから、ビーチコーマーとは違ったスタンスをもっていた。ただし、彼らが清貧にあまんじ、厳しい生活のなかでハワイ人によき教えを伝えようとさまざまな努力をしたことはまちがいがないが、一方で、彼ら自身やその子孫のなかからは王朝や首長とのつながりをいかして事業を始めたり、王国の政治に深くかかわる者もでてきた。また、王家の側にしても、列強からのたえざる介入を廃して独立を保っていくためには、彼らの助けをつねに必要としていたのである。

たとえば、憲法を定めてハワイ王朝を立憲君主制とし、土地改革をおこない、ハワイの近代化を牽引したカメハメハ三世の時代、西欧流の政府の仕組みや法律などについての指導をおこなったウィリアム・リチャーズも、教育大臣の地位を彼から受け継いだリチャード・アームストロングも宣教師であったし、財務や外交を担当したジェリット・ジュッドは最初宣教師団とともに来島した医師であった。宣教師のあとに、ハワイに住むことを目的として来島する人々がいた。ビジネスのためプランテーション開発をする人々、またそれに絡んだビジネスチャンスを求めてやってくる人々のことである。この時代、カメハメハ三世が外国人好きだったわけではなく、ハワイ人も相当の教育を受け知識をもつようになるまで、とりあえずの危機を乗りこえていくために、政府の要職は欧米人に委ねるしかなかったのである。

また、王家の女性たちもつぎつぎと欧米人の妻となり、その夫たちはホノルルの政財界で活躍した。最後のカメハメハの直系であるバーニス・パウアヒ王女は、サンフランシスコ出身の銀行家チャールズ・ビショップと結婚したが、ビショップはルナリロ王のもとで外務大臣を務めた。のちに女王となるリディア・リリウオカラニの夫ジョン・ドミニスは、ニューイングランドの財界人の息子であり、オアフ島知事を務めた。また、カラカウア王の王位継承者として指名されたカイウラニ王女の母であったミリアム・リケリケ(リリウオカラニの姉妹)の夫、カイウラニの父であるスコットランド出身のアーチボルド・クレグホーンもホノルルの財界人で、移民・税関局の監査役を務めたあとにやはりオアフ島知事となった。

接触の初期の段階でイギリスとの深い関係が形成される一方で、宣教師やその後の経済開発にかかわる人々は合衆国出身者が多く、農産物を輸出するにも相手国はアメリカ合衆国であったし、しだいにハワイと合衆国はさまざまな利害関係をはぐくんでいくこととなる。しかし、非関税で農産物を合衆国に輸出するための条約は、合衆国国内で利害をもつ農民や反米的なホノルル住民の反対があり、なかなか締結されなかった。結局一八七六年カラカウア王の政権下で結ばれた米布互恵条約は、非関税での輸出を可能とした一方で、合衆国への依存体質をますます強めることとなった。

ハワイ共和国の誕生と合衆国併合

そうした切っても切れない合衆国との縁を、王位に就いた者たちはけっして良しとはしなかった。エマ女王に比べて反米的でないとの理由で、アメリカ系住民に支持されて王となったカラカウアは、一般的に反米だったというよりは、しだいに支配勢力を失っていくハワイ人の勢力をそぐもの一般を排除しようとしたと考えたほうがよい。古典の編纂をおこない、音楽やダンスの復興につとめた王は、「ハワイ人のためのハワイ」を標榜する伝統主義者として、それまでの西欧系の重臣をすべて解任して閣僚をハワイ人で固め、ハワイ人のための結社をつくったりした。

しかし、王国を海外にアピールするための王の世界一周旅行やイオラニ宮殿の建設、著名な訪問者の接待などで、王朝の会計は赤字を重ね、アメリカ系の住民はますます危機感を強めた。改革をめざす政党として改革党が組織され、秘密結社のハワイアン・リーグや、その傘下の白人による義勇軍、ホノルル・ライフルズが結成された。一八八七年にはさらに王の権力を制限して欧米系住民の権利を守る新憲法を、ホノルル・ライフルズの立合いのもとで王にむりやり承認させた。ハワイ人人口はこのころ四万人にまで落ち込んでいた。その後、反米的な西欧系住民の勢力を背景として、一時はカラカウア王も勢力を取り戻す機会があったが、すでに王は体調をくずし一八九一年に療養におとずれたサンフランシスコで客死する。

そのあとに王位に就いた妹のリリウオカラニ女王は、王党派の勢力を背景として、白人を排除する政権づくりをおこなおうとするが、すでに時宜を失い親米派の猛烈な抵抗にあうこととなる。女王と議会とのあいだに閣僚の人事の承認にあたり応酬があったのち、王の権力を復活させた新憲法を発布しようとした女王と王党派の動向を、親米派の市民たちは危険なものと考え、ついにハワイ生まれの実業家サンフォード・ドールを首班とする臨時政府を樹立した。一八九三年一月のことであった。当時のアメリカ公使スティーヴンスは、親米派市民の一連の動向に好意的であり、合衆国市民の安全を確保するという目的で合衆国軍隊を出兵して、王党派の武力を牽制した。合衆国は臨時政府成立後ただちにこれを承認し、ほかの西欧諸国や日本もこの動きに従った。

リリウオカラニ女王は、ワシントンに王朝転覆の不正義を訴え、たび重なる廃位の動きにも応ぜずにいた。一時は合衆国国内の反帝国主義者たちを動かし、親米派ホノルル市民の願いである合衆国併合は牽制することができたが、結局すでに起こってしまったことをもとに戻すことはできなかった。一方ただちに併合は無理と判断した親米派は、臨時政府をきりかえて一八九四年、ハワイ共和国を成立させ、実質的には少数のアメリカ人の手に政治が委ねられるシステムをつくった。王党派は一八九五年に武装蜂起して失敗し、リリウオカラニはやむをえず廃位に応じる。

ハワイ併合は、合衆国にとっても大きな試練であった。従来のモンロー主義を貫くかぎり、拡張主義としか思えないハワイ併合は誤りであったが、同時に共和制度の推進者としての合衆国の立場は併合推進に向かう勢力となった。また、ハワイでの日本人移民の増加を危険視する動きもあった。結局米西戦争を有利に運ぶことが引き金となり、ハワイ併合は一八九八年に議会で決議される。一九〇〇年には、共和国は消滅して合衆国の海外領土としてのハワイが誕生し、ドールは初代ハワイ領知事となった。

軍隊と観光の島

このように、「楽園喪失」のハワイ先住民と、簒奪者としての白人の物語としてのみハワイ史を描くことはバランスを欠いているかもしれない。たとえば日本人移民は戦前にはハワイに住む全人口の四〇%をこえており、白人の所有するプランテーション農園でも、日本人労働者がいなければ、農作物はまともに実らなかったはずだ。一九〇三年ころから始まる日本人の労働争議はハワイ経済界には大きな脅威となった。さらに、中国人、ポルトガル人、コレア人、フィリピン人など、多くの民族がここに移民としてやってきて、この地の文化と社会を築くにあたり貢献した。

ハワイのプランテーション開発はハワイ史の重要な側面であるが、アメリカ合衆国にとってハワイは農産品の産地として重要だっただけではない。カラカウア王の政権下で結ばれた米布互恵条約によって、ハワイのプランターたちは農産品を非関税で合衆国に輸出する特権をえたが、同じ条約のなかにハワイの領土を合衆国以外の国に譲渡や貸与することはできないという条項が存在した。王国はかくしてほかの国に依存できない以上、合衆国にますます依存することとなった。一八八七年にはこの条約が更新されたが、そのひきかえとして、船舶の利用のために合衆国はパールハーバーの独占的使用権をえたのである。ハワイ併合を合衆国が模索していたとき、パールハーバーは合衆国がハワイにかかえる大きな権益として浮上した。米西戦争におけるフィリピンでの戦いを有利に運ぶために、パールハーバーは大きな役割をはたし、それがもとで極東戦略上この要衝がいかに重要であるかを人々は認識した。当時は、北米北西海岸からまっすぐに極東までいくことはできず、中間地点で燃料を補給する必要があった。この軍事的に有為な地点を領土とすることが合衆国にとって大きな利点となることを人々は理解したのである。

それ以来、パールハーバーは、合衆国の戦略上の重要地点として存在した。戦場のほとんどがヨーロッパであった第一次世界大戦と異なり、第二次世界大戦のときには、ハワイはその本領を発揮した。パールハーバーは日米開戦の際悲惨な目にあうが、その後は一貫して太平洋戦争の戦略的重要地点であった。多くの将兵がここを経由して太平洋戦争にかりだされ、前線で戦ったあとにはここで休暇を過ごして疲れを癒すこととなった。現在でもハワイ諸島は戦略上重要な地位を与えられており、多くの兵士が駐屯している。ハワイ州の経済はこの軍事基地によるところが大きい。

ハワイ経済のもうひとつの柱となっているのは、観光産業である。ハワイの観光開発はすでに、十九世紀の後半に生じた作家の訪問ラッシュに始まっていたのかもしれない。イザベラ・バード、マーク・トウェイン、ロバート・ルイス・スティーヴンソンなどがこの地をつぎつぎにおとずれた。しかし、産業としては、旅行の大衆化が起こるまでは脆弱なものだった。観光を大衆化し、産業として成立させたのは、第二次世界大戦であった。前線で戦ったあとに休暇を過ごす将兵が、ここで束の間の楽しみのために多くの金を落とした。ブルジョワしか楽しむことのできない「楽園」ハワイは、彼らの手に届くところにあったのだ。

こうして大衆化していったハワイ観光は、戦後はしだいに映画や音楽によってさらに存在が世界に知られるようになり、「楽園」イメージの観光地としての名前をほしいままにした。

3 反植民地主義運動とサモア

タヒチ・トンガの場合

ポリネシア人は、オーストロネシア人の移住の最後の段階で広大な海域に急速に拡散して生じた。オーストロネシア人のあいだには、年長と年少の別によって系譜のなかに位階があるのだが、ポリネシア人のあいだではこの位階のシステムに基づく首長制が顕著にみられる。とくに、人口の大きい諸島においては、階層分化がかなり進んでいた。そのよく知られた例としては、タヒチとトンガをあげることができる。タヒチもトンガもそれ以前に接触はあったが、おもにキャプテン・クックの来訪を機に、西欧世界へと知られるようになり、西欧からの訪問者がふえて多大な社会変容が生じていく。

タヒチは当時、ソサエティ諸島のほかの島々を縦断していくつもの首長国に分れ、たがいに競覇的な関係にあった。西欧人と接触したことにより、鉄器道具類、武器弾薬から贅沢品まで新しい文物がはいってきて、たがいの競争は激化した。前後数度にわたりここをおとずれたクックは、訪問を始めたころと比べての人々の生活ぶりの変化と、西欧人との接触によってタヒチ人が勘定高くなっていくさまを描いている。競争を続ける首長のなかでライアテア島出身のポマレが武器弾薬を入手して覇権を握っていった。

一七九七年にロンドンに本部をもつ伝道協会(一八一八年にロンドン伝道協会となる)が、一八人の宣教師団をここに送り、布教が始まる。首長に助けてもらいながら太平洋伝道本部をつくるが、なかなか改宗は進まず、実際にタヒチの布教の成功をみるためには、一八一二年のポマレ二世の改宗を待たねばならなかった。その後はタヒチばかりでなく、近隣のツブアイ、ツアモツ諸島などにも布教の輪が広がっていった。

タヒチの場合、王朝の財源となったのはブタ肉であった。塩漬けにしたブタ肉がニューサウスウェールズに大量に輸出されている。ポマレ二世は西欧人にブタ肉をおくって武器を手にいれていた。ロンドン伝道協会の宣教師たちとポマレ王家との結託により、ソサエティ諸島のキリスト教化と王権統一が同時進行した。その後もロンドン伝道協会の宣教師たちはタヒチで絶大な勢力をもっていたが、一八三四年にはマンガレヴァ島にカトリック伝道本部が成立し、新教対旧教、イギリス対フランス、という対立のなかで、ポマレ王権はしだいに失速し、ソサエティ諸島中のタヒチとライアテア両島が一八四七年フランスの保護領とされるにいたった。

トンガの場合、「万世一系」の神話的王権トンガ王朝(王はツイ・トンガ、すなわちトンガ王の称号をもつ)が、少なくとも数百年にわたって権力を保持してきたことが伝承によってうかがえる。しかし、クックがトンガをおとずれた十八世紀末には、すでにその王権が形骸化し、傍系のハアタカラウア家のさらに傍系のカノクポル家が実権を握り、さらにその傍系であるウルカララ家がおもに北方のヴァヴァウ諸島を中心

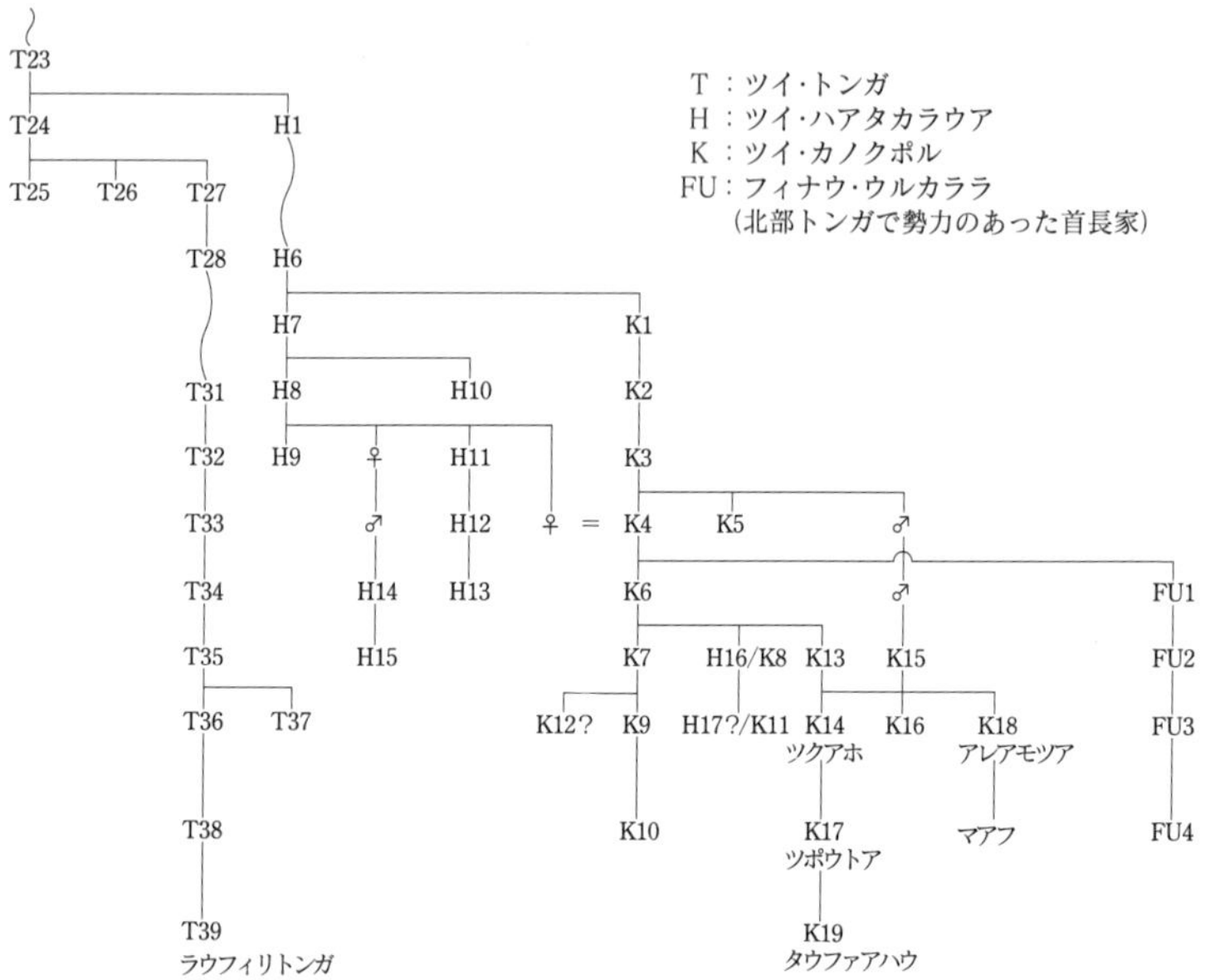

トンガのおもな首長家の系譜

に勢力を誇っていた。その後十八世紀から十九世紀にかけて、西欧の商船や捕鯨船がしばしばおとずれるようになり、その結果、火器などの新しい武器や戦術がはいってきて、トンガ国内は首長間の覇権争いが激化し、戦国時代の様相を呈する。

さて一七九七年にタヒチの本部から来たプロテスタント福音派系の宣教師が上陸するが、この活動は結局失敗する。しかし一八二二年に上陸したウェズリー派の宣教師たちは、ハアパイ諸島を拠点としていたカノクポル家のタウファアアハウを積極的に援助し、改宗したタウファアアハウはジョージ・ツポウを名乗り、キリスト教を広めるための聖戦というかたちで、全トンガ制覇の事業をおこなった。やがて一八四五年にツイ・カノクポルの称号をえたタウファアアハウは、残りの反対派首長たちを平定し、五二年に統一をなしとげた。一八七五年には憲法が導入され、制定された議会制度により近代的な立憲君主制の体裁を整えた。ツイ・トンガの称号も、ツイ・ハアタカラウアの称号も最後にはジョージ・ツポウに授けられたが、実質的な平定の偉業のあとのことだった。

二十世紀の始まるころ、トンガはイギリスに屈して外交権をあずけたが、内政的には今日にいたるまで独立を貫き、立憲君主国家として続いた。ちなみに、太平洋諸島のなかで独立を保ったのはトンガが唯一である。外交権は一九七〇年に回復し、イギリス連邦の一員となった。

サモアの首長制度と十九世紀の政争

ポリネシアの首長制においては、同世代同性間において年長と年少の別により生じる位階の違いが、世代をこえた親族間の関係となっていく。これが長い系譜のなかで生きてくると、ちょうど日本の本家と分家の関係のように、一族のなかに順位が生じて、一族をすべて秩序づけることになる。こうして、共通の祖先をたどることで社会全体の秩序を形成することが可能になるのである。キャプテン・クックがやってきたころのトンガは、社会全体がこのような枠組みで秩序づけられていた。しかしこのような親族システムが存在しながら、むしろ世代深度の浅い小規模親族集団として複数集団がひとつの地縁組織のなかに同居するような制度をとっていたのが、サモア社会であった。

サモア全体に名声のきこえるような首長が存在しながら、それぞれが立脚するのは祖先を異にするいくつかの親族集団が共存する地縁組織のなかであり、地縁組織を代表するような名声をもつ称号名保持者は、さらに上位の地縁組織で別な名声をもつ称号名保持者と対峙するといった具合にバランス・オブ・パワーのうえに組織化がなされていた。広域の地縁組織を代表するような称号名保持者がおりながら、そうした称号名保持者のあいだでの権力の配分が微妙なバランスのうえに成り立っていたのである。一八三〇年に、ロンドン伝道協会のジョン・ウィリアムズがタヒチから宣教のためにやってきたときには、そのようなバランス・オブ・パワーのもとに、戦いが繰り広げられている時期であった。

ジョン・ウィリアムズがサバイイ島サパパリイ村にやってきたとき、ここを本拠地のひとつとする大首長マリエトア・バイイヌポーは、ちょうど親族関係にある殺された首長の復讐をウポル島のある村でおこない、帰ってきたところであった。その後、マリエトアの保護が容易にえられ、数年後にウィリアムズが教師(現地人宣教師)と宣教師をつれてここをおとずれたときには、かなりの成果をえることができたのである。

キリスト教化はこのようにサモアではじつにスムーズにおこなわれた。印刷機が設置されて聖書の印刷がおこなわれ、サモア人牧師の養成も比較的早くからなされた。しかし、諸島の政治的統一のほうは、一向に決着がつかなかった。ウポル島にあるツイアツア、ツイアアナと、マリエトア家の女性称号ガトアイテレ、タマソアリイの計四称号を手にいれた者が、タファイファーと呼ばれる王になることができるという伝承に従って、マリエトア・バイイヌポーが一八三〇年代のはじめころからこの地位にあったが、四一年の彼の没後は、ふたたびこの地位に就く者はおらず、覇権をめぐり高位首長らが小競り合いを繰り返した。また、それが結局サモアの領有に関心をもつイギリス・アメリカ・ドイツの後ろ盾もあり、しばしば熾烈な戦いへと発展したのである。

十九世紀なかばにはすでに、ビーチコーマーに加えて多くの植民者がウポル島アピア港に形成された西欧人コミュニティに暮らしており、欧米の商社の代理人や、コプラ取引の商人などとともに、それらの西欧人のサモア人妻や子、そしてその親戚などが、サモアの伝統的地縁制度とは無関係な西欧系コミュニティを築きつつあった。

サモアをめぐる大国の思惑

アピアの多国籍コミュニティはさまざまな国の出身者だった。ロンドン伝道協会の宣教師だったジョージ・プリチャードは、かつてタヒチでイギリス領事を務めたことがあったが、一八四七年にサモアのイギリス領事となった。

アメリカ合衆国からは、一八三八年にウィルクス大尉の踏査船がここに寄港している。そのウィルクスの来島時に親しくして、合衆国政府の領事となっていたのは、最初にサモアにやってきたロンドン伝道協会の宣教師ジョン・ウィリアムズの息子ジョン・C・ウィリアムズであったが、彼はのちにさらにイギリス領事も務めた。

やがてハンブルクに本社をもつゴドフロイ会社の代理人であるオーガスト・アンシェルムがバルパライソからやってきて、一八五七年ここにゴドフロイ会社の礎を築いた。彼は南太平洋で同会社が商売できるかどうかためしたのであるが、彼はさらにフィジーやトンガにも交易所をつくり、その可能性大なることを証明したのである。やはりゴドフロイ会社のテオドール・ヴェーバーは、一八六一年にアピア駐在ドイツ領事となった。ヴェーバーはプランテーション経営をめざして、ウポル島に三万ヘクタールの土地を入手した。

このようなアピアに形成されたインターナショナル・コミュニティの各構成員は、それぞれの個人的利益とさらには国益もめざして、同調するかと思えばたがいに敵対するという具合だった。一八七〇年代になると、個人間の係争はそれほど問題なくなったが、しかし国と国とのあいだはますますぎくしゃくしていったし、それとともに、タファイファーやその他重要な首長位の継承もそれぞれ列強の国益を反映してもめるのであった。

一八七二年には合衆国政府派遣特使を名乗るスタインバーガーなる人物が登場した。彼はサモア人の信頼をえて平和協定を結ばせ、マリエトア・ラウペパを王として憲法を制定した。スタインバーガーはサモア人たちのあいだとアピアの西欧人コミュニティ、さらに列強のあいだを動き回り、さまざまな利害を調整しつつ、サモア人の手になるサモア政府をつくろうとした。マリエトア勢力内部でも、マリエトア継承をめぐって争いがあり、またマリエトアとその対抗勢力のツプア・タマセセのあいだの利害を調整する必要もあった。それらはなんとかクリアできたが、結局彼は、サモア人の伝統勢力に傾きすぎ、仲間の西欧人コミュニティのあいだでは不評で、彼らの画策で本国送還となってしまった。

一八八九年にはついにその争いが頂点となり、ドイツ、アメリカ、イギリスのそれぞれの海軍が自国の市民の安全を守るという名目で出動し、現地人の政局を見張っていた。一触即発というそのとき、サモア諸島を猛烈な暴風雨が襲い、アピア湾に停泊中だったドイツ艦三隻とアメリカ艦三隻が沈没してしまったのである。

同年この直後、三大勢力はベルリンで「サモア問題」を討議した。そこで合意されたベルリン条約のなかでは、法を維持し、サモア人首長の勢力を尊重することや、アピアの西欧人市民の自治組織を整備することなどが取り決められ、さらにここでは、「サモア問題」の核心である土地問題の解決についての合意が示されている。ハワイなどで起こったように、土地を海外からのプランターたちに売ることがサモアでも生じていた。缶詰やタバコなどの文明の財で交換に応じて、西欧人に土地をだましとられるケースも多かったが、一方で、土地の正当な権利をもたないサモア人に西欧人が金品をだましとられるケースや、二重三重に売買することもすこぶる多かった。土地問題委員会に提出された土地権承認の要望書はその面積をあわせるとサモア全土の面積の二倍にあたるもので、またそれにもかかわらず、実際に西欧人の土地権利を認めたのは全土の八%にすぎなかった。この条約により、条約締結以後、未売買地のあらたな土地取引は凍結された。

しかし、一〇年後の一八九八年、首長間の武力闘争が生じその戦いにイギリスとアメリカが介入をしたのを機に、九九年に列強はベルリン条約での協定を反故《ほご》にして、列強間でサモアの将来を決めたのである。すなわち、イギリスはトンガおよびブーゲンヴィル島を除くソロモン諸島の保護領化に反対しないことを条件に、サモアの植民地化から手を引き、植民地開発に意欲的なドイツは諸島の西半分を、軍港を必要としていた合衆国は天然の良港パゴパゴのある東側を領有することとした。両国はそれぞれの植民地政府を一九〇〇年に設置した。

マウ運動

西サモアでは、すでに十九世紀後半にはゴドフロイ会社が活動しており、これがココヤシ・プランテーションばかりか、綿の栽培も手広くおこなっていた。のちに国際関係の問題で一八七九年に倒産の憂き目をみた同社にかわり、ドイツ通商農業会社(ＤＨＰＧ)がサモア開発を継続していた。ドイツの初代総督にはヴィルヘルム・ゾルフ博士が就いた。彼は、伝統的首長勢力を支持することがサモア社会から期待されており、一応それらに自治を委ねるかたちをとったが、実際には機会があればそれらを直接支配にきりかえる意志ももっていた様子がうかがえる。彼はまた経済開発を推進する立場にもいた。当時の首長勢力は、マリエトア家とツプア家の両家のあいだでの王位継承の争いがまだ尾を引いており、権力関係は錯綜していた。

ゾルフの主要な仕事として知られているのは、一九〇三年の土地・称号委員会の設置である。これは、もともとサモアの社会制度のなかで処理されてきていた問題を、植民地政府が介入して解決をはかろうとする試みだった。また、ゾルフは一九〇五年に新しい首長会議をつくった。これは有給であるが、ドイツ政府の諮問機関のようなもので、その代表者たちは、自分の地方ではドイツ政府の代理人として首長を務める者であった。

サモアの首長勢力は、ゾルフの画策によって分断され、その結果自分たちの力をそがれつつあるということにしだいに気づきつつあった。また、ドイツ政府がドイツ通商農業会社などの大きな会社を優遇しているという不満が、首長勢力に近い混血の商人たちを動かしつつあった。

サバイイ島の主要な村のひとつ、サフォツラファイを率いるツラファレ(儀礼首長)のラウアキ・ナムラウウル・マモエは、旧首長勢力を守るためサバイイ島を中心に戦闘用カヌーを乗り回し、示威行動をおこなったが、結局捕えられ、数人のサモア人とともにマリアナ諸島サイパンまで島流しにされた。彼らの行動は、マウ(異議申し立て)と呼ばれた。

やがて、第一次世界大戦が勃発すると、西サモアはたちまちニュージーランド軍に占領される。やがて戦後処理のヴェルサイユ会議のなかで、一九二〇年、西サモアは国際連盟委任統治領としてニュージーラ

第一次マウ運動の指導者ラウアキ・ナムラウウル・マモエ　サモアの伝統的な儀礼を司る役割の首長。ドイツ政府に捕えられ，サイパン島に島流しにされた。

ンドにその統治が委ねられることとなった。こうして民政に移行するが、それに先立つ軍政下で、一九一八年、検疫の不手際からスペイン風邪が流行し、八五〇〇人(人口の二二%)の人命が失われる結果となった。ニュージーランドは長い期間をイギリスの植民地ないし自治領として過ごしてきたので、すでに一九〇一年にクック諸島とニウエ島を併合してはいたが、植民地統治はまだ慣れない経験で、サモア首長勢力とのあいだにたびたび摩擦が生じていた。

一九二三年にここに総督として赴任したリチャードソンは、さまざまな改革をもたらす善意の人であったが、その意図はしばしばサモア人指導者と食い違った。二六年にふたたびマウ運動が起こる。このときは、たんに首長層ばかりでなく、アピア在住の西欧人や混血のビジネスマンを巻き込んだ大々的な不服従運動となる。マウ(またはサモア同盟)は、独自の政府をつくることを目標とし、自分たちで法律をつくったり、プランテーションづくりをしたり、罰金をとったりした。植民地政府は、活動家を逮捕したり、国外追放したりしたが、運動は一向に沈静しなかった。二九年には、アピアでデモ隊に警官隊が発砲するという悲惨な事件が起き、運動の中心だった最高位首長の一人ツプア・タマセセ・レアロフィ三世を失うこととなった。国外追放の白人指導者オラーフ・ネルソンはニュージーランドから植民地政府の暴虐を訴えつづけ、国内の活動家たちは五年間にわたり税金の不払い運動を展開した。ネルソンの発行する新聞『サモアの守護神』は、国際社会へメッセージを流した。その後ニュージーランドで政権をとった労働党が、三六年にサモアの独立を将来は認める方針を打ち出したために、ようやく不服従運動は終止符が打たれた。

独立への道

ネルソンの故郷帰還がかなない、将来の独立が約束されたことでマウ運動は静まった。しかしその後独立に向けたさまざまな準備がおこなわれるのは、第二次世界大戦終了後のこととなる。その間、ニュージーランドの約束にもかかわらず、双方ともに独立準備に熱心だったわけではない。第二次世界大戦が終わると、国際連合ができることになり、委任統治にかんしても見直しがおこなわれることとなった。

太平洋戦争中には、対日戦争を目的としてファレオロに飛行場をつくるためにアメリカ軍が駐留した。アメリカ軍をまのあたりにした首長たちのかなりの数が、この際裕福な合衆国の信託統治領となりたい、そうすれば東西サモアが一緒になる、といった考えをもったことは事実であるが、最高位首長たちは、独立こそが本来の目的であると考えた。彼らはたとえば隣国トンガのように、自分たちの手で政治をおこないたいと考えたのである。当時トンガはイギリスの保護領だったので、外交権はもっていなかったが、内政的にはサローテ女王のもとで自治をおこなっていた。西サモアはその希望がとにかく早く実現するようにと、統治国の変更は申請しなかった。一九四六年末にはふたたびニュージーランドを統治国とすることが国連信託統治理事会で決まった。

翌年正式にやってきた国連のミッションは、西サモアのリーダーたちが独立への意志を固めていることを確認し、一九四九年にはいよいよ独立準備を開始した。憲法起草委員会が一九五四年に発足し、六〇年に憲法の最終原案が完成した。

十九世紀の政争のなかで、ハワイやトンガ、タヒチなどと異なりサモアに王朝が成立しなかったのは、首長制システムそれ自体の構造的な問題が原因かもしれない。そもそも、西サモアには、マリエトア家とツプア家の二大勢力があるといわれるが、それぞれに系列の首長位の称号をもちながら、すべてを配下に従えて統一できるようなシステムにはなっていない。個々の称号名の保持者は、名家にたどることを地縁集団内の名声の形成要因とするが、個々の称号名は独立性が高く、必ずしも系列内の命令系統に従うというわけではない。ただし、そのように各地に点在している首長たちのなかで、マリエトア、ツプア・タマセセ、マタアファ、ツイマレアリイファノの四称号がタマアイガで、西サモアを代表する称号であるということが、ほぼ十九世紀以来人々のあいだで認識され定着してきていた。

これらの四称号のうちマリエトアとタマセセが、独立の際共同で終身元首となったが、どちらかの没後は他方が単身の元首となり、さらになくなって以降の元首は五年ごとに国会で投票で決することとなった。また、あとの称号名のうち、独立に際してはマタアファが首相であったし、ツイマレアリイファノは副元首となった。

選挙制度も憲法起草委員会では問題の焦点のひとつであった。サモアでは、ひとつの村をベースとしてそこに一族が住むアイガという親族集団が首長称号を複数もち、それを一族のなかでふさわしい人に与え、称号名保持者がリーダーとなり、一族の土地を運営して暮している。サモア人の政治生活はこの首長制度を中心に営まれてきた。またその変形として、植民地時代を通じて各地の代表者の首長が集まる会議が生まれ、選挙区ごとに首長たちが互選して代表者を選ぶ選出方法に昇華していた。これは近代民主主義の原則とは異なっていたが、この制度を保持することは、民族主義者サモア人にとってアイデンティティにかかわる大事なことであった。サモア人にとって、首長と首長称号をもたない者とが同列で投票する制度は許しがたいものに思えたからだ。国連やニュージーランド議会でもこの問題は話し合われたが、結局憲法を承認するための国民投票の結果に委ねられ、この「サモア式民主主義」は認められる結果となった。一九六一年の国連監督下での国民投票で、この憲法は承認され、六二年一月一日に西サモアは独立した。

4　移民・開発・先住民運動

人口減少と植民者・移民労働者の来島

ポリネシアの人口移動史を考えてみると、第二次世界大戦まで、ほとんどの場合人口はこの地域に流れ込んでくるものであった。唯一の例外は、労働力徴集によるペルーへの移住である。これは後述のように悲惨な結果となった。

十六世紀からこの地域に航海者たちはおとずれていたが、住みつく者が目立ち始めるのは、十八世紀の終わりごろからであろう。有名なバウンティ号の反乱がトンガ沖にて起こったのは一七八九年のことであったが、このときの反乱の首謀者たちはポリネシアに住みついたビーチコーマー（脱走水兵や船乗り）の先駆けであった。彼らはしばらくタヒチで暮していたが、やがて討伐隊がくるとの噂が伝わると、現地人男女を連れてバウンティ号で出港してゆくえ知れずとなってしまった。無人島と思われていたピトケアン島に人が発見され、彼らの子孫であることがわかったのは、およそその二〇年後のことである。

この時期から、現地人相手の商船や捕鯨船があちこちに出現するようになる。また、宣教師たちも、一七九七年にプロテスタント福音派系の伝道協会(のちのロンドン伝道協会)がタヒチに太平洋伝道の本部をつくるのをはじめとして、この地域の活動を開始した。ハワイでは一八二〇年にボストンからの宣教師たちが、トンガでは二二年にウェズレー派(メソジスト)が、また、三四年にはマンガレヴァでフランス系カトリック教団が活動を始め、それぞれに大きな成功をおさめた。ソサエティ諸島からは西方の島々へ、ハワイからはミクロネシアへ、トンガからはフィジーへとそれぞれに活動の場も広げていった。

このようにして、商船・捕鯨船・宣教師たちとの接触で外部との交渉がふえたことにより、現地の人々はそれまで知らなかった結核、麻疹《はしか》、性病などの病気にかかるようになった。また、現地人を殺すことをなんとも思わない西欧人による大量殺戮、火器の導入による戦闘の激化があり、さらにはそれまで知らなかったアルコールにおぼれ、中毒になる者もいた。こうして西欧世界との接触がふえるほどに、多くの人命が失われる結果となった。ハワイの人口減少はすでに書いたが、マルケサス諸島は、一八一三年の推定五万人が、一九二六年の二〇〇〇人となっている。タヒチは同様に、クックの訪問時の推定一二万人が、一九三〇年代の九〇〇〇人となった。

ペルーへの労働力徴集は、この地域の人口減少にかかわっている。ペルーでは一八二四年に同国が独立してから、沿岸のプランテーション農業開発がさかんにおこなわれた。しかし、奴隷制が廃止されたあとの労働力不足を補うために、一八六二年六月からわずか一年三カ月のあいだに、主としてポリネシアから三五〇〇人余りの「自由移民」を導入した。それら「移民」を運ぶ船の多くは、船の甲板に現地人をあげてそのまま出帆し、むりやり誘拐したものであり、「ブラックバーディング」(奴隷狩り)の名で呼ばれる。これらのポリネシア人の出身地は、エリス諸島ヌクラエラエ島(現ツバル)、ニウエ島、プカプカ島、イースター島などである。三五〇人ほどは、往路でなくなった。さらに約一二〇〇人は、ペルー官憲が発見して故郷に帰したが、過酷な帰路の航海中に一〇〇〇人以上がなくなり、帰還した一八六人のうち自分の故郷に帰ることのできた者はごく少ない。すでに奴隷とされてしまった約一九〇〇人のうち一八〇〇人以上は一〜二年のうちになくなった。イースター島の場合、一八六二年の推定人口四〇〇〇人のうち、一四〇〇人ほどが連れ去られ、帰還した一五人から始まった水痘により、現地の約一〇〇〇人がなくなったと報告されている。

また、これと同時に、大きな諸島にはプランテーション開発を目的とした植民者が住みつくようになる。ハワイやサモアではこれらの西欧系市民が島の政治にいかにかかわり影響力をもつようになったかは、すでに記述したとおりである。

これら植民者の開発するプランテーションは、すでに国際的に奴隷貿易ができなくなり、各国が奴隷制度廃止となった時期で、奴隷の導入が不可能な時代となっていた。多くの場合、現地人は減少しつつあり、また自給自足農業にかかわる現地人がプランテーションでの労働をいやがるのが通例だったので、海外から年季契約の労働者を連れてくることがしばしばおこなわれた。ハワイの状況は前述のとおりであるが、サモアでは、十九世紀の終わりにメラネシア人労働者を、また二十世紀の始まるころに中国人労働者を導入した。これら年季契約者のなかには、サモア女性と結婚して現地に残留した人々もいる。

ホノルルのサモア人教会にて　今日は若くしてなくなったサモア人女性のお葬式のために，人々が集まってきた。

フランス領ポリネシアにも中国人がやってきたが、彼らは年季契約ではなく、初めから商売をめざしてやってきた人々であった。またサモアに残留した中国人もやがてレストランや小売店など商売を始めることが多かった。

戦後始まる海外移民の流れ

十九世紀の現地人人口の減少、植民者や移民の流入という動きのあと、二十世紀前半は現地の人口がしだいに回復する時期であった。いずれの諸島もこの時期に人口カーブは底をむかえ増加に転じる。そして第二次世界大戦の終了後は、ポリネシアから海外へという新しい人口移動の流れが生ずることになるのである。これらは、近代化にともなう都市化現象の延長として人口が海外へと向かっているといわれている。自給自足や換金作物栽培の生活から、都市での勤労生活にはいり、さらにその延長としてより労賃の高い海外へ労働者として移民していくのである。それら移民の受入れ国は、英語圏においては、環太平洋諸国である合衆国（とりわけハワイ州と太平洋岸諸州）、ニュージーランド、オーストラリアである。

アメリカ領サモア人は、合衆国国民という位置づけで合衆国パスポートを支給されて合衆国に自由に入国できるが、大統領選挙には投票権をもたない二級市民の地位となっている。アメリカ領サモアにはかつて海軍の基地があったが、第二次世界大戦後の一九五一年に撤収した時期に、サモア人兵士や軍属はハワイのパールハーバーへと転勤になり、家族とあわせて四〇〇〇人弱が移住した。これがきっかけとなり、アメリカ領サモアでは移民がブームとなる。若者はつぎつぎと軍に入隊して合衆国へと渡り、そうして合衆国に渡った親族を頼りにさらに移住者が続いた。また、それらのアメリカ領サモア人の親族を頼って、西サモアからも移民がやってきた。六〇年前後に始まる経済開発のなかで、アメリカ領サモアには缶詰産業が発達するが、工場での労働力はつねに不足しており、西サモアやトンガから労働者をいれている。

一方の西サモアの場合、移民のおもな流れはニュージーランドへと向かっていた。ニュージーランドは戦後に工業が発達し始めたとき、その労働力を国内だけではまかないきれず、付近のポリネシア諸国から受け入れたのである。西サモアは一九六二年の独立後は入国に際し規制を受けるようになったが、それでもニュージーランド経済が悪化する八〇年代以前は、比較的楽に移民ができた。その後、ニュージーランドの入国管理が厳しくなってからは、移民の矛先は、アメリカ領サモアや合衆国へと向かい、さらに、ニュージーランドを介してオーストラリアまでおよぶようになってきた。

一八八八年にラロトンガ島はイギリスの保護領となったが、その後、クック諸島全体を一九〇一年にニュージーランドが併合した。六五年以来、クック諸島は自治領となっているが、現在のところ独立の見通しはない。クック諸島人は同時にニュージーランドの市民権も有しているので、ニュージーランドとのあいだを行き来することに支障はない。その結果、ニュージーランド在住のクック諸島人の数は、諸島に在

	国内人口(かっこ内は年度)	合衆国内エスニック集団(1990年国勢調査)	ニュージーランド国内エスニック集団(1991年国勢調査)	備　考
ハワイ人		211,014	—	
アメリカ領サモア	46,773 (1990年国勢調査)	—	—	
サモア国(西サモア)	159,004(1992年推計)	—	—	アメリカ領サモア在住の西サモア出身者とその家族は人口の半分におよぶと推定できる
サモア人合計		62,964	76,899	エスニシティで定義
クック諸島	17,400(1991年推計)	—	32,151	
ニウエ	2,532(1990年推計)	—	12,360	
トケラウ	1,577(1991年)	—	3,891	
ツバル	9,045(1991年)	—	—	比較的移民が少ないとされている
トンガ	94,649(1991年)	17,606	20,928	
フランス領ポリネシア	201,400(1991年)	—	—	数千人がニューカレドニア在住
ワリス・フツナ	13,900(1991年推計)	—	—	ニューカレドニア在住者が13,000人(1983年)
その他の太平洋諸島人		73,440	2,013	
備考		自己申告制。サモア人,トンガ人などはセンサスに含まれない人が大勢いると考えられている	自己申告制	

ポリネシア諸国および諸地域の国内人口と海外人口

住する人数の約一・八倍になっている。また、クック諸島と同様に、併合されたニウエ島も七四年には自治権を獲得している。さらにニュージーランド在住のニウエ人は、ニウエに住む人々の五倍近くいる。ニュージーランドの属領となっているトケラウの場合も、ニュージーランド在住のトケラウ人のほうが、トケラウに住むトケラウ人の二・五倍となっている。

トンガも戦後は移民送出国となっている。ニュージーランドやオーストラリア、そして、アメリカ領サモアへの移民を介して、合衆国へも少なからぬ移民が送り出されている。

太平洋のフランス領圏では圏内での人口移動が顕著となっている。おもな受入れ先となっているのはニューカレドニア(メラネシア)で、フランス領ポリネシアからも、ワリスとフツナからも出稼ぎがおこなわれている。

MIRAB社会

太平洋地域は世界でももっとも遅い時期に脱植民地化を経験した。いやその経験はいまだ終了していない、といったほうが正しいかもしれない。この地域では、唯一トンガがイギリスの保護領ながら、内政的には自治を堅持しつづけ、一九七〇年には完全な独立を回復した。すでに書いたように、西サモアは辛抱強く独立を主張しつづけ、六二年にニュージーランドから独立した。エリス諸島は、エリス・ギルバート諸島としてとなりのギルバート諸島とともにイギリス保護領だったが、七八年に分離して、ツバルという国名で独立した。なおギルバート諸島は、キリバスの国名で七九年に独立しているが、ツバルはポリネシア、キリバスはミクロネシアに属し、文化的相違が独立の際に問題となった。
しかし、あまりに極小であるために、独立がむずかしいとされている地域や、ある程度の自治権獲得後、それ以上のことは考えていない地域もある。まずニュージーランドの自治領であるクック諸島、ニウエ、同属領となっているトケラウは、いずれも独立が話題とはなっていない。

アメリカ領サモアも、国民権を市民権にするとか、社会福祉を本土なみにするとか、州や準州に昇格するとかいった目標はあるが、独立は主張されていない。ましてや、サモア国(旧西サモア。一九九七年に改名)に合流するということにはおおいに反発がある。分離後一世紀をへて、たがいの社会的、経済的、文化的な格差は広がっているのである。

さらに、フランス領ポリネシア、ワリスとフツナも、独立の見通しはあまりない。長年の政争に終止符を打ちニューカレドニア(メラネシア)に自治権を与えたフランスは、フランス領ポリネシアにかんしても、自治権を充実させようとしている。ただし、ニューカレドニアは自治政府をつくり、五年後に独立するか否かの国民投票がおこなわれることになっているが、フランス領ポリネシアにかんしては、そのような投票は計画にあがっていない。イースター島はチリの一州となっている。

これらのポリネシアの国々(または地域)は、いずれも人口が少なく、最大でサモア独立国の一七万人(一九九八年推計)であり、独立国としてポリネシアでは一番人口が少ないのがツバルで、九〇〇〇人程度である。さらに、属領や自治領としての最小規模はトケラウの一六〇〇人であろう。

以上のような、日本でいえばせいぜい市以下の人口規模であるような国家がかかえる問題は、まずは財政的に国家としての独立を維持するむずかしさである。また、産業といっても大量消費地から離れているために、農業生産の充実もむずかしいし、場合によっては農業生産可能な土地が限られていて、近年の人口増加にたいして十分な自給自足体制すら困難な場合まである。これら太平洋の極小島嶼国家で財政的に自立しているところはまれである。ミクロネシアでは、リン鉱石を産するナウルが例外的に自立をはたしていたが、すでに資源は枯渇して、財政難に陥っている。ポリネシアでは、独立していないフランス領ポリネシアやアメリカ領サモアなどにおいて、高水準の一人当りGDPを実現しているのにたいし、独立している諸国では、国連の基準でいう後発発展途上国(LDC)の枠内にはいるか、それに近いものになってしまう。

すでに序章で述べたように、最近、太平洋のこれら極小島嶼国家をさして、MIRAB国家と呼ぶことが多くなった。これらの国家が、近年の爆発的な人口過剰をもっぱら海外に送り出すことで解消し、その人たちからの送金と海外先進諸国からの援助で経済を成り立たせ、民間セクターが育たないために官僚制に大きく依存した経済システムとなっている、との認識である。現在のところMIRAB脱出はなかなか容易ではない。

先住民運動

ハワイはアメリカ合衆国への併合後、本土からの白人の移住、アジアからの移民労働者の流入が続いた。ハワイ人の人口減少はようやくこのころ底を打ち、三万八〇〇〇人弱から少しずつ上昇して一九四〇年には六万四〇〇〇人にまで増加したが、移住により一九〇〇年の一五万四〇〇〇人から四〇年の四二万三〇〇〇人にまで急増した総人口のなかにあって、二五％から一五％へとますますマイノリティ化していった。

王権を奪われ、社会のなかで労働者としてすら疎外されているハワイ人たちは、先祖の文化や言語を劣ったものと教え込まれ、自信をなくしていった。先祖の文化は悪習としてできるだけ忘れ、役に立つ英語を覚えようとした。アメリカ社会に同化しようとしていたのである。結果として、もはやハワイ語を用いるコミュニティはほとんどなく、大学で研究はおこなわれているが、実際にはしだいに使われない言語となっていた。ハワイ人のあいだですら、ハワイ語を話す人はすでにマイノリティとなっていたのである。

しかし、一九六〇年代に合衆国内での公民権運動が盛んになり、やがてネイティヴ・アメリカンの運動が起こる。それに触発されるかたちで、ハワイ人の文化復興と権利回復運動も七〇年代なかばころから盛んになった。ハワイ人の文化復興運動は、ハワイアン・ルネッサンスと呼ばれる。ハワイ人たちは、先祖から伝わった文化遺産に興味を示すようになり、ハワイ語を積極的に学んで、フラの練習に励むようになってきた。余暇にフラを練習して演技するハーラウ(社中)がいくつも結成された。その中心はクムフラと呼ばれるフラの指導者である。パーカッションと歌だけにあわせて踊る古典的な舞踊フラ・カヒコは、そのようななかで再構築された。それまで、「楽園」をイメージさせるものならなんでも観光の場で演じられてきたが、ハワイ人の演者たちは、一方で伝統に忠実な演技を志向し、またそれら伝統に基づくあらたな創作活動をさかんにおこなうようになった。

これと同時に、ハワイ人の権利を守る運動もさかんにおこなわれるようになる。ハワイ人の運動はそれ自体一丸となってひとつの主張の実現をめざすというより、異なる主張をもつグループがそれぞれに活動しているというほうがふさわしい。環境保全、土地問題、主権問題などで、それぞれのグループのハワイ人たちは、堂々と州政府や白人の地主たちと渡り合うようになってきている。一九九三年には、ハワイ王朝転覆一〇〇年後の運動の成果として、アメリカ連邦議会から、国際法上違法な国家転覆と併合にたいして謝罪をえた。

フランス領ポリネシアでは、ポリネシア人の人口が全体の三分の二を占める。人口のうえではマジョリティを占めているが、ここでもタヒチ語を話す人口が減少しつつあることに人々は気づき、嘆くようになってきた。

一九九五年にフランス政府がムルロアとファンガタウファの両環礁で、核実験を再開すると宣言したために、世界各地の反核運動の団体にとどまらず、反核を強く主張する近隣の太平洋諸国家からは大きな反発を招き、それら諸国とのあいだにかなりの対立が生じた。実際に実験が再開されると、タヒチでは大規模な反核デモが組織され、暴動が生じた。タヒチの独立運動はいまだ島内でも少数派ではあるが、人々は近年、自らの文化や言語をマオヒという名で呼び、民族文化の保存や復活を意識しておこなうようになってきている。

第七章　ミクロネシア史

1　欧米列強との出会い

捕鯨船とキリスト教

ミクロネシアは十六世紀初頭、マゼランのグアム島寄港により、オセアニアで最初に世界史の舞台に登場する。それ以降、グアムはマニラとメキシコを結ぶガレオン船の中継地、またはスペインのジェスイット教団の布教地として西欧に知られる。しかし、それ以外の島々は、小さくて資源に乏しく、欧米から遠いこともあり、植民地投資家や貿易商にとって魅力のない「太平洋の忘れられた島世界」であった。

十八世紀後半からこの海域が北米やオーストラリアと中国との貿易路となるにつれて、島の人々は、西欧の商船と接触するようになる。一七八三年にイギリス東インド会社のアンテロープ号がパラオで座礁する。パラオの人々ははじめて白人と接し、「服を着た人間」に驚いたという。コロールの大首長は船長と乗組員を歓待し、船の修復が終わるまでの三カ月間彼らを保護した。そのころ、島では有力な二つの村が勢力

ロンドンで出版された本に描かれたリー・ブーの肖像画と，難破したアンテロープ号

を競っていた。コロールの大首長は乗組員たちに参戦を求め、対立する村に銃の威力で勝利をおさめることができた。大首長の息子、リー・ブーは、船長の養子となってイギリスへ同行し、「高貴な野蛮人」としてもてはやされたと記録にある。

一方、中央カロリン諸島の住人は、十八世紀には大型カヌーでグアムに航海し、鉄製品、布、衣服、ガラス玉などの西欧の産物を入手していた。これらの「文明の利器」は、島嶼《とうしょ》間交易によりヤップからチューク（旧称トラック）の島々に運ばれていた。また、十九世紀初めの台風で壊滅的被害を受けた島の人々は、サイパン島に移住した。このように、彼らはスペイン領であったマリアナ諸島との交流をさかんにおこなっていたのである。

これらの島々の人々と白人との接触は、パラオの場合のように必ずしも友好的ではなかったようである。島の男性は布教におとずれた宣教師を殺害し、調査や測量に来島した探検船をたびたび襲撃した。そのため、西欧の航海者たちはミクロネシアを「野蛮でおそろしいところ」とみていた。この悪評にもかかわらず、一八二〇年代からは、捕鯨船が寄港するようになる。島々が薪炭《しんたん》、水、食糧の補給地や乗組員の休息地として重要性を増したからである。とくに、ポーンペイ(旧称ポナペ)とコシャエ(旧称クサイエ)は、火山島で食糧資源にめぐまれ、船の停泊に適した入江を備えていたので多くの捕鯨船がおとずれた。

これら二島は、強力な王(首長)を頂点に、貴族、平民という階層制を形成し、社会秩序を維持していた。ポーンペイの王は、王国間の覇権争いに西欧の利器を欲し、捕鯨船の乗組員たちを歓待した。捕鯨船の船長も、王との交渉により、平和裏に必要な物資を手にいれることができた。このことから、「おそろしい島」のなかでもこの二つの島は友好な地であることが欧米に知れわたった。一八四〇年代には、毎年両島に五〇隻の捕鯨船が停泊した。

捕鯨船との持続的な接触によって、ポーンペイとコシャエの両社会は、大きな問題をかかえることになる。ひとつは、乗組員のもたらす疫病や彼らとの売春による性病の蔓延、そしてアルコールが引き起こす暴力事件である。一八五〇年代なかばポーンペイでは、島人口一万人の半数が病死したといわれる。もうひとつは、火器(銃と銃弾)を用いた王国間の戦争である。王たちは島に住み着いた「ならず者」を厚く保護して仲介者に使い、外国船から多くの火器を手にいれたからである。このならず者は、捕鯨船やオーストラリアへの囚人輸送船からの脱走者で、ビーチコーマーと呼ばれた。一五〇人ものビーチコーマーが暗躍し、戦争の激化につれて島の平和は乱れ、伝統的社会構造も崩壊の危機に瀕した。

このような状況を改善すべく、アメリカからポーンペイにキリスト教宣教団が送られた。これが、一八五二年にハワイから派遣されたプロテスタント系のアメリカ海外伝道団である。王は宣教師が滞在すれば外国船の寄港が多くなると思い、布教を許した。ところが王の意に反して、宣教師たちは売春、飲酒、王への貢ぎ物の習慣などを禁止した。それで、王は布教活動に反対するようになった。けれども、当時猛威をふるっていた天然痘を、宣教師が種痘などの医学的処置によって沈静した。この治療により、キリスト教は王や貴族層だけでなく、平民にも受容され、一八六〇年までにポーンペイの社会秩序はおおよそ回復した。スペイン統治が始まるころまでに王とほとんどの平民がキリスト教徒になった。

アメリカ海外伝道団は、コシャエでも布教活動を開始する。王は宣教師が一夫多妻制に反対したことから、キリスト教に敵対した。しかし、平民の改宗などにより、一八七四年に王は退位させられ、平民が王に選出された。コシャエは、教会が人々の宗教的・世俗的生活を統制する、より平等な社会に変わった。この伝道団は、一八六〇年代には、ギルバートやマーシャルの島々にも布教を広めた。マーシャルのエボン島に学校と医療施設を建設し、島出身の宣教師を養成した。その後、彼らが島々の布教活動に中心的役割をはたした。一八七九年にチュークにきた宣教師は、布教だけでなく新しい栽培作物を導入して島の食糧資源の充足に貢献している。

ドイツとスペインの領土争い

キリスト教の布教で平和になったミクロネシアに、一八六〇年代から欧米の商社が進出した。捕鯨業が衰退した国際経済において、鯨油の代替としてコプラ(ココヤシの乾燥果肉)油の商品価値が高まってきたからである。サモアやニューギニアで事業を展開していたドイツのヘルンスハイム商会やゴドフロイ会社がマーシャルに支店を設けた。アイルランド系アメリカ人のオキーフはヤップでビジネスを始めた。商社は島の首長と不平等条約を結び、土地を接収してココヤシのプランテーション経営をおこなった。島の人々から布、衣服、鉄製品などを交換物にコプラを徴集した。オキーフは、パラオで製造した貴重な伝統貨幣、石貨をヤップの人々にコプラ代金として渡し、巨額の利益をあげた。

珊瑚礁の平坦な島が多く、全島が有力な二人の首長に支配されていたマーシャル諸島は、それ以後コプラ生産の拠点として発展する。ドイツ商社はカロリン諸島にも進出して交易の八割を占めるようになる。このほかに、イギリス・アメリカの商人も、パラオ、チューク、サイパンなどでコプラの買付けと欧米製品の販売をおこなっていた。日本からも一八九〇年代には、旧士族の田口卯吉など南洋で一旗あげようとする野心家がミクロネシアに乗り出した。そのなかにはチュークに住み着き商売を成功させた森小弁、のちにミクロネシア貿易を一手に掌握する南洋貿易会社もふくまれる。

ドイツのミクロネシア領有を警戒したスペインは、一八七四年にカロリン諸島にたいする占有権を主張し、八五年にヤップ島に軍艦を派遣した。ドイツはマーシャル諸島に商船の補給地を設けるために、ミクロネシアの保護領化を宣言した。そして、スペインより早く、ヤップ、チュークなどの島々にドイツ国旗を掲げた。ドイツとスペインの領土争いは国際問題に発展し、一八八五年に教皇レオ十三世の裁定によって解決した。教皇は、スペインにはカロリン諸島の領有権を認め、その主権を行使するために植民地行政をおこなうことを命じた。そしてドイツは、ミクロネシア全域において自由な経済活動と航海が保証された。

教皇裁定の翌年、ドイツとイギリスの西太平洋における勢力範囲をめぐる協定が成立し、ドイツがマーシャルとナウルを、イギリスがギルバート諸島を領有することに確定した。ギルバートは一八九二年イギリスの保護領になる。この結果、十九世紀末までに「忘れられた島世界」は、西欧列強によって分割されることになる。つまり、スペインがカロリン諸島、ドイツがマーシャル諸島、イギリスがギルバート諸島をそれぞれ領有することで、ミクロネシアの領土分割が完了したのである。

スペインは一八八六年に、カロリン諸島をスペイン領としてフィリピン総督の支配下においた。翌年、ポーンペイの北部(現コロニア)に政庁と教会を建て、島の五人の王を村長に任命し、間接統治を開始した。スペインは行政的支配と同時に、カプチン修道会によるカトリックの布教をおこなった。政庁と軍隊の力を背景にしたカトリックの布教は、アメリカ人宣教師や島の信徒と対立することになる。そのうえ、強制労働など政庁の強圧的政策は、ポーンペイ人の反乱を招き、スペインの長官や宣教師が殺害される事件が起きた。また、ポーンペイの王国もカトリック派とプロテスタント派とに分れ、反目が続いた。

米西戦争とドイツ統治

スペインは一八九八年に、カリブ海の利権と支配権をめぐってアメリカと戦争する。この米西戦争に敗北したスペインは翌年、フィリピンとグアムをアメリカに割譲し、財政難のためマリアナ、カロリンとマーシャルの三諸島をドイツに四五〇万米ドル(約八五〇万円)で売却した。ドイツはポーンペイとヤップに政庁をおき、数人の官吏と軍隊による間接統治を開始した。マーシャルには、「ヤルート会社」を設立して拓殖の全権を委任した。

この統治方式は、イギリスがフィジーで成功した統治法をまねたもので、諸島の政治・社会的制度を温存させながら経済開発をおこなうことを目的にしていた。さっそく、ココヤシの植栽とコプラ搬出の道路や運河の建設に着手した。ポーンペイの王は政庁の方針に協力し、有償(一日一マルク)の道路工事に男性労働力を提供した。また、パラオのアンガウル島でリン鉱石資源を発見し、政庁はその採掘を開始した。

政庁は島の人々の火器保持や彼らへのアルコールの販売を禁止するなど、島社会の秩序維持にも努力した。チューク島においては、それらを販売したドイツや日本の商店主を逮捕した。同時に、殺人をおかした人や村落間の戦争を指揮した首長を処刑するなど、不法行為を徹底的に規制した。一方、植民地化は原住民のキリスト教化によって達成されるという理念から、ドイツ人宣教師による布教活動を進めた。宣教師は主要な島々に教会を建て、布教とともにドイツ語教育もおこなった。

ソーケスの反乱と土地改革

ドイツ政庁は、経済発展をめざした大規模な土地制度の改革を考案した。マーシャル諸島を除くと経済開発が進展せず、植民地経営に経費がかさんだからである。この改革は、土地の有効利用だけでなく、道路工事に要する費用の軽減をねらっていた。ポーンペイにおいては、土地の私有化を断行し、祭宴・貢納制を廃止して王の特権を剥奪するかわりに、王は平民から年間一五日間の労働力の提供を受けるという内容である。そして、政庁はこの一五日間の労働を無償で道路工事に振り向けようとしたのである。

王の多くはこの改革に不承不承ながら賛成したが、北部のソーケス地区の王は強固に反対した。ソーケスの王、ソウマタウは敬虔なプロテスタントで英語を話し、洋服を身に着けて商店を経営するなど、近代的な生き方を志向していた。彼は島の最有力者で、スペイン時代の宗教弾圧にたいして武力抵抗した闘士である。ドイツ総督からは、強制労働に反対したことで、七トンのコプラの供出と二倍の強制労働日数を命じられた。

ソーケスの反乱の鎮圧に向かうドイツ軍　ドイツ領ニューギニアからもメラネシア人が徴兵され，参戦した。

総督の理不尽な指令に敵意をいだいたソウマタウは、一九一〇年道路工事の視察にきた総督と官吏を銃殺した。そして、部下を指揮し政庁の建物を焼き払い、数人のドイツ人役人をも殺害した。これはドイツ人を追放し、ポーンペイ社会を自らの手に取り戻すための武力行使であった。翌年、本国から派遣された一〇〇〇名のドイツ軍を相手にソウマタウは、彼の部下と岩山にたてこもって戦った。しかし、彼は五〇名の戦死者をだし、最終的に降伏した。この反乱にたいしドイツ軍は、ソウマタウ以下一三名を処刑し、四〇〇名のソーケスの住民全員をパラオに流刑した。

ソーケスの反乱を鎮圧したドイツは、ポーンペイ人に信任の厚かった医官を総督に任命し、本格的な土地改革を実行した。土地改革は、海岸から四〇メートル幅の土地を区画して成人男性に割りあて、それより山側の土地を政庁所有地とすることを骨子としていた。一九一二年までに土地所有者の名義を記入した地券を発行して、土地の私有制を確立した。この土地改革は、伝統的な母系制の土地制度から、土地私有制でかつ父系相続制への大転換であった。しかし、ポーンペイの人々からは大きな反対もなく、新しい土地制度は定着し、今日にいたっている。ドイツは、土地改革に基づく経済開発をチュークやパラオなどへも適用する予定であったが、第一次世界大戦の勃発によって実行が不可能になった。

2　日本の南洋群島統治

軍政期の統治

日本は第一次世界大戦が起こると、日英同盟を理由にドイツに宣戦布告し、一九一四年十月には赤道以北のドイツ領を無血占領した。日本海軍にとってミクロネシア占領は、軍備拡充をはかるうえで「千載一遇」の幸運であった。他方、この占領はフィリピンを領有するアメリカと日本の軍事拡張を危惧する西欧諸国に、大きな警戒心をいだかせることになる。

海軍はチュークに臨時南洋群島防備隊の司令部を設置した。マーシャル諸島のヤルート、カロリン諸島のポーンペイ、チューク、ヤップ、パラオ、そしてマリアナ諸島のサイパンにそれぞれ一〇〇人程の海軍陸戦隊を上陸させた。当初日本はこの地域を「一時的に占領」する方針で、ドイツの間接統治の方式を踏襲した。海軍大臣は、「土人ニ対シテハ　其ノ習俗ヲ重ムシ　其ノ信仰ヲ傷ツケス」と訓令をだしている。「土人」つまり島の人々の財産、習慣や宗教を保護する一方、ドイツ人には退去を命じた。そして、ミクロネシアの地勢、資源、民族、慣習などの調査をおこなうと同時に、教育や道路整備の事業に着手した。

軍政府は一九一五年から、島の人々の保健・衛生や教育を改善する施策を実行した。主要島に病院を建て軍医が住民を治療したり、小学校を建てて将兵が初歩的な教育をおこなった。この学校は三年後には「島民学校」に改組され、修了年限が四年になった。一八年には、二一の学校で一七〇〇名の生徒を教えた。そのなかで優秀な修了生を警察官など政府要員に採用した。軍政府は、伝統的な首長制度を利用して行政的に統治した。しかし、パラオやヤップのように、反日的な首長を退位させるなど伝統政治を改編したところもある。また、パラオでは伝統を破棄し、日本による社会変革にも抵抗する新興宗教（モデクゲイ）が勢力を強めたが、これも弾圧した。

日本はドイツの経済開発路線を継承し、アンガウルのリン鉱石の採掘やココヤシの植栽事業を推進した。サイパンではサトウキビ栽培と製糖業を試みる業者も進出したが、成功にはいたらなかった。一方、商売を軌道にのせていた小商社は、一九〇八年までに合併して南洋貿易会社、いわゆる「南貿」を設立していた。占領後、軍政府は南貿にミクロネシアと日本および島嶼間の輸送をおこなう特権を与えた。これにより南貿は、二〇年までにこの地域の貿易を独占し、島々に支店網を張りめぐらし、ミクロネシアにおける日本の経済進出の基盤を築いた。

日本政府は、南洋群島を「永久の支配地」とするために、大戦が終焉をむかえた一九一八年に統治形態を軍政から民政へ移行した。そして、イギリスに日本の統治継続の支持を内密に求めた。一九年旧ドイツ植民地の継承問題を討議する講和会議がヴェルサイユで開催された。アメリカのウィルソン大統領は、旧ドイツ領は国際連盟の委任統治領として管理すべきで、利害関係のない国がその任に就くべきだと主張した。これは、日本とイギリスの秘密協定と日本の太平洋における勢力拡張にたいする反対表明であった。しかし、連合国側は、日本がすでに五年間旧ドイツ領ミクロネシアを実質的に統治してきた事実を認めざるをえなかった。

妥協の結果、旧ドイツ領の島々は「Cクラス」に位置づけられ、一九二〇年の国際連盟の発足とともに、日本が正式に「南洋群島」の名のもとに委任統治をすることになった。ただし、ナウルだけはイギリスなど三国の委任統治領になった。Cクラスの委任統治とは、「人口希薄ないし面積狭小、もしくは文明の中心から遠隔地であるが故に、受任国の構成部分としてその国法のもとに施政を行うを以って最善」とするというものである。受任国には、国際連盟に委任統治の進展を報告し、軍事施設を一切建設しないこと、などの条件が加えられた。これによって日本帝国は、国際会議で正式の植民地保有国と認められ、念願の欧米列強の仲間入りを名実ともにはたすことができたのである。

委任統治領「南洋群島」

軍政から民政への移管を完了した一九二二年四月、日本は南洋群島の統治本部、南洋庁をパラオのコロール島に設置した。南洋庁は軍・民政期と同じく、六つの地区に支庁をおいて委任統治を開始した。そして、島民の「社会的進歩」を促進するという連盟規定と日本の国益の双方を充足させる直接統治政策を実施する。南洋庁に行政と財政、警務などを管轄する内務部、経済・産業開発を推進する拓殖部を設け、九〇〇人の日本人官吏を任用した。

島社会の支配機構は、基本的には伝統的政治組織を利用した。各支庁は「総村長」と「村長」を選んで、彼らに役所からの命令の伝達、法規の周知、人頭税の徴収などを執行させた。群島全体で三七名の総村長、六五名の村長が指名され、制服と報酬が支給された。彼らは行政機構の末端の担い手であったが、伝統にかんする分野以外では独立した指導権がなく、日本人警察官の監視下におかれた。南洋庁は、主要な島に駐在所を設け、警察官の補佐役として島の若者を「巡警」に採用した。巡警は身分の上下に関係なく、日本語運用能力に優れた学校修了者のなかから選ばれた。

警察官と巡警は、町村を巡回して島民の飲酒、暴力事件、衛生など日常生活のあらゆることを取り締まり、地方や離島においては徴税や子供の就学などにも関与した。島の人々にとって、白い制服と棍棒を腰に着けた警察官は、伝統首長よりも威厳のあるもっともおそろしい存在であった。酒を飲むなど法に違反した島民は、「監獄」に連行され、鞭打ちなどの制裁を受けた。また、警察官は年一円の人頭税を成人男性から徴収しない村長を叱責した。一方で、警察は島社会の紛争や夫婦の争いなどの問題に、首長にかわって中立な仲介役としてかかわる役割をおっていた。それだけでなく、警察は日本人の居住や渡航、交通、工場経営、のちには出版物や集会結社の取締りをおこなった。

教育制度

南洋庁は島民の「文明化」と生活改善を促進するうえで、教育と宗教を統治政策の重点事項にした。一九二二年に「南洋庁公学校規則」を発布し、八歳から十四歳の島民子弟への教育をおこなった。本科三年、補習科二年からなる初等教育は、日本語教育に半分の時間をあて、修身、算術、地理、唱歌、体操、手工などの教科を学ばせた。学校への遅刻、教室での私語や母語による会話を禁止し、それに違反する児童には体罰を加えた。三〇年までに二四の公学校に七四〇〇人の児童が学び、全群島の就学率は五〇％をこした。パラオでは児童が洋服を着用して通学し、就学率は一〇〇％に達した。

補習科に進んだ児童は、放課後「練習生」として日本人家庭で働いた。彼らは子守りや掃除、水くみや風呂焚きなどの手伝いをして、少額の報酬をうることができた。この目的は、日本語と日本の生活様式を学ばせ、島民の生活改善の意識を向上させることであった。一九二六年には「木工徒弟養成所」をパラオに設け、補習科を終えた優秀な男子生徒を群島全体から選抜して入学させた。三〇年代になると、この養成所は、電気、自動車修理、機械、造船などの学科を増設し、島の若者の技術者養成センターとなった。

日本人移民の増加にともない、日本人子弟の小学校(国民学校)が建てられた。一九三〇年代後半には、三四の国民学校と実業学校や高等女学校などの中等学校が設置された。しかし、これは島民への門戸を閉ざしていた。島民が中・高等教育を受ける機会は群島にはなく、子弟を日本の学校へ留学させることは不可能であった。このことから、日本の島民への教育は同化教育であり、島の人々に自治意識を教え、将来彼ら自身が近代的な社会や政府をつくり、産業を興すことを目標にしたものでないことは明らかである。

チューク（トラック）の公学校の授業風景
服を着た児童が姿勢を正して『国語読本』を読む。

　また、民政期からキリスト教の布教を積極的に推奨した。軍政府がドイツ人を追放したために、群島にはプロテスタントの外国人宣教師が数名残るだけであった。そのため、日本政府は、ヴァチカンにカトリック宣教師の派遣を依頼した。一九二一年までに二二名の宣教師が来島し、旧ドイツ教会で布教活動を始めた。日本でも南洋伝道団が結成され、チュークとポーンペイでカトリックの布教につとめた。南洋庁は教会に財政援助をおこない、キリスト教による島民の教化を奨励した。三三年に南洋群島を視察した矢内原忠雄は、キリスト教の布教が、「島民の品性を向上し、平和にして秩序ある今日の状態にまで導き上げたことに就いて、進歩的役割を果たした」と述べている。

　南洋庁による一九二〇年代の群島統治は、「島民の福祉増進」を最優先にしており、世界の植民地の歴史において「最善の統治」であると欧米の視察団から高い評価を受けた。しかし、国際連盟からの脱退を宣言した三三年以降、日本は同化政策を積極的に進める。しかし、その内容は「一視同仁」、つまり「島民は日本人と平等である」という名目だけの同化教育であった。日中戦争が起きた三七年からは、「皇民化教育」が徹底されるようになった。公学校には日の丸を掲揚し、毎朝児童は「君が代」を斉唱した。

さらに、児童は「私たちは天皇陛下の赤子《せきし》であります。私たちは日本人であります。私たちは日本に忠義を尽します」と「皇国臣民の誓詞」を暗唱させられ、学校の朝礼で北を向いて「皇居遥拝」を義務づけられた。日本人のために建てられてきた神社へ、国家行事の度に島の児童や大人にまで参拝を強要した。あるパラオの老人は、「天皇陛下や皇居を見たこともないのに、こわいから一生懸命おがんだ。今思うと笑ってしまう」と当時を回顧している。

経済開発政策

日本が委任統治の受任国になったとき、大蔵省は南洋群島の外国への売却論を主張した。軍政期以降、資源の乏しい南洋群島の統治に毎年五六〇万円を費やしたからである。この意見は、海軍の「海の生命線」としての重要性、南進論者の「南方進出への踏み台」説などによって下火になる。日本政府は、そのような国内の意見を考慮し、一九二一年に日本帝国の「構成地」である群島に日本の「国家資源法」を適用した。

南洋庁は財政基盤の安定と、日本人招致による産業振興をめざす群島の経済開発に着手する。南洋庁はまず、一九二三年から九年間、無主地ないし未使用の共同体所有地を官有地にする土地調査を実施する。その結果、島民所有地の三倍半に相当する七万ヘクタールの土地が南洋庁の管理下におかれた。この土地のほとんどは、パラオとポーンペイの山地で、日本からの農業移民の開拓地に向けられた。

サイパン島では、大規模なサトウキビ農園と製糖事業が始まる。この推進者が台湾で砂糖ビジネスを成功させ、一九二一年に南洋興発会社、通称「南興」を創設した松江春次である。松江は南洋庁の支援を受け、すでにサイパンに滞在していた日本人、沖縄と東北地方から呼びよせた移民を雇って砂糖産業を軌道にのせた。南興はティニアン島とロタ島でも操業を始めた。南洋庁の財政は、三二年に日本への砂糖の出港税などではじめて黒字に転換した。砂糖産業が発展した三五年になると、マリアナの三島には三万八〇〇〇人もの日本人が住み、大きな町が形成されていた。サイパンの原住民、チャモロ人は貸した土地代の収入で、近代的な家に住み裕福な生活を営むことができた。

サイパンの砂糖産業の隆盛とは対照的に、南洋庁の初期のパラオやポーンペイでの農業開発は挫折の連続であった。南洋庁は一九二六年にパラオへ北海道から農業移民を試験的にむかえた。しかし、道なきジャングルでの開墾は失敗に終わる。入植者が差し掛け屋根の家に住み、作物を背負って町へ出て販売する悲惨な生活について、日本人ジャーナリストはつぎのように述べている。「カナカ(土人)たちは笑っている。島にくる日本人たちは、俺たちより、より低級な人ばかりだといってばかにしている」と。これは、努力もむくわれず、食べ物にも困る日本人入植者にたいする三三年ころのポーンペイ人の態度をあらわしたものである。

けれども、南洋庁が一九二八年に沖縄から招致した漁民は、カツオ漁で成功する。彼らは小型漁船を建造し、まずマグロの商業漁業を始める。その後、支庁の援助でカツオ節の製造を試みる。数年後、カツオ節製造工場は、二〇隻の漁船を所有し、一〇〇〇人以上の沖縄人を呼びよせるようになる。工場は多くのチューク人を雇い、沖縄の男性は島の女性と結婚して島の人々と生活をともにした。日本人とチューク人の共同参加によるカツオ節産業は、三〇年代には一五〇〇人の従業者を雇うまでに発展した。沖縄漁民はポーンペイ、パラオにも進出して事業を成功させ、南洋群島の水産業の発展に大きく貢献したのである。

日本人のための南洋群島

一九二〇年代後半の日本は、東北と沖縄の凶作や輸出不振などによる経済不況、そして世界大恐慌にみまわれる。それまで台湾と朝鮮半島へ移民を送り出してきた日本政府は、軍事的防波堤として、また移民先として南洋群島の重要性を強調する。三三年に海軍省は、南洋群島の宣伝映画「海の生命線」を制作し、全国の映画館や学校で映写した。また同年に、南洋イメージをかきたてる島田啓三の痛快漫画「冒険ダン吉」の連載が始まり、多くの人に愛読された。この二つの作品が群島への移民送出にどの程度の影響を与えたかは定かでない。しかし、南洋群島からの帰還者のなかには、それらに触発されて南洋に赴いたという人が多いのも事実である。

日本政府の移民政策を受け、南洋庁は一九三〇年代から本格的に移民受入れの方策を実施する。その主要な事業は、⑴三一年に産業試験場や水産試験場を新設し、産業振興の調査を推進すること、⑵個人による農業移民の入植失敗から、大企業に随伴する原料生産者としての移民を受入れ、移民のためにパラオに五カ所、ポーンペイに一カ所の入植地を用意し、移民への融資もおこなうこと、そして、⑶移民へ円滑な土地移譲をおこなうために、三三年から個人所有地の登記制度の導入を目的とする土地調査を実施することの三つである。

このような計画にそって南興は一九三五年に主要な島々に進出する。パラオではパイナップルの缶詰、ポーンペイでは澱粉《でんぷん》精製のための工場を建設した。この工場に供給する作物栽培に三〇〇家族の農民が招致された。一方、南洋庁は、三六年に南進政策のための国策会社、南洋拓殖会社(南拓)をパラオに創設する。南拓は、ボーキサイトとリン鉱石の採掘、アルミニウム工場から、海運、ホテル、発電、冷蔵、農漁業などの事業を多くの島で展開する。ドイツ時代から群島全域で農海産物の輸出と商品の輸入販売を一手に掌握してきた南貿も、ココヤシ農場の経営を始めるなど事業を拡大した。

日本は国際連盟の脱退以降、「日本人のための南洋群島」政策を積極的に推し進めた。これは国際連盟規定からの明らかな逸脱である。南興、南貿、南拓の三大殖産会社を中心とする経済開発とそれを支える日本人移民が来島し、三五年には島民人口四万九〇〇〇人より日本人が多くなる。四〇年には、サイパンなどマリアナに四万五〇〇〇人、パラオに二万三〇〇〇人、ポーンペイに八〇〇〇人など群島全体に八万四〇〇〇〇人もの日本人が押しよせた。この数は、南洋群島へ進出した日本人が一〇年間で四倍に増加したことを意味しており、また三〇年代のミクロネシアにおいて奇跡ともいえる経済発展が達成されたことを物語っている。

経済発展と島の人々の生活

サイパンのガラパン、パラオのコロール、チュークの夏島、ポーンペイのコロニアなどには、コンクリート製の白い南洋庁の役所、裁判所、病院、学校、海運会社や商社の支店などの建物が林立した。日本人の商店が軒を連ね、雨の日でも傘なしで買い物ができた。一九三〇年代後半のコロールには、五六軒の飲食店、四二のカフェがあり、七七人の芸者がいたという。また、南洋庁の内地観光団として日本見物にでかけた首長のなかには、帰郷して日本風の町なみをつくった者もいる。パラオのある村の首長は、東京の美しさに感激して帰国後、丘陵地の村を海岸部に移動させ石畳をしいて、「銀座通り」と名づけたという。

日本人の進出が少ないチュークでも、アメリカ人宣教師は、「島の人々は身ぎれいに着飾って、店で品物をかい、病院の診察代をはらい、ポマードなど不必要なものや子供におもちゃさえかっている」と記述している。さらに、自転車をもち、お金を貯めた人は日本風の家を建てたと記している。この報告は一九三七年ころのもので、当時、島の人一人当りの年収は五〇米ドルと推定される。群島で最大のコプラ生産地であったマーシャルでも、女性がパナマ帽や民芸品を売るなど、かなりの収入をえていた。

島民のなかには、商店や運搬業を経営したり、土地をリースして一万円以上の日本風邸宅を建て、裕福な暮しぶりをする者もいた。しかし、日本人と島民のあいだにはいくつもの差別が存在した。島民男性が就ける最高位の職業は、巡警長、助教員、南洋庁や支庁のボーイくらいであった。彼らの俸給は二〇円程度で、日本人官吏の三分の一にも満たなかった。そのほかは、荷役人夫、農場の日雇い労働、商店の小間使いなどの仕事しかなかった。女性は、病院での看護補助や日本人家庭のメイド役、売り子よりほかに就業の機会は少なかった。日本人と島民のあいだだけでなく、日本人と沖縄県出身者、朝鮮半島からの移住者とのあいだにも差別があり、両者は沖縄県民以外の「日本人」より低い地位におかれた。

日本人移民の五割の人口を占めた沖縄県人は、漁業関係、製糖労働以外では、おもに製材・製炭、大工、鉱夫などの仕事に従事した。国内と同様、日本人を一等、沖縄および朝鮮半島出身者を二等、そして島の人々を「三等民」とみなす差別観が南洋にもち込まれたのである。日本で生活に困窮した人々でも、南洋群島で数年にわたる苦難に満ちた開墾事業をなしとげれば、安定した生活基盤を築くことができた。日本人農業移民についてアメリカのジャーナリストは、「ミクロネシアの人々は、土地所有者から労働者に、日本人は無産者から土地所有者に、それぞれ変身した」と語っている。

自動車がとおる道の両側に店がならぶ1939年のコロール
9000人の日本人と1000人のパラオ人が住んだ。

日本の南洋群島の経済開発は、アンガウルなどのリン鉱石採掘への島民の人夫雇用を別にすれば、ほとんどの分野で日本人の労働力に依拠していた。島民の労働力は、非生産的で非効率的であるとみなされ、日本人の経済活動に重要な戦力として組み込まれなかった。それは、彼らの伝統的な生活慣行や経済活動が日本人の労働観と異なるという理由によるところが大きい。つまり、島の人への知識や技術移転がまったくおこなわれなかったのである。経済の分野だけでなく社会、政治、文化の面においても、日本の南洋群島の統治は、日本人と島民という二重構造のもとに展開されていたのである。

太平洋戦争と南洋群島

日中戦争が始まる一九三七年から、帝国海軍は南洋群島を「要塞の島」と位置づける。三九年からパラオ、チューク、マーシャルの島々で、飛行場などの軍事基地の建設にとりかかる。機械力のない海軍は、人海戦術に頼るしかなく、朝鮮半島の人々や島の若者を徴用した。基地が完成する四〇年末には六〇〇〇人の海軍の兵隊が駐屯した。軍の司令部や兵舎などの建設に、教会敷地や島民の土地が収用された。太平洋戦争が始まるとただちに日本軍は、グアム、ギルバート、ナウルの島々を攻略し、多くの島々で軍事施設の建設に本腰をいれる。島の人々は、労働賃金の支払いを現金でなく郵便貯金に、また米や砂糖、生活必需品の購入を統制されるなど、戦争の気配を感じるようになる。

一九四二年からは南洋庁の権限も軍の指揮下におかれる。巡警も任を解かれ、食糧生産や港湾労働者の現場監督の役に就かされた。島の男性で組織する青年団は、道路・港湾の工事に、女性は軍の食糧調達の農耕に、「勤労奉仕」を強いられた。戦争が激化するにつれ、満州方面から五万人以上の陸軍兵が進駐してくる。兵隊の駐屯地や基地建設のために、島の人々は島や村からの移住を命じられた。四三年にナウル島の全島民一二〇〇人がチュークに強制的に連行された。そして、日本からの補給路が断たれると、軍は島の人々を「農耕班」、「漁業班」などに割り振り、兵隊の食糧調達のために総動員した。

本土防衛のために中部太平洋に展開した日本軍は、一九四三年の秋からアメリカ機動部隊の攻撃にさらされた。アメリカ軍は、まずナウル、ギルバートとマーシャルを攻略する。翌四四年二月「太平洋の要衝」といわれたチュークでは多くの戦艦や輸送船が撃沈された。アメリカ軍は六月にサイパンとテニアン占領、七月にグアムの奪還、九月にはパラオ攻撃と、一年たらずで日本の「海の生命線」をことごとく撃破した。パラオ諸島のアンガウルとペリリュー両島で日本軍は玉砕する。サイパンの戦闘では、三万人以上の日本兵と一万人の民間人が戦死した。マリアナ諸島はアメリカ軍の日本本土進攻の基地となり、テニアン島を飛び立ったB29は、四五年八月六日に広島、その三日後に長崎に原爆を投下した。

この戦争が島の人々に甚大な損害を与えたことはいうまでもない。島の有能な青年は、「調査隊」、「挺身隊」、「義勇斬り込み隊」などに編入された。一九四三年にパラオとポーンペイの調査隊は、ニューギニアとインドネシアに派遣され、日本軍の通訳や連絡などの任務に就いた。約一〇〇名の隊員のうち多数が「戦死」した。島に暮す人々も悲惨な生活を味わった。アメリカ軍の攻撃が少なかったヤップ島においてさえ、日本軍は海岸部の住民を内陸に移し、その村に塹壕《ざんごう》や砲台を築いた。戦後帰村した人々は、日本軍に家と家財のすべてを焼き尽くされた廃墟を見て悲嘆にくれたという。

両軍の死闘でサイパン、ペリリューとアンガウルの島々は焦土と化した。アメリカ軍が上陸しなかったパラオにおいても、人々は苦難を経験した。繁栄したコロールで近代的な生活を享受していた人々は、バベルダオップ島山中の「避難場」で一年半暮した。彼らはヤシ葺きの仮小屋と防空壕に住み、夜道を歩いて海岸近くの畑でイモ栽培をしなければならなかった。ペリリュー島からの避難民は、キャンプ先で野生の植物を口にして飢えをしのいだ。日本の移民も、夫や息子を徴兵され、働き手だけでなく耕地をも軍に徴用され、飢餓で命を落とす者が多かった。パラオの老人は、「森で獣のような生活をしました」と戦争時代の惨めさを回想する。日本軍にたいしては、「上官は白米を食べて、倉庫にあるたくさんの食糧を飢えた兵隊や民間人には配給しなかった」と批判する。

一方、日本軍は島の人々と兵隊との食糧争い、とくに兵隊による作物の窃盗を防備した。また、非戦闘要員で組織した「指導官」は、島の有力者とともに避難場をまわって軍の指令を伝えたり、農業指導をおこなった。指導官は、島の人々の食糧確保や治安維持に責任をもち、人々と「友好的な関係」を保っていたという。しかしながら、戦争を体験したパラオの女性は、「日本軍が島にいたために、私たちと関係のない日本とアメリカが私たちの島のうえで戦争し、私たちの土地と命を奪った」と語る。事実、この戦争で日本兵七万人、アメリカ兵六三〇〇人が戦死しただけでなく、五〇〇〇人を越すミクロネシアの人々も命を失った。彼女の指摘はミクロネシアが日本の植民地であったがゆえに、小さな島の人々が大国の戦争の犠牲者になったという的確な歴史認識である。

3　アメリカの軍事構想とミクロネシア統治

戦後処理の統治政策

日本が降伏した一九四五年八月以降、アメリカ海軍はミクロネシアの島々で戦後処理の作業にあたった。まずは、島の人々および日本の兵隊と民間人への仮住居と食糧の支給である。そして、日本軍が強制移住させた数千人の島の人々の自らの島への帰還である。それよりも大きな問題は、九万人の日本兵と数万人の民間人の日本への送還である。パラオだけで三万六〇〇〇人の兵隊と一万五〇〇〇人の日本人がいた。

アメリカ軍は、道路補修や飛行場整備のため五〇〇〇人の日本兵を残したが、一九四六年末までには日本人全員を送還した。その過程で、島の女性と結婚した日本人家族、とくに多かった沖縄県出身者の処遇を検討した。一時、一〇年以上南洋群島で生活した家族については残留の希望を認める方針がだされた。しかし、日本人がふたたび「支配者」になる可能性を恐れたアメリカは、結局すべての日本人の送還を決定した。最盛期に、九万三〇〇〇人の民間人と一〇万人をこす兵隊が進出した南洋群島から、日本人の姿は消えたのである。

アメリカは、占領直後からミクロネシアの統治戦略を練った。トルーマン大統領は、「戦略地区」信託統治領という方針を一九四六年十一月に宣言する。この案は翌年七月の国連安全保障理事会で承認され、旧日本領の南洋群島は、「国連信託統治領太平洋諸島」としてアメリカ合衆国が支配することになった。アメリカは、軍政をしいて財産設備の復旧、教育と医療・福祉の改善、自治社会の確立などにつとめた。主要島には各村々に、離島には島ごとに小学校を建設して英語教育を開始する。四八年から島のリーダーをグアムの教員養成センターで教育した。また、大きな島には病院、村や離島には診療所を開設し、医師や保健夫など医療専門家の養成もおこなった。日本時代より学校や医療施設の数は倍増したが、その設備は不十分なものであった。

地方行政は、アメリカの機構を導入し、管区、行政村に分割してそれぞれに行政長官と議会を設けて統治した。そして統治の基本方針は、ミクロネシアの人々にアメリカへの尊敬と忠誠心をうえつけることにあった。つまり、アメリカ式の自由と平等の思想に基づく教育である。日本時代、戦争時に苦難を味わったが、「豊かな生活」を経験した人々の脳裏から、日本の陰影を一掃する必要があった。軍政府は日本の工場、インフラや官庁や学校などの建築物を徹底的に破壊した。そして、人々を積極的に軍の施設や戦後復旧作業に雇用した。

戦後、ミクロネシアの人々は生活水準が日本時代より劣悪になったことを痛感し始めた。軍政府はドルを通貨にするために、日本の二〇円を一ドルで交換した。三円もあれば風呂敷きに一杯のものがかえた時代に比べ、一時間四〇セント、月給二〇ドルでは、十分な生活必需品を購入できなかった。また、島の人々のキャリアや地位を考慮しない軍政府の雇用に、疑問をもつ者もいた。南洋庁の書記として六〇円の俸給をえていた首長家の息子でも、門衛として立ち番をさせられ、一五ドルの月給しかえられなかった。アメリカの人類学者は、ミクロネシアの人々の収入は、日本時代の三分の一になったと見積っている。

戦略地区と原水爆実験

「戦略地区」統治とは、アメリカが他国に干渉されず、この島嶼地域の施政権を一手に握り、軍事利用できるというものである。冷戦構造が現実化するなかで、アメリカはこの地域を核実験場とミサイル試射基地として使用する計画を実行に移した。一九四六年二月にマーシャル諸島ビキニ環礁の人々に、「人類の平和と世界戦争の抑止」のためにと説得し、彼らを無人島に移住させた。それから五八年までの一一年間にビキニとエニウェトック環礁で六六回の原水爆実験をおこなった。五四年の水爆実験では、移住させられずに島にいたロンゲラップ環礁の住民は「死の灰」をあびることになる。当時、その近海で操業していた日本のマグロ漁船「第五福竜丸」が被爆した。二三名の乗組員のうち、機関長の死は、われわれに大きな衝撃を与えたと同時に、原水爆実験の禁止を求める国際的な運動のきっかけになった。

水爆実験で被爆したロンゲラップの人々は、その後強制移住させられた。ロンゲラップとビキニの人々は、被爆後身体検査のみで、本格的な医療サービスを受けることはなかった。現在もなお後遺症に苦しむ人が多く、島に帰還できずに、居住条件の悪い島で不自由、不健康な生活を強いられている。最近、この原水爆実験は放射能が人間におよぼす影響についての「科学的調査」でもあったということが明らかにされた。まさに、両島の人々は、「人体実験」のモルモット以外のなにものでもなかったのである。また、アメリカは、戦後すぐにクワジャリン環礁に大陸間弾道弾の迎撃ミサイルの試射基地を建設し、今日まで使用しつづけている。

アメリカ統治時代の唯一の換金作物，コプラの出荷　価格が低落し，キロ当り数十セントとなった。

永久的アメリカ領政策

ミクロネシアは一九五一年以降、アメリカ内務省の管轄に移り、統治本部がサイパン島に設置された。しかし、アメリカの統治方針と財政規模に大きな変化はみられなかった。アメリカ人以外の人の入域を禁止する「隔離政策」を継続した。人々は、公務員よりほかに雇用の機会はなく、コプラや屑鉄の販売で若干の現金をえて、援助物資と農漁業に依存する生活を強要された。この統治は、一般に「動物園構想」といわれる。

アメリカがミクロネシア統治の将来を具体的に検討し始めるのは、一九六〇年代のケネディ大統領時代からである。国連総会で「民族自決」が決議され、アジア・アフリカに独立国が誕生した時期であった。しかし、アメリカは、東西冷戦下の軍事戦略上、ミクロネシアを「永久の領土」として確保する方針を固める。大統領命により、ハーヴァード大学のソロモン教授らはこの地域を調査し、六三年に報告書を提出する。その報告書『ソロモンレポート』には、五年後に信託統治終了後の政治的地位を決定する住民投票を実施し、ミクロネシア人の意志によってアメリカへの帰属を選択させるべし、と提言されている。

その方策として、⑴優秀な若者を留学させ、将来のリーダーとして育てること、⑵伝統的首長を招き、親米観を育成すること、⑶福祉・医療や教育を充実させ、人々の当面の不満や不安を解消させること、⑷人々に現金収入の機会を増大させることなどが提案された。一九六五年以降その方策の実施に向け、内務省はそれ以前の年度予算の七倍に相当する三五〇〇万ドルを計上した。以後、予算は毎年増加し、七九年度には一億四〇〇〇万ドルに高騰する。内務省は統治予算の増額と並行して行政機能の強化を進め、役人、医師や平和部隊の隊員を続々と送り込んだ。同時に、公共事業も拡充した。七〇年代には人口八万人の島社会へ、一五〇〇人の平和部隊の隊員が投入された。

平和部隊は教育だけでなく、医療、土木、漁業、民芸品、ビジネス、新聞発行などの指導も担当した。しかし、ほとんどが大学新卒者で経験不足のため、期待された割には島経済の発展や人々の生活向上に貢献しなかった。島の人のなかには、「ピスコ(平和部隊)は子供たちにビールとマリファナを教えただけ」

日本の援助で上水道の整備を進めるマーシャル諸島　珊瑚礁島では水資源の確保が生活の基盤である。

と酷評する者もいる。他方、教育革新は格段に進んだ。「学校建設プログラム」の推進で、一九七〇年には二二四の小学校、二七の中高等学校と二つの短期大学が新設ないし整備された。それにともない教員、事務員や給食夫などが増員され、村の収入の七割がそれらの給料で占められたところもある。また、高等学校や短期大学の卒業生は、政府機関に就業の道が開け、七五年の公務員の数は一万二〇〇〇人にふくれあがった。ミクロネシアは政府雇用が「基幹産業」であると揶揄《やゆ》されたほどである。

一九六〇年代後半から、官区長や政府の要職をミクロネシア人に移譲する政策が進行した。また、外国資本の導入による経済発展計画も検討される。しかし、ミクロネシアの産業発展の兆しはなく、いぜんとしてコプラ、魚類、民芸品、タカセ貝が主要輸出産品であった。消費経済が普及し、毎年大幅な輸入超過が続いた。ただ、パラオではアメリカ資本のマグロ缶詰工場が操業を開始し、着実に業績を伸ばした。政府は低金利融資策による経済発展を試みるが、ビジネスマンと政治家がその資金を利用してスーパーマーケットやホテル建築をおこなうだけで、基盤産業の発展には寄与しなかった。

信託統治領終了間近の一九七〇年代後半、島々をまわった国連の視察団は、アメリカにインフラ拡充を勧告した。これまで、産業基盤の整備はおろか、おざなりにしてきた道路、港湾、飛行場、病院などの建設を義務づけたのである。この大規模な事業には、日本の大手建設会社も進出し、六つの地区で工事がおこなわれた。この工事のため、村や離島から多くの人々が行政センターのある都市に集住した。マーシャルの首府マジョロとエバイは、マーシャルの全人口の半分にあたる二万人が住む過密都市となった。首府への人口集中化により、政府は都市のスラム化と生活困窮者の増加など新しい社会問題をかかえることになる。

4 国家建設への道

外国支配からの離脱

アメリカは信託統治領終了後の地位交渉の母体として、一九六五年に「ミクロネシア議会」を設置する。議会は六地区の人口比例で選出される二一名の議員からなる下院と、各地区が平等に二名ずつ選出する上院との二院制である。『ソロモンレポート』で予定された住民投票は、アメリカ側の時機尚早という判断で実施されなかった。しかし、ミクロネシア議会は、発足一年後の六七年、議会に「将来の政治的地位委員会」を設置し、アメリカに政体交渉の早期開始を要求した。

アメリカのニクソン大統領は、泥沼化するベトナム戦争を憂慮し、アメリカ軍のアジア大陸からの撤退とミクロネシアを中枢基地にする戦略構想を一九六九年に発表する。政体交渉は六九年から本格的に始まり、アメリカは「自治領案」を提案する。これにたいしミクロネシア側は、アメリカとの「自由連合」関係を希望する。自由連合案は、ミクロネシア人が主権と民族自決権を有して自ら憲法を制定し、自由連合を期限つき協定とし、期限終了後いずれか一方の申し入れで終了するというものである。つまり、ミクロネシア側は、「ミクロネシア連邦」という完全な自治政府の樹立を求めたのである。

この自由連合案を作成したのは、アメリカへ留学したミクロネシアのリーダーたちである。彼らの用意周到さに驚いたアメリカは、一九七一年の交渉の場でミクロネシア地域における軍事利用計画を提示する。これは、マーシャルの基地の継続使用、サイパンとパラオに軍事施設や軍民共用空港とパラオに原子力潜水艦基地を建設するという内容である。この計画案は、基地利用計画に含まれる三地区と、それがないポーンペイ、チューク、ヤップの三地区との分断工作にほかならない。いいかえれば、アメリカから基地使用料などの収入を見込める島々とその可能性のない島々という経済格差の色分けである。これ以降ミクロネシア側は足なみを乱し、対米交渉において統一見解をだすことができない状態が続いた。

サイパンなどの北マリアナ諸島は、アメリカの「非併合領」であるグアムなみの政治的地位を目標に、コモンウェルス(自治領)の道を選択し、一九七五年に連邦構想から脱落する。ほかの地区は、分離や自立などの動きがあるものの、ミクロネシア連邦の憲法草案を作成してアメリカとの地位交渉を継続した。アメリカは七七年の交渉で自由連合案を承認し、翌年にミクロネシア側と自由連合協定の原則的合意に達した。この協定は、ほぼ前述のミクロネシア案にそうものであった。ただ、アメリカが安全保障と防衛の全権限をもち、一五年間にわたって経済・財政援助をおこなうという点が追加された。

ミクロネシアの人々は、この合意に基づいて一九七八年にミクロネシア連邦の憲法草案の賛否を問う住民投票を実施する。その結果、マーシャルとパラオが予想どおり「否」を選択した。二つの地区は、独自の憲法のもとで国づくりを進める意思表示をしたのである。憲法草案を認めた、ヤップ、チューク、ポーンペイ、コシャエ(ポーンペイから分離)の四地区は、ミクロネシア連邦の国家建設に着手した。憲法の前文にはつぎのような文章が記されている。

多くの島々が集まってひとつの国をつくるには、私たちの文化の違いを認めあわなければならない。海は私たちを引き離すのではなくひとつにしてくれる。〔中略〕ミクロネシアの国は、星を頼りに航海したときに生まれた。われわれの世界はそれ自体ひとつの島であった。

信託統治領の終了。それは、スペイン、ドイツ、日本そしてアメリカの外国支配からの自立である。当初、言語や文化の異なる六つの地区が連合して、より大きくて強い海洋統一国家、ミクロネシア連邦の建設をめざした。しかし、アメリカの軍事戦略の前にその願いもかなわず、国連の信託統治領太平洋諸島は、四つの政体に分裂したのである。

分裂国家の独立

北マリアナ諸島は一九七八年に、ミクロネシア連邦とマーシャル諸島共和国は七九年に、そして憲法制定が遅れたパラオ共和国は八一年に、それぞれ自治政府を樹立し、自治領ないし独立へ向けて国家建設に踏み出した。自由連合を選択した三自治政府のつぎの課題は、アメリカとの自由連合協定の調印である。政府間合意をへて、八三年に協定調印の賛否を問う住民投票をおこなった。ミクロネシアとマーシャル諸島は賛成多数の票をえたが、パラオは賛意がえられず、協定調印を先に延ばすことになった。

パラオ共和国独立1周年記念式典　ナカムラ大統領は，経済の自立を強調した。

一九八六年秋に、ミクロネシアとマーシャル諸島はパラオの協定調印を待たずに独立を宣言し、北マリアナ諸島はコモンウェルスとして、アメリカの市民権を手中にした。ミクロネシアはトシオ・ナカヤマ、マーシャル諸島はアマタ・カブアと、それぞれ日系の大統領を選んで国家運営を始めた。いずれも独立国とはいえ、アメリカからの一五年間にわたる財政援助(ミクロネシアは七億五五〇〇万ドル、マーシャルは三億三六〇〇万ドル)に依存している。

パラオの人々が協定調印を承認しなかったのは、「非核憲法」を遵守《じゅんしゅ》したからである。憲法の第一三条に、戦争を目的とする核や化学などの兵器、原子力施設とそこからの核廃棄物などをパラオ領内で使用、実験、貯蔵、廃棄する場合には、国民投票により四分の三以上の承認が必要であると規定されている。この憲法には、日米戦争に巻き込まれた経験とビキニでの原水爆実験の悲惨な実態を目の当たりにした人々の意志が反映されている。その一方で、非核憲法を「交渉の武器」にアメリカから多額の援助を引き出そうとする政治家のしたたかさもみてとれる。

パラオでは、憲法の非核条項と自由協定内容との矛盾が、住民投票で争われることになる。人々は、協定調印を推進する親米的な憲法修正派や自治領派、それに反対して非核憲法を維持する護憲派などに分れて政治・経済的かけひきを繰り広げた。その間、二人の大統領が暗殺と自殺により命を落とした。結局、一九九三年に実施された八回目の住民投票によって自由連合協定の調印が承認された。パラオの人々は、非核憲法を凍結してまで、自由連合協定の調印を選択したのである。その背景について、憲法起草者の一人で第四代大統領、日系のクニオ・ナカムラは、冷戦構造が崩壊してアメリカの軍事権益の脅威が消滅すると予測している。結果的に、パラオの人々は、アメリカから、協定期間五〇年と財政援助を一五年間に約四億五〇〇〇万ドル受けるという有利な条件を取りつけることができた。そして、パラオは九四年十月に共和国として独立した。パラオの独立は、半世紀にわたる国連の信託統治領という政体が地球上から消えたことを意味している。

ミクロネシアは、国際連盟の委任統治領そして国際連合の信託統治領として七〇年余り、日本とアメリカに支配されてきた。日本の南洋群島統治は、日本人のための経済開発であり、アメリカの統治は、世界戦略のための軍事的利用を目的としていた。つまり、両国は統治期間中、ミクロネシアの人々の将来をみすえた彼ら自身の政治・経済的自立、および社会・文化的持続に向けての施策をおこなってこなかったのである。一方で、日本とアメリカは、ミクロネシアの人々に多大な被害を与えた戦争にたいする賠償を一九六九年におこなっている。日本側の賠償額は、五〇〇万ドル(約一五億円)というまことにささやかなものであった。日本はその賠償として六隻の貨客船と漁船等を供与した。

この賠償は、「ミクロネシア協定」と呼ばれる。しかし、その賠償内容はミクロネシアの人々の要求を聞くことなく加害国によって一方的に決定された。それ以降日本政府はミクロネシアの人々からの賠償請求には公的に応じていない。日本はミクロネシア諸国の独立後、不十分な戦争賠償の代償に政府開発援助(ODA)の一環として、漁業振興の港湾設備、橋梁や道路、飛行場などの整備に破格の経済援助をおこなってきている。同時に、ミクロネシアの人々へ経済開発のための技術移転や教育を進めている。アメリカも、各国の国家財政を支える援助をおこなってきた。今後とも、日本とアメリカは、ミクロネシア諸国の真の自立に向けて、あらゆる面から「戦争の負債」をはらいつづける責任がある。

極小国家の現在

ミクロネシアには現在、三つの自由連合国、およびアメリカの自治領と非併合領(グアム)のほか、キリバスとナウルの二つの共和国がある。

ミクロネシア連邦は、首都をポーンペイのパリキールに定め、ヤップ、チューク、ポーンペイ、コシャエの四州からなる地方分権的な国家を形成した。しかし、外国漁船の漁場入域料とマグロの日本輸出よりほかに大きな外貨収入の道はなく、国家財政はアメリカの自由連合基金と日本など外国からの経済援助に依存している。人口が急増しているにもかかわらず、産業基盤が未整備で、二〇〇七年現在総人口一二万人の三割はグアム、サイパンやハワイなどに出稼ぎないしは移住している。アメリカの基地使用料の収入があるマーシャル諸島も、ミクロネシアと同様外国からの経済援助頼みの国家運営をおこなっている。この二国は、二〇〇一年にアメリカとの自由連合協定の期限が切れたが再調整し、二〇〇三年からさらに一五年間、この協定を継続することになった。

パラオ共和国は独立国とはいえ人口一万七〇〇〇人の極小国家である。国民の三割がグアム、ハワイ、アメリカ本土に住み、逆に中国、フィリピンなどアジア諸国から六〇〇〇人もの労働者を受け入れている。アメリカ流の政治機構を導入して国家建設を進める一方で、憲法には伝統的首長制の存続も保証している。パラオの人々は、日本時代に南洋庁がおかれミクロネシアの中心であったという自負、アメリカ時代にはミクロネシア議会と政体交渉において指導的役割をはたしてきたという誇りをもっている。非核憲法と自由連合、近代と伝統の社会・政治システムを並立させ、「統一と安定」を目標とする国家運営を進めている。

キリバスは、一九七九年にイギリスの保護領の地位から独立した。国家経済は、オーシャン島のリン鉱資源が枯渇し、イギリスや日本からの経済援助に依存している。近年はクリスマス島の宇宙開発基地建設構想も浮かんでいるが、一方で地球温暖化による国土の水没という大きな問題をかかえている。ナウル共和国は、六八年にイギリス、オーストラリア、ニュージーランド三国の国連信託統治領から独立した。リン鉱石の輸出で、一人当りの国内総生産で世界のトップクラスの時期もあったが、リン鉱資源の採掘が終わり、外国に投資した貸ビルやホテル経営などの事業もゆきづまり、難しい国家運営に直面している。

北マリアナ諸島は、首都サイパンを中心に七万人の人口を擁す。一九八〇年代から積極的に観光開発を進め、年間六〇万人の観光客を迎え入れている。人々の生活は、アメリカの経済援助と観光産業収入で豊かである。しかし、先住のチャモロ人やカロリン人の人口以上に、アジア系労働移民を受け入れているために、将来の民族構成や文化的・民族的アイデンティティの確立に大きな問題をかかえている。観光産業とアメリカ軍基地の島、グアム島は、経済的には先進国なみではあるが、アメリカの「非併合領」という不安定な政治的地位から離脱する将来像が見えてこないのが現状である。

ミクロネシアの長老たちは、「私たちは日本やアメリカのような大国ではない。小さな国は小さい国なりの生き方がある」と将来を語る。しかし、世界規模の経済と政治システムの周辺に位置する極小国が、自前の国家運営をおこなうことはむずかしい。ミクロネシアの人々は、歴史に根づいた自らの伝統文化と生業経済に立脚した生活様式の重要性を見直し、その基盤のうえに日本やアメリカからの援助や支援による近代化を批判的に接ぎ木して独自の国づくりを進めるときにきている。

第八章　太平洋島嶼諸国関係と地域協力

1　南太平洋フォーラムの成立

南太平洋委員会と太平洋島嶼諸国

第二次世界大戦の終結からまもない一九四七年、太平洋島嶼地域に統治領をもつオランダ、イギリス、フランス、アメリカ、オーストラリア、ニュージーランドの六カ国は、太平洋島嶼地域住民の経済的・社会的福祉の向上を目的とした南太平洋委員会(SPC、現在は太平洋共同体)を設立した(のちにオランダとイギリスは脱退)。SPCは、設立した統治国の意向を反映して、政治問題については扱わないという暗黙の原則を有していた。五〇年には、SPCの諮問機関として、太平洋島嶼地域代表からなる南太平洋会議が設立されたが、ここでもやはり政治問題の討議は暗黙のうちに除外されていた。

しかしながら、一九六〇年代になると、そうしたSPCのあり方に、島嶼側が不満をいだくようになった。その直接のきっかけをつくったのは、フランスによる核実験問題であった。

フランスは、一九六三年、それまでのサハラ核実験場にかわるものとして、フランス領ポリネシアのモルロア環礁およびファンガタウファ環礁への核実験場建設を表明した。それにたいし、西サモア(現在はサモア)とクック諸島がそれぞれ個別に抗議をおこなったが、フランスの決定に影響をおよぼすことはできなかった。そこで、島嶼側は南太平洋会議の場にフランスの核実験問題をもちだそうとはかる。

一九六五年の南太平洋会議の席上で、クック諸島の代表は、南太平洋において核実験をおこなおうとしている国家にたいし遺憾の意を表明する決議の採択を求めた。だが、この提案は、政治的事項であるとの理由から、統治国側が務める議長によって退けられてしまった。その五年後の一九七〇年の南太平洋会議では、フィジーおよびパプアニューギニアのそれぞれの代表によって、ふたたびフランスの核実験問題が提起された。このときには島嶼側が議長を務めるようになっており、フランスの核実験について討議することはできたが、やはり核実験反対の決議を採択するまでにはいたらなかった。

こうした経緯から、この時期までに独立ないしは自治政府樹立をとげていた太平洋島嶼五カ国(西サモア、クック諸島、ナウル、トンガ、フィジー)のあいだでは、南太平洋会議とは別個に政治問題を討議することのできる地域的な場をあらたに設けようとする気運が高まっていった。そうしたなかでだされたのが、クック諸島のアルバート・ヘンリー主席による地域的な政治フォーラム設立の提案である。提案では、フォーラムの参加国として、太平洋島嶼諸国のほかに、オーストラリア、ニュージーランドが太平洋の一部であるとして含まれていたが、そのほかの統治国および独立を達成していない島嶼地域はこれに含まれていなかった。

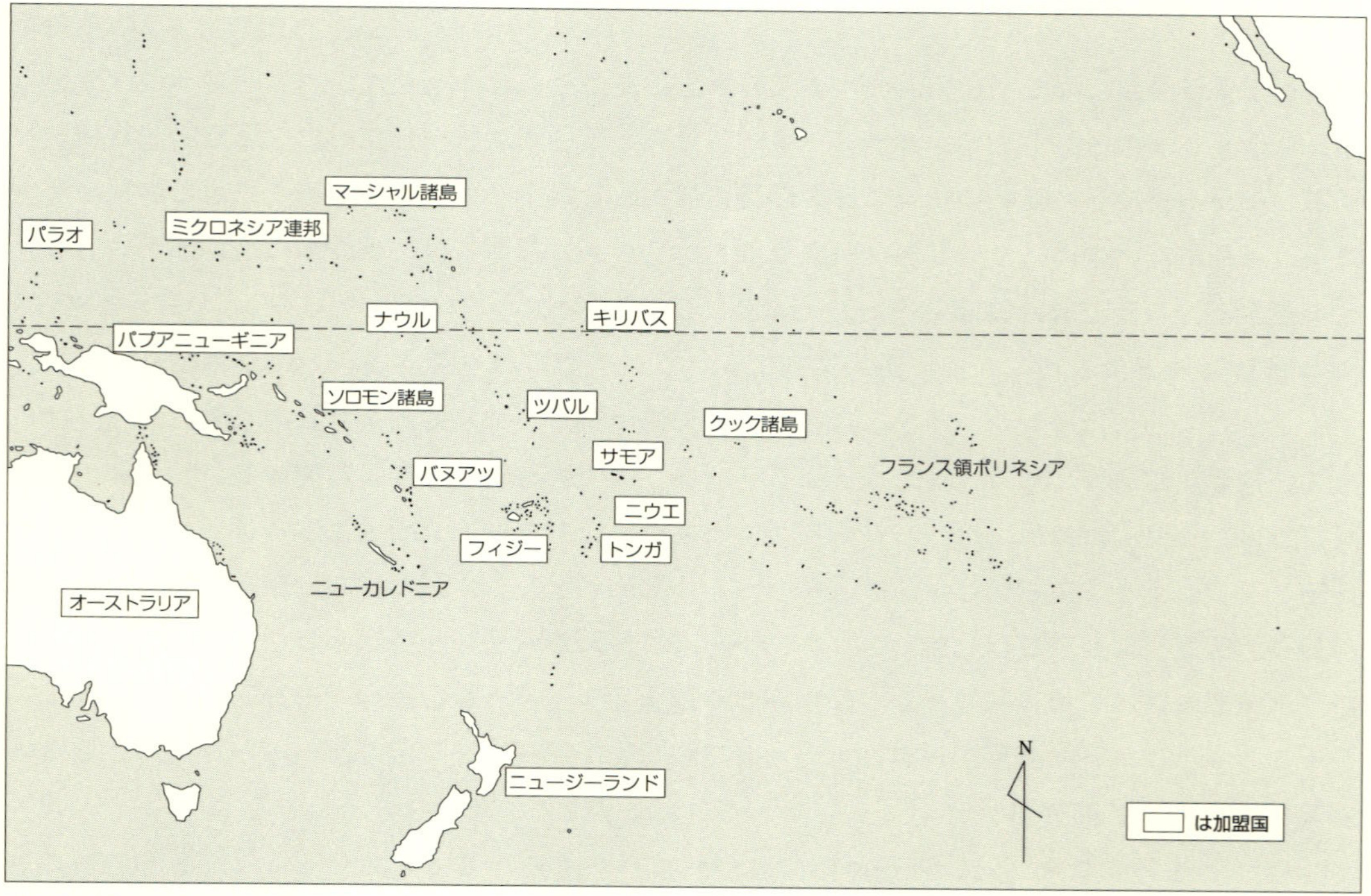

南太平洋フォーラム加盟国

ヘンリーの提案は、一九七〇年十月のフィジー独立式典の際に出席した太平洋島嶼諸国首脳のあいだで話し合われたが、このときはそれ以上進展することはなかった。太平洋島嶼諸国のあいだに、フィジーにたいする不信感が存在していたためである。フィジーは太平洋島嶼五カ国のなかで最大の人口と国土面積をもち、かつ独立と同時に太平洋島嶼諸国としてはじめて国連に加盟していた。そうしたところから、フィジーが地域の主導権を握ろうとしているのではないかとほかの太平洋島嶼諸国から不信感をもたれ、それが提案の進展にとって妨げとなっていた。フィジー自身も、そうしたほかの太平洋島嶼諸国からの不信感の前に、率先して政治フォーラム設立提案を進展させるための行動を起こそうとはしなかったのである。

南太平洋フォーラム結成

地域的な政治フォーラム設立の提案が具体的に動き始めたのは、一九七一年一月の英連邦首脳会議後のことであった。独立を達成し会議にはじめて参加した西サモア、トンガ、フィジーの三カ国は、席上、フランスの核実験にたいし共同で抗議をおこない、会議から支持を取りつけ、フランスに圧力を加えようと試みた。だが、ほかの参加国からの反応は鈍く、会議の最終声明はたんに太平洋の核実験について言及したにとどまったため、これら三カ国は苦い失望を味わった。この経験によって、太平洋島嶼五カ国は、フィジーにたいする不信感を乗りこえ、南太平洋会議にも英連邦首脳会議にも頼らずに、あらたに地域的な政治フォーラムを自ら結成して、フランスの核実験問題について地域の声をあげていこうという決意を固めたのである。

一九七一年八月、太平洋島嶼五カ国は、ニュージーランドの首都ウェリントンにおいて、オーストラリア、ニュージーランドを招き、政府首脳による地域的な政治フォーラムである南太平洋フォーラム(SPF、以下フォーラムと略)の設立会議を開催した。島嶼諸国ではなくニュージーランドで開催したのは、薄まったとはいえ、フィジーにたいするほかの島嶼諸国の不信感に配慮したためであった。

設立会議では、南太平洋会議ではできなかったフランスの核実験にたいする抗議声明が採択されたほか、貿易、海運など地域協力にかんするさまざまな問題が討議された。そうしたなかで重要な議題のひとつとして討議されたのが、フォーラムの組織としてのあり方についてであった。この問題にかんし、ナウルのデ・ロバート大統領は、恒常的事務局の設置と規約の制定による恒久的地域組織の設立を提案した。だが、ほかの参加国は、フォーラムの制度化は時期尚早という意見を表明し、当面、事務局、規約を定めない年一回の政府首脳による政治討議の場としてフォーラムを続けていくことで合意に達した。

いまひとつの重要な議題となったのは、加盟国の問題であった。もともとヘンリー提案では、太平洋島嶼諸国のほかに、オーストラリア、ニュージーランドが参加国として含まれており、設立会議にも両国が招かれたが、両国を正式にフォーラムの加盟国とするかどうかについて、太平洋島嶼諸国のあいだで合意ができていたわけではなかった。設立会議の席上、デ・ロバートは、両国が先進国であり太平洋島嶼諸国とは問題を共有していないこと、またフォーラムを牛耳り太平洋島嶼諸国の利害を損なう恐れがあることなどをあげて、太平洋島嶼諸国のみをフォーラムの加盟国とするよう主張した。こうした主張にたいして、フィジーのマラ首相は、両国の加盟によりフォーラムの活動資金が確保されること、対外的に影響力が増すこと、ほかの統治国がフォーラムを「反統治国」的なものとしてみることを防ぐことなどを理由として、両国の参加が必要であることを説いた。長時間にわたる会議での議論の末、マラの意見がとおり、オーストラリア、ニュージーランド両国をフォーラムに加えることで決定をみた。

2　地域協力と「パシフィック・ウェイ」

地域協力の開始と「パシフィック・ウェイ」の提唱

事務局、規約を備えずに発足したフォーラムが地域協力組織としての体裁を整え始めるようになったのは、一九七三年に下部組織として南太平洋経済協力機構(SPEC)を設立したことであった。太平洋島嶼諸国は、一九六五年に、ニュージーランド向けバナナ輸出の際の団体交渉を目的に、太平洋諸島生産者事務局(のちに太平洋諸島生産者連合〈PIPA〉)を設立していたが、七〇年代にはいると、資金不足から満足な活動がおこなえなくなっていた。そこで太平洋島嶼諸国は、PIPAの存続をあきらめ、フォーラムのもとにあらたに経済協力の分野を担当するSPECを、フィジーの首都スバに設けたのである。SPECは、一九七五年にはフォーラムの正式な事務局となり、これによってフォーラムは、設立五年後にして、年一回の首脳会議による政治フォーラムから、経済協力の分野をも含み事務局も備えた、より恒久的な地域協力組織へと脱皮することになった。

制度化の一方で、活動面でも、この時期、フォーラムは、とりわけ域外にたいする共同行動の分野において、めざましい動きをみせた。

まず核問題にかんしては、一九七一年の設立会議において、フランスの核実験に抗議する最終声明を採択したのを皮切りに、ほぼ毎年、年次会議において同様の抗議声明を採択し、それをフランス政府に伝達した。また一九七二年には、加盟国のオーストラリア、ニュージーランド、フィジーが国連総会に提出した太平洋における大気圏核実験停止決議案に、フォーラムとして全会一致の支持を与え、のちにこの決議案は国連第一委員会において採択された。そればかりでなく、一九七三年には、オーストラリア、ニュージーランド、フィジーがおこなったフランスの核実験の国際司法裁判所への提訴にたいしても、フォーラムは積極的な支持を表明した。こうしたフォーラムの核問題をめぐる活動は、やがてのちに一九八五年のフォーラム年次会議における南太平洋非核地帯(SPNFZ)条約の調印に結びついていくことになる。

このような域外にたいするフォーラムの共同行動は、国連海洋法会議にたいしても展開された。一九七二年、フォーラムは、翌年から開始される第三次国連海洋法会議にたいして、共同行動をとっていくことを決定した。そして議論が最終局面をむかえた一九七五年の国連海洋法会議においては、島嶼国の二〇〇海里排他的経済水域は有効利用が危ぶまれるためなんらかの制限を設けるべきであるという議論を排し、島嶼国の経済水域をほかの国と同等に扱うことをうたった条項草案を共同提案し、海洋法の最終条文のなかに盛りこませることに成功した。

同様の共同行動は、ヨーロッパ経済共同体(EEC、現在はヨーロッパ連合〈EU〉)とのあいだで結ばれた経済協力通商協定である第一次ロメ協定交渉会議においてもみられた。アフリカ、カリブ海、太平洋(AC

1972年の南太平洋フォーラム年次会議
正面に座っているのが，当時のフィジー首相マラ。

P）諸国の一員として第一次ロメ協定交渉会議に臨むことになったフォーラム加盟国は、一九七三年四月のフォーラムの年次会議において、SPECを中心に共同行動をとっていくことで合意した。それを受けて、同年七月に開催されたEEC・ACPグループ合同閣僚会議において、マラはフォーラム加盟国を代表して、EECのACP諸国にたいする特恵制度は見返りを要求しない非相互的なものとすべきであると主張した。七四年にロメ協定交渉のための共同事務局を交渉会議の舞台となっているブリュッセルに設置し、さらなる共同行動のための環境を整えたフォーラム加盟国は、同年のEEC・ACPグループ合同閣僚会議において、ほかのACP諸国との連携のもとで、EECから非相互的特恵制度の受入れを引き出した。

こうしたフォーラムの地域協力をめぐって、一九七〇年代前半にさかんに聞かれたのが、「パシフィック・ウェイ」というスローガンであった。「パシフィック・ウェイ」は、一九七一年のフォーラム設立会議においてマラが言及したのが初めてであり、それは以下の六つの点を特徴としていた。

(1)　太平洋の問題にたいする太平洋流の解決——太平洋島嶼諸国

には特有の問題が存在しており、それにたいしては同じく太平洋島嶼諸国特有の解決方法で対処する。

(2) 文化の平等性——太平洋島嶼諸国間のたがいに異なる文化を認め、尊重する。

(3) 全会一致の合意——議論を戦わせ、多数決で決定するのでなく、非公式的な雰囲気のなかでの討議で参加者全員の意見を一致させ決定する。

(4) 政治目標の最優先——地域協力をおこなうに際し、実際的考慮よりも、政治的意志を優先させる。

(5) 汎太平洋精神——おのおのの国益よりも、太平洋島嶼諸国の集団的利益を優先させる。

(6) 楽観的漸進主義——計画を定めず、問題ごとに楽観的に取り組んでいく。

「パシフィック・ウェイ」は、フォーラムの発足後、地域協力の推進に本格的に乗り出したマラによって、域外にたいする共同行動ばかりでなく、域内における協力も一層推進させていくためのスローガンとして、さまざまな場において提唱され、広く地域の内外に知られていくようになった。

域内協力をめぐる問題と「パシフィック・ウェイ」の挫折

だが、「パシフィック・ウェイ」の知名度が高まることは、必ずしもそれがすなわちフォーラムの地域協力のスローガンとして、太平洋島嶼諸国から受け入れられたことを意味したわけではなかった。

フォーラムでは、広大な海洋に点在する島嶼諸国という太平洋島嶼諸国の地理的環境から、地域共同の航空事業の設立が早くから議題として浮上していた。とくに、地域協力の推進につとめていたフィジーは、この構想に熱心であり、自国の国営航空であるエア・パシフィックを地域共同の航空事業に昇格させようと考えていた。だが、エア・パシフィックの地域共同の航空事業への昇格は、雇用や飛行ルート、株保有の面で、フィジーのみに益すると考えたナウルは、一九七二年二月のフォーラム年次会議の直前、独自の国営航空を設立する意思を示し、地域共同の航空事業には参加しないことを表明した。ナウルの動きにたいし、マラは、一九七四年のフォーラム年次会議において、地域共同の航空事業設立に失敗することはフォーラムをたんなるおしゃべりの場に変えること以外のなにものでもないと警告を発したが、会議はこの件にかんし、さらなる協議を重ねていくことを決めたにとどまった。結局、地域共同の航空事業の設立構想は、島嶼諸国がおのおの国営航空を設立していくなかで膠着し、ついにフィジーもエア・パシフィックの地域共同の航空事業への昇格を断念したために、実現にいたらなかった。

フォーラムの域内協力の滞りは、地域共同の海運事業の設立構想においてもみられた。地域共同の海運事業の設立構想は、前記の地域共同の航空事業の設立と同じく、フォーラムにおいては早くからその必要性が議論されていた。フォーラムは、オーストラリア人コンサルタントに調査を依頼し、その報告書は一九七四年のフォーラム年次会議において検討された。だが、報告書では地域共同の海運事業は自前の所有船制度をとるとされていたため、すでに国営海運事業を起こしていたトンガとナウルは、自国の海運事業を犠牲にして地域共同の海運事業に参加することに強い難色を示し、この構想は行きづまってしまった。こうした状況は、地域共同の海運事業の設立を熱心に支持していたフィジーを、またもや落胆させることになった。フォーラムは、最終的には所有船制度ではなく、各国から受け入れられやすい加盟国の所有する船舶をチャーターするチャーター船形式をとることによって、一九七七年、太平洋フォーラム・ライン

（ＰＦＬ）と呼ばれる地域共同の海運事業の設立にこぎつけたが、そこにいたるまでの難航ぶりは、各国の国益が絡む域内協力のむずかしさをあらわにさらけだしたのだった。

南太平洋自由貿易地帯構想が実現にいたらなかったことも、また、この時期のフォーラムの域内協力の滞りを象徴する事例のひとつであった。フォーラムは、加盟国による南太平洋自由貿易地帯の形成構想の検討を設立直後のＳＰＥＣに委ねた。だが、太平洋島嶼諸国がおのおの類似した農産品を生産し、域外諸国を主要市場としていること、島嶼諸国各国の産業化の能力にばらつきがあること、島嶼諸国間相互の域内貿易は限られていることなどが理由となって、結局、構想の実現は断念されてしまった。

このように、一九七〇年代前半のフォーラムの域内協力のかなりの部分が太平洋島嶼諸国おのおのの利害によって阻害されてきた事実は、「パシフィック・ウェイ」が域外にたいする共同行動の分野においては機能していても、域内協力の分野では十分に機能していないことを示していた。すなわち、「パシフィック・ウェイ」は、提唱国であるフィジー以外の太平洋島嶼諸国のあいだでは、地域協力のスローガンとして全面的に受け入れられてはおらず、むしろフォーラムにおけるフィジーの突出ぶりにたいする反発を呼ぶものとなっていた。そのフィジー自身も、フォーラムの域内協力の停滞ぶりに、七〇年代中ごろには、「パシフィック・ウェイ」の標榜を放棄するようになるのであった。

3　メラネシアン・スピアヘッド・グループの結成

パプアニューギニアによる太平洋統一機構構想

フィジーの突出とその他の太平洋島嶼諸国のフィジーにたいする反発という、フォーラムにおけるひとつの構図に変化がおとずれたのは、一九七四年のパプアニューギニアのフォーラム加盟が始まりであった。パプアニューギニアは、フィジーも含めたほかの太平洋島嶼諸国を人口、面積の面で遥かに上回っており、そうしたところからパプアニューギニアがフォーラムに加盟することで、それまで地域協力の推進役となってきたフィジーとのあいだで主導権争いが起きるのではないかとほかの太平洋島嶼諸国から懸念された。それにたいし、パプアニューギニアはそうした意志はないことを明確にし、既存のフォーラムの地域協力のあり方を尊重する姿勢を示した。とりわけ、一九七五年の独立とともに誕生したソマレ政権は、「すべての国と友好関係をもち、どの国とも敵対しない」という「普遍主義」を基本的外交方針としており、フォーラムのなかでのパプアニューギニアの突出を避けることにつとめた。

だが、一九七〇年代後半になると、パプアニューギニアもフォーラムの一員としての立場を固め、もはやほかの太平洋島嶼諸国の懸念に必要以上の注意をはらわなくてもすむようになった。加えて、パプアニューギニアの基本的外交方針であった「普遍主義」も、一九七九年から再検討が始められていた。

こうした矢先に、ソマレ政権を不信任決議によって退陣に追い込み、かわって一九八〇年三月に首相の座に就いたのが、チャンであった。チャンは、就任直後から、ソマレ政権とは異なるあらたな外交政策の展開に意欲をみせたが、さらにそれを強めさせたのが、バヌアツの独立紛争であった。

英仏共同統治下にあったバヌアツは、一九八〇年七月に独立を予定していたが、英語系住民とフランス語系住民とのあいだの対立から、五月には独立をめぐって紛争が発生した。チャンは、七月に開かれたフォーラム年次会議において、フォーラム合同軍の設立とバヌアツの独立紛争への介入を提案したが、軍事介入をきらうほかの太平洋島嶼諸国の反対にあい、退けられてしまった。結局、チャン政権は、八月、パプアニューギニア単独で軍事介入をおこない、バヌアツの独立紛争を鎮圧した。

この経験がもとになり提起されたのが太平洋統一機構(OPU)構想であった。OPU構想は、ソマレ政権の「普遍主義」外交から脱却し、パプアニューギニアに関係の深い諸国や地域にたいする「積極的かつ選択的関与」をうたうチャン政権のあらたな外交方針の主軸のひとつとして位置づけられていた。OPU構想の特徴は、チャン政権がバヌアツの独立紛争時に不満を覚えた既存のフォーラムの地域協力のあり方を、変革しようというところにあった。OPUは、オーストラリア、ニュージーランドを除外して太平洋島嶼諸国のみを加盟国とし、地域安全保障条約に基づいた地域平和維持軍を備えた政治・安全保障分野の地域協力機構となされていた。一方、社会・経済分野は、SPCとフォーラムを合体させ、それに日本のような同地域に関係の深い域外諸国も含めてあらたに設立する単一地域機構(SRO)にそれを担わせるとされていた。

しかし、ほかの太平洋島嶼諸国のOPU構想にたいする反応は、冷たいものであった。とりわけ、フォーラム設立にかかわったフィジーやクック諸島などの島嶼諸国は、ＯＰＵ構想は、フォーラムを解体させるものとして、反発を示した。太平洋島嶼諸国のなかで賛意を示したのは、バヌアツだけであった。

ほかの太平洋島嶼諸国から賛成をえられなかったＯＰＵ構想は、やがて一九八二年にチャン政権が総選挙での敗北によって政権の座を去ったことで、その提唱者を失い、実現にはいたらずに消え去ってしまった。

チャンにかわり政権の座に返り咲いたソマレ政権は、太平洋島嶼諸国のみを加盟国としながらも、安全保障協力分野を除いた地域協力機構の設立をめざす新太平洋秩序構想を提起した。だが、この構想は既存のフォーラムによる地域協力の変更を望まないほかの太平洋島嶼諸国からの支持をえられず、進展することはなかった。

ソロモン諸島によるメラネシア同盟構想

一方、ソロモン諸島では、一九八一年に、ママロニ政権が発足した。フォーラムは少数のリーダーによって独占され、なされる議論は散漫で不明確であるとして、その地域協力のあり方にたいして批判的であったママロニ政権が発足後まもなくして発表したのが、メラネシア同盟構想であった。メラネシア同盟構想とは、パプアニューギニア、ソロモン諸島、バヌアツのメラネシア三カ国による経済的・社会的・政治的繁栄と、安全保障の促進をはかろうとするものであった。

だがメラネシア同盟構想は、ＯＰＵ構想にたいする以上の反発をほかの太平洋島嶼諸国から受けた。フィジーやクック諸島などの島嶼諸国は、メラネシア三カ国のみによるサブ・リージョナリズム（下位地域）をめざすメラネシア同盟構想にたいし、強い警戒感を示した。

同盟を呼びかけられたパプアニューギニアとバヌアツも、構想には積極的ではなかった。パプアニューギニアは、当時、ソマレ政権のもと、太平洋島嶼諸国全体を対象とした新太平洋秩序構想を唱えており、メラネシア三カ国のみに限ったメラネシア同盟構想はこのましいものではなかった。バヌアツも、メラネシア同盟がフォーラムの結束を乱す恐れがあるとして、構想には慎重な構えをみせた。

パプアニューギニアとバヌアツの否定的な態度を前にして、ママロニ政権は、両国から構想への理解をえようとつとめた。一九八三年、フォーラム年次会議出席に先立って、ママロニ政権は、メラネシア同盟はあらたにつくるものでなく、すでに存在している関係の強化であり、またフォーラムを分裂させたり崩壊させたりするものではなく、補完的役割をはたすものであるという声明を発表した。しかしながら、その努力も、これら両国のメラネシア同盟構想にたいする態度を変えることはできなかった。

メラネシア同盟構想は、一九八四年、提唱者であるママロニ政権が総選挙で敗北し退陣したことによって、ＯＰＵ構想と同じ運命をたどり、実現にいたらないまま消滅した。しかしそれまでのあいだに、メラネシア同盟構想をめぐって、ソロモン諸島とパプアニューギニア、バヌアツ両国とのあいだで、数度にわたり首脳級の会談がもたれ、地域協力のあり方について意見が交わされたことで、メラネシア三カ国のあいだに、既存のフォーラムによる地域協力のあり方にたいし不満をいだいているという共通認識が高まったのだった。

メラネシアン・スピアヘッド・グループの誕生

一九八五年、パプアニューギニアでは、与党の分裂によって、ソマレ政権にかわって、ウィンティが政権の座に就いた。ウィンティ政権はあらたな外交方針として「国際協力への独立的な関与」を打ち出したが、そうしたなかのひとつが、メラネシア諸国間の協力であった。

ウィンティ政権のいうメラネシア諸国間の協力とは、パプアニューギニア、ソロモン諸島、バヌアツのメラネシア三カ国が、相互利益の確保と促進のために団結するというものであった。ただし、メラネシア同盟構想とは異なり、安全保障の分野は含まれず、またフォーラムとは別個にメラネシア三カ国のみによる同盟を形成するのではなく、あくまでもフォーラムの枠内にあってそのなかでメラネシア三カ国の利害を追求し、それによって、既存のフォーラムによる地域協力のあり方をうちから変革していこうとはかるものであった。

ウィンティ政権によるメラネシア諸国間の協力の呼びかけにたいし、ソロモン諸島とバヌアツの両国は好意的反応を示した。ソロモン諸島のケニロレア政権は、フォーラムを率直な意見に欠け、理念や機能が問われないまま、オーストラリア、ニュージーランド、フィジーといった国々の影響力によって左右されているとして、そのあり方にたいして不満をあらわしていた。しかしながらフォーラムの解体までは望まないケニロレア政権にとって、ウィンティ政権の唱えるメラネシア諸国間の協力は、フォーラムのなかから従来の地域協力のあり方を変えていこうとめざしている点で、受け入れることができたのである。

他方、バヌアツのリニ政権は、かねてから近隣のフランス領ニューカレドニアの独立運動を支援し、フォーラムの場においても、ロビー活動を繰り広げていた。だがニューカレドニア独立問題にたいするフォーラムの態度は留保的なものであり、リニ政権はしだいにフォーラムにたいする不満をつのらせていた。とくに、一九八五年のフォーラム年次会議において、リニ政権が求めてきた、ニューカレドニアの国連非自治地域リストへの登録支援とニューカレドニア独立派のカナク社会主義民族解放戦線(FLNKS)のフォーラムにおけるオブザーバーの地位獲得の訴えが退けられたことは、一層リニ政権のフォーラムにたいする不満を高めた。リニ政権は、ウィンティ政権の唱えるメラネシア諸国間の協力によって、ニューカレドニア独立問題にたいするフォーラムの態度を転換させようと考えたのである。

こうしてソロモン諸島とバヌアツの両国から賛同をえたウィンティ政権は、一九八六年、パプアニューギニアのゴロカにおいて、メラネシア三カ国の首脳会議を開催する。会議では、ニューカレドニアの独立問題について話し合われ、直後に開かれるフォーラム年次会議において、ニューカレドニアの国連非自治地域リストへの登録支援をメラネシア三カ国が共同で訴えていくことで合意した。またそのほか、ニューカレドニア独立以外の問題においても共同アプローチをとっていくことや、三カ国間の海上・航空交通の緊密化、文化交流の促進などが決められた。さらに、メラネシア三カ国の首脳会議を今後毎年開催することとし、会議を恒常的なものとすることも定められた。

メラネシア三カ国の首脳会議は、その後、一九八八年に、メラネシア独立諸国間協力合意原則を調印し、メラネシアン・スピアヘッド・グループ(MSG)の結成を宣言したことによって、より正式なものとなった。そのあいだにも、メラネシア三カ国首脳会議は、共同アプローチをとって自分たちの利害を追求し、フォーラムの地域協力のあり方を変革していこうと試みたが、そうした試みのいくつかは現実のものとなる。

ニューカレドニア独立問題にかんしては、一九八六年のフォーラム年次会議において、ニューカレドニアの国連非自治地域リストへの登録を支援する決議が採択され、あわせてフランスのニューカレドニアにたいする政策をきわめて後退的として非難する声明も採択された。さらに一九八七年のフォーラム年次会議は、フランス政府の提案したニューカレドニアの住民投票を不適切なものとして批判するなど、ニューカレドニア独立問題にたいし、より積極的な関心を向けるようになった。こうしたフォーラムの働きかけもあり、一九八八年には、政権が変わったフランス政府は、一〇年後にニューカレドニアにおいて民族自決に向けての住民投票の実施を約束したマティニヨン合意をニューカレドニア住民側と結んだ。

一方、フォーラムの制度改革については、一九八八年に、SPECのフォーラム事務局への改組と機能強化、ほかの地域協力組織との協力の促進と調整を目的とする南太平洋機構調整委員会(現在は、太平洋地域機構協議会〈SPOCC〉)の設置、アメリカ、フランス、日本など地域と関係の深い域外の「ダイアローグ・パートナー」との協議の開始、地域安全保障情報交換委員会(現在は、フォーラム地域安全保障委員会)の設置などがおこなわれた。

フォーラムに比較的遅れて加盟し、既存の地域協力にたいし不満をいだくメラネシア三カ国によるMSGの結成は、フィジーやクック諸島など原加盟国が築いたフォーラムの地域協力のあり方に大きな変革を迫るものであった。また、MSGの結成は、メラネシア三カ国とそのほかの太平洋島嶼諸国というあらたな構図をフォーラムのなかに生み出すことにもなった。それは、一九七七年のPFLの設立や七九年のフォーラム漁業機関(FFA)の発足など、七〇年代後半から域内協力がようやく軌道に乗り始めたこととあわせて、フォーラムが地域協力組織としてのあらたな転換期にさしかかったことを示していた。

4　小規模島嶼諸国サミットの設立

問題をかかえる小規模島嶼諸国

一方、フォーラムには、MSGのほかに、やがてもうひとつのサブグループが登場することになる。クック諸島、ナウル、ニウエ、キリバス、ツバル、マーシャル諸島、パラオの小規模島嶼七カ国による小規模島嶼諸国サミット(SIS)である。

太平洋島嶼諸国のなかでも人口、国土面積の小さい小規模島嶼諸国は、リン鉱石資源を有するナウルを除いては、パプアニューギニアやフィジーのような規模の大きい島嶼諸国に比べると、経済的自立の面できわめて厳しい状況におかれており、フォーラムにたいする期待やニーズにも、規模の大きな島嶼諸国とは異なるものをもっていた。しかし、フォーラムが地域協力を進めていくにあたって、こうした小規模な島嶼諸国の特別な状況については、これといった配慮ははらわれてこなかった。それにたいし、小規模島嶼諸国のあいだからは、たとえば一九八〇年に太平洋島嶼諸国がオーストラリア、ニュージーランド両国とのあいだで結んだ貿易特恵制度である南太平洋地域貿易経済協力協定(SPARTECA)は規模の大きな島嶼諸国にのみ利があり、自分たちには恩恵があまりないといったように、フォーラムの地域協力のあり方にたいする不満が徐々に高まっていた。

こうした小規模島嶼諸国のおもに経済的な不満にフォーラムがはじめて本格的に応えたのは、一九八二年のことであった。この年、SPECの主催で、小規模島嶼諸国の問題についての会議が催され、それを受けて、小規模島嶼諸国のかかえる問題を専門に扱う担当官が、SPECに配置された。一九八四年のフォーラム年次会議では、キリバスの提出した小規模島嶼諸国にかんする文書に応えるかたちで、この問題について検討をおこなう小規模島嶼諸国委員会が設置され、翌一九八五年に、委員会は小規模島嶼諸国にとっての重点領域として一三の領域を選定した。同年のフォーラム年次会議では、この委員会の勧告を受けて、小規模島嶼諸国の経済的立場に特別の配慮をはらうことを決定し、あわせて漁業、貿易、運輸の三領域を小規模島嶼諸国にとっての当面の重点領域として認定した。さらに一九八九年には、経済開発を目的とした専用の小規模島嶼諸国共有財政制度(のちに小規模島嶼諸国開発基金と改名)が、フォーラムによって設けられ、小規模島嶼諸国は、ようやくフォーラムから特別の対応を受けられることになったのだった。

小規模島嶼諸国サミットの成立

だが小規模島嶼諸国のあいだには、自分たちの利害をより目に見えるかたちで追求していこうという気運が強まりつつあった。そうした気運をうながす大きなひとつのきっかけになったのは、気候変動問題であった。

二酸化炭素の排出などが原因となって地球の温暖化が進行すると、海面の上昇をもたらすとされる気候変動問題は、一九八〇年代中ごろから大きな関心を集めつつあった。太平洋島嶼諸国のなかでもとりわけ面積が小さく、海抜の低い島々からなる小規模島嶼諸国にとって、そうした気候変動問題は、国家としての存亡にもかかわるきわめて重大な問題であり、これらの諸国は危機意識を高めていた。すでに、経済問題において利害の共通性を認識していた小規模島嶼諸国は、気候変動問題においても共通の利害をみいだしたのである。

一九九一年、フォーラム年次会議に先立って会合をもった小規模島嶼諸国は、小規模島嶼諸国のかかえる問題にたいして一層の配慮をはらうよう、フォーラム年次会議において共同で訴えていくことを確認した。また、クック諸島の提案により、小規模島嶼諸国の首脳による会議を開催することで合意した。さらに、フォーラム年次会議においては、小規模島嶼諸国の首脳会議にたいするフォーラムの承認を獲得することにも成功した。

第一回目となるＳＩＳがクック諸島において開かれたのは、一九九二年一月のことであった。会議では、フォーラムにたいし、さらなる援助と関心を小規模島嶼諸国に向けるよう求める声明が採択された。また先進国など世界のすべての政府にたいし、気候変動問題が小規模島嶼諸国の生存におよぼす脅威について認識するよう訴えた宣言も発表された。そのほかにも、排他的経済水域での漁業権や通行権をめぐって、域外の遠洋漁業国や海運会社との交渉に小規模島嶼諸国が共同で臨むことなども話し合われた。

第二回目のＳＩＳは、一九九二年七月、フォーラム年次会議直前にあわせて開催された。会議においては、フォーラム年次会議における小規模島嶼諸国の共同歩調についての討議がおこなわれ、小規模島嶼諸国にたいしての援助をひきつづき訴えていくことが合意された。続けておこなわれたフォーラム年次会議では、小規模島嶼諸国の訴えに応えて、小規模島嶼諸国の特別なニーズについてフォーラムがより積極的な役割をはたしていくことが明言されるとともに、ほかの地域組織に向けて小規模島嶼諸国に関心を向けるよう呼びかけがおこなわれた。

こうして、フォーラムのなかには、小規模島嶼諸国の利害を代表するＳＩＳというサブグループがあらたに誕生し、全体的にみれば、ＭＳＧ、ＳＩＳ、そのどちらにも属さない太平洋島嶼諸国という構図を呈することになった。ただ、ＳＩＳは、ＭＳＧと異なって、フォーラムの承認をえて設立された点で、当初からフォーラムのなかでのサブグループとして正式な地位が与えられていた。また、ＭＳＧがおもにニューカレドニア独立問題のような政治的要因によって結成されたのにたいし、ＳＩＳは経済的要因、および気候変動問題という環境的要因によって設立された点でも異なっていた。

5　重層構造に向かう地域協力

メラネシアン・スピアヘッド・グループの変化

ニューカレドニア独立問題をはじめとし活発な活動を展開していたＭＳＧは、一九九〇年代にはいり、さまざまな変化をとげることになる。

グループの一員であり、ニューカレドニア独立問題にたいしてひときわ熱心であったバヌアツでは、一九九一年、与党内の内紛がきっかけとなって、独立以来首相の座にあったリニが政権を追われてから、政治的に不安定な状況が続くことになった。政党の離合集散、小党乱立といった流動的な状況のなかで、フランス語系住民を支持基盤とした政党も含んだ政権交代が頻繁におこなわれた。その結果、バヌアツのニューカレドニアにたいする政策も、一貫して強力に独立戦線を支持するというリニ政権時代のものとは距離をおくようになった。それによって、MSGのニューカレドニア独立問題にたいする姿勢も、強硬なものからより現実に即したものへと変化するようになったのである。

一方、パプアニューギニアとソロモン諸島は、ブーゲンヴィル島の分離独立紛争をめぐって、緊張関係を高めていた。世界有数の銅山が存在するブーゲンヴィル島は、元来、文化的にはソロモン諸島に属していたが、パプアニューギニアの独立時にその一部として領内に組み込まれたため、独立以来、分離独立紛争が起きていた。ブーゲンヴィル島の分離独立紛争は、一九八九年ごろから一層激化したが、分離独立派のブーゲンヴィル革命軍(BRA)がソロモン諸島に拠点のひとつを築いたことから、パプアニューギニアとソロモン諸島の関係は一気に悪化した。

さらに一九九二年には、ブーゲンヴィル島の分離独立紛争に関連して、パプアニューギニア国防軍がソロモン諸島領内に越境するという事件が発生した。そして、これに抗議して、ソロモン諸島のママロニ首相がパプアニューギニアでおこなわれる予定のMSG年次会議への欠席を発表し、会議が中止されるという事態になった。MSG年次会議は、数カ月遅れてバヌアツで特別会議というかたちであらたに催され、パプアニューギニアとソロモン諸島の両国は関係改善に向けて歩み出した。だがその矢先、ふたたびパプアニューギニア国防軍がソロモン諸島領内に越境し、現地住民を殺害する事件が発生したことから、両国の関係はまた緊張の度合を高めた。

だがその一方で、MSGの活動は、設立当初から比べると、大きく広がっていた。一九九三年、MSGの年次会議は、加盟国がたがいに最特恵国としての地位を与え合う自由貿易協定を採択、調印をおこなった。さらに一九九四年には、加盟国間のビザの廃止を決めて、人の移動を容易にすることをはかり、翌九五年には免税貿易と経済交流制度を設定した。

MSGは加盟国の数の面でも広がりをみせた。すでに一九九〇年にニューカレドニアのFLNKSをオブザーバー(のちに準加盟国)として加えていたMSGは、九六年には、それまで過去三年間オブザーバーとして年次会議に参加していたフィジーを正式加盟国として迎え入れた。

フィジーは、一九八七年の軍事クーデタ以来、地域協力の推進役としての役割を急速に低下させていた。加えて、クーデタ以後の政治的・経済的混乱によって、経済状況も悪化しており、自由貿易協定を有しているMSGは魅力的な存在であった。また、クーデタ後、フィジー人至上主義をとっていた同国は、メラネシア国家として自らを位置づけることになり、その点からも、MSGへの加盟は意味あることであった。

MSGのこのような変化は、また、南太平洋フォーラムのなかでのMSGの位置づけにも起きていた。過去一〇年間の実績を踏まえ、今後一〇年間のMSGの政治・経済協力のビジョンを示し、一九九六年の年次会議において採択された「二〇〇〇年以後のメラネシア」を参考にして、同年のフォーラム年次会議

バヌアツで開かれた1999年のMSGの年次会議

が「二〇〇〇年以後の発展の確保に向けて」という経済改革と発展にかんする特別声明を採択したことにも示されているように、ＭＳＧは、フォーラム年次会議におけるアジェンダのたたき台づくりとしての役割をはたすようになったのである。設立当初、メラネシア諸国によるサブ・リージョナリズムとしてほかの太平洋島嶼諸国から警戒感をもってみられていたＭＳＧは、九〇年代には、フォーラムのなかでまさに「スピアヘッド」(先鋒)たるサブグループとして、その地位を認められたのだった。

小規模島嶼諸国サミットの展開

他方、ＳＩＳも、成立後、あらたな展開をとげていた。一九九三年の会議において、ＳＩＳは、黒真珠やナマコ、ムール貝の養殖に共同で取り組むことや、人材活用のための小規模島嶼諸国の労働市場にかんする情報の蓄積について検討することなどを決め、フォーラムはじめほかの地域組織に援助を求めるばかりでなく、自助努力による経済問題の解決に向けての試みも始めた。また一九九七年には、パプアニューギニアの拠出金によって、フォーラムのなかには、短期の技能訓練を目的とした小規模島嶼諸国訓練基金が設けられた。さらに九九年には、小規模島嶼諸国開発基金の見直しによって、基金の一層の効率化がはかられた。

経済問題とならんで、もうひとつの柱である環境問題においても、SISは、活発な活動を展開した。一九九二年にブラジルで開催された国連開発環境会議では、気候変動枠組み条約が調印されたが、条約は大枠を決めたものであり、具体的な内容の取決めは、その後に開かれる締約国会議に委ねられた。気候変動枠組み条約の締約国会議は、一九九五年から開始されたが、なかでも山場となったのは、条約の付属議定書の採択をめざして九七年に京都で開催された第三回会議であった。

京都会議でのひとつの論点となったのは、先進国の温室効果ガスの排出量の削減目標値と目標年度にかんするものであった。SISは二〇〇五年までに一九九〇年レベルから二〇%の削減を主張していた。京都会議を前にした一九九七年のSIS会議で、上記の削減目標を求めた気候変動と海面上昇にかんする声明を発表した小規模島嶼諸国は、続いておこなわれたフォーラム年次会議においても、SISの声明にそった内容の声明を採択させた。SISは、こうした主張をフォーラムのみならず、気候変動枠組み条約の交渉過程に共同で意見を反映させるために九〇年に結成された太平洋、カリブ海、大西洋などに位置する小島嶼諸国三九カ国と四オブザーバーが参加している小島嶼諸国連合(AOSIS)を通じても展開した。

しかしながら、京都会議で難航の末、採択された議定書では、先進国の温室効果ガスの削減基準が二〇〇八〜一二年までの五年間に、EU八%、アメリカ七%、カナダ、日本六%と設定されたため、SISは、その一層の削減を求めて活動を続行している。

地域協力の重層構造化

当初、太平洋島嶼五カ国とオーストラリア、ニュージーランドの計七カ国によって発足したフォーラムは、二〇〇〇年には一六の加盟国と一オブザーバー(ニューカレドニア)を有するまでに広がった。制度の面でも、一九八八年の改革ののち、九七年には世界的な経済自由化の波に対応するためフォーラム経済閣僚会議が設けられ、さらに九九年には、フォーラム通商閣僚会議、フォーラム航空閣僚会議、フォーラム通信閣僚会議が設けられるなど、数度にわたって改革がおこなわれ、フォーラムは、当初の姿とはかなり異なる組織へと変貌をとげた。

また、地域協力が進展していくなかで、フォーラムのなかには、MSGやSISのようなサブグループも存在するようになった。フォーラムは、「パシフィック・ウェイ」によって太平洋島嶼諸国をひとつのものとしてまとめあげていくのではなく、むしろ個々のグループの利害を代表するサブグループの存在を認めることで、フォーラムのなかの異なる利害をくみあげ、吸収していくという道を歩んできた。それは、フォーラムの地域協力のなかに、さらに個々のサブグループの協力関係が存在しているという入れ子状の地域協力のあり方であった。

一九九九年、フォーラムは、一年間の猶予をおいたあと、その名称を太平洋島嶼フォーラムへと変更することを決定した。一九九六年の包括的核実験禁止条約(CTBT)とSPNFZ条約付属議定書へのフランスの調印によるフランス領ポリネシアにおける核実験の終了後も、日本による放射性廃棄物や混合酸化物（ＭＯＸ）の太平洋をルートとした海上輸送問題のように、核問題はいぜんとしてフォーラムにとって懸念事項となっている。そして一方では、経済のグローバルな自由化や情報技術（ＩＴ）革命、国際金融犯罪、麻薬密輸といったあらたな問題が浮上し、さらに一九九七年から始まった日本—南太平洋フォーラム首脳会議（太平洋・島サミット、ＰＡＬＭ）にみられるように、日本をはじめアセアン諸国、アジア太平洋経済協力会議（ＡＰＥＣ）などアジアとの関係強化も、フォーラムにとって、今後より一層重要性を増すことになろう。太平洋島嶼諸国は、南太平洋フォーラムから太平洋島嶼フォーラム（ＰＩＦ）へと改められる、これまで自らがつくりあげてきた重層構造的な地域協力を、今まで以上に活用していくことによって、こうした多くの問題に取り組み、その解決をめざしていくことになるであろう。

フィジーの首都スバにある太平洋島嶼フォーラムの事務局　正面に加盟国の国旗が掲げられている。

〔追記〕

二〇〇〇年十月、南太平洋フォーラムは、年次会議において、名称を太平洋島嶼フォーラム（ＰＩＦ）と改めた。名称変更後の最大の変化は、それまで非関与の姿勢をとってきた地域紛争に対し、積極的に関与をおこなう方針に転じたことである。名称変更をおこなった同じ二〇〇〇年の年次会議で、地域紛争への関与をうたったビケタワ宣言を採択した太平洋島嶼フォーラムは、同宣言に基づき、二〇〇三年七月、紛争の続くソロモン諸島に武力介入をおこなった。また、二〇〇六年十二月に四度目のクーデタが発生したフィジーに対しても、事態の収拾にむけ関与をおこなっている。

（二〇〇八年八月）

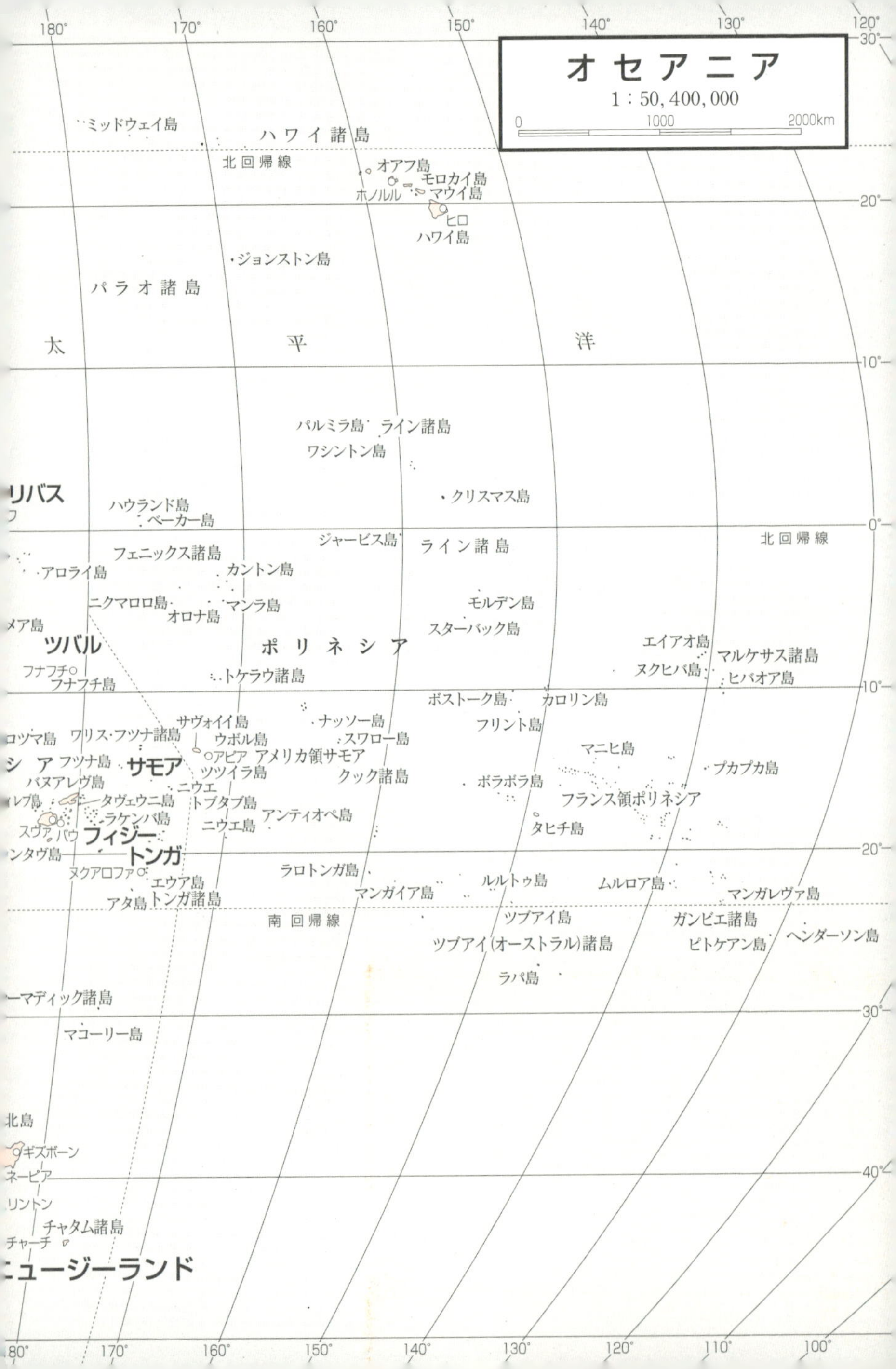

オセアニア
1：50,400,000
0
1000
2000km
180°
170°
160°
150°
140°
130°
120°
30°
20°
10°
0°
40°
110°
100°
ミッドウェイ島
ハワイ諸島
北回帰線
オアフ島
モロカイ島
ホノルル
マウイ島
ヒロ
ハワイ島
ジョンストン島
パラオ諸島
太
平
洋
パルミラ島
ライン諸島
ワシントン島
リバス
ハウランド島
クリスマス島
ベーカー島
ジャービス島
ライン諸島
北回帰線
フェニックス諸島
アロライ島
カントン島
ニクマロロ島
マンラ島
モルデン島
オロナ島
メア島
スターバック島
ツバル
ポリネシア
エイアオ島
マルケサス諸島
フナフチ
フナフチ島
トケラウ諸島
ヌクヒバ島
ヒバオア島
ボストーク島
カロリン島
サヴォイイ島
ナッソー島
ロツマ島
ワリス・フツナ諸島
ウポル島
スワロー島
フリント島
アピア
アメリカ領サモア
マニヒ島
シア
フツナ島
サモア
ツツイラ島
クック諸島
プカプカ島
バヌアレヴ島
ニウエ
ボラボラ島
タヴェウニ島
トブタブ島
フランス領ポリネシア
ラケンバ島
アンティオペ島
スヴァ
バウ
ニウエ島
タヒチ島
フィジー
ンタヴ島
トンガ
ヌクアロファ
ラロトンガ島
ルルトゥ島
ムルロア島
エウア島
マンガイア島
マンガレヴァ島
アタ島
トンガ諸島
ツブアイ島
ガンビエ諸島
南回帰線
ツブアイ（オーストラル）諸島
ピトケアン島
ヘンダーソン島
ラパ島
ーマディック諸島
マコーリー島
北島
ギズボーン
ネーピア
リントン
チャタム諸島
チャーチ
ニュージーランド

新版《しんぱん》 世界各国史《せかいかっこくし》 27
オセアニア史《し》

2000年 8 月25日　1 版 1 刷　発行
2008年12月25日　1 版 2 刷　発行

編　者　山本《やまもと》真鳥《まとり》
発行者　野澤伸平
発行所　株式会社　山川出版社
〒101-0047　東京都千代田区内神田 1-13-13
電話　03(3293)8131(営業)　8134(編集)
振替　00120-9-43993
http://www.yamakawa.co.jp/
印刷所　図書印刷株式会社
製本所　株式会社ブロケード
装　幀　菊地信義

ISBN 978-4-634-41570-6

執筆者紹介(執筆順)

山本《やまもと》 真鳥《まとり》
1950年生まれ。東京大学大学院社会学研究科博士課程単位取得退学
現在，法政大学経済学部教授
主要著書・論文：『儀礼としての経済――サモア社会の贈与・権力・セクシュアリティ』(共著，弘文堂 1996)，『植民地主義と文化――人類学のパースペクティヴ』(共編，新曜社 1997)，「近くて遠い隣人たち――近代史の中の西サモアとアメリカ領サモア」(吉岡政徳・林勲男編『オセアニア近代史の人類学的研究――接触と変貌，住民と国家』民族学博物館研究報告別冊21号 2000)

印東《いんとう》 道子《みちこ》
ニュージーランド国立オタゴ大学人類学科博士課程修了，Ph.D.
現在，国立民族学博物館民族社会研究部教授
主要著書・論文：『オセアニア1　島嶼に生きる』(共編著，東京大学出版会 1993)，『モンゴロイドの地球』第2巻(共著，東京大学出版会 1995)，『モンゴロイドの道』(共著，朝日選書 1995)，『交流の考古学』(共著，朝倉書店 2000)

増田《ますだ》 義郎《よしお》
1928年生まれ。東京大学文学部卒業
現在，東京大学名誉教授
主要著書：『コロンブス』(岩波新書 1979)，『新世界のユートピア』(中公文庫 1989)，『大航海時代』(講談社 1984)，『マゼラン』(原書房 1993)，『物語ラテン・アメリカの歴史』(中公新書 1998)，『ペルー　太平洋とアンデスの国』(共著，中央公論新社 1999)

藤川《ふじかわ》 隆男《たかお》
1959年生まれ。大阪大学大学院文学研究科前期課程修了
現在，大阪大学大学院文学研究科助教授
主要著書・論文：『オーストラリア歴史の旅』(朝日選書 1990)，「オーストラリアへの移民」(望田幸男・村岡健次監修『近代ヨーロッパの探求1　移民』ミネルヴァ書房 1998)，「オーストラリアにおけるアイルランド系移民」(『岩波講座世界の歴史19 移動と移民』岩波書店 1999)

青柳《あおやぎ》 まちこ《まちこ》
東京都立大学大学院博士課程修了，文学博士
現在，立教大学名誉教授
主要著書：『モデクゲイ――ミクロネシア・パラオの新宗教』(新泉社 1985)，『子育ての人類学』(河出書房新社 1985)，『トンガの文化と社会』(三一書房 1991)

豊田《とよだ》 由貴夫《ゆきお》
1955年生まれ。東京大学大学院社会学研究科満期退学
現在，立教大学観光学部教授
主要著書・論文・訳書：*Fringe Area of Highlands in Papua New Guinea*(共編著 National Museum of Ethnology, 1998)，「パプアニューギニアと西イリアン難民問題」(加藤節・宮島喬編『難民』東京大学出版会 1994)，「メラネシア・ピジンと植民地主義」(吉岡政徳・林勲男編『オセアニア近代史の人類学的研究――接触と変貌，住民と国家』民族学

博物館研究報告別冊21号 2000)，『オセアニア神話』(訳，青土社 1993)

須藤 健一《すどう けんいち》

1946年生まれ。東京都立大学大学院社会科学研究科博士課程単位取得退学，文学博士
現在，神戸大学大学院国際文化学研究科教授
主要著書・論文：『母系社会の構造』(紀伊国屋書店 1989)，『性の民族誌』(共編著，人文書院 1993)，『オセアニア 2　伝統に生きる』(共編著，東京大学出版会 1993)，『フィールドワークを歩く』(共編著，嵯峨野書院 1996)，『パラオ共和国――過去と現在そして21世紀へ』(共編著，おりじん書房 2003)

小柏 葉子《おがしわ ようこ》

津田塾大学大学院国際関係学研究科博士課程修了
現在，広島大学平和科学研究センター助教授
主要著書・論文：*Microstates and Nuclear Issues : Regional Cooperation in the Pacific,* Institute of Pacific Studies, Suva : The University of the South Pacific, 1991.，『太平洋島嶼と環境・資源』(太平洋世界叢書第 4 巻，国際書院 1999)，「南太平洋フォーラムの軌跡――多元化への道」(百瀬宏編『下位地域協力と転換期国際関係』有信堂 1996)

付　　録

■索　引

人名索引

●アーオ

アンスン　64-66, 74
Anson, George　1697-1762
ヴァルトゼーミュラー　47, 48, 50
Waldseemüller, Martin　1470-1521
ヴァンクーヴァ　76, 77
Vancouver, Ceorge　1757-98
ウィリアムズ，H.　174
Williams, Henry　1792-1867
ウィリアムズ，J.　294, 295
Williams, John　1796-1839
ウィルソン　324
Willson, Thomas W.　1856-1924
ウィンティ　365, 366
Winti, Paias　1951-
ウェークフィールド　100-102, 171-173, 176
Wakefield, Edward Gibbon　1796-1862
ヴォーゲル　190-192
Vogel, Julius　1835?-99
ウォード，E.　253
Ward, E. J.
ウォード，J.　192
Ward, Joseph George　1856-1930
ウォリス　68, 71, 75
Wallis, Samuel　1728-95
ウルタード・デ・メンドーサ　56
Hurtado de Mendoza, García (Marques de Cañete)
ウルダネータ　54, 55
Urdaneta, Andrés de　1508-68
エヴァット　155
Evatt, Herbert Vere　1894-1965
エディンバラ公　197
Edinburgh
エルカーノ　54
Elcano, Sebatián　1476-1526
オキーフ　318
O'keef, David Dean　1825-90
オクスレイ　97
Oxley, John Joseph William Molesworth　1785?-1828

●カーコ

カー　161
Kerr, John　1919-91
カアフマヌ　273-275
Ka'ahumanu　1772?-1832
ガイターノ　53
Gaytano, Juan　?-1555
カーク　215, 218
Kirk, Norman Erick
カータレット　68
Carteret, Philip　1733-96
カーティン　152, 153
Curtin, John Joseph　1885-1945
カブア　345
Kabua, Amata　1928-99
カメハメハ(1世，大王)　266-270, 272, 281, 282, 284, 285
Kamehameha Ⅰ, Kamehameha the Great　1758?-1819
カメハメハ2世　272, 274
Kamehameha Ⅱ　?-1823
カメハメハ3世(カウイケアオウリ)　275, 276, 281, 285
Kamehameha Ⅲ, Kauikeaouli　1814-54
カメハメハ4世(アレクサンダー・リホリホ)　281, 282
Kamehameha Ⅳ, Alexander Liholiho　1834-63
カメハメハ5世(ロット・カメハメハ)　281, 282
Kamehameha Ⅴ, Lot Kamehameha　1830-72
カラカウア　282, 283, 285, 286, 288
Kalakaua, David　1836-91
カラニオプウ　267
Kalaniopuu　?-1782
ガルシーア・デ・カストロ　54
Gurcia de Castro, Lope　?-1576

カルロス1世　53
Carlos I　1500-58(位1516-56)
キーティング　162, 163, 166
Keating, Paul John　1944-
キナウ　275, 281
Ki'nau　?-1839
キャベンディッシュ　55
Cavendish, Thomas　1560-92
キャンベル　189
Campbell, Sir John Logan　1817-1912
キロス(ケイロス)　56-58
Quirós, Pedro Fernández de　1565-1615
キンギ　183, 184
Kingi, Wiremu　?-1882
キング　88, 90, 91
King, Philip Gidley　1758-1808
クック，ジェイムズ　46, 70, 71, 74-76, 169, 263-267, 272, 290, 293, 304
Cook, James　1728-79
クック，ジョセフ　143
Cook, Joseph　1860-1947
クーパー　217
Cooper, Whìna　1895-1994
クラースゾーン　62
Claeszoon, Haevrick
グラスビー　158
Grassby, Al　1926-
グリハルバ　53
Grijalva, Hernando de
グリフィス　126
Griffith, Samuel Walker　1845-1920
グレイ　178, 181, 184, 188, 189, 192, 206
Grey, George　1812-98
ケニロレア　365
Kenilorea, Peter　1943-
ケネディ，J.　340
Kennedy, John F.　1917-63
ケネディ，M.　138
Kennedy, Marnie　1919-85
ケリー　82
Kelly, Edward　1855-80
ケンドール　169
Kendall, Thomas　1778-1832
ケンプ　181, 182
Kemp, Henry Tracy　1818-1901
ゴードン卿　255
Gordon, Sir A.　1829-1912
コメルソン　69
Commerson, Joseph Philibert　1727-73
コリンズ　91
Collins, David　1756-1810
コールウェル　154
Calwell, Arthur Augustus　1896-1973
コルテス　52
Cortés, Fernando(Hernán)　1485-1547
ゴールドスタイン　133
Goldstein, Vida Mary Jane　1869-1949
コレンソ　174
Colenso, William　1811-99

●サーソ

サアベドラ　52, 53
Saavedra Cerón, Alvaro de　?-1529
サヴェージ　204-206, 208, 209
Savage, Michael Joseph　1872-1940
サルミエント・デ・ガンボア　54, 55
Sarmiento de Gamboa, Pedro　1532-92
シェーナー　48
Schöner, Johann　1477-1547
シェパード　194
Sheppard(nee Malcolm), Katherine Wilson　1847-1934
島田啓三　330
1900-73
ジョージ3世　67
George III　1738-1820(位1760-1820)
ジョージ4世　169
George IV　1762-1830(位1820-30)
ジョンストン　92
Johnston, George　1764-1823
ジョンソン　214
Johnson, Lundon Baines　1908-73

スーウェル　180
Sewell, Henry　1807-79
スタインバーガー　296
Steinberger
スターリング　96
Stirling, James　1791-1865
スホーテン　61
Schouten, Willem Cornelius　?-1625
セドン　192, 193, 195, 196
Seddon, Richard John　1845-1906
ソウマタウ　321
Saumadau　?-1911
ソマレ　361-365
Somare, Michael　1936-

●タート

田口卯吉　318
1855-1905
ダグラス　212
Douglas, Roger Owen　1937-
タスマン　61-63, 65, 67, 169
Tasman, Abel Janszoon　1603-59
ダドリー伯爵　141
Dudley, Earl of　1867-1932
ターナー　127
Turner, Ethel Sibyl　1872-1958
ダーリング　98
Darling, Ralph　1775-1858
ダルリンプル　67
Dalrymple, Alexander　1737-1808
ダントルカストー　76, 77
D'entrecasteaux, Antoine Raymond Joseph de Bruni　1737-93
ダンピア　64, 66
Dampier, William　1652-1715
チズルム　103
Chisholm, Caroline　1808-77
チフリー　154
Chifley, Joseph Benedict　1885-1951
チャン　362, 363
Chan, Julius　1939-
ツイ・ザカウ　236
Tui Cakau　?-1879
ツポウ(タウファアハウ)　236, 292
Tupou I, George (Taufa'ahau)　?-1893
デイヴィス　63, 64
Davis, Edward
ディーキン　130, 132, 136, 142
Deakin, Alfred　1856-1919
ティスゾーン　62
Thijszoon, François
ディドロ　70
Diderot, Denis　1713-84
テ・ウア・ハウメネ　185, 186
Te Ua Haumene　?-1866?
テ・コオティ　186
Te Kooti Arikirangi Te Turuki　?-1893?
テ・フィティ　186
Te Whiti-o-Rongomai　?-1907
テフェロフェロ　182, 183
Te Wherowhero, Potatau　?-1860?
デ・ロバート　354
Deroburt, Hammer　1923-92
トゥピア　46
Tupia (Tupaia)　?-1770
トゥルガニニ　91
Truganini　1810?-76
ドール　287, 288
Dole, Sanford　1844-1926
トルーマン　337
Truman, Harry S.　1884-1972
ドレイク　55, 59, 65
Drake, Sir Francis　1540?-96
トレス　58, 75
Torres, Luis Vǻez de

●ナーノ

ナカヤマ　345
Nakayama, Tosiwo　1931-
ニーメイヤー　149
Niemeyer, Otto Ernst　1883-1971
ヌニェス・デ・バルボア　47
Núñez de Balboa, Vasco　1475-1519
ネネ　174
Nene, Tamati, Waka　1780?-1871
ノラン　157
Nolan, Sidney Robert　1917-92
ノールト　60

Noort, Olivier van　1559-1627

●ハーホ

バイイヌポー　294
Vaiinupo, Malietoa　?-1841
バイロン　67, 68
Byron, John　1723-86
ハインドマーシュ　101
Hindmarsh, John　1785-1860
ハウトマン　62
Houtman, Frederik　1571-1627
バーク　99
Bourke, Richard　1777-1855
パークス　125, 126
Parkes, Henry　1815-96
バズビー　170
Busby, James　1802-71
パターソン　82, 127
Paterson, Andrew Barton　1864-1941
パーチャス　66
Purchas, Samuel　1577-1626
ハックルート　66
Hakluyt, Richard　1552-1666
バートン　130, 132
Barton, Edmund　1849-1920
バランス　193, 195
Ballance, John　1839-93
ハリスン　76
Harrison, John　1693-1776
ハルトフゾーン　61
Hartogszoon, Dirck
ハワード　164-167
Howard, John　1939-
バンクス　74
Banks, Sir Joseph　1743-1820
ハンソン　164, 166
Hanson, Pauline　1954-
ヒギンズ　134
Higgins, Henry Bournes　1851-1929
ビッグ　98
Bigge, John Thomas　1780-1843
ヒューズ　142, 145-147
Hughes, William Morris　1862-1952
ヒューソン　163
Hewson, John　1949-
ヒューム　97
Hume, Hamilton　1797-1873
ビリャロボス ⟶ ロペス・デ・ビリャロボス
ファーフィ　127
Furphy, Joseph　1843-1912
フィッシャー　136, 145
Fisher, Andrew　1862-1928
フィッツパトリック　122
Fitzpatrich, Kathleen　1905-90
フィリップ　88-91
Phillip, Arthur　1738-1814
フェリペ3世　57
Felipe III (Filipe II)　1578-1621 (位1598-1621)
フェルクナー　186
Völkner, Carl Sylvius　1819-65
フォックス　190
Fox, William　1812-93
ブーゲンヴィル　69, 70, 74, 75
Bougainville, Louis Antoine de　1729-1811
ブライ　92
Bligh, William　1754-1817
ブラウン　183, 184
Browne, Thomas Robert Gore　1807-87
ブラックスランド　97
Blaxland, Gregry　1778-1853
フリンダーズ　91
Flinders, Matthew　1774-1814
ブルース　146, 147
Bruce, Stanley Melbourne　1883-1967
フレイザー, M.　161
Fraser, John Malcolm　1930-
フレイザー, P.　208, 210
Fraser, Peter　1812-1983
ブレイニー　165
Blainey, Geoffrey　1930-
ブロス　67
Brosse, Charles de　1709-77
ペイジ　146
Page, Earle Christmas Grafton　1880-1961
ベーハイム　48

Behaim, Martin 1459-1507
ベーリング 68
Bering, Vitus Jonassen 1681-1741
ヘンリー 351
Henry, Albert 1907-81
ホイットラム 158, 161
Whitlam, Edward Gough 1916-
ボイド 157
Boyd, Arthur Merric Bloomfield 1920-88
ホーキンズ 55
Howkins, Richard 1560-1622
ホーク 162
Hawke, Robert James Lee 1929-
ホサム 108
Hotham, Charles 1806-55
ホブソン 174, 175
Hobson, William 1792-1842
ポマレ 291
Pomare
ポマレ2世 291
Pomare II 1774-1821
ホランド 211
Holland, Sidney George 1893-1961
ホリオーク 211, 214
Holyoake, Keith Jacka 1904-83
ホルト 158
Holt, Harold Edward 1908-67
ホワイト 157
White, Patrick Victor Martindale 1912-90
ホンギ・ヒカ 169
Hongi Hika 1772?-1828
ポンパリエ 169
Pompallier, Jean Baptiste François 1801-71

●マーモ

マクウォーリ 92
Macquarie, Lachlan 1762-1824
マーステン 169
Marsden, Samuel 1765-1838
マゼラン 46-51, 60, 314
Magalhães, Fernão de 1480-1521
松江春次 329
1876-1954
マッカーサー 92, 97
Macarthur, John 1767-1834
マッケンジー 193
McKenzie, John 1839-1901
マッセイ 200-202
Massey, William Ferguson 1856-1925
マニックス 145
Mannix, Daniel Patrick 1864-1963
マヒュー 60
Mahu, Jaques 1564-98
ママロニ 363, 364, 372
Mamaloni, Solomon 1943-2000
マラ 354, 357, 358
Mara, Kamisese 1920-
マラスピーナ 76
Malaspina, Alejandro 1755-1810
マルドゥーン 212, 218
Muldoon, Robert David 1921-92
ミッチェル 94, 97
Mitchell, Thomas Livingstone 1792-1855
メネゼス 58
Meneses, Jorge de ?-1539
メルバ 150
Melba, Dame Nellie 1861-1931
メンジーズ 151, 155-158
Menzies, Robert Gordon 1894-1978
メンダーニャ・デ・ネイラ 9, 54-56, 58, 70, 76
Mendaña de Neira, Alvaro de 1542?-95
モーガン 165
Morgan, Sally 1951-

●ヤーヨ

ヤコブスゾーン 62
Jacobszoon, Lenaert
矢内原忠雄 327
1893-1961
ヤンスゾーン 58, 61
Janszoon, Willem

●ラーロ

ライオンズ　150, 151
Lyons, Joseph Aloysius　1879-1939
ラタナ　206
Ratana, Tahupotiki Wiremu　1873?-1939
ラトローブ　104
La Trobe, Charles Joseph　1801-75
ラ・ペルーズ　76, 77, 90
La Pérouse, Jean François de Galaup　1741-83
ラング　149
Lang, John Thomas　1876-1975
リニ　365, 366, 372
Lini, Walter　1942-99
リー・ブー　315
Lee Boo　?-1784
リーブス　172, 194
Reeves, William Pember　1857-1932
リリウオカラニ　285, 287
Liliuokalani, Lydia　1838-1917
リンネ　74
Linné, Carl von　1707-78
ルア・ケナナ　198
Rua Kenana, Hepetipa　1869-1937
ルナリロ　282, 285
Lunalio　1835-74
ル・メール　61
Le Maire, Jacob　1585-1616
レウィ・マニアポト　184
Maniapoto, Rewi Manga　1807?-94
レオ13世　318
Leo XIII　1810-1903(位1878-1903)
ロアイサ　52
Loaysa, Garcia Jofre de　?-1526
ローソン　127
Lowson, Henry　1867-1922
ロッヘーヴェン　63, 64
Roggeveen, Jacob　1659-1729
ロペス・デ・ビリャロボス　53, 59
Lopéz de Villalobos, Ruy　?-1546
ロペス・デ・レガスピ　54
Lőpez de Legaspi, Miguel　1510-72
ロンギ　212
Lange, David Russell　1942-

事項索引

●アーオ

●カーコ

●サ—ソ

●タート

●ナーノ

●ハーホ

●マーモ

●ヤーヨ

●ラーロ

●ワ

■年　表

〔略号〕**A**：オーストラリア　**E**：メラネシア　**I**：ミクロネシア
N：ニュージーランド　**P**：ポリネシア

年　代			事　項
6万年前			サフル大陸に新人に属す人類が渡来
3万8000年前	**E**		旧石器集団がニューブリテン，ニューアイルランドへ拡散
2万9000年前	**E**		旧石器集団がソロモン諸島，ブカ島(キル遺跡)へ拡散
2万2000～1万6000年前			最大氷期になって広範な乾燥地域が出現
2万年前	**A**		北部オーストラリアで刃部磨製石斧が作製される
1万7000年前			ごついタイプの骨格の人類がサフル大陸に来た新人集団から派生
8000年前			ニューギニアとオーストラリアが海で隔離
前4000			オーストロネシア集団が台湾から南へ移動を開始
前3000			オーストロネシア集団がフィリピン南部でインドネシア中西部と東部へと分離拡散
前2000			東部インドネシアでオーストロネシア集団が二つに分離，一つはモルッカ，小スンダ諸島へ，もう一つはニューギニア北岸に沿ってビスマーク諸島へ
4000年前頃	**A**		ディンゴーがオーストラリアに到来
前1500	**E**		ラピタ集団が南西オセアニア(メラネシア)へ拡散
	I		マリアナ諸島へオーストロネシア語族(西部マライ・ポリネシア諸語)の集団が拡散
前750	**P**		ラピタ集団がサモアまで拡散
1700年前	**P**		ポリネシア集団がサモアから東へ移動を開始
700	**P**		マルケサス諸島からハワイ諸島やイースター島へポリネシア人が移住
800	**P**		マリアナ諸島においてラッテが出現
1100頃	**P**		イースター島においてモアイの建設
12世紀頃	**P**		トンガで，ツイ・トンガ11世のハアモンガ・ア・マウイ建築
1250	**P/N**		ポリネシア集団がニュージーランドへ移住
13世紀頃	**P**		ポーンペイ島のナマンドール，コシャエ島のレレ(巨石構築物)を建造
14世紀	**N**		ニュージーランド北島においてパ築造
1400～1500	**N**		ニュージーランドのモア絶滅
1513		***9***-*29*	スペイン人バルボア，パナマ地峡を横断して太平洋岸に出る
1520		***11***-*28*	マゼラン，パアゴニア海峡(のちのマゼラン海峡)を出て太平洋に進入
1521	**I**	***3***-*6*	マゼラン，グアム島に寄港
		3-*16*	マゼラン，フィリピンのサマル島到着

1525 頃	I		ポルトガル人ディオゴ・ダ・ロシャがヤップ島，ファイス島に接触
	E		ポルトガル人メネゼス，マルク諸島への航海中，ニューギニア北西部に到達
1526	P	**5**	ロアイサとデルカーノがマゼラン海峡を通過，その後，嵐により船団は四散
1527	I	**10**	メキシコのコルテスが派遣したサアベドラ指揮の3隻の船隊，マーシャル諸島に到達したが，航海は失敗
1529		**4**	スペインのカルロス1世，ポルトガル王に香料諸島の権利売却の条約を締結(サラゴッサ条約)
		5	サアベドラ再度東航を試みるが失敗，航海中に病死
1537			スペイン人グリハルバ，2隻の船でペルーを出航。香料諸島に向かうが風に流されニューギニア岸で難破
1542		**11**	スペイン人ビリャロボス指揮の6隻の船隊，メキシコを出帆し太平洋を横断
1543	I	**1**	ビリャロボスがヤップ，ファイスの2島に接触
1555	P		スペイン人ガイターノ，メキシコを出航。太平洋を横断中行方不明
1565		**2**-*13*	レガスピ，メキシコのアカプルコからフィリピンのサマル島に到着，**5**-*8* セブ島でサンミゲル市を建設 スペイン人ウルダネータ，フィリピンのセブ島から大圏航路によってアカプルコまでの航海に成功(**6**-*9*～**10**-*3*)
1568	E	**2**-*7*	スペイン人メンダーニャの船隊ソロモン諸島のおもな島々を発見，**12**-*19* カリフォルニア到着
1574	E		メンダーニャ，ソロモン諸島の植民計画の許可をスペイン国王から受領
1579			イギリス人ドレイクが太平洋に侵入，スペイン領の諸港を攻撃しスペイン船を略奪
1586			イギリス人キャベンディッシュ，太平洋に浸入
1593			イギリス人リチャード・ホーキンズ，太平洋に浸入
1595	P	**6**-*16*	メンダーニャ，ソロモン諸島に移住地建設を計画。女子供を含む368人を4隻に分乗させ，ペルーのパイタ港を出帆，**8**-*5* マルケサス諸島のタワタ島を出帆，**10**-*18* サンタクルス島において熱病で死去，**11**-*18* 残留者はサンタクルス島からポルトガル人キロスに導かれて出航，翌年 **2**-*11* マニラ着
1598		**6**	オランダ人マヒュー，4隻の船隊でロッテルダムを出帆，しかし太平洋に入って船隊は四散，そのうちの1隻リーフデ号が日本の豊後に漂着。この年オランダ人，ノールト太平洋を横断してオランダに帰港。オランダ人の初世界周航(～1601)
16世紀	P		イースター島においてモアイ制作が中止される
1605		**12**-*21*	キロス，南方大陸探索とキリスト教徒の楽園建設を計画してペルーのカヤオ港を出帆
1606	A		オランダ船デイフケン号，初めてオーストラリアに到着
	E	**4**-*27*	キロス，バヌアツの一島に到着し，エスピリッツサントと命名

	E	***5***	トレス，エスピリツサント島を出発，トレス海峡を通ってマニラに到着
1616	**A**	***10***	オランダ人ハルトフゾーン，オーストラリア西海岸接触，ノースウェスト岬まで航海
	P		オランダ人ル・メールとスホーテン，太平洋に入りツアモツ諸島のいくつかの島々を発見，***5*** トンガ諸島タファヒ，ニウアトプタプ，ニウアフォウを発見，***6****-25* ニューアイルランド発見，アドミラルティ諸島探索，***10****-28* テルナテ島経由でジャカルタに到着
1617	**A**		オランダ人クラスゾーンとヤコブスゾーン，オーストラリアへの航海(～18)
1619	**A**		オランダ人ハウトマンの航海，オーストラリア南岸調査
1622	**A**		オランダのレーウイン号，オーストラリア西海岸南端のルーイン岬まで走破
1625	**I**		オランダ人スパーヘンハム，ヤップ，ファイスの 2 島に接触
1627	**A**		オランダ人テイスゾーン，オーストラリアの南岸，東経133度のヌイツ群島まで航海
1642	**A/N**	*8-14*	オランダ人タスマン，バタビアを出帆，***11****-24* 現在のタスマニアに到達，ファンディーメンスラントと命名，***12****-13* ニュージーランド南島の南端に到達し，マオリ人と接触
1643	**P**	***1***	タスマン，トンガ諸島に到着
	E	***2****-5*	タスマン，フィジー諸島北部のタヴェウニ，ヴァヌア・レヴ等々を航海
1644	**A**		タスマン，カーペンタリア湾に直航，オーストラリア北海岸を探検
1660			「自然に関する知識の進歩のためのロンドン王立協会」設立
1668	**I**		スペイン人宣教師，グアム島で布教を開始
1686	**I**		スペイン人がカロリン諸島のウーリーシ島に到達
1688	**I**		モラーレスらスペイン人宣教師，マリアナ諸島で布教を開始
1694			タスマンの航海記の英訳，ロンドンで出版
1697			イギリス人ダンピアの『新世界周航記』刊行，ベスト・セラーとなる
1704			イギリスでチャーチルの旅行記集 4 巻が刊行される
1718			イギリスで刑事罰としての流刑法が成立(76年からオーストラリアが流刑地に加わる)
1722	**P**	***4****-5*	オランダ人ロッヘーヴェン，イースター島を発見。巨像モアイを記述，***6****-6* ソサエティ諸島に到着，***6****-14* サモア諸島に接触，回航
1728			デンマーク人ベーリング，アラスカと東北アジアの間の海峡(ベーリング海峡)を発見
1740		***9****-18*	イギリス人アンスン，スペイン領の攻撃を計画してイギリスを出発
1743		***4***	アンスンがセンチュリオン号でマカオを出港，***6****-20* アカプルコからのスペイン船コバドンガ号を捕捉し，金銀強奪
1748			アンスンの航海記の刊行
1756			フランス人ブロス，南方大陸の存在を予言した『南方大陸への航海の歴史』を刊行。七年戦争(～1763)
1764		***1***	バイロン，フォークランド諸島沿岸を調査後，太平洋航海

1766		5-9	バイロン，太平洋航海を終えてイギリスに帰着。8-22 イギリス人ウォリスとカータレット，南方大陸を探索する航海に出発。ブロスの『南方大陸への航海の歴史』英訳刊行開始
1768	P	6-11	ウォリスのドルフィン号，ツアモツ諸島の一部発見，6-17 メヘティア島に到達，6-18 タヒチ到達
	E	9-11	カータレット，ニューブリテン島とニューアイルランド島間の海峡を発見，9-12 ニューアイルランド島とニューハノーバ島間のバイロン海峡を発見
			スコットランド人ダルリンプル，『1767年まで南太平洋においてなされた航海の歴史』を刊行，南方大陸の存在を主張
1768	P/E	4-2	ブーゲンヴィル，ソサエティ諸島メヘティアとタヒチに到達して滞在，6-10 ニューギニア島を望見，6月末 ブーゲンヴィル島を発見，9-28 バタビアに到着
		8-26	イギリス人クックのエンデヴァ号，プリマス出帆(クックによる第1回航海)
1769	P/N	4-13	クック，オタヘイテ(タヒチ)島マタヴァイ湾に到着，金星の蝕の観測をおこない，7-13 タヒチを出帆，10 ニュージーランド各地を測量(~70. 3-31)
1770	A	4-19	クック，オーストラリア南東海岸を発見，4-29 ボタニー湾に上陸，8-22 ニューホランド(オーストラリア)東部の領有を宣言し，ニューサウスウェールズと命名
		10-11	クック，バタビア沖に到着
1771		7-13	クック，イギリスに帰着
			ブーゲンヴィル，『世界周航記』を出版
1772		7-13	クック，第2回航海(~75. 7-29)
1776		7-12	クック，第3回航海に出帆
1777	P	5	クック，トンガに来島(2カ月半滞在)
1778	P	1	クック，ハワイ諸島に到達，サンドイッチ諸島と命名，12-2 ハワイ島到達
1779	P	2-14	クック，アラスカ，ベーリング海域を航海後，ハワイ島で島民に殺害される
1782	P	7	カラニオプウの後継をめぐり，息子のキワラオと甥のカメハメハ間の争い(モクオハイの戦い)
1783	I		イギリス東インド会社アンテロープ号，パラオで座礁。パラオ，初めて白人と接触
1785			フランス人ラ・ペルーズ，日本列島の北部からカムッチャッカ半島まで航海(~88)。のちメラネシア海域で行方不明になる
1788	A	1-18	初代ニューサウスウェールズ総督フィリップのサプライ号，ボタニー湾に投錨。1-26 総督フィリップがシドニー入り江に上陸，植民地の建設開始
1789	A	6-4	植民地で最初の劇が演じられる
			スペイン政府に仕えるイタリア人マラスピーナによる太平洋航海(~94)
	P	9	バウンティ号，トンガ沖で反乱

1791	**E**		フランス人ダントルカストー，ニューカレドニア，ソロモン諸島，アドミラルティ諸島調査(～93)。トロブリアンド諸島発見 イギリス人バンクーバー，合衆国北西部からアラスカにかけて調査(～95)
1792	**A**	***12****-10*	フィリップ，イギリスへ2人のアボリジナルを連れて帰国
1793	**A**	***1****-16*	最初の自由移民がニューサウスウェールズに到着
1795			ロンドン伝道協会創設
	P		カメハメハ１世，ほぼハワイを統一
1796	**A**	***1****-16*	サイドウェイ，オーストラリア最初の劇場をオープンする
1797	**P**	***3****-5*	ロンドン伝道協会，タヒチに太平洋伝道本部形成。***4*** トンガに宣教師派遣(失敗)
1800	**A**	***11****-19*	最初の銅貨が植民地で流通する
1803	**A**	***3****-5*	最初の新聞『シドニー・ガゼット』紙の創刊。***6****-9* マシュー・フリンダーズ，オーストラリアを周航しポートジャクソンに戻る
1804	**A**	***3****-4*	カッスルヒルで囚人反乱が起こる
	E		フィジーで白檀の発見，オーストラリア人多数白檀を求めて来島
1808	**A**	***1****-26*	「ラム酒の反乱」起こる
1809	**N**	***12***	マオリがファンガロアでボイド号乗組員を襲撃
1810	**A**	***1****-1*	マクウォーリ総督就任
	P		カメハメハ１世，カウアイ島，ニイハウ島を征服，王朝の開始
1812	**P**		タヒチのポマレ２世，キリスト教に改宗
1813	**A**	***5***	グレゴリー・ブラックスランドら，ブルーマウンテンズ越えのルートを発見
1814	**N**	***12***	英国国教会マースデン牧師，ニュージーランドで初めてのクリスマス礼拝
1815	**A**	***1****-18*	パラマッタにアボリジナルの学校開校
1819	**A**	***1****-5*	ジョン・トマス・ビッグ，オーストラリア植民地の調査員に任命される
	P	***5****-8*	カメハメハ１世死去。***5****-20* カメハメハ２世即位
1820	**P**	***3****-30*	ハワイ諸島に，ニューイングランドからカルヴァン派宣教師の一団到来
1822	**N**	***1***	ニュージーランドでウェズリー派(メソジスト)が伝道を開始
	P		トンガにウェズリー派の宣教師たちが上陸
1823	**A**	***7****-19*	ニューサウスウェールズ司法権法成立
1824	**A**	***5****-12*	ヴァンディーメンズランド副総督アーサー到着。***8****-12* ニューサウスウェールズ立法評議会成立
	P	***7****-14*	ロンドンでカメハメハ２世と王妃麻疹，客死。弟が継承，カメハメハ３世
1825	**A**	***6****-14*	ヴァンディーメンズランド，植民地のニューサウスウェールズから分離
1828	**A**	***11****-1*	ヴァンディーメンズランドでアボリジナルへの戒厳令布告
	E		オランダ，ニューギニア西半分の領有を宣言
1829	**A**	***5****-2*	スワン川植民の始まり。***12*** ウェークフィールドの『シドニーからの

			手紙』出版
1830	A	*10*	ヴァンディーメンズランド，アボリジナル追い込みのためのブラックラインを開始
	P	*7-18*	ロンドン伝道教会ジョン・ウィリアムズ，サモア訪問
1830年代	I		中央カロリン諸島の住人，台風で壊滅的被害を受けサイパン島に移住
1832	P	*6-5*	カメハメハ3世の摂政カアフマヌが死去
1833	N	*5*	イギリス駐在事務官バズビー，ニュージーランド来航
	P		サモアで，マリエトア・バイイヌポー，タファイファーとなる
	〃	*11*	カメハメハ3世の摂政に異母姉キナウが就任
1834	P		ガンビエ諸島マンガレバ島にカトリック伝道教会が成立
1835	A	*5-29*	ジョン・バットマン，ポートフィリップに上陸
	N	*10*	ニュージーランド部族連合国独立宣言
1836	A	*12-28*	南オーストラリア植民地創設の儀式がおこなわれる
1838	A	*9-29*	オーストラリアンクラブの創設
	N		ウェークフィールド，ニュージーランド会社を設立
	P	*12*	アメリカ人ウィルクス大尉の踏査船，サモアに寄港
1839	P	*6-7*	カメハメハ3世，民法制定
	N		ニュージーランド会社の入植地購入のため，ウィリアム・ウェークフィールド来航
1840	A	*8-1*	ニューサウスウェールズへの流刑，公式に廃止される
	N	*1-22*	ニュージーランド会社によるイギリスからの最初の入植者たち，ポートニコルソンに到着。*2-6* 代理総督ホブソン，アイランズ湾のワイタンギでマオリ首長らとワイタンギ条約を締結。*5-21* ホブソン，ニュージーランド全土をイギリス領植民地として宣言。*11-16* ニュージーランドがオーストラリアのニューサウスウェールズより行政上分離。この頃，ワンガヌイ入植開始
	P	*10-8*	カメハメハ3世，憲法制定
1841	N	*5-3*	ホブソン第1代総督就任。この年，首都をコロラレカからオークランドに移転。ニュープリマス入植開始
	P		サモアで，マリエトア・バイイヌポー死去
1842	P	*9-9*	フランス，タヒチを一方的に保護下におく
	N		ネルソン入植者到着
1843	A	*6*	ニューサウスウェールズ立法評議会の初めての選挙実施
	E		フランス，ニューカレドニアを領有宣言
	N	*6-17*	ネルソン近郊でニュージーランド会社入植地の測量を強行し，ワイラウ事件勃発
1845	P	*12-2*	トンガでタウファアハウ，ツイ・カノクポル1世として即位
1847	P	*2-9*	フランス，タヒチ島とライアテア島を保護領化。ジョージ・プリチャードが英国サモア領事となる
1848	N		ケンプ，南島の半分にも及ぶ広大な土地購入。スコットランド自由教会オタゴ入植地開設
	P	*1-27*	カメハメハ3世，マヘレ(グレート・マヘレ)を開始
1849	A	*11-6*	囚人輸送船ハシュミー号がシドニーに到着。流刑反対運動起こる

1850	A	*8-5*	オーストラリア植民地政府法成立。ニューサウスウェールズ，タスマニア，南オーストラリア，ヴィクトリアの自治政府の承認
	N		英国国教会のカンタベリ協会，カンタベリ入植開始
1851	A	*7-1*	ヴィクトリア植民地がニューサウスウェールズから分離。この年，ゴールドラッシュ始まる
1852	I		ハワイからポーンペイ島にプロテスタント系アメリカ海外伝道団を派遣
	N		ニュージーランドの自治法として1852年「基本法」がイギリス議会で可決。地方分権による政治の基本方針が決定
	P		タウファアハウ(ツイ・カクノポル１世)，トンガ統一
	〃		ハワイ諸島，おもに広東周辺の中国人をプランテーション労働者として導入
1854	A	*3*	メルボルンとウィリアムズタウン間に最初の電信線がオープン。***12-3*** ユレカ砦の陥落
	N	*5*	総督，上院，下院からなる第１回全体議会オークランドで開会
	P	*12-15*	カメハメハ３世，41歳で死去
1855	P	*1-11*	キナウの息子アレキサンダー・リホリホ，カメハメハ４世として即位
1856	A	*3-19*	ヴィクトリア，秘密投票制を導入。***5-12*** 最初の８時間労働記念日が祝われる。この頃，各植民地の最初の議会(自治政府)が成立
	N	*5*	スーウェル，第１代首相に就任
	P		カメハメハ４世，エマ・ルックと結婚
1857	P		ドイツのゴドフロイ会社がサモアに交易所設置
1858	A		メルボルン・フットボール・クラブの設立
	N	*6*	テ・フェロフェロ，第１代マオリ王に選出
1860	E		フィジーで綿花プランテーションの開始
	N	*3*	タラナキ地方のワイタラでマオリの土地測量開始，土地戦争勃発
1861	A	*6*	ラミングフラット金鉱の反中国人暴動。***11-7*** 最初のメルボルン・カップの開催
	E		アメリカ南北戦争の勃発により，フィジーの綿花高騰，綿花栽培定着
	P		サモアでゴドフロイ会社のヴェーバー，アピア駐在ドイツ領事となる
1863	N		土地戦争，戦闘はワイカト地方に拡大
	E		ニューカレドニアで大規模ニッケル鉱山発見。フランス，統治に熱意
	P	*11-30*	カメハメハ４世の死去，カメハメハ５世の即位
1864	N		土地戦争，戦闘はプレンティ湾地方に拡大。グレイ総督，反乱者に対する処罰としてワイカト地方の土地没収。パイマリレ宗教運動は武力的色彩を強化
1865	N		首都をオークランドからウェリントンに移転。「先住民土地法」制定。先住民土地法廷の設置決定
1867	N		マオリ選挙法によりマオリ４議席制定
1868	N		リンガトゥ宗教のテ・コオティがチャタム島より脱走，ポヴァティ湾入植地を襲撃
1869	A	*12*	クィーンズランド，初めて無償初等教育を導入
1870	A	*12-29*	ヴィクトリア，上下両院議員への給与支払いを法制化
	N	*6*	財務大臣ヴォーゲル，鉄道，道路など大規模な公共事業開始

1870年代	E		ニューギニアでロンドン伝道協会が宣教を開始
1871	E		フィジーのザコンバウ，首長間の戦争に勝利，フィジーの多くを支配して即位
1872	A	***8**-2*	アデレードとポート・ダーウィン間に陸上電信線が開通
	P	***12**-11*	カメハメハ大王最後の直系子孫であったカメハメハ5世，42歳で死去
1873	P	***1**-12*	デヴィッド・ルナリロ，ハワイ王に即位。***8*** サモアにスタインバーガーが到着
1874	E	***10**-10*	フィジー，イギリスに主権を譲渡
	I		コシャエ島で王の強制的退位，平民が王に選出される。スペイン，カロリン諸島に対する占有権権を主張
	P	***2**-13*	ハワイでカラカウア王即位
1876	N	***11***	州制度廃止
	P		米布(アメリカ-ハワイ)互恵条約の締結
1878	E		ニューカレドニアで先住民の反乱
	P		ハワイで，プランテーション労働者としてのポルトガル人移民開始
1879	A	***11**-29*	最初の冷凍肉ロンドンへ輸出される
	E	***5**-14*	フィジーで，プランテーション労働者としてのインド人移民開始
	I		アメリカ海外宣教団チュークに来島。島の食料資源の改革に貢献
	N		普通選挙法制定，議員任期は5年から3年に短縮
	P		ゴドフロイ会社倒産
1880	A	***3**-22*	メルボルン大学に女性の入学が許可される
1881	N		マオリ王，政府と和解。黄禍論が高まり中国人移民に対する入国制限開始
	P	***1***	ハワイ王カラカウア，世界一周旅行の途中に東京訪問
1882	N		最初の冷凍船就航，イギリスへの食肉輸出が可能となる
1884	A	***11**-14*	南オーストラリア，所得税を導入
	E		ドイツとイギリス，ニューギニア東部を分割する協定締結
1885	A	***3**-3*	ニューサウスウェールズ，スーダン遠征に参加
	I		スペイン，ヤップ島に軍艦を派遣。ドイツ，ミクロネシアの保護領化を宣言。ドイツとスペインの領土争いが法王レオ13世の裁定によって解決
	P	***1***	ハワイ王国へ日本人移民の開始
1886	I		ドイツがマーシャルとナウルを，イギリスがギルバート諸島を領有する協定が成立
	I		カロリン諸島，スペイン領としてフィリピン総督の支配下に入る
	P		官約移民条約を締結
1887	E		イギリス・フランス両軍隊によるニューヘブリデス諸島の共同統治
	I		スペインが，ポーンペイの北部に政庁と教会を建て間接統治を開始
	P		ハワイで新憲法制定。***11**-7* 米布互恵条約の更新
1888	A		各植民地，中国人移民制限法を強化
	P	***10***	イギリス，クック諸島のラロトンガ島保護領化
1889	P	***3***	「サモア問題」が発生，ドイツ，アメリカ，イギリスの海軍が出動。***6**-14*「サモア問題」解決のため3国間でベルリン条約

1890		***2-7***	オーストラリア最初の女医誕生。***8-16*** 海運ストライキが発生
1891	A		各地で労働党の結成
	N	***1***	自由党による最初の政党内閣誕生。バランス，首相に選出される
	P	***1-20***	カラカウア王がサンフランシスコで客死。***1-29*** リリウオカラニ即位
1892	E		ニューギニアで，カトリックが布教のために現地語の使用を決定
	I		イギリス，ギルバート諸島保護領化
1893	A	***4***	金融恐慌発生
	E		ニューギニアのミルンベイ地域，最初のカーゴ・カルト運動発生
	N		婦人参政権法案議会を通過
	P	***1-14***	ハワイで白人実業家「革命」によりカメハメハ王朝崩壊
1894	A	***12-21***	南オーストラリア，労働仲裁法を制定，また女性の参政権が確立
	N		自由党内閣のリーヴス，工場法，労働争議仲裁法制定
	P	***7-4***	ハワイ共和国が成立
1895	P	***1-16***	ハワイで王党派が武装蜂起(失敗)
1897	A	***1-20***	タスマニア，オーストラリアにおける比例代表制に基づく最初の選挙。***12-15*** クィーンズランドでアボリジナルの居留地外での活動を厳しく制限する法律が成立
1898	A	***6-3～4***	連邦結成の可否を問う第1回国民投票 カリブ海の利権と支配権をめぐる米西戦争勃発
	N		老齢年金法制定
	P	***7-6***	ハワイ併合をアメリカ合衆国議会で決議。サモアの首長間武力闘争にイギリス・アメリカが介入
1899	A	***5～9***	連邦結成の可否を問う第2回国民投票。***10-28*** ボーア戦争に参戦。***12-1*** クィーンズランドで世界で最初の労働党政権が成立
	I	***8***	スペイン，フィリピンとグアムをアメリカに割譲。***2-12*** マリアナ，カロリンとマーシャルの3諸島をドイツに売却。ドイツはミクロネシアで間接統治を開始
	N		移民制限法制定。南アフリカのボーア戦争に参戦
	P	***11-14***	イギリス，ドイツ，アメリカの間で後2者によるサモア諸島の植民地化に合意
1900	P		ハワイ，アメリカ合衆国の海外領土となる。***3*** 西サモアでドイツ統治開始。***4*** アメリカ領サモアで合衆国統治開始
	E		イギリス，北部ソロモン諸島を保護領化
1901	A	***1-1***	オーストラリア連邦発足。初代首相にエドモンド・バートン就任。首都はメルボルン。***12-10*** ニューサウスウェールズ，強制労働仲裁法施行。***12-17*** 太平洋諸島労働者法成立。***12-23*** 連邦移民制限法成立。白豪主義政策の始まり
	N/P	***6-11***	ニュージーランド，クック諸島を併合。***9*** 同じくニウエ島を併合
1902	A	***6-12***	連邦議会選挙での女性参政権が承認される
1903	P	***2***	西サモアで総督ゾルフ，土地・称号委員会を設置
1904	A	***4-27***	連邦最初の労働党内閣，ワトソン内閣成立
1905	E		イギリス領ニューギニアがオーストラリア領へ
	P	***8-14***	西サモアで，ゾルフが首長会議を設置

1906	E		イギリスとフランス，ニューヘブリデス諸島の共同統治の協定締結
	P		フィリピン人がプランテーション労働者としてハワイ来島開始
1907	N		イギリス領植民地から自治領(ドミニオン)へ
1908	I		ミクロネシアで，日本の小商社が合併して南洋貿易会社を設立
1909	N		「防衛法」制定，男子の軍事訓練開始。マオリ青年エリートらによって「青年マオリ党」結成
1910	A	*4-13*	労働党，連邦の上下両院で過半数を制す
	I		ソーケスの王ソウマタウ，ドイツの総督と官吏を銃殺
1911	I		ソーケスの王ソウマタウ，ドイツ軍と戦闘したのち降服，処刑
	N		「寡婦年金法」制定
1912	I		ドイツ，ポーンペイにおいて土地の私有制を確立
	N		改革党内閣が誕生しマッセイが首相に就任(～25)。ワイヒ金鉱でストライキ
1914	A	*8-4*	イギリスがドイツに宣戦布告。オーストラリアも自動的に第一次世界大戦に参戦
	I	***10***	日本が赤道以北のドイツ領を無血占領
	N	*8-29*	第一次世界大戦勃発，ドイツ領西サモアを無血占領
1915	A	*4-25*	アンザック軍団がガリポリに上陸
	I		日本軍政府，島の人々の保健・衛生や教育を改善する施策を実行
1916	A	*10-28*	徴兵制を第1回国民投票で否決。この問題をめぐり労働党は分裂
	E		フィジーにおいてインドからの契約労働者の制度終了
1917	A	*2-7*	労働党ヒューズ派と自由党が合体し，国民党を結成。*12-20* 徴兵制を第2回国民投票でも否決
	E		ニューカレドニアで先住民の反乱
1918	I	*6-15*	日本軍政府が設置した小学校が「島民学校」に。日本政府が南洋群島において統治形態を軍政から民政への移行
	N		流行性感冒の流行
1919	N		女性の被選挙権を承認
1920			国際連盟発足
	A	*1-22～23*	第3政党の地方党が正式に発足
	E		旧ドイツ領ニューギニア，オーストラリアの国際連盟委任統治領となる
	I		旧ドイツ領ミクロネシア，日本の国際連盟委任統治領となる
	N/P		西サモア，国際連盟委任統治領としてニュージーランド統治開始
1921	A	*3-23*	クィーンズランド，労働党により上院が廃止され，上院をもたない唯一の州となる
	I		松江春次が南洋興発会社，通称「南興」を創設。日本，南洋群島に「国家資源法」を適用
1922	I	*4-1*	日本政府，軍政から民政への移管完了，パラオのコロールに南洋庁設置。南洋庁が「南洋庁公学校規則」を発布
1923	I		南洋庁，無主地ないし未使用の共同体有地を官有地にする土地調査開始
	P	***3***	西サモアに総督としてリチャードソンが赴任
1926	E		ニューギニア北海岸地域で金の発見

	I	***5****-26*	パラオに木工徒弟養成所設置。南洋庁，北海道からパラオへ試験的農業移民招致
	P	***10****-15*	西サモアでマウ運動開始
1927	A	***5****-9*	キャンベラへ首都が移転
	N		大恐慌始まる
1928	I		南洋庁，沖縄から漁民をチュークへ招致し，カツオ漁で成功
1929	A		大恐慌の結果，オーストラリアへの資本流入がストップする
	P	***12****-28*	西サモアのアピアでデモ隊に警官隊が発砲する事件が発生
1931	A	***1****-1*	ニューサウスウェールズ，標準労働時間が週44時間になる。***4****-19* 統一オーストラリア党結成
	E		ニューギニアで，カトリックがメラネシア・ピジンを布教のための言語に公式採用
1931〜33	N		経済状況が最悪となり各地でストライキ頻発
1932	A	***3****-19*	シドニーのハーバーブリッジ開通。***7〜8*** オタワで帝国経済会議が開催
	E		ブカ島でカーゴ・カルト発生
	I		南洋庁の財政が日本への砂糖の出港税等で初めて黒字に転換
1933	I		日本が南洋群島において同化政策を推進。日本の海軍省が南洋群島の宣伝映画「海の生命線」を制作し，全国で映写。島田啓三の痛快漫画「冒険ダン吉」の連載開始。矢内原忠雄が南洋群島を視察
1935		***3****-27*	日本が国際連盟離脱
	I		南興，パラオにパイナップル缶詰工場，ポーンペイに澱粉精製工場を建設
	N		ニュージーランドで労働党内閣誕生し，サヴェージが首相に就任
1936	I		南洋庁が南洋拓殖会社をパラオに創設
	P	***6***	ニュージーランドの与党労働党，サモアの独立承認の方針決定とネルソンの追放解除
1937	I		日中戦争勃発。南洋群島において「皇民化教育」の徹底
1938	N		「社会保障法」の制定により揺りかごから墓場までの保障充実。ラタナ教議員，すべてのマオリ議席獲得
1939	A	***9****-3*	第二次世界大戦にオーストラリア参戦
	I		日本帝国海軍，南洋群島で軍事基地の建設を開始
	N	***9***	第二次世界大戦にニュージーランド参戦
1940	I		パラオ，チューク，マーシャルの島々で飛行場などの軍事基地が完成
1941	A	***12****-9*	日本への宣戦布告
	N	***12***	日本への宣戦布告
1942	A	***2****-19*	日本のダーウィン爆撃の始まり
	E	***1***	日本軍，ラバウルのオーストラリア守備隊を撃破。ニューアイルランド島北端ケイビエンを占領，レイ，サラマウア，マヌス，ブーゲンヴィルにも基地を建築。***5*** 日本軍がフロリダ諸島ツラギ島を占領し，ガダルカナル島ルンガ岬で空港建設開始。日本の輸送船と艦船ラバウル出発，ポートモレスビー攻撃作戦は失敗。***8*** 日本軍のガダルカナル島ルンガ岬の空港を米海兵隊が奪取し，その後激しい戦闘。***9*** 日

			本軍，ニューギニア島オーウェンスタンレー山脈横断，ポートモレスビー攻撃を試行するが，断念
	I		南洋庁の権限が軍の指揮下に入る
1943	E		日本軍，ガダルカナル島，ソロモン諸島から撤退
	I		日本軍基地建設のためナウル島全島民をチュークに強制連行。日本兵の食糧調達のために島の人々を総動員。日本軍，パラオとポーンペイ青年の調査隊をニューギニアとインドネシアに派遣。年末，アメリカ軍，ナウル，ギルバート諸島とマーシャル諸島を攻略
	N	***2**-25*	日本兵捕虜によるフェザストン暴動事件
1944	A	*8-5*	カウラ収容所の日本人暴動
	E		ソロモン諸島のマライタ島でマアシナ・ルール運動開始
	I	***2***	アメリカ軍，チュークで日本の戦艦や輸送船を多数撃沈。***6*** アメリカ軍，サイパン・テニアン両島占領。サイパン島で日本人多数死亡。***7*** アメリカ軍がグアム奪還。***9*** アメリカ軍のパラオ攻撃。パラオ諸島のアンガウルとペリリュー両島で日本軍玉砕
1945	I	*8*	アメリカ海軍，戦後処理の作業を開始。日本の兵隊と民間人の送還開始
	N		第二次世界大戦終了，イギリス連邦の一部として日本進駐開始
1946	I	***2***	アメリカがマーシャル諸島ビキニ環礁の人々を原水爆実験のため無人島に強制移住。***7**-1* ビキニ環礁での原爆実験開始。***10*** アメリカのトルーマン大統領が「戦略地区」信託統治領という方針を宣言
	P	***12**-13*	西サモアの統治国，ニュージーランドに国連信託統治理事会で決定
1947			オランダ，イギリス，フランス，アメリカ，オーストラリア，ニュージーランドの6カ国が南太平洋委員会を設立
	A	***7**-1*	ニューサウスウェールズで週40時間労働制が導入される
	E	***9***	イギリス行政府，マライタ島のマアシナ・ルール運動のリーダーたちを逮捕
	I	***7***	旧日本領の南洋群島が「国連信託統治領太平洋諸島」となり，アメリカ合衆国の支配下に入る
	N		マーブル・ホワード，最初の女性大臣として入閣
	P	***3***	国連のミッション，西サモアでリーダーたちによる独立の意思を確認
1948	I		アメリカ，グアムの教員養成センターでの教育を開始。主要な島に病院，村や離島に診療所を開設
1949	A	***1**-26*	国民及び市民権法が施行される。オーストラリア国民の地位が確立。*8-1* スノーウィー・マウンテンズ開発計画始まる
	N		マレー半島における共産ゲリラ掃討戦に参加
	P	***5***	西サモアにおいて独立準備の開始
1950			南太平洋委員会の諮問機関として太平洋島嶼地域代表による南太平洋会議設立
	A	***10**-20*	共産党解散法が成立
	N		国連軍として朝鮮戦争に参加。上院が廃止され一院制となる
1951	A	***3**-9*	最高裁判所，共産党解散法を無効と宣言
	A/N	***9**-1*	アメリカ，オーストラリア，ニュージーランドの3国間で，相互安全保障条約(アンザス条約)締結

	I		ミクロネシア，アメリカ内務省に移管，統治本部をサイパンに設置
	P		アメリカ領サモア，アメリカ海軍の基地撤収
1954	A	***12***	労働党の内部分裂が決定的となる
	I	***3***-*1*	アメリカの水爆実験の際，ロンゲラップ環礁の住民が被爆。第五福竜丸も被爆
	P		西サモアにおいて第1回憲法起草委員会開始
1956	A	***11***-*22*	メルボルン・オリンピック開会
	E		ニューギニアで，ルター派がメラネシア・ピジンを布教のための言語に公式採用
1958	A		白豪主義の根幹である移民へのディクテイション・テストを廃止
1960	P	***10***-*28*	西サモアにおいて憲法の最終原案が完成
1961	N		イギリスがEECへの参加の意向を表明，ニュージーランド経済に大きな衝撃を与える
	P	***5***-*9*	西サモアで国連監督下に国民投票，憲法の承認
1962			オランダが南太平洋委員会から脱退
	P	***1***-*1*	西サモアが独立
1963			フランス，ムルロア環礁・ファンガタウファ環礁での核実験場建設を表明。西サモアとクック諸島が抗議
	I		『ソロモンレポート』提出
	P		ハワイ島，フラの競技会メリー・モナーク・フェスティバルの開催
1964	E		パプアニューギニアで普通選挙が実施
1965			南太平洋会議で核実験実施国向けの決議の採択，認められず。太平洋諸島生産者事務局の設立
	A	***4***-*29*	ベトナム出兵を決定
	I		ミクロネシア議会設置。ミクロネシア統治予算が年々高騰
	N		国連軍としてベトナム戦争に参加，各地でベトナム反戦デモ激化
	P	***4***	クック諸島が自治領となる
1966	A	***2***-*14*	十進法に基づくオーストラリア・ドルの導入。***6***-*21* アーサー・コールウェル，ベトナム反戦運動中に狙撃される
	E		ニューギニアでメラネシア・ピジン表記の聖書発行
1967	A	***5***-*27*	国民投票によりアボリジナルに対する差別の撤廃が決定され，連邦政府にアボリジナル問題の管轄が移る
	I	***8***-*8*	ミクロネシア議会に「将来の政治的地位委員会」が設置。政体交渉の早期開始を要求。ナウル共和国，国連信託統治領(イギリス，オーストラリア，ニュージーランド)から独立
1969	I	***10***-*6*	アメリカとミクロネシア議会の間で政体交渉開始。日本とアメリカ，ミクロネシア協定調印，ミクロネシアに対する賠償実施。***7*** ニクソン大統領，アメリカ軍のアジア大陸撤退とミクロネシア中枢基地化戦略構想を発表
1970			南太平洋会議，核実験反対の決議には至らず。フィジー独立，国連加盟。クック首相ヘンリー提案の政治フォーラム構想
	E	***10***-*10*	フィジーが独立。ニューヘブリデス諸島で国民党の結成
	I	***5***-*4*	議会は「ミクロネシア連邦」自由連合案を要求。「学校建設プログラム」推進で学校が新設，整備。この頃，公務員数が増加

	P		トンガが外交権を回復し，英連邦の一員となる
1971		1	英連邦首脳会議で西サモア，トンガ，フィジーが仏の核実験に共同抗議を試みるが，失敗。8 島嶼5カ国とオーストラリア，ニュージーランド，南太平洋フォーラム(以下，フォーラムと略記)の設立会議開催，フランスの核実験への抗議声明採択
	I	10	アメリカ，ミクロネシア側に軍事基地建設計画を提示
1972		2	ナウルが独自の国営航空設立の意志表明。この年，フォーラムで，太平洋大気圏核実験停止決議案に全会一致の支持。フォーラムで，第3次国連海洋会議に対する加盟国の共同行動が決定
	A	12-2	労働党の総選挙における勝利により，ホイットラム政権成立
1973			フォーラム，オーストラリア，ニュージーランド，フィジーのフランス核実験の国際司法裁判所への提訴に対して積極的な支持を表明。フォーラムの下部組織として南太平洋経済協力機構(SPEC)を設立(本部，スヴァ)。4 フォーラム年次会議で，第1次ロメ協定交渉会議でのSPEC中心の共同行動を合意
	A	10-20	シドニー・オペラ・ハウスのオープン
	E		パプアニューギニア，パング党のマイケル・ソマレが自治政府の初代首相となる
	N		フランスの核実験に反対し，実験海域に駆逐艦を派遣
1974			フォーラム年次会議で，マラが地域共同航空事業設立の失敗に対する警告を表明。フォーラム加盟国，ロメ協定交渉会議開催のブリュッセルに共同事務局を設置。フォーラム年次会議で，地域共同の海運事業の調査結果報告の検討。フォーラムにパプアニューギニアが加盟
	A		日豪牛肉問題起こる
	N		フランスの核実験に関し国際司法裁判所に提訴
	P	10-19	ニウエ島が自治権を獲得
1975			SPEC，フォーラムの正式な事務局に。第3次国連海洋法会議でフォーラム加盟国が共同提案，海洋法の最終条文に記載
	A	11-11	連邦総督ジョン・カー，ホイットラム首相を解任
	E	9-16	パプアニューギニア独立，ソマレ政権誕生。8 ニューヘブリデス諸島で自治政府の選挙
	I	2-15	北マリアナ諸島，コモンウェルス(自治領)の道を選択して連邦構想から脱落
	N		マオリ，土地返還を要求してランドマーチをおこなう。「ワイタンギ条約法」制定
1977			フォーラムが太平洋フォーラム・ラインと呼ばれる地域共同の海運事業を設立
	E		ニューヘブリデス諸島で選挙，バヌアアク党はボイコット
	I		アメリカがミクロネシアとの政体交渉で自由連合案を承認
	N		ワイタンギ審判所設立。オークランドのバスチアン岬を地元マオリが占拠
1978	A	7-1	ノーザンテリトリに自治政府成立
	E	7-7	ソロモン諸島が独立。ニューヘブリデス諸島でバヌアアク党と自治政府の間で協定，独立を目指す動きが本格化

	I	***1**-9*	北マリアナ諸島が自治政府を樹立。***4**-9* アメリカとミクロネシアの間で自由連合協定が原則的合意。***7**-12* ミクロネシア連邦の憲法草案住民投票実施するが，パラオとマーシャルは否認
	P	***10**-1*	エリス諸島独立，国名はツバルに
1979			フォーラムにより，フォーラム漁業機関が発足
	E		パプアニューギニアの基本的外交方針であった「普遍主義」を再検討
		***11**-14*	ニューヘブリデス諸島で選挙，バヌアアク党が多数派となる
	I	***5**-10*	ミクロネシア連邦とマーシャル諸島共和国(***5**-1*)が自治政府を樹立。***7**-12* キリバス共和国がイギリスの保護領から独立
1980			この年，島嶼諸国とオーストラリア，ニュージーランド両国が南太平洋地域貿易経済協力協定を締結
	E	***3***	パプアニューギニア首相にチャンが就任。***5*** ニューヘブリデス諸島で英語系住民とフランス語系住民間の対立から独立紛争発生。***7*** フォーラム年次会議でチャンがフォーラム合同軍の設立とバヌアツ独立紛争への介入を提案。他の太平洋島嶼諸国は反対。***7**-30* ニューヘブリデス諸島が独立，国名はバヌアツ
	I		パラオ自治政府樹立
1981	E		ソロモン諸島で，ママロニ政権が発足。メラネシア同盟構想を発表
	N		ラグビーチーム，オールブラックスの南アフリカチームとの国際試合において，南アフリカの人種政策に抗議するデモ蜂起
1982			SPEC 主催で小規模島嶼諸国問題の会議開催。小規模島嶼諸国の問題についての専門担当官を SPEC に配置
	E		パプアニューギニアで，チャン政権が総選挙で敗北
1983	A	***9***	オーストラリア，ヨットのアメリカズ・カップを獲得。***12**-9* 労働党のもとオーストラリア・ドルの金融自由化開始
	E		ソロモン諸島のママロニ政権がメラネシア同盟に関する声明を発表
	I	***2～10***	パラオ共和国，ミクロネシア連邦(6月)，マーシャル諸島共和国(9月)の各自治政府がアメリカとの自由連合協定調印の住民投票実施。ミクロネシア連邦(6月)とマーシャル諸島(9月)で賛成多数，パラオでは否認の結果となる(2月)
	N		核を搭載したアメリカ戦艦のテキサス入港によって反核運動が盛んになる
1984			フォーラム年次会議において，小規模島嶼諸国委員会が設置
	A	***3**-17*	ブレイニーらによる移民論争
	E		ソロモン諸島において，ママロニ政権が総選挙で敗北。ニューカレドニアで独立派諸政党結集，FLNKS 結成
	N		ロンギ労働党内閣結成，経済再建のため民営化，規制緩和政策開始
1985			フォーラム年次会議において，南太平洋非核地帯条約が調印。フォーラム年次会議でニューカレドニアの国連非自治地域リストへの登録支援とニューカレドニア独立戦線のオブザーヴァーの地位獲得の訴えが棄却。小規模島嶼諸国委員会において，重点領域として13領域を提示。フォーラム年次会議で，小規模島嶼諸国の経済的立場に対する配慮決定。
	E		パプアニューギニアにおいて，ウィンティ政権が成立

	N	***7***	オークランド港に停泊中のグリンピース「虹の戦士」号，フランス工作員によって爆破。核搭載のアメリカ戦艦ブチャナン入港拒否
1986			フォーラム年次会議で，ニューカレドニアの国連非自治地域リストへの登録支援の決議を採択，フランスのニューカレドニア政策への非難声明も採択
	E		パプアニューギニアのゴロカにおいて，メラネシア3カ国の首脳会議を開催
	I	***11-3***	ミクロネシア連邦とマーシャル諸島は独立を宣言。北マリアナ諸島がアメリカの自治領となる
	N		10%の物品・サービス税(GST)創設，89年に12.5%に引き上げ
1987			フォーラム年次会議でフランス政府提案のニューカレドニア住民投票を批判
	A	***9-15***	大蔵大臣ポール・キーティング，17年ぶりの均衡予算を作成
	E	***5***	フィジーでインド系住民基盤の国民連邦党と労働党の連立政権誕生。ランブカ中佐がクーデタ。***9*** ランブカによる2度目のクーデタ
	N		「非核法」成立，アンザス条約は機能停止
1988			SPECのフォーラム事務局への改組と機能強化。南太平洋機構調整委員会の設置。アメリカ，フランス，日本などの「ダイアローグ・パートナー」との協議を開始
	A		自由党ハワード党首，アジア系移民制限を主張
	E		メラネシア3カ国の首脳会議で，メラネシアン・スピアヘッド・グループの結成宣言。フランスとニューカレドニア住民側の間にマティニヨン合意。ブーゲンヴィル島パングナ鉱山の地主グループ，鉱山開発の不満から施設を爆破
1989			フォーラム，クック諸島，ニウエ，キリバス，ツバルの小規模島嶼4カ国に対し，経済開発を目的とした専用の小規模島嶼諸国共有財政制度を設置。気候変動枠組み条約のために，太平洋，カリブ海，大西洋などの小島嶼諸国が小島嶼諸国連合を結成
	E		パプアニューギニアのブーゲンヴィル島の分離独立紛争が激化。ニューカレドニア独立派FLNKS，メラネシアン・スピアヘッド・グループのオブザーヴァー(後に準加盟国)に加入
1990	**A**	***2-1***	西オーストラリアでカーメン・ローレンス，オーストラリア最初の女性州首相となる
	E	***7***	フィジーにおいて憲法改正
	N		ワイタンギ条約締結150周年，ワイタンギでの式典にエリザベス女王出席
1991			クック諸島提案の小規模島嶼諸国の首脳会議開催合意。バヌアツにおいて，与党内の内紛によりリニ首相が失脚。クック諸島，ナウル，ニウエ，キリバス，ツバル，小規模島嶼諸国サミットを設立
1992		***1***	第1回小規模島嶼諸国サミット開催。気候変動問題の重要性の訴え。***7*** 第2回小規模島嶼諸国サミット開催。ブラジルで国連開発環境会議が開催される
	E		パプアニューギニア国防軍がブーゲンヴィル島の分離独立紛争のためソロモン諸島領内に越境

1993			小規模島嶼諸国サミット会議開催
	E		メラネシアン・スピアヘッド・グループの年次会議で，自由貿易協定を採択，調印
	I	***11***-*9*	パラオで8回目の住民投票実施。その結果，自由連合協定の調印を承認
	P		ハワイ，アメリカ連邦議会から国際法上違法な国家転覆と併合に対して謝罪を獲得
1994	E		メラネシアン・スピアヘッド・グループの年次会議で，グループ諸国内のビザ廃止
	A	***1***-*1*	先住民土地権原法の成立
	I	***10***-*1*	パラオ共和国が独立
	N		ワイタンギ審判所の裁定によりワイカトのタイヌイに対する補償合意
1995			イギリスが南太平洋委員会から脱退
	E		パプアニューギニアとソロモン諸島，両国関係を定めた枠組み条約に調印
	E		メラネシアン・スピアヘッド・グループの年次会議で，グループ諸国内の免税貿易と経済交流制度を設定。気候変動枠組み条約の締約国会議の開催
	A	***5***-*25*	ノーザンテリトリで安楽死法成立
	N		フランス核実験に対して国をあげての激しい抗議
	P		フランス政府，ムルロアとファンガタウファで核実験再開を宣言。近隣諸国反発
1996			フォーラム年次会議で経済改革と発展に関する特別声明の採択。包括的核実験禁止条約と南太平洋非核地帯条約付属議定書にフランス調印
		10	太平洋諸島センター，東京に開設
	E		パプアニューギニアとソロモン諸島が合同国境監視制度を設置。メラネシアン・スピアヘッド・グループのオブザーヴァーのフィジーが正式加盟国となる。メラネシアン・スピアヘッド・グループの年次会議で「2000年以後のメラネシア」採択
	P		フランス領ポリネシアにおける核実験終了
	A	***3***-*2*	総選挙で自由・国民党連合の大勝。環境裁判所設立
1997			小規模島嶼諸国サミットにマーシャル諸島が加盟。パプアニューギニアの拠出金によって，フォーラム内に，小規模島嶼諸国訓練基金が設置。小規模島嶼諸国サミット会議で，気候変動と海面上昇に関する声明を発表。京都において，第3回気候変動枠組み条約の締約国会議の開催。フォーラムがフォーラム経済閣僚会議を設置
		10	日本─南太平洋フォーラム首脳会議，東京にて開催
	A	***4***	ポーリン・ハンソンのワンネイション党結成
	N		ワイタンギ審判所の裁定により南島ンガイタフ・マオリに対する補償合意
	P	***8***	西サモアの国名をサモア独立国に改称
	E	***7***-*25*	フィジーが再び憲法を改正し，民族別の議員数指定を改正
1998	A	***2***-*2*	憲法制定協議会，共和制の是非を問う国民投票を決定
	N		小選挙区・比例代表併用制による最初の選挙実施

	E		ニューカレドニアで，フランス政府，FLNKS，共和国カレドニア連合(独立反対派)の3者間でヌメア協定が結ばれる。***11*** ニューカレドニアにおいて投票の結果，自治権付与を可決。パプアニューギニア政府とブーゲンヴィル島の間で和平交渉
1999			フォーラム年次会議で太平洋島嶼諸国間の自由貿易協定の締結が決定。小規模島嶼諸国開発基金の見直し。フォーラムが，フォーラム通商閣僚会議，フォーラム航空閣僚会議，フォーラム通信閣僚会議を設置。フォーラム，1年間の猶予後「太平洋島嶼フォーラム」へ名称変更を決定
	A	***11***-*6*	共和制をめぐる国民投票を実施
	E	***5***	フィジーでインド系の労働党が過半数を獲得し，初のインド系首相が誕生
2000		***4***	太平洋諸島首脳会議(PALM2000)
		10	南太平洋フォーラム，太平洋島嶼フォーラムに改称。フォーラム年次会議で，ビケタワ宣言採択
	A	***7***-*1*	消費税(GST)の導入。***9***-*15* シドニー・オリンピック開幕
	E	***5***	フィジー系武装勢力がクーデタ，インド系内閣を倒閣。現行憲法の廃棄が決定
2001	N		空軍戦闘部隊解散，後方支援部隊に移行
	E	***8***	パプアニューギニア政府，ブーゲンヴィル革命軍と平和協定を結ぶ
2002	A	***10***-*12*	インドネシアのバリ島のディスコで爆弾テロが発生。オーストラリア人死者は約100人に
	P		リンダ・リングル，初めての女性かつ共和党ハワイ州知事に就任
2003		***5***	太平洋諸島首脳会議(PALM2003)
		6	フォーラム外相会議，オーストラリア主導によるソロモン諸島への地域的武力介入を承認
	N		「最高裁判所法」制定
	A	***3***-*20*	オーストラリア軍，米英軍とともにイラクに対する第1次攻撃に参加。***7***-*28* シンガポールとの間の自由貿易協定，施行
	M	***12***	米国大統領がミクロネシア連邦・マーシャル諸島共和国との「改定自由連合盟約」に署名
2004	N		海浜・海底の所有権を求めてマオリ土地行進。「海浜・海底法」制定。***1***-*1* 最高裁判所発足
	A	***1***-*15*	アデレード－ダーウィン間の最初の貨物列車が出発
	E	***7***	ソロモン諸島への地域的武力介入実施，ソロモン諸島地域支援ミッション(RAMSI)駐留開始
	I	***5***	ミクロネシア連邦，2023年までの20年間，米国が引き続き財政援助をおこなう「改定自由連合盟約」の発効。***10*** マーシャル諸島共和国，2023年までの20年間，米国が引き続き財政援助をおこなう「改定自由連合盟約」の発効
	A	***11***-*24*	クィーンズランドのパーム・アイランドで先住民の暴動が発生
2005			フォーラム，パシフィック・プラン採択
	E	***6***	ブーゲンヴィル自治領で初の大統領選挙。元ブーゲンヴィル革命軍の

			ジョセフ・カブイが大統領に選出される
	A	***12***	シドニー郊外のクロナラで人種暴動発生
2006	N		手話を公用語に認定
		5	太平洋諸島首脳会議(PALM2006)
	P	***9***-*10*	トンガ王タウファアハウ・ツポウ4世没。***11*** トンガの首都ヌクアロファで暴動発生。戒厳令
	E	***12***	フィジーでクーデタ
	I		グアム，在日米軍再編成にともない沖縄駐屯アメリカ海兵隊が2014年までにグアム移転することに決定
2007	P	***5***-*11*	サモア独立国終身元首マリエトア・タヌマフィリ2世没。***6***-*20* ツイアツア・ツプア・タマセセ・エフィ，サモア独立国元首に就任
	A	***11***-*24*	総選挙で11年ぶりに労働党が勝利
2008	A	***2***-*13*	首相ケヴィン・ラッド，先住民の「盗まれた世代」に対し公式の謝罪

■ 参考文献

Ⅰ　オセアニア史全般に関するもの

⑴　石川栄吉編『オセアニア世界の伝統と変貌』(民族の世界史14) 山川出版社　1987

⑵　北大路弘信・北大路百合子『オセアニア現代史――オーストラリア・太平洋諸島』山川出版社　1982

⑶　佐藤幸男編『世界史のなかの太平洋』国際書院　1998

⑷　春日直樹編『オセアニア・オリエンタリズム』世界思想社　1999

⑸　吉岡政徳・林勲男編『オセアニア近代史の人類学的研究――接触と変貌，住民と国家』(国立民族学博物館研究報告別冊) 国立民族学博物館　2000

⑹　マーシャル・サーリンズ，山本真鳥訳『歴史の島々』法政大学出版局　1993

⑺　石川栄吉監修，大塚柳太郎・片山一道・印東道子編『オセアニア１　島嶼に生きる――はじめて海を渡った人びと』東京大学出版会　1993

⑻　石川栄吉監修，須藤健一・秋道智彌・崎山理編『オセアニア２　伝統に生きる――海と島を舞台にした人びと』東京大学出版会　1993

⑼　石川栄吉監修，清水昭俊・吉岡政徳編『オセアニア３　近代に生きる――ビッグマン制から「近代」国家へ』東京大学出版会　1993

⑽　ロズリン・ポイニャント，豊田由貴夫訳『オセアニア神話』青土社　1993

⑾　石川栄吉・越智道雄・小林泉・百々佑利子『オセアニアを知る事典』平凡社　1990

⑿　Douglas L. Oliver, *The Pacific Islands,* 3rd ed., University of Hawai'i Press, 1989.

⒀　I.C. Campbell, *A History of the Pacific Islands,* Berkeley: University of California Press, 1989.

⒁　Donald Denoon et al. (eds.), *The Cambridge History of the Pacific Islanders,* Cambridge University Press, 1997.

⒂　Deryck Scarr, *The History of the Pacific Islands. Kingdoms of the*

Reefs, South Melbourne: Macmillan Australia, 1990.
(16) Douglas L. Oliver, *Oceania: The Native Cultures of Australia and the Pacific Islands,* 2 vols., Univesity of Hawai'i Press, 1989.
(17) Aletta Biersack (ed.), *Clio in Oceania: Toward a Historical Anthropology,* Washington: Smithsonian Institution Press, 1991.
(18) Jukka Siikala (ed.), *Culture and History in the Pacific,* Helsinki: Finnish Anthropology Society, 1990.
(19) Jocelyn Linnekin and Lin Poyer, *Cultural Identity and Ethnicity in the Pacific,* University of Hawai'i Press, 1990.
(20) James W. Davidson and Deryck Scarr (eds.), *Pacific Islands Portraits,* Wellington: A.H. and A.W. Reed, 1976.
(21) Nicholas Thomas, *Engtangled Objects: Exchange, Material Culture, and Colonialism in the Pacific,* Cambridge, Mass. : Harvard University Press, 1991.
(22) Herbert Barringer, Robert W. Gardner and Michael J. Levin, *Asians and Pacific Islanders in the United States: The Population of the United States in the 1980s,* A Census Monograph Series, New York: Russell Sage Foundation, 1993.

(1)と(2)は，本書に先立つオセアニア史。(2)はオーストラリア史の比重が高く，太平洋諸島の部分は相対的に小さい。以下，オセアニア全体に言及しているものを取り上げているが，オーストラリアに関する記述が含まれているものはほとんどない。オーストラリアについては，第3章の参考文献を利用していただきたい。(3)は現代史・国際関係論，(4)は主として文化人類学，(5)はさまざまな分野の最新理論の論集。(6)は構造主義的歴史人類学の理論に基づいて，ハワイ，フィジー，マオリ，アフリカの西欧との文化接触時代の研究。(7)～(9)は日本オセアニア学会創立15周年記念論文集で，生態学，考古学，言語学，民族学，人類学，文化人類学の論集。(10)オセアニア各地の神話伝承。オセアニア美術の写真を口絵として多く用いている。(12)～(15)は定番のオセアニア史概論。(16)はオセアニアの接触前の文化を復元する試み。(17)～(19)は最新のオセアニア史の理論家による論集。(20)は太平洋史の伝記ハイライトで楽しく読める。(21)は植民地主義を介しての現地社会と欧米社会との相互作用に関する最新の理論。(22)はアメリカの太平洋移民のセンサスによる分析。

II　各章に関するもの

第１章　先史時代のオセアニア

⑴　大塚柳太郎編『南太平洋との出会い』（モンゴロイドの地球２）東京大学出版会　1995

⑵　科学朝日編『モンゴロイドの道』（朝日選書523）朝日新聞社　1995

⑶　P. ベルウッド，植木武・服部研二訳『太平洋――東南アジアとオセアニアの人類史』法政大学出版局　1989

⑷　高山純・甲斐山佳子『珊瑚島の考古学』大明堂　1993

⑸　近森正『珊瑚礁の民族考古学』雄山閣　1988

⑹　片山一道『ポリネシア人』同朋舎出版　1991

⑺　Peter Bellwood, *Man's Conquest of the Pacific: The Prehistory of Southeast Asia and Oceania,* Auckland: Collins, 1978.

⑻　John Terrell, *Prehistory in the Pacific Islands,* Cambridge University Press, 1986.

⑼　Geoffrey Irwin, *The Prehistoric Exploration and Colonisation of the Pacific,* Cambridge University Press, 1992.

⑽　Patrick V. Kirch, *On the Road of the Winds. An Archaeological History of the Pacific Islands before European Contact,* Berkeley, Los Angeles, London: University of California Press, 2000.

⑾　A.V.S. Hill and S.W. Serjeantson (eds.), *The Colonization of the Pacific: A Genetic Trail,* Oxford: Clarendon Press, 1989.

⑿　Jesse D. Jennings (ed.), *The Prehistory of Polynesia,* Harvard University Press, 1979.

⒀　Patrick V. Kirch, *The Lapita Peoples. The Peoples of South-East Asia and the Pacific,* Cambridge, Mass. : Blackwell Publishers, 1997.

⒁　Patrick V. Kirch, *The Evolution of the Polynesian Chiefdoms,* London: Cambridge University Press, 1984.

⒂　Matthew Spriggs, *The Island Melanesians,* Cambridge: Blackwell Publishers, 1997.

⒃　J. Peter White and James F. O'connell, *A Prehistory of Australia, New Guinea and Sahul,* Sydney: Academic Press, 1982.

⒄　Patrick V. Kirch, *Feathered Gods and Fishhooks: An Introduction to Hawaiian Archaeology and Prehistory,* University of Hawaii Press,

1985.
(18) Barry V. Rolett, *Hanamiai: Prehistoric Colonization and Cultural Change in the Marquesas Islands,* Yale University Publications in Anthropology and the Peabody Museum, New Haven: Yale University, 1998.
(19) Janet Davidson, *The Prehistory of New Zealand,* Auckland: Longman Paul, 1984.
(20) Doug G. Sutton (ed.), *The Origins of the First New Zealanders,* Auckland University Press, 1994.
(21) Nigel Prickett (ed.), *The First Thousand Years: Regional Perspectives in New Zealand Archaeology,* New Zealand Archaeological Association Monograph 13, Palmerston North: The Dunmore Press, 1982.

オセアニアの先史学関連の日本語文献は非常に少ない。オセアニアへの人類の移動が大局的につかめるのは(1)と(2)である。また，オセアニアの考古学をかなり具体的な資料を用いて概観したものは(3)で(7)の翻訳である。(4)(5)は日本人による調査を元にした地域的な先史文化研究である。(6)は形質人類学からみたポリネシア集団についての考察で，ポリネシアまでの移動などについてもふれられている。

英文文献は，最近とくにたくさん出版されているが，ここに紹介したものは，比較的大きな出版社のものなので，入手しやすい。ただし，考古学という学問，古くなった発掘資料をもとにして書かれていると，年代の解釈が新しく変わり，絶版にされてしまうものも多い。(7)〜(10)はオセアニアの先史文化，とくに(10)はもっとも新しい成果を総合的に記述した大部のもので，図版類も充実している。(11)は遺伝研究者と考古学研究者とが共同でオセアニアの人類集団の起源を探ったもの，(12)は1979年当時のポリネシア考古学成果を島ごとにまとめたもの，(13)はラピタ集団，ラピタ文化などを総合的に扱った好書，(14)はポリネシアにおける階層社会の発展に焦点を当てたもの，(15)(16)はメラネシア全般の考古学および歴史を扱ったものである。

(17)以降は特定の島を扱ったもので，(17)はハワイ，(18)はマルケサス，(19)〜(21)はニュージーランドである。

第2章　ヨーロッパ人の太平洋探検

(1) ダンピア，平野敬一訳『最新世界周航記』(17・18世紀大旅行記叢書

1）岩波書店　1992
⑵　ブーガンヴィル，山本淳一訳『世界周航記』（17・18世紀大旅行記叢書２）岩波書店　1990
⑶　クック，増田義郎訳『太平洋探検』上・下（17・18世紀大旅行記叢書３，４）岩波書店　1994
⑷　ラ・ペルーズ，小林忠雄訳『世界周航記――日本近海編』白水社　1988
⑸　ジョン・バロウ編，荒正人・植松みどり訳『キャプテン・クック』（大航海者の世界Ⅵ）原書房　1992
⑹　J. C. ビーグルホール，佐藤皓三訳『キャプテン・ジェイムズ・クックの生涯』成山堂書店　1998
⑺　Philip Edwards (ed.), *The Journal of Captain Cook,* London: Penguin Books, 1999.
⑻　J. C. Beaglehole, *The Exploration of the Pacific,* 3rd ed., London: Adam & Charles Black, 1966.
⑼　Andrew Sharp, *The Discovery of the Pacific Islands,* Oxford at the Clarendon Press, 1960.
⑽　Lynne Withey, *Voyages of Discovery: Captain Cook and the Exploration of the Pacific,* Berkeley and Los Angeles: University of California Press, 1989.
⑾　Glyndwr Williams, *The Great South Sea. English Voyages and Encounters 1570-1750,* New Haven and London: Yale University Press, 1997.
⑿　R. T. Gould, *Captain Cook,* London: Duckworth, 1978.
⒀　Richard Hough, *Captain James Cook: A Biography,* New York and London: W.W. Norton & Co.,1995.
⒁　Margarette Lincoln (ed.), *Science and Exploration in the Pacific. European Voyages to the Southern Ocean in the 18th Century,* The Boydell Press in association with the National Maritime Museum, 1998.
⒂　O. H. R. Spate, *The Spanish Lake: The Pacific since Magellan,* Vol.Ⅰ, London: Croom Helm, 1979.
⒃　O. H. R. Spate, *Monopolists and Freebooters: The Pacific since Magellan,* Vol.Ⅱ, London and Canberra: Croom Helm, 1983.

⒄　O. H. R. Spate, *Paradise Found and Lost. The Pacific since Magellan,* Vol.III, London: Routledge, 1988.
⒅　Jacques Brosse, *Tours du monde des explorateurs: Les Grands Voyages maritimes,* Paris: Bordas, 1983.
⒆　Philip Snow and Stefanie Waine, *The People from the Horizon: An Illustraited History of the Europeans among the South Sea Islanders,* Oxford: Phaidon Press, 1989.

⑴から⑷までは，17，18世紀の航海者の記録を翻訳したもの。⑸はクックの3回の航海を，彼の航海日誌をもとに要約している。⑹はクックの全航海記録の編集者である，ビーグルホールが遺著として残したクックの伝記の決定版。原著は，J. C. Beaglehole, *The Life of Captain James Cook,* Stanford University Press, 1974. ⑺はビーグルホールが編纂したクックの3回にわたる航海の日誌を1巻に編纂したもの。ビーグルホール編のもとの4巻本は現在手に入りにくい。ダンピアの現代版はDampier,William, *A New Voyage Round the World: The Journal of an English Buccaneer,* London: Hummingbird Press, 1998.，ブーゲンヴィルの航海記はLouis-Antoine de Bougainville, *Voyage autour du monde,* Paris: Gallimard, 1982. で読むことができる。⑻は初版が1934年に出たが，いまだに標準的な太平洋探検史。⑼は航海者別に発見した島を整理している点が便利。⑽はクックが登場するまでのヨーロッパ諸国の太平洋への関心を詳しく説明し，クックの航海の歴史的意味を明らかにした好著。⑾はクックが出るまでのイギリス人の航海を詳述している。⑿⒀は簡潔なクックの伝記。⒁は18世紀の科学的探検航海に関する専門家の論集。⒂〜⒄はオーストラリアの歴史学者による浩瀚な太平洋探検史で，マゼランの航海から19世紀初めまでを扱う。⒅はクック以後，19世紀初めまでの太平洋探検航海を扱う。フランス人の著者なので，フランス人の活動に目が配られている。⒆は太平洋地域でイギリスの行政官として14年をすごした著者が，16世紀以来のヨーロッパ人と太平洋の住民の関係について詳細に述べている。⒅とともに，挿図が多数入っているのが特色。

第3章　オーストラリア史

⑴　鈴木清史『アボリジニー』明石書店　1986
⑵　ジェフリー・ブレイニー，越智道雄・高野真知子訳『アボリジナル——オーストラリアに生きた先住民の知恵』サイマル出版会　1984

(3) 青柳清孝・松山利夫編『先住民と都市』青木書店 1999

(4) 琴野孝編『オーストラリア経済の形成過程』アジア経済研究所 1973

(5) コリン・フォースター編，琴野孝監訳『20世紀のオーストラリア経済』紀伊国屋書店 1977

(6) 藤川隆男 「オーストラリア女性史の発展と展望」『西洋史学』187号 1997

(7) ミリアム・ディクソン，加藤愛子訳『オーストラリア女性哀史』勁草書房 1986

(8) 関根政美『マルチカルチュラル・オーストラリア』成文堂 1989

(9) ジェフリー・シェリントン，加茂恵津子訳『オーストラリアの移民』勁草書房 1985

(10) 藤川隆男「オーストラリアにおけるアイルランド系移民」『岩波講座 世界の歴史19――移動と移民』岩波書店 1999

(11) 藤川隆男「オーストラリアへの移民」『近代ヨーロッパの探求１ 移民』ミネルヴァ書房 1998

(12) 藤川隆男「人口論・移民・帝国」『新帝国の開花』研究社 1996

(13) 藤川隆男「白豪主義の神話」谷川稔他『規範としての文化』平凡社 1990

(14) 藤川隆男『オーストラリア歴史の旅』(朝日選書407) 朝日新聞社 1990

(15) Stuart Macintyre, *A Concise History of Australia,* Cambridge University Press, 1999.

(16) Geoffrey Bolton (ed.), *The Oxford History of Australia,* vol.2-5, Oxford University Press, 1986-.

(17) *Australians,* 10 vols, Sydney: Fairfax, Syme & Weldon Associates, 1987.

(18) *The Encyclopaedia of Aboriginal Australia,* 2 vols, Canberra: Aboriginal Studies Press, 1994.

(19) *Australian Dictionary of Biography,* vol.1-, Melbourne University Press, 1966-.

(20) Jeffrey Grey, *A Military History of Australia,* Cambridge University Press, 1990.

(21) Stephen Pyne, *Burning Bush: A Fire History of Australia,* Sydney: Allen & Unwin, 1992.

(22) Ged Martin (ed.), *The Founding of Australia,* Sydney: Hale & Iremonger, 1978.
(23) Ken Inglis, *The Australian Colonists,* Melbourne University Press, 1974.
(24) Bain Attwood, *The Making of the Aborigines,* Sydney: Allen & Unwin, 1988.
(25) Ann McGrath, *Born in the Cattle,* Sydney: Allen & Unwin, 1987.
(26) Graeme Davison, *The Rise and Fall of Marvellous Melbourne,* Melbourne University Press, 1978.
(27) Sean Brawley, *The White Peril,* University of New South Wales Press, 1995.
(28) Janet McCalman, *Struggletown,* Melbourne University Press, 1984.
(29) Janet McCalman, *Journeyings,* Melbourne University Press, 1993.
(30) David Meredith and Barrie Dyster, *Australia in the Global Economy,* Cambridge University Press, 1999.
(31) Stephen Nicholas, *Convict Worker,* Cambridge University Press, 1988.
(32) http://bun45.let.osaka-u.ac.jp/dict/index.html

オーストラリアを扱った日本語の通史はいくつかあるが，翻訳の場合は誤訳が多く，日本人が書いたものには基本的な誤りが見られるので，参考図書として安易に勧めることはできない。英語文献のもっとも手軽で最新の通史は(15)であり，より詳しい知識が必要であれば(16)を利用すればよい。(17)(18)(19)は，オーストラリア史の研究に必要な最小限のツールである。

個々の分野では，日本でも研究の進展はあり，アボリジナルの通史では(1)(2)を利用でき，都市化した先住民については(3)が詳しい。(4)(5)は20世紀経済史の文献であるが，この他にベームの翻訳などもある。ただし，オーストラリア経済史を代表する歴史家，ノエル・バトランの研究は十分に紹介されていない。女性史の研究動向は(6)に詳しい。(7)はオーストラリア女性史の古典的な著作であるが，誤訳が多い。(8)は多文化主義を全体的に展望しており，(9)は移民史の概説である。(10)は主にアイルランド系の入植者を扱い，(11)は女性移民を扱った研究であるが，移民全般についても参考になる。(12)はウェークフィールドと組織的植民について扱っており，(13)では白豪主義に関する主要な研究文献を参照することができる。(14)はオーストラリア社会史のいろいろな分野を扱っており，オーストラリアの社会を理

解するのに役に立つ。

⒇は軍事史の代表的な概説であり，改訂版が最近出版されている。㉑は最近注目されつつある環境史の研究を代表する研究の一つである。㉒はオーストラリアの植民の原因に関する論争を史料とともにまとめた，基本的な研究である。ただし，最近の研究動向を知ることはできない。㉓はオーストラリア社会史のもっとも優れた研究である。イングリスは公営放送Australian Broadcasting Corporationの研究もしており，放送の研究では必ず参照すべき研究者である。㉔はアボリジナリティの形成におけるヨーロッパ人の影響を強調した研究であり，㉕はアボリジナルの独自性を強調したところに特色がある。㉔㉕は先住民史研究では必読の書である。㉖はオーストラリアの都市史を代表する研究者の著作であり，19世紀後半のオーストラリア都市を理解するには必読の書である。㉗は⒀以降の白豪主義や移民制限に関する研究の動向を知るうえで参考になる。㉘㉙はオーラル・ヒストリーの手法を使った代表的な研究であり，前者はメルボルンの労働者の町を後者は中産階級の町を取り上げた研究である。㉚は，オーストラリア経済史の概説としてはもっとも高い水準にある。最近はオーストラリアの経済史自体が低調であり，見るべきものは囚人経済に関する研究くらいである。その代表的なものは㉛であり，囚人労働や囚人経済に対する，ロブソンやショウの古典的な見解に対して修正を迫った研究である。その後，女性の囚人労働に関する研究にも進展がみられる。㉜はオーストラリア研究者あるいは，オーストラリアについて学びたいと思う人のためのウェブ･サイトであり，年表，歴史・地名・人名辞典，概説の講義などを2001年１月１日から正式開設のために準備中である。現在テスト中であり，一部利用できる。

第４章　ニュージーランド史

⑴　ニュージーランド学会編『ニュージーランド百科事典』春風社　2007
⑵　キース・シンクレア，青木公・百々佑利子訳『ニュージーランド史』評論社　1982
⑶　地引嘉博『現代ニュージーランド増補版』サイマル出版会　1991
⑷　青柳まちこ編『もっと知りたいニュージーランド』弘文堂　1997
⑸　青柳まちこ編『ニュージーランドを知るための63章』明石書店　2008
⑹　日本ニュージーランド学会編『ニュージーランド入門』慶應義塾大学出版会　1998

(7)　小松隆二『ニュージーランド社会誌』論創社　1996
(8)　内藤暁子「ニュージーランド，マオリ,キンギタンガの変遷と問題点」『史苑』49－1　1989
(9)　青柳まちこ「彼らは如何にしてラタナ教徒となりしか」『社会人類学年報』19　1989
(10)　内藤暁子「未来への指針」『国立民族学博物館研究報告別冊』21　2000
(11)　スチュアート・スコット，由比濱省吾訳『ニュージーランドの苦悩』私家版　1998.
(12)　W. Geoffrey Rice, *The Oxford History of New Zealand,* 2nd ed., Auckland: Oxford University Press, 1992.
(13)　Keith Sinclair (ed.), *The Oxford Illustrated History of New Zealand,* 2nd ed., Auckland: Oxford University Press, 1997.
(14)　Judith Bassett, Keith Sinclair & Marcia Stenson, *The Story of New Zealand,* Auckland: Reed, 1998.
(15)　Judith Binney, Judith Bassett and Erik Olssen, *The People and the Land,* Wellington: Bridget Williams Books Ltd., 1995.
(16)　Marcia Stenson and Erik Olssen, *A Century of Change,* 2nd ed., Auckland: Addison Wesley Longman New Zealand Ltd., 1997.
(17)　Elsie Locke, *Two Peoples One Land: A History of Aotearoa/New Zealand,* 2nd edition, G.P. Publications Ltd, 1992.
(18)　Laurie Barker, *New Zealand: A Short History,* Century Hutchinson, 1989.
(19)　James Belich, *Making Peoples,* Auckland: Allen Lane, The Penguin Press, 1996.
(20)　William Pember Reeves, *The Long White Cloud (1924)*, Senete, 1998.
(21)　Patricia Burns, *Fatal Success*, Auckland: Heinemann Reed, 1989.
(22)　Keith Jackson and McRobie Alan, *Historical Dictionary of New Zealand,* Addison Wesley Longman New Zealand Ltd., 1996.

日本語によって記述されたニュージーランド史は皆無である。(1)はニュージーランド学会編のニュージーランドについての百科事典で総合的にニュージーランドの事項を取り扱っているが，歴史部門も詳しい。(2)は歴史家として名高いキース・シンクレアの代表的著作(*A History of New*

Zealand, ペンギン・ブックス)からの翻訳であるが，完訳ではなく，原著の記述も難解である。(3)はニュージーランドの歴史で活躍した10人を取り上げ，その歴史的背景と業績について記述されたもので理解しやすい。(4)(5)(6)はともに複数の著者による，マオリ文化から現代の生活全般にわたるニュージーランド紹介であるが，歴史的記述という点では(4)(5)が充実している。(7)は社会福祉を中心に記述したものである。(8)は1858年から今日まで続いているマオリ王家の歴史とその果たした役割について記述しており，(9)は今世紀初め病気治療によって多くの信者を集め，のちに政治活動に転じたラタナの宗教活動について論じている。(10)(11)はワイタンギ条約とワイタンギ審判所に関するもので，(10)はマオリの復権運動に用いられているワイタンギ条約の条文の解釈について，(11)は *Travesty of Waitangi* および *Travesty after Travesty* の翻訳で，マオリによってワイタンギ審判所に申し立てられる苦情をヨーロッパ系住民の目からやや皮肉に眺めた記述である。

以下は英文による参考書である。(12)は22人の専門家によって記述された700ページを超える網羅的なニュージーランド史である。(13)はシンクレア編による写真入の歴史書で15人が寄稿している。(14)はとくに初心者を対象としたわかりやすい歴史書で，写真も豊富に組み込まれておりニュージーランド史入門としてもっとも適当であろう。(15)も1820～1920年を扱った写真の豊富な読みやすい歴史書である。(16)は1800年から1900年までの100年間についての記述であり，写真と章ごとに付せられた年表が便利である。(17)(18)も年代順に記された読みやすい歴史書である。(19)は先住民マオリとヨーロッパ系住民が互いに交渉をもつなかでそれぞれ二つの民族として相対するようになっていく過程を論じた専門書である。(20)は第１次自由党内閣の労働大臣であったリーヴスによって1924年に出版された同時代的な歴史書，(21)はニュージーランド会社の成立とその計画に応じた移住者についての研究書である。(22)は歴史的事項，歴史的人名を取り上げ簡便に解説してある事典で，ニュージーランド史研究者には必須のものであろう。

第５章　メラネシア史

(1)　J. グリフィン，H. ネルソン，S. ファース，沖田外喜治訳『パプア・ニューギニア独立前史』未来社　1994
(2)　J. ホワイト他，小柏葉子監訳『ビッグ・デス――ソロモン人が回想する第二次世界大戦』現代資料出版　1999

(3)　P. ワースレイ，吉田正紀訳『千年王国と未開社会——メラネシアのカーゴ・カルト運動』紀伊國屋書店　1981

(4)　ジョナサン・フィフィイ，ロジャー・キージング，関根久雄訳『豚泥棒から国会議員へ』中山書店　1994

(5)　A.M. キキ，近森正訳『キキ自伝——未開と文明のはざまで』学生社　1978

(6)　ロジャー・キージング，青柳まちこ監訳『マライタのエロタ老人』ＨＢＪ出版局　1985

(7)　秋道智彌・関根久雄・田井竜一編『ソロモン諸島の生活誌——文化・歴史・社会』明石書店　1996

(8)　J. Griffin, H. Nelson and S. Firth, *Papua New Guinea: A Political History,* Heinemann Educational Australia, 1979.

(9)　J. D. Waiko, *A Short History of Papua New Guinea,* Oxford University Press, 1993.

(10)　J. L. Whittaker, N. G. Gash, J. F. Hookey and R. J. Lagey, *Documents and Readings in New Guinea History: Prehistory to 1889,* Milton, The Jacaranda Press, 1975.

(11)　N. Gash and J. Whittaker, *A Pictorial History of New Guinea,* Milton, The Jacaranda Press, 1975.

(12)　D. Shineberg, *They Came for Sandalwood: A Study of the Sandalwood Trade in the South West Pacific 1830-1865,* Melbourne University Press, 1967.

(13)　P. Worsley, *The Trumpet Shall Sound: a Study of 'Cargo' Cults in Melanesia,* 2nd augmented edition, New York: Schocken Books, 1968.

(14)　P. Lawrence, *Road Belong Cargo,* Melbourne University Press, 1964.

(15)　K. Burridge, *Mambu: A study of Melanesian Cargo Movements and Their Ideological Background,* New York: Harper, 1960.

(16)　Hank Nelson, *Taim Bilong Masta: The Australian Involvement with Papua New Guinea,* Sydney: Australian Broadcasting Commission, 1982.

(17)　B. Connolly and R. Anderson, *First Contact: New Guinea's Highlanders Encounter the Outside World,* Penguin Books, 1988.

(18)　D. Scarr, *Fiji: A Short History,* Sydney: George Allen & Unwin

Australia Pty Ltd., 1984.
(19) H. Wagner and H. Reiner, *The Lutheran Church in Papua New Guinea: The First Hundred Yearas 1886-1986,* Adelaide: Lutheran Publishing House, 1986.

オセアニア地域の歴史を扱った日本語文献は数少ないが，そのなかでもメラネシア地域は特に少ない。本格的に学ぼうとすると外国語文献に頼らざるをえない。(1)はパプアニューギニアに関する通史である(8)の半分弱を訳したもの。日本語によるメラネシア史の文献は非常に少ないのでその意味では貴重だが，訳文がわかりにくい。(2)は副題にあるように，ソロモン諸島の住民が第二次世界大戦を回想したものであるが，戦闘だけでなく，沿岸警備や戦争のための労働など，さまざまな立場で戦争に関わった経験が語られている。(3)はカーゴ・カルトを対象にした(13)の日本語訳。歴史的にも地理的にも広範囲な運動を扱っており，カーゴ・カルトの概略を知るには便利である。ただし，原著の第2版に新たに追加された理論的考察の部分は訳出されていない。(4)～(6)はメラネシア地域の住民の自伝や伝記である。歴史に関する文献が少なく，文字史料が少ないメラネシア地域では，自伝や伝記が重要な歴史資料となる。(4)はソロモン諸島の住民のライフ・ヒストリーであるが，ソロモン諸島が西洋と接触をしはじめてから独立を果たし，その後のさまざまな問題に直面する様子を，現地住民の視点から示したものである。類書のなかでも記述が詳しく，ソロモン諸島の重要な歴史的事件に直接関わった人物の記録だけに，価値が大きい。(5)はパプアニューギニアの独立に関わり，副総裁兼外務大臣を務めた人物の自伝。(6)はソロモン諸島の伝統的なリーダーである人物のライフ・ヒストリーを人類学者が編集したもの。(7)はソロモン諸島に関する網羅的な解説書。歴史に関する記述が中心ではないが，類書が少ないという点で貴重である。

以下は英語文献であり，入手は必ずしも容易ではない。(8)は古代から現代までのパプアニューギニアの歴史を扱っており，地域がニューギニア地域に限定されるが，メラネシア地域の歴史に関する図書では，もっとも網羅的なものである。(9)はパプアニューギニア人の研究者による自国の通史。(8)ほど網羅的ではないが，視点の立て方がユニークであり，現代史が比較的詳しい。(10)は古代から19世紀までのニューギニア地域の史料を集め，それに解説を加えたもの。約350余りの史料を時代別，項目別に整理して，それに解説をつけてあり，本格的な歴史研究の糸口となりうる書。(11)は(10)の写真版とでもいうべき性格のもので，古代から第二次世界大戦後までの

ニューギニア地域の歴史を，680の写真と図によって示したものである。これもそれぞれに簡単な解説がついており，貴重である。⑿は白檀を求めたヨーロッパ人の交易活動を，特にニューカレドニアとニューヘブリデス諸島に焦点を当てて記録したもの。⒀はカーゴ・カルトを総合的に扱った書で，すでに古典になりつつある。ただし，カーゴ・カルトを民族主義的な運動の初期形態としている点については議論がある。また，カーゴ・カルトの実証的な研究としては，⒁⒂が参考になる。両書とも，人類学者によるニューギニア北岸地域での現地調査の成果である。⒃はオーストラリアがパプアニューギニアにいかに関わったかについて，オーストラリア人の視点から記述したもの。19世紀後半から現代にいたるまでの時代が，多くのオーストラリア人のインタビューによりドキュメンタリー風にまとめられている。⒄は1930年代，新しい金鉱を求めてニューギニア内陸部へ探検に行ったオーストラリア人たちの記録。高地の現地住民が初めて「白人」と接触したときの様子が示されている。同名のドキュメンタリー・ビデオもあり，こちらも参考になる。⒅はフィジーの通史。フィジーに人が住み始めた時から，1980年代までの歴史が描かれている。⒆はニューギニア地域においてルター派が布教活動を行った100年間の歴史を，ミッションの所有している史料やミッション関係者のインタビューによって再現したもの。特定の宗派に限定されるが，キリスト教布教の様子を知ることができる。

第6章　ポリネシア史

⑴　ピーター・バック，鈴木満男訳『偉大なる航海者たち』社会思想社　1967

⑵　藪内芳彦『ポリネシア——家族・土地・住居』泰明堂　1967

⑶　山中速人『イメージの〈楽園〉——観光ハワイの文化史』筑摩書房　1992

⑷　山中速人『ハワイ』岩波新書　1993

⑸　中嶋弓子『ハワイ・さまよえる楽園——民族と国家の衝突』東京書籍　1993

⑹　後藤明『ハワイ・南太平洋の神話——海と太陽，そして虹のメッセージ』（中公新書）中央公論社　1997

⑺　青柳まちこ『トンガの文化と社会』三一書房　1991

⑻　杉本尚次『西サモアと日本人酋長——村落調査記1965-1980』古今書

院　1982
(9) 山本泰・山本真鳥『儀礼としての経済――サモア社会の贈与・権力・セクシュアリティ』弘文堂　1996
(10) Antony Hooper and Judith Huntsman, *Transformation of Polynesian Culture,* Auckland: The Polynesian Society, 1985.
(11) Marshall Sahlins, *The Social Stratification of Polynesia,* Seattle: University of Washington Press, 1958.
(12) Irving Goldman, *Ancient Polynesian Society,* University of Chicago Press, 1970.
(13) Ralph S. Kuykendall, *The Hawaiian Kingdom,* 3 vols., University of Hawaii Press, 1938, 1956, 1973.
(14) S.M. Kamakau, *Ruling Chiefs of Hawaii,* Honolulu: The Kamehameha School Press, 1961.
(15) Marshall Sahlins and Patrick V. Kirch, *Anahulu: The Anthropology of History in the Kingdom of Hawaii,* 2 vols, University of Chicago Press, 1992.
(16) Jocelyn Linnekin, *Sacred Queens and Women of Consequence: Rank, Gender, and Colonialism in the Hawaiian Islands,* Ann Arbor: The University of Michigan Press, 1990.
(17) Elizabeth Buck, *Paradise Remade: The Politics of Culture and History in Hawaii,* Philadelphia: Temple University Press, 1993.
(18) I. C. Campbell, *Island Kingdom: Tonga Ancient & Modern,* Christchurch: Canterbury University Press, 1992.
(19) J. W. Davidson, *Samoa mo Samoa : The Emergence of the Independent State of Western Samoa,* Melbourne : Oxford University Press, 1967.
(20) Malama Meleisea, *The Making of Modern Samoa : Traditional Authority and Colonial Administration in the Modern History of Western Samoa,* Suva : Institute for Pacific Studies, USP, 1987.
(21) Teuila Henry, *Ancient Tahiti,* Bernice Pauahi Bishop Museum Bulletin 48, Honolulu : Bishop Museum Press, 1928(1985).
(22) Colin Newbury, *Tahiti Nui : Change and Survival in French Polynesia 1767-1945,* University of Hawaii Press, 1980.

(1)はポリネシア文化史に関する古典の翻訳。バックは母がマオリ人の医

師で，20世紀前半にビショップ博物館を中心に調査活動に従事した。⑵はポリネシア社会の地理学的研究。⑶〜⑸ハワイ史の研究。⑶はハワイのイメージを中心にした社会史。⑸はハワイのユニークな成り立ちに着目。⑹は考古学者によるハワイとポリネシア文化論。⑺はトンガの文化人類学的研究。⑻は西サモアで長く調査を続ける著者が，フィールドの変化を丹念に追う。⑼は西サモアの文化人類学によるモノグラフ。交換システムと社会構造について。⑽は歴史人類学的にポリネシアの文化変容の過程を追う。⑾はポリネシアの社会階層文化を進化主義の立場から分析。⑿は同様に首長制の変容をこちらは文化史の立場から分析。⒀〜⒁はハワイ史の古典。⒀は西欧人の来島から王朝が崩壊するまで。⒁はハワイ人著者によるカメハメハ3世の崩御まで。⒂は著名な歴史人類学者と考古学者がハワイの歴史時代の遺跡(アフプアア)の考古学的分析，古文書の分析をつきあわせて成果を問う。⒃はジェンダー理論によるハワイの歴史人類学的研究。⒄は政治学者によるハワイ観光開発の分析で，日本語では⑶に相当するもの。⒅はトンガ王朝の歴史。古代から現在までが記述されており，一般書に相当する。⒆は西サモア独立の法制上のアドバイザーを務めた人の描いたサモア独立史。⒇は西サモア人による西サモア近代史。とりわけ，土地称号裁判所と首長制度の変容について。(21)はタヒチ人著者によるタヒチ古代社会の復元の試み。(22)はタヒチの西欧との接触から現代までを描く。

第7章　ミクロネシア史

⑴　小林泉『ミクロネシアの小さな国々』中央公論社　1981
⑵　斎藤達雄『ミクロネシア』すずさわ書店　1975
⑶　豊崎博光『マーシャル諸島核の世紀――1914〜2004』上・下　日本図書センター　2005
⑷　松岡静雄『ミクロネシア民族誌』岩波書店　1927(復刻版1943)
⑸　矢内原忠雄『南洋群島の研究』岩波書店　1935
⑹　南洋群島教育会『南洋群島教育史』1938
⑺　今西錦司(編著)『ポナペ島の研究――生態学的研究』講談社　1944(復刻版1975)
⑻　土方久功『土方久功著作集1　パラオの社会と生活』三一書房　1990
⑼　土方久功『土方久功著作集7　流木』三一書房　1992
⑽　須藤健一監修・倉田洋二・稲本博編『パラオ共和国――過去と現在そして21世紀へ』おりじん書房　2003

⑾ 野村進『海の果ての祖国』時事通信社 1987
⑿ マーク・ピーティ，浅野豊美訳『植民地――帝国50年の興亡』読売新聞社 1996
⒀ 川村湊『海を渡った日本語――植民地の「国語」の時間』青土社 1994
⒁ 小林泉『アメリカ秘密文書と信託統治の終焉』東信堂 1994
⒂ 遠藤央『政治空間としてのパラオ――島嶼の近代への社会人類学的アプローチ』世界思想社 2002
⒃ 島田興生『還らざる楽園――ビキニ被爆40年，核に蝕まれて』小学館 1994
⒄ 牛島巌『ヤップ島の社会と交換』弘文堂 1987
⒅ 須藤健一『母系社会の構造――サンゴ礁の島々の民族誌』紀伊国屋書店 1989
⒆ Mark R. Peattie, *Nan'yo: The Rise and Fall of the Japanese in Micronesia, 1885-1945,* University of Hawaii Press, 1988.
⒇ Francis X. Hezel, *Strangers in Their Own Land: A Century of Colonial Rule in the Caroline and Marshall Islands,* University of Hawaii Press, 1995.

ミクロネシアは無文字社会であったので，島の人々が自らの歴史を記述するようになるのは1980年代以降のことである。従って，我々がミクロネシアの歴史を知ることができるのは，この地域を支配した国々の言語，スペイン語，ドイツ語，日本語そしてアメリカ(英)語の文献を通してである。

⑴〜⑶は太平洋戦争後，アメリカ統治時代のミクロネシアの歴史，とくに⑶は原水爆の被爆者となったマーシャル諸島民の60年の体験を追っている。⑷〜⑹はスペイン，ドイツ統治から日本統治初期の植民地史と島社会の慣習や伝統についての記述である。⑷は海軍大佐として初代のポーンペイ守備隊長を務めた著者が，南洋群島の歴史と制度などについて記述した大著である。⑸は日本の南洋群島の島勢と植民地政策，⑹は教育制度についての詳細な記録である。⑺〜⑽は島の人々の生活を民族学的調査に基づいて記述した民族誌である。中でも⑼は７年間島の人々と生活をともにした著者が参与観察した日記である。⑽はパラオ日本統治時代を中心に現在の国家運営までの歴史を扱っている。⑾は1915年にサイパンに渡り，農場や商店を経営して成功をおさめるが，戦争で全財産を失い，日本に帰還した家族のライフヒストリーである。

⑿⒀は日本が統治した台湾，朝鮮，南洋，いわゆる「大東亜共栄圏」における日本の植民地経営について考察している。植民地政策や政治，社会，経済，教育などについての思想と実践にみられる地域ごとの差異や日本人の「異民族観」を明らかにしている。⒁⒂はアメリカの統治および軍事戦略構想，それに対するミクロネシア側の独立へ向けての地位交渉から国家建設にいたる紆余曲折の過程を扱っている。政治学の視点から，ミクロネシアの人々のアメリカに対する，したたかな対応ぶりを読みとることができる。⒃は原水爆実験の被爆者や強制移住された人々の現在の生活状況を明らかにしたルポルタージュである。⒄⒅は外国支配を経験した島の人々が，グローバルな社会・経済システムに巻き込まれながらも，自らの伝統に依拠した生活を求める姿を長期のフィールドワークによって描いている。独立前後の島社会の伝統と近代を知るうえで参考になる。

⒆⒇はアメリカの研究者の手によるミクロネシア史で，「中立的な歴史観」から外国支配の動態を論じている。⒆⑿は同じ著者で，日本語資料にも依拠して南洋群島統治の歴史を分析して日本の植民地思想を追求している。⒇の著者は，ミクロネシアで40年間布教活動に従事した神父で，スペイン時代から今日まで1世紀におよぶ植民地の歴史をミクロネシアの人々の言説を織り込んで記述している。

第8章　太平洋島嶼諸国関係と地域協力

⑴　三輪公忠，西野照太郎『オセアニア島嶼国と大国』彩流社　1990
⑵　熊谷圭知，塩田光喜編『マタンギ・パシフィカ――太平洋島嶼国の政治・経済変動』(研究双書444) アジア経済研究所　1994
⑶　小林泉『太平洋島嶼諸国論』東信堂　1994
⑷　佐藤幸男編『世界史の中の太平洋』(太平洋世界叢書1) 国際書院　1998
⑸　小柏葉子「南太平洋フォーラムの軌跡――多元化への道」百瀬宏編『下位地域協力と転換期国際関係』有信堂　1996
⑹　ロニー・アレキサンダー『大きな夢と小さな島々――太平洋島嶼国の非核化にみる新しい安全保障』国際書院　1992
⑺　小柏葉子「南太平洋フォーラム諸国の地域協力――南太平洋非核地帯条約成立をめぐって」『国際法外交雑誌』89-5　1990
⑻　小柏葉子「南太平洋フォーラムと核問題――南太平洋非核地帯条約調印後の展開」『広島平和科学』21号　1998

(9) 小柏葉子『太平洋島嶼と環境・資源』(太平洋世界叢書 4) 国際書院 1999

(10) 小柏葉子「太平洋統一機構構想と南太平洋フォーラムの地域協力」『アジア経済』34-1　1993

(11) Ramesh Thakur (ed.), *The South Pacific: Problems, Issues and Prospects,* London: MacMillan Press, 1991.

(12) Te'o I.J. Fairbairn, Charles E. Morrison, Richard W. Baker and Sheree A. Groves, *The Pacific Islands: Politics, Economics, and International Relations,* Honolulu: East—West Center International Relations Program, 1991.

(13) Evelyn Colbert, *The Pacific Islands: Paths to the Present,* Boulder, Colorado: Westview Press, 1997.

(14) Steve Hoadley, *The South Pacific Foreign Affairs Handbook,* Sydney: Allen & Unwin, 1992.

(15) Stephen Henningham, *The Pacific Island States : Security and Sovereignty in the Post-Cold War World,* London: MacMillan Press & St. Martin's Press, 1995.

(16) Uentabo Neemia, *Cooperation and Conflict: Costs, Benefits and National Interests in Pacific Regional Cooperation,* Suva: Institute of Pacific Studies, The University of the South Pacific, 1986.

(17) Michael Haas, *The Pacific Way: Regional Cooperation in the South Pacific,* New York: Praeger Publishers, 1989.

(18) Kamisese Mara, *The Pacific Way: A Memoir,* Honolulu: University of Hawai'i Press, 1997.

(19) Yoko Ogashiwa, *Microstates and Nuclear Issues : Regional Cooperation in the Pacific* Suva: Institute of Pacific Studies, The University of the South Pacific, 1991.

(20) Yoko Ogashiwa, "Pacific Island countries and climate change: regionalism, larger regionalism and Interregionalism", in Yukio Sato (ed.), *Regional Development and Cultural Transformation in the South Pacific: A Critical Examination of the 'Sustainable Development' Perspective,* Nagoya: Graduate School of International Development, University of Nagoya, 1995.

(21) Barnard Narokobi, *The Melanesian Way,* Singapore: Institute of

Papua New Guinea Studies, 1980.

⑴⑵は太平洋島嶼諸国の政治，社会，経済，国際関係のさまざまな問題を扱った論集。⑶は太平洋島嶼諸国の特質に論点をおいて，同じく政治，社会，経済，国際関係を分析している。⑷は太平洋島嶼諸国の政治と国際関係に焦点を当てた論集。⑸は南太平洋フォーラムの特質と変遷について検討している。⑹は南太平洋の核問題に対するおもに住民側からの取り組みを分析し，⑺は南太平洋非核地帯条約調印までの，⑻は調印後の南太平洋フォーラムの核問題への対応を考察している。⑼は太平洋島嶼の環境と資源をめぐる諸問題について分析している論集。⑽はメラネシアン・スピアヘッド・グループの形成にいたる前段階を論じている。⑾〜⒀は，太平洋島嶼を政治，社会，経済，国際関係といったさまざまな視点から提示したもの。⒁は太平洋島嶼諸国の外交，⒂は安全保障に焦点を当てている。⒃⒄は，南太平洋の地域協力について論じている。⒅は太平洋島嶼諸国による地域協力についての言及がある初代フィジー首相マラの回想録。⒆は核問題をめぐる南太平洋フォーラムの地域協力について，⒇は太平洋島嶼諸国の気候変動問題に対する地域協力について考察している。㉑はメラネシアン・スピアヘッド・グループ形成の精神的背景を理解する一助となる著作。

■ 歴代国王一覧

タヒチ王朝

1	ポマレ2世	Pomare II, Tu	1815-1821
2	ポマレ3世	Pomare III, Pomare	1821.12.7-1827.1.11
3	ポマレ4世	Pomare IV, ‘Aimata	1827.1.11-1877.9.17
4	ポマレ5世	Pomare V, Teratane	1877.9.17-1880

ハワイ王朝

1	カメハメハ1世	Kamehameha I, Kamehameha the Great	1795-1819.5.8
2	カメハメハ2世	Kamehameha II, Liholiho	1819.5.20-1824.7.14
3	カメハメハ3世	Kamehameha III, Kauikeaouli	1825.6.6-1854.12.15
4	カメハメハ4世	Kamehameha IV, Alexander Liholiho	1855.1.11-1863.11.30
5	カメハメハ5世	Kamehameha V, Lot Kamehameha	1863.11.30-1872.12.11
6	ルナリロ	William Lunalilo	1873.1.12-1874.2.3
7	カラカウア	David Kalakaua	1874.2.13-1891.1.20
8	リリウオカラニ	Lydia Liliuokalani	1891.1.29-1893.1.17

キンギタンガ王朝(ニュージーランド・マオリ)

1	ポタタウ・テ・フェロフェロ	Potatau Te Wherowhero	1858.6-1860.6.25
2	タフィアオ	Tawhiao	1860.7.5-1894.8.26
3	マフタ	Mahuta	1894.9.14-1912.11.9
4	テ・ラタ	Te Rata	1912.11.24-1933.10.1
5	コロキ	Koroki	1933.10.8-1966.5.18
6	テ・アタイランギカアフ	Te Atairangikaahu	1966.5.23-2006.8.15
7	トゥヘイティア	Tuheitia	2006.8.21-

トンガ王朝

1	ジョージ・タウファアハウ・ツポウ1世	George Taufaahau Tupou I	1852-1893.2.13
2	ジョージ・タウファアハウ・ツポウ2世	George Taufaahau Tupou II	1893-1918.4.5
3	サローテ・マフィレオ・ピロレヴ・ツポウ3世	Salote Mafileo Pilolevu Tupou III	1918-1965.12.17
4	タウファアハウ・ツポウ4世	Taufaahau Tupou IV	1965-2006.9.10
5	ジョージ・ツポウ5世	George Tupou V	2006.9.11-

■ 歴代首相一覧

オーストラリア

1901-03	Edmund Barton	バートン
1903-04	Alfred Deakin	ディーキン
1904	J.C. Watson	ワトスン
1904-05	G. H. Reid	リード
1905-08	Alfred Deakin	ディーキン
1908-09	Andrew Fisher	フィッシャー
1909-10	Alfred Deakin	ディーキン
1910-13	Andrew Fisher	フィッシャー
1913-14	Joseph Cook	クック
1914-15	Andrew Fisher	フィッシャー
1915-16	William Morris Hughes	ヒューズ
1916-17	William Morris Hughes	ヒューズ
1917-18	William Morris Hughes	ヒューズ
1918-23	William Morris Hughes	ヒューズ
1923-29	Stanley Melbourne Bruce	ブルース
1929-32	J. H. Scullin	スカリン
1932-34	Joseph Aloysius Lyons	ライオンズ
1934-38	Joseph Aloysius Lyons	ライオンズ
1938-39	Joseph Aloysius Lyons	ライオンズ
1939	Earle Christmas Grafton Page	ペイジ
1939-40	Robert Gordon Menzies	メンジーズ
1940	Robert Gordon Menzies	メンジーズ
1940-41	Robert Gordon Menzies	メンジーズ
1941	A. W. Fadden	ファドン
1941-43	John Joseph Curtin	カーティン
1943-45	John Joseph Curtin	カーティン
1945	F. M. Forde	フォード
1945-46	Joseph Benedict Chifley	チフリー
1946-49	Joseph Benedict Chifley	チフリー
1949-51	Robert Gordon Menzies	メンジーズ
1951-56	Robert Gordon Menzies	メンジーズ
1956-58	Robert Gordon Menzies	メンジーズ
1958-63	Robert Gordon Menzies	メンジーズ
1963-66	Robert Gordon Menzies	メンジーズ
1966	Harold Edward Holt	ホルト

1966-67	Harold Edward Holt	ホールト
1967-68	John McEwan	マキュアン
1968	J. G. Gorton	ゴートン
1968-69	J. G. Gorton	ゴートン
1969-71	J. G. Gorton	ゴートン
1971-72	William McMahon	マクマーン
1972	E. G. Whitlam	ウイットラム
1972-74	E. G. Whitlam	ウイットラム
1974-75	E. G. Whitlam	ウイットラム
1975	John Malcolm Fraser	フレイザー
1975-77	John Malcolm Fraser	フレイザー
1977-80	John Malcolm. Fraser	フレイザー
1980-82	John Malcolm. Fraser	フレイザー
1982-83	John Malcolm Fraser	フレイザー
1983-84	Robert James Lee Hawke	ホーク
1984-87	Robert James Lee Hawke	ホーク
1987-90	Robert James Lee Hawke	ホーク
1990-91	Robert James Lee Hawke	ホーク
1991	Paul John Keating	キーティング
1991-93	Paul John Keating	キーティング
1993-96	Paul John Keating	キーティング
1996-98	John Howard	ハワード
1998-2007	John Howard	ハワード
2007-	Kevin Rudd	ラッド

ニュージーランド

1856	Henry Sewell	スーウェル
1856	William Fox	フォックス
1856-61	Edward William Stafford	スタフォード
1861-62	William Fox	フォックス
1862-63	Alfred Domett	ドメット
1863-64	Frederick Whitaker	ホイティカー
1864-65	Frederick Aloysius Weld	ウェルド
1865-69	Edward William Stafford	スタフォード
1869-72	William Fox	フォックス
1872	Edward William Stafford	スタフォード
1872-73	George Marsden Waterhouse	ウォーターハウス
1873	William Fox	フォックス
1873-75	Julius Vogel	ヴォーゲル
1875-76	Daniel Pollen	ポレン

1876	Julius Vogel	ヴォーゲル
1876-77	Harry Albert Atkinson	アトキンソン
1877-79	George Grey	グレイ
1879-82	John Hall	ホール
1882-83	Frederick Whitaker	ホイティカー
1883-84	Harry Albert Atkinson	アトキンソン
1884	Robert Stout	スタウト
1884	Harry Albert Atkinson	アトキンソン
1884-87	Robert Stout	スタウト
1887-91	Harry Albert Atkinson	アトキンソン
1891-93	John Balance	バランス
1893-1906	Richard John Seddon	セドン
1906	William Hall-Jones	ホール＝ジョーンズ
1906-12	Joseph George Ward	ウォード
1912	Thomas MacKenzie	マッケンジー
1912-25	William Ferguson Massey	マッセイ
1925	Francis Henry Dillon Bell	ベル
1925-28	Joseph Gordon Coates	コーツ
1928-30	Joseph George Ward	ウォード
1930-35	George William Forbes	フォーブス
1935-40	Michael Joseph Savage	サヴェッジ
1940-49	Peter Fraser	フレイザー
1949-57	Sidney George Holland	ホランド
1957	Keith Jacka Holyoake	ホリオーク
1957-60	Walter Nash	ナッシュ
1960-72	Keith Jacka Holyoake	ホリオーク
1972	John. Ross Marshall	マーシャル
1972-74	Norman Eric Kirk	カーク
1974-75	Wallace Edward Rowling	ロウリング
1975-84	Robert David Muldoon	マルドゥーン
1984-89	David Russell Lange	ロンギ
1989-90	Geoffrey Palmer	パーマー
1990	Michael Moore	ムーア
1990-97	James Brendan Bolger	ボルジャー
1997-99	Jennifer Shipley	シップリー
1999-	Helen Clark	クラーク

■ 写真引用一覧

1 ……A. A. C. Hedges, *The Voyages of Captain James Cook*, Norwisch : Jarrold Colour Publications.

2 ……J. J. Auchmuty (ed.), *The Voyage of Governer Phillip to Botany Bay*, Sydney : Angrs & Robertson, 1970.

3 ……S. Evans, *Historic Sydney*, North Ryde : Angrs & Robertson, 1983.

4 ……*Illustlated London News*, 13 April 1844, National Library of Australia.

5 ……K. Cronin, *Colonial Casualties*, Carton : Melbourne University Press, 1982.

6 ……M. Stenson and E. Olssen, *A Century of Change*, 2nd. ed., Auckland : Addison Wesley Longman New Zealand Ltd., 1997.

7 ……*Stories of Old New Zealand : New Zealand's Heritage, the making of a nation*, Auckland : Paul Hamlyn Ltd., 1971.

8 ……B. R. Cahill(ed.), *Stories of Pacific People*, Auckland : Addison Wesley Longman New Zealand Ltd., 1972.

9 ……B. Connolly and R. Anderson, *First Contact*, New York : Penguin Books, 1988.

10……*Looking back : Aselection of old photographs from Papua New Guinea 1880-1960s*, Port Moresby : South Pasific Magazine, 1990.

11……J. D. Waiko, *A Short History of Papua New Guinea*, Melbourne : Oxford University Press, 1993.

12……J. G. Mullins, *Hawaian Journey*, Honolulu : Mutual Publishing Co., 1978.

13……K. R. Lambie, *History of Samoa*, Apia : Commercial Printers Ltd., 1979.

14……D. J. Peacock, *Lee Boo of Belau*, Honolulu : South Sea Books, Pacific Islands Program, Center for Asian and Pacific Studies University of Hawaii Press, 1987.

15…… J. M. Vincent and C. Viti, *Micronesia's Yesterday*, Saipan : Federal Grants by Trust Terrtory Department of Education, 1973.

16……トラック教育支会編『トラック島写真帖』1931.

17……A. Ali R. Crocombe (ed.), *Foreigin Forces in Pacific Politics*, Suva : University of the South Pacific, 1983.

18……*Islands Business*, 1999. August.

口絵 p.1 上——著者(印東)提供
p.1 下——J. Brosse, *Great Voyages of Discovery*, Paris : Bordas, 1983, p.75.
p.2 上——世界文化社提供
p.2 下——著者(青柳)提供
p.3 上——著者(豊田)提供
p.3 下——著者(山本)提供
p.4 上——著者(青柳)提供
p.4 下——PANA 通信社提供

p.5——オリオンプレス提供
p.26——著者(印東)提供
p.41——著者(印東)提供
p.43——著者(印東)提供
p.75——**1**, p.16
p.89——**2**, p.14
p.101——絵はがき
p.113——**3**, p.52
p.115——**4**, p.229
p.117——著者(藤川)提供
p.127——著者(藤川)提供
p.131右——著者(藤川)提供
p.131左——著者(藤川)提供
p.133——絵はがき
p.135——**5**, p.77

p.143——著者(藤川)提供
p.151——絵はがき
p.163——著者(藤川)提供
p.165——著者(藤川)提供
p.173——著者(青柳)提供
p.177——**6**, p.101
p.187——著者(青柳)提供
p.189——**7**, p.677
p.199——著者(青柳)提供
p.207上——著者(青柳)提供
p.207下——著者(青柳)提供
p.226——**8**, p.70
p.228——**9**, 表紙
p.248——**10**, p.50
p.260——**11**, p.132-133
p.264 下——**12**, p.12
p.268——**12**, p.14
p.274——**12**, p.16
p.275——**12**, 前付
p.299——**13**, カバー
p.304——著者(山本)提供
p.315——**14**, p.113
p.321——**15**, p.91
p.327——**16**, 図版 10
p.333——**15**, p.144
p.339——著者(須藤)提供
p.341——著者(須藤)提供
p.345——著者(須藤)提供
p.357——**17**, p. 194
p.374——**18**, p. 34
p.377——著者(小柏)提供